Karl-Nikolaus Peifer
Lauterkeitsrecht
De Gruyter Studium

Karl-Nikolaus Peifer

Lauterkeitsrecht

Das Wettbewerbsrecht (UWG)
in Systematik und Fallbearbeitung

2., neu bearbeitete Auflage

DE GRUYTER

Professor Dr. *Karl-Nikolaus Peifer*, Universität zu Köln; Richter am OLG Köln

ISBN 978-3-11-048548-6
e-ISBN (PDF) 978-3-11-048677-3
e-ISBN (EPUB) 978-3-11-048692-6

Library of Congress Cataloging-in-Publication Data
A CIP catalog record for this book has been applied for at the Library of Congress.

Bibliografische Information der Deutschen Nationalbibliothek
Die Deutsche Nationalbibliothek verzeichnet diese Publikation in der Deutschen
Nationalbibliografie; detaillierte bibliografische Daten sind im Internet
über http://dnb.d-nb.de abrufbar.

© 2016 Walter de Gruyter GmbH, Berlin/Boston
Cover: joel-t/iStock/thinkstock
Datenkonvertierung: jürgen ullrich typosatz, Nördlingen
Druck: CPI books GmbH, Leck
♾ Gedruckt auf säurefreiem Papier
Printed in Germany

www.degruyter.com

Vorwort

Das Lauterkeitsrecht als Teil des Wettbewerbsrechts ist Bestandteil von Schwerpunktstudium und Fachanwaltsausbildung. Geregelt ist es im Gesetz gegen den unlauteren Wettbewerb (UWG) und in zahlreichen wettbewerbsrechtlichen Nebengesetzen, vom Arzneimittelgesetz bis zum Zahnheilkundegesetz. Die Europäische Union hat durch Richtlinien zur irreführenden und vergleichenden Werbung, zu unlauteren Geschäftspraktiken und zur Belästigung durch Kommunikationsmittel dafür gesorgt, dass die traditionelle deutsche Systematik erheblich verändert wurde. Das Rechtsgebiet hat aber dennoch weiterhin Wurzeln in der Vergangenheit. Seit mehr als hundert Jahren ist es in Deutschland durch reichhaltiges Fallmaterial geprägt.

Das Werk ist aus Lehre und richterlicher Praxis entstanden. Es möchte im Schwerpunktstudium und in Fachanwaltskursen Hilfestellungen zum schrittweisen Verständnis des UWG und seiner Systematik im europäischen Kontext bieten, zur systematischen Falllösung in lauterkeitsrechtlichen Fällen anleiten und diese erleichtern. Es ist systematisch-induktiv angelegt. In neun Kapiteln werden wettbewerbsrechtliche Fälle aus der Praxis vorgestellt, in die Systematik des Rechtsgebietes eingeordnet und anschließend skizzenartig gelöst. Jeder Fall enthält materiell-rechtliche und verfahrensrechtliche Probleme. Systematisch erörtert und mit der Lösung aktueller Fälle verbunden werden sämtliche Fallgruppen des UWG (Irreführung und Intransparenz; aggressive Praktiken, Behinderung, Leistungsschutz und Rechtsbruch). Im Zusammenhang damit behandelt werden Fragen der vorprozessualen Abmahnung, der prozessualen Zuständigkeit und der einstweiligen Verfügung ebenso wie die internationale Zuständigkeit in Wettbewerbsprozessen und die Rechtsanwendung in Fällen mit Auslandsberührung.

Das Werk ist Lehrbuch und Fallübungsbuch. Es verzichtet auf ausformulierte Lösungen zugunsten von Lösungsskizzen. Ausgewählt wurden BGH-Fälle, die charakteristisch für das Rechtsgebiet sind. Oft wurden Sachverhalte mehrerer Entscheidungen kombiniert, zum Teil wurden sie vereinfacht und auf das jeweilige Rechtsproblem zugeschnitten. Wer einen systematischen Überblick über das relevante Wissen zum UWG sucht, lese nur den jeweiligen Abschnitt II der Kapitel. Originalzitate aus Entscheidungen mögen manchen Gang in die Bibliothek (vorerst) ersparen. Wer Fälle üben möchte, mag mit den systematischen Abschnitten beginnen, um anschließend den vorangestellten Fall selbst zu lösen. Als Lernkontrolle dient die Lösungsskizze.

An der zweiten Auflage haben mitgewirkt Philipp Kiersch, Nora Lorentz, Patrik Kassel, Camilla Kling, Julian Zündorf und Lisa Walter. Anregungen und Kritik nehme ich gerne unter medienrecht@uni-koeln.de entgegen.

Köln, im April 2016   Prof. Dr. Karl-Nikolaus Peifer

Inhaltsverzeichnis

Vorwort —— **V**
Abkürzungen —— **XV**
Literaturverzeichnis —— **XIX**

§ 1: Einführung, Rechtsgrundlagen, Aufbau des Rechts gegen den unlauteren Wettbewerb (UWG) —— 1

Fall Nr. 1: „Die schockierende Werbung" —— 1
I.   Sachverhalt —— **1**
II. Schwerpunkte des Falles —— **3**
   1.   Lauterkeitsrecht: von guten Sitten, Anstand und Marktmoral —— **3**
   2.   Freier und lauterer Wettbewerb —— **3**
      a)   Definition Wettbewerb —— **4**
      b)   Schutzzwecke und Schutzsubjekte des Lauterkeitsrechts —— **5**
   3.   Verhältnis des Lauterkeitsrechts zu anderen Rechtsgebieten —— **6**
      a)   Verhältnis zum Antibeschränkungsrecht (GWB – auch: Kartellrecht) —— **6**
      b)   Verhältnis zum Gewerblichen Rechtsschutz und zum Urheberrecht —— **7**
      c)   Verhältnis zum Bürgerlichen Recht —— **8**
      d)   Verfassungsrechtliche Verankerung des Lauterkeitsrechts —— **8**
   4.   Rechtsquellen des Lauterkeitsrechts —— **9**
   5.   Unionsrechtliche Einflüsse auf das Lauterkeitsrecht —— **10**
   6.   Entwicklung und Aufbau des Lauterkeitsrechts —— **12**
      a)   Entwicklung des UWG —— **12**
      b)   Aufbau des UWG —— **16**
   7.   Die allgemeinen Anwendungsvoraussetzungen des UWG —— **17**
      a)   Geschäftliche Handlung, § 2 Abs. 1 Nr. 1 UWG —— **17**
      b)   Subjektive Voraussetzungen? —— **19**
   8.   Unlauterkeit —— **20**
      a)   Definition —— **20**
      b)   Absolute Verbote, § 3 Abs. 3 UWG mit Anhang —— **21**
      c)   Allgemeine Generalklausel, § 3 Abs. 1 UWG —— **21**
      d)   Verbrauchergeneralklausel (§ 3 Abs. 2 UWG) —— **22**
      e)   Das maßgebliche Verbraucherleitbild (§ 3 Abs. 4 UWG) —— **23**
   9.   Die Fallprüfung im Lauterkeitsrecht (Prüfungsaufbau) —— **23**

10. Wettbewerbsprozessrecht (Grundzüge) —— 24
    a) Zuständigkeit der Gerichte —— 24
    b) Bestimmtheit des Klageantrags, § 253 Abs. 2 Nr. 1 ZPO —— 25
    c) Aktivlegitimation im Wettbewerbsprozess – Wer darf klagen? —— 29
    d) Passivlegitimation – Wer ist Verletzer? —— 30
11. Ethik im Lauterkeitsrecht —— 30
    a) Die Benetton-Fälle und das Lauterkeitsrecht —— 30
    b) Diskriminierende Werbung —— 33
III. Lösungsskizze —— 35

§ 2: Unlautere Beeinträchtigung der Entscheidungsfreiheit durch aggressive Praktiken (§ 4a UWG) —— 39

Fall Nr. 2: „Kühlmanagement für Verstorbene" —— 39
I.   Sachverhalt —— 39
II. Schwerpunkte des Falles —— 41
    1. Fallgruppen im UWG —— 41
    2. Aggressive Kundenansprache, § 4a UWG —— 43
    3. Die unionsrechtlichen Vorgaben in Bezug auf aggressive Praktiken —— 44
    4. Die Fallgruppen des § 4a Abs. 1 Satz 2 UWG im Einzelnen —— 47
       a) § 4a Abs. 1 Satz 2 Nr. 1 UWG: Belästigung —— 47
       b) § 4a Abs. 1 Satz 2 Nr. 2 UWG: Nötigung —— 49
       c) Unzulässige Beeinflussung (§ 4a Abs. 1 Satz 2 Nr. 3 UWG) —— 50
          aa) Einsatz wirtschaftlicher Macht —— 50
          bb) Ausübung gesellschaftlichen und moralischen Drucks —— 51
          cc) Ausübung oder Ausnutzung autoritären Drucks —— 52
          dd) Dreieckskonstellationen —— 53
          ee) Wertreklame, Geschenke und sonstige Verlockungen —— 53
    5. Wettbewerbsrechtliche Sanktionen: Der Schadensersatzanspruch —— 55
    6. Mitbewerberbegriff und Wettbewerbsverhältnis —— 58
III. Lösungsskizze —— 59

§ 3: Unlautere Beeinträchtigung der Entscheidungsfreiheit besonderer Verbrauchergruppen (§ 3 Abs. 4 UWG) —— 65

Fall Nr. 3: „Pimp Deinen Charakter" —— 65
I.   Sachverhalt —— 65
II. Schwerpunkte des Falles —— 66
   1.   Das Verbraucherleitbild —— 66
   2.   § 3 Abs. 4 UWG und seine Einordnung —— 68
   3.   Unionsrechtliche Vorgaben —— 69
   4.   Anwendungsbereich des § 3 Abs. 4 UWG —— 71
      a)   Subjektiver Schutzbereich —— 71
      b)   Abweichung von den Fähigkeiten des Durchschnittsverbrauchers aus besonderen Gründen —— 71
      c)   Ausnutzung von Schwächen —— 74
   5.   Wettbewerbsrechtliche Sanktionen: Der Vorteilsherausgabeanspruch, § 10 UWG —— 75
      a)   Funktion —— 75
      b)   Schwäche —— 76
      c)   Einige Fälle —— 77
III. Lösungsskizze —— 77

§ 4: Irreführung durch Angaben, Fälle mit Auslandsberührung, Gewinnspielwerbung —— 81

Fall Nr. 4: „Sie haben gewonnen!" —— 81
I.   Sachverhalt —— 81
II. Schwerpunkte des Falles —— 82
   1.   Ausgangsproblematik —— 82
   2.   Irreführende geschäftliche Handlungen —— 82
      a)   Die Entwicklung des Schutzes gegen irreführende geschäftliche Handlungen —— 82
      b)   Das System des deutschen Irreführungsschutzes —— 84
      c)   Der Katalog der Per-se-Verbote —— 85
      d)   Prüfungsaufbau bei irreführenden Praktiken —— 93
      e)   Die Verkehrsauffassung und ihre Ermittlung —— 94
      f)   Irreführung —— 96
      g)   Kausalität (Marktentscheidungsrelevanz) —— 99
      h)   Weitere Probleme —— 100
   3.   Grundzüge des internationalen Zivilverfahrensrechts —— 102

a) Grundsätze —— **102**
b) Internationale Zuständigkeit (IZVR) —— **103**
  aa) Europäisches Zivilverfahrensrecht —— **103**
  bb) Autonomes (deutsches) Zivilverfahrensrecht —— **106**
c) Internationales Privatrecht (Internationales Wettbewerbs-
  deliktsrecht) —— **107**
  aa) Europäisches Internationales Deliktsrecht —— **107**
  bb) Autonomes deutsches Recht —— **109**
III. Lösungsskizze —— **111**

**§ 5: Irreführung durch Unterlassen und intransparente geschäftliche
Handlungen —— 115**

Fall Nr. 5: „Alles komplett – alles transparent?" —— 115
I. Sachverhalt —— **115**
II. Schwerpunkte des Falles —— **117**
  1. Die Verletzung von Transparenzpflichten im UWG —— **117**
    a) Irreführendes Unterlassen als Unlauterkeitsproblem —— **117**
    b) Aufbau des § 5a UWG —— **118**
    b) Irreführende Angaben und irreführendes Unterlassen —— **120**
      aa) Problemlage —— **120**
      bb) Unionsrechtliche Vorgaben —— **122**
        (1) Allgemeine Grundsätze —— **122**
        (2) Verstoß gegen explizite Informationspflichten bei
            Richtlinienvorgabe (§ 5a Abs. 4 UWG) —— **123**
        (3) Verstoß gegen explizite Informationspflichten bei
            Aufforderungen zum Kauf (§ 5a Abs. 3 UWG) —— **124**
        (4) Informationspflichten im Übrigen (§ 5a Abs. 2 Satz 1
            Nr. 1 UWG) —— **127**
        (5) Das Relevanzkriterium (§ 5a Abs. 2 Satz 1 Nr. 2
            UWG) —— **132**
  2. § 3a UWG i.V.m. Marktverhaltensnormen (Preisangaben) —— **133**
  3. Das Verbot getarnter Werbung, § 5a Abs. 6 UWG —— **134**
    a) System —— **134**
    b) Normzweck —— **137**
    c) Tatbestand des § 5a Abs. 6 UWG —— **137**
  4. Die Abmahnung als vorprozessualer Rechtsbehelf —— **138**
  5. Erstattung der Abmahnkosten —— **140**
III. Lösungsskizze —— **142**

§ 6: Unzumutbare Belästigung: Ansprechen in der Öffentlichkeit,
Telefonwerbung und elektronische Werbung —— 147

Fall Nr. 6: „Kontakte sind alles!" —— 147
I.   Sachverhalt —— 147
II. Schwerpunkte des Falles —— 148
     1. Ausgangsproblematik —— 148
     2. Unionsrecht —— 150
     3. Der Tatbestand des § 7 UWG —— 152
         a) Das System des deutschen Belästigungsschutzes —— 152
         b) Aufbau des § 7 UWG —— 153
         c) Unaufgeforderte Werbung über elektronische Kommunikations-
             mittel, § 7 Abs. 2 UWG —— 153
             aa) Gemeinsame Voraussetzungen —— 153
             bb) Anonyme elektronische Werbung, § 7 Abs. 2 Nr. 4 UWG —— 154
             cc) Elektronische Werbekommunikationen außerhalb der
                 Telefonansprache (§ 7 Abs. 2 Nr. 3, Abs. 3 UWG) —— 155
             dd) Unaufgeforderte Werbetelefonate, § 7 Abs. 2 Nr. 2 UWG —— 162
                 (1) Telefonwerbung gegenüber Privaten —— 162
                 (2) Durchsetzung des Verbraucherschutzes gegenüber
                      Telefonwerbung —— 164
                 (3) Telefonwerbung gegenüber Gewerbetreibenden —— 165
             ee) Direktwerbung per Post (§ 7 Abs. 2 Nr. 1 UWG) —— 167
             ff) Sonstige Fälle der unzumutbaren Belästigung
                 (§ 7 Abs. 1 UWG) —— 169
                 (1) Ansprache von Kunden in der Öffentlichkeit —— 169
                 (2) Zusendung unbestellter Waren —— 170
                 (3) Ansprechen von Kunden in Situationen der Hilflosigkeit
                      oder Not —— 171
                 (4) Haustürwerbung und Ansprachen am Arbeitsplatz —— 172
III. Lösungsskizze —— 173

§ 7: Behinderung: Vergleichende Werbung, Unternehmenskritik,
Rufbeeinträchtigung, einstweilige Verfügung im Lauterkeitsrecht —— 177

Fall Nr. 7: „Vergleichen Sie doch einmal Äpfel mit Birnen" —— 177
I.   Sachverhalt —— 177
II. Schwerpunkte des Falles —— 178
     1. Die Fallgruppe Behinderung – Charakterisierung —— 178

2. Die vergleichende Werbung, § 6 UWG —— 181
   a) Entwicklung des Rechts der vergleichenden (bezugnehmenden) Werbung in Deutschland —— 182
   b) Das Recht der Vergleichenden Werbung in Deutschland nach Umsetzung der Richtlinie —— 186
     aa) Überblick und Reichweite —— 186
     bb) Allgemeine Anwendungsvoraussetzungen, § 6 Abs. 1 UWG —— 189
     cc) Unlauterkeitsfälle, §§ 5 Abs. 3, 6 Abs. 2 UWG —— 193
       (1) Irreführung, § 5 Abs. 3, 1. Hs. UWG —— 194
       (2) Substituierbarkeit, § 6 Abs. 2 Nr. 1 UWG —— 194
       (3) Objektivität von Eigenschafts- und Preisvergleichen, § 6 Abs. 2 Nr. 2 UWG —— 195
       (4) Herbeiführung einer Verwechslungsgefahr, § 6 Abs. 2 Nr. 3 UWG —— 197
       (5) Rufausnutzung oder Rufbeeinträchtigung, § 6 Abs. 2 Nr. 4 UWG —— 198
       (6) Herabsetzung oder Verunglimpfung des Mitbewerbers, § 6 Abs. 2 Nr. 5 UWG —— 201
       (7) Herausstellung der beworbenen Ware als Imitation, § 6 Abs. 2 Nr. 6 UWG —— 203
     dd) Fazit —— 204
3. Die Anschwärzung, § 4 Nr. 2 UWG (§ 4 Nr. 8 UWG 2008) —— 205
4. Die Geschäftsehrverletzung, § 4 Nr. 1 UWG (§ 4 Nr. 7 UWG 2008) —— 210
5. Die einstweilige Verfügung im Lauterkeitsrecht —— 212
   a) Bedeutung —— 212
   b) Voraussetzungen —— 212
   c) Abschlussschreiben —— 214
   d) Schutzschrift —— 214
III. Lösungsskizze —— 215

§ 8: Ausbeutung: Ergänzender Leistungsschutz nach § 4 Nr. 3 UWG (§ 4 Nr. 9 UWG 2008), Verhältnis zu den immaterialgüterrechtlichen Schutznormen, Sanktionen: Störerhaftung, Täter- und Teilnehmerhaftung —— 221

Fall Nr. 8: „Lettische Halzbänder" —— 221
I. Sachverhalt —— 221
II. Schwerpunkte des Falles —— 222

1. Nachahmung und Konkurrentenbehinderung —— **222**
   a) Charakterisierung und Funktion —— **222**
   b) Unionsrechtliche Grundlagen —— **225**
   c) Anwendungsfälle —— **226**
      aa) Allgemeine Anwendungsvoraussetzungen: Wettbewerbliche Eigenart und Nachahmung —— **226**
      bb) Unlauterkeitsfälle in § 4 Nr. 3 lit. a bis c UWG —— **229**
         (1) Vermeidbare Herkunftstäuschung —— **229**
         (2) Unlautere Rufausbeutung und Rufbeeinträchtigung —— **230**
         (3) Unlautere Erlangung —— **232**
         (4) Weitere Fälle —— **232**
            (a) Einschieben in eine fremde Serie? —— **233**
            (b) Modeerzeugnisse —— **233**
2. Die dreifache Schadensberechnung im Immaterialgüter- und Lauterkeitsrecht —— **234**
3. Täter-, Teilnehmer- und Störerhaftung —— **234**
   a) Täter —— **234**
   b) Mittäter, § 830 Abs. 1 Satz 1 BGB —— **235**
   c) Teilnehmer, § 830 Abs. 2 BGB —— **236**
   d) Zurechnung fremden schuldhaften Handelns —— **236**
   e) Störerhaftung —— **237**
      aa) Begründung und ursprüngliche Anwendung im Lauterkeitsrecht —— **237**
      bb) Entwicklung im Recht des Geistigen Eigentums —— **240**
      cc) Entwicklung im Lauterkeitsrecht —— **241**
      dd) Generelle Verkehrspflicht statt Störerhaftung? —— **242**
III. Lösungsskizze —— **244**

§ 9: Rechtsbruch: Verstoß gegen Marktverhaltensvorschriften, § 3a UWG —— **253**

Fall Nr. 9: „Bekömmliches Bier" —— **253**
I. Sachverhalt —— **253**
II. Schwerpunkte des Falles —— **254**
   1. Rechtsbruch als Unlauterkeitsfallgruppe —— **254**
   2. Marktverhaltens- und Marktzutrittsnormen —— **255**
   3. Das Spürbarkeitserfordernis —— **259**
III. Lösungsskizze —— **260**

Anhang 1: UWG-Synopse (ausgewählte §§) —— 263
Anhang 2: Schema Unlauterkeit —— 265

Stichwortverzeichnis —— 267

Abkürzungen

a.A.	andere Ansicht
aaO.	am angegebenen Ort
Abl.	Amtsblatt
Abs.	Absatz
AEUV	Vertrag über die Arbeitsweise der Europäischen Union (Änderungen des Vertrages über die Europäische Gemeinschaft durch den Lissabonner Vertrag)
a.F.	alter Fassung
AMG	Arzneimittelgesetz
Anm.	Anmerkung
Art.	Artikel
Aufl.	Auflage
AVMD-RL	Richtlinie 2010/13/EU des Europäischen Parlaments und des Rates vom 10. März 2010 zur Koordinierung bestimmter Rechts- und Verwaltungsvorschriften der Mitgliedstaaten über die Bereitstellung audiovisueller Mediendienste
BDSG	Bundesdatenschutzgesetz
BGBl.	Bundesgesetzblatt
BGH	Bundesgerichtshof
B2B	Business to business = geschäftliche Handlungen eines Unternehmens gegenüber einem anderen Unternehmer
B2C	Business to consumer = geschäftliche Handlungen eines Unternehmers gegenüber dem Verbraucher
BR-Drucks.	Bundesrats-Drucksache
Bsp.	Beispiel
Bspr.	Besprechung
BT-Drucks.	Bundestags-Drucksache
BVerfG	Bundesverfassungsgericht
bzw.	beziehungsweise
Ch.	Law Reports Chancery Division
ders.	derselbe
d.h.	das heißt
EGBGB	Einführungsgesetz zum Bürgerlichen Gesetzbuch
EG-Abl.	EG-Amtsblatt
EGV	Vertrag über die Europäischen Gemeinschaften (Amsterdamer Fassung)
EP	Europäisches Parlament
EU	Europäische Union
EU-GRCh	Charta der Grundrechte der Europäischen Union
EuGH	Europäischer Gerichtshof
EuGVVO	Verordnung des Rates vom 22. Dezember 2012 über die gerichtliche Zuständigkeit und die Anerkennung und Vollstreckung

	von Entscheidungen in Zivil- und Handelssachen, sog. Brüssel Ia-VO
EuGVÜ	Europäisches Gerichts- und Vollstreckungsübereinkommen
EWCA Civ	England and Wales Court of Appeal (Civil Division) Decisions
f.	folgende
ff.	fortfolgende
FKM	Fernkommunikationsmittel
Fußn.	Fußnote
ggf.	gegebenenfalls
GoA	Geschäftsführung ohne Auftrag
GRUR	Gewerblicher Rechtsschutz und Urheberrecht (Zeitschrift)
GRUR Ausl.	siehe GRUR Int.
GRUR Int.	Gewerblicher Rechtsschutz und Urheberrecht (Internationaler Teil), vormals GRUR Ausl. (Zeitschrift)
GRURPrax	Gewerblicher Rechtsschutz und Urheberrecht. Praxis im Immaterialgüter- und Wettbewerbsrecht (Zeitschrift)
GRUR-RR	GRUR Rechtsprechungsreport (Zeitschrift)
GVG	Gerichtsverfassungsgesetz
GWB	Gesetz gegen Wettbewerbsbeschränkungen
HCVO	Verordnung (EG) Nr. 1924/2006 des Europäischen Parlaments und des Rates vom 20. Dezember 2006 über nährwert- und gesundheitsbezogene Angaben über Lebensmittel
HOAI	Honorarordnung für Architekten und Ingenieure
Hs.	Halbsatz
HWG	Heilmittelwerbegesetz
i.d.F.	in der Fassung
IPR	Internationales Privatrecht (Kollisionsrecht)
IPRax	Praxis des Internationalen Privat- und Verfahrensrechts (Zeitschrift)
i.V.m.	in Verbindung mit
IZVR	Internationales Zivilverfahrensrecht
KfH	Kammer für Handelssachen
LFGB	Lebensmittel-, Bedarfsgegenstände- und Futtermittelgesetzbuch
LG	Landgericht
lit.	littera
LMIV	Verordnung (EU) Nr. 1169/2011 des Europäischen Parlaments und des Rates vom 25. Oktober 2011 betreffend die Information der Verbraucher über Lebensmittel
Ltd.	Limited (Liability Company)
m.	mit
MMR	Multimedia und Recht (Zeitschrift)

m.w.N.	mit weiteren Nachweisen
NJW	Neue Juristische Wochenschrift (Zeitschrift)
Nr.	Nummer
OLG	Oberlandesgericht
ÖOGH	Österreichischer Oberster Gerichtshof
PAngV	Preisangabenverordnung
RL	Richtlinie
RL UGP	Richtlinie über unlautere Geschäftspraktiken
Rn.	Randnummer
Rom-II-VO	Verordnung Nr. 864/07 des Europäischen Parlaments und des Rates vom 11. Juli 2007 über das auf außervertragliche Schuldverhältnisse anwendbare Recht
S.	Satz
Slg.	Sammlung der Rechtsprechung des Europäischen Gerichtshofs (abrufbar über www.curia.europa.eu)
s.o.	siehe oben
sog.	sogenannt
StGB	Strafgesetzbuch
str.	streitig
TKG	Telekommunikationsgesetz
TMG	Telemediengesetz
Tz.	Textziffer
UGP	Unlautere Geschäftspraktiken (siehe auch RL UGP)
umstr.	umstritten
UWG	Gesetz gegen den unlauteren Wettbewerb
vgl.	vergleiche
VO	Verordnung
WRP	Wettbewerb in Recht und Praxis
z.B.	zum Beispiel
ZPO	Zivilprozessordnung
z.T.	zum Teil
ZUM	Zeitschrift für Medien- und Kommunikationsrecht (vormals FuR = Film und Recht, Zeitschrift)
zust.	zustimmend

Literaturverzeichnis

(Aufgeführt werden hier nur Werke, die von grundlegendem Interesse sind. Weitere Aufsätze und Gerichtsentscheidungen sind im Text nachgewiesen.)

I. Arbeitstexte:

UWG (Gesetz gegen den unlauteren Wettbewerb mit Begriffs- und Paragraphensynopse, EU-Richtlinie über unlautere Geschäftspraktiken, Preisangabenverordnung, Unterlassungsklagengesetz und Materialien (Synopse der bis zum 30. 12. 2008 und der seither geltenden Vorschriften, nebst Begründung des Gesetzes, hrsg. von *Michael Loschelder* und *Tanja Dörre*), 2. Aufl. München Beck 2009.

Wettbewerbsrecht, Markenrecht und Kartellrecht: UWG, PAngVO, MarkenG, GWB, internationale Übereinkommen (dtv-Beck-Texte), 36. Aufl. München Beck 2016.

Wettbewerbsrecht, Gewerblicher Rechtsschutz und Urheberrecht. Vorschriftensammlung (hrsg. von *Bernd Eckardt* und *Dieter Klett*), 4. Aufl. Heidelberg C.F. Müller 2013.

II. Lehrbücher

Alexander, Christian: Wettbewerbsrecht, Köln Heymanns 2016.

Beater, Axel: Unlauterer Wettbewerb, Tübingen Mohr 2011 (Umfangreiches und auf Systematik besonderen Wert legendes Lehrbuch, zur Problemvertiefung).

Berlit, Wolfgang: Wettbewerbsrecht, 9. Aufl. München Beck 2014.

Boesche, Katharina Vera: Wettbewerbsrecht, 5. Aufl. Heidelberg C.F. Müller 2016.

Emmerich, Volker: Unlauterer Wettbewerb, 10. Aufl. München Beck 2016, zit. *Emmerich*, UWG.

Gamm, Otto-Friedrich Freiherr von: Gesetz gegen den unlauteren Wettbewerb, 3. Aufl. Köln Heymanns 1993 (zum früheren Recht), zit. *von Gamm*, UWG.

Götting, Horst-Peter/Kaiser, Helmut: Wettbewerbs- und Wettbewerbsprozessrecht, 2. Aufl. München Beck 2016.

Jestaedt, Bernhard: Wettbewerbsrecht, Köln Heymanns 2008.

Lange, Knut Werner/Spätgens, Klaus: Rabatte und Zugaben im Wettbewerb. Das neue Recht nach Wegfall von RabattG und ZugabeVO, München Beck 2001.

Lettl, Tobias: Wettbewerbsrecht, 3. Aufl. München Beck 2016.

Nordemann, Axel und Jan-Bernd/Nordemann-Schiffel, Anke: Wettbewerbsrecht – Markenrecht, 11. Aufl. Nomos Baden-Baden 2012.

Rittner, Fritz/Dreher, Meinrad/Kulka, Michael: Wettbewerbs- und Kartellrecht. Eine systematische Darstellung des deutschen und europäischen Rechts, 8. Aufl. Heidelberg C.F. Müller 2014.

Schwintowski, Hans-Peter: Wettbewerbs- und Kartellrecht (GWB/UWG), 5. Aufl. München Beck 2012 (Prüfe Dein Wissen).

III. Kommentare und Handbücher

Baumbach, Adolf/Hefermehl, Wolfgang: Wettbewerbsrecht, 22. Aufl. München Beck 2003, zit. *Baumbach/Hefermehl*.

Fezer, Karl-Heinz/Büscher, Wolfgang/Obergfell, Eva Inés (Hg.): Lauterkeitsrecht: UWG. Kommentar zum Gesetz gegen den unlauteren Wettbewerb, 2 Bände, 3. Aufl. München Beck 2016, zit. Fezer/*Bearbeiter*.
Gloy, Wolfgang/Loschelder, Michael/Erdmann, Willi (Hg.): Handbuch des Wettbewerbsrechts, 4. Aufl. München Beck 2010.
Götting, Horst-Peter/Nordemann, Axel: UWG. Handkommentar, 3. Aufl. Nomos Baden-Baden 2016.
Harte-Bavendamm, Henning/Henning-Bodewig, Frauke: Gesetz gegen den unlauteren Wettbewerb (UWG). Kommentar, 3. Aufl. München Beck 2013, zit. Harte/Henning/*Bearbeiter*.
Himmelsbach, Gero (Hg.): Beck'sches Mandatshandbuch Wettbewerbsrecht. Ansprüche, Verfahren, Taktik, Muster, 4. Aufl. München Beck 2014.
Ekey, Friedrich L./Klippel, Diethelm/Kotthoff, Jost/Meckel, Astrid/ Plaß, Gunda: Heidelberger Kommentar zum Wettbewerbsrecht, 2. Aufl. Heidelberg C.F. Müller 2005.
Köhler, Helmut/Bornkamm, Joachim: Wettbewerbsrecht, 34. Aufl. München Beck 2016 (begründet von Baumbach/Hefermehl, fortgeführt seit der 23. Aufl. 2004 von Köhler/ Bornkamm), zit. *Köhler/Bornkamm*.
Münchener Kommentar zum Bürgerlichen Gesetzbuch, 6. Aufl. München Beck 2015, zit. MünchKomm-BGB/*Bearbeiter*.
Münchener Kommentar zum Lauterkeitsrecht (hrsg. von *Peter W. Heermann* u. a.), 2. Aufl. München Beck 2014, 2 Bände, zit. MünchKomm-UWG/*Bearbeiter*.
Ohly, Ansgar/Sosnitza, Olaf: Gesetz gegen den unlauteren Wettbewerb (UWG-Kurzkommentar), 6. Aufl. München Beck 2014.
Teplitzky, Otto/Peifer, Karl-Nikolaus/Leistner, Matthias: Großkommentar UWG, 2. Aufl. Berlin de Gruyter 2013/2014.
Ullmann, Eike (Hg.): juris Praxiskommentar UWG. Gesetz gegen den unlauteren Wettbewerb, 2. Aufl. Saarbrücken Juris 2009.

IV. Wettbewerbsverfahrensrecht

Ahrens, Hans-Jürgen (Hg.): Der Wettbewerbsprozess. Ein Praxishandbuch, 7. Aufl. Köln Heymanns 2014, zit. Ahrens/*Bearbeiter*.
Berneke, Wilhelm/Schüttpelz, Erfried: Die einstweilige Verfügung in Wettbewerbssachen (NJW-Schriftenreihe) 3. Aufl. München Beck 2015.
Hellfeld, Joachim von: Verfahrensrecht im gewerblichen Rechtsschutz. Ein systematischer Leitfaden, Köln Heymanns 2016.
Teplitzky, Otto: Wettbewerbsrechtliche Ansprüche und Verfahren. Unterlassung – Beseitigung – Schadensersatz. Anspruchsdurchsetzung und Anspruchsabwehr, 11. Aufl. Köln Heymanns 2016.

V. Fallsammlungen

Emmerich, Volker/Sosnitza, Olaf: Fälle zum Wettbewerbsrecht, 6. Aufl. München Beck 2011.
Haberstumpf, Helmut/Husemann, Stephan: Wettbewerbs- und Kartellrecht, Gewerblicher Rechtsschutz – Examenskurs für Rechtsreferendare, 6. Aufl. München Beck 2015.
Hönn, Günther: Klausurenkurs im Wettbewerbs- und Kartellrecht. Ein Fallbuch zur Wiederholung und Vertiefung, 6. Aufl. Heidelberg C.F. Müller 2013 (Fälle und Lösungen nach höchstrichterlichen Entscheidungen).

Köhler, Helmut/Alexander, Christian: Fälle zum Wettbewerbsrecht, 3. Aufl. München Beck 2016.

Säcker, Franz Jürgen/Wolf, Maik (Hg.): UWG und Markenrecht in Fällen, Vahlen München 2009.

VI. Zeitschriften

Zeitschriften mit lauterkeitsrechtlichen Beiträgen sind insbesondere:
- WRP – Wettbewerb in Recht und Praxis (überwiegend UWG),
- GRUR – Gewerblicher Rechtsschutz und Urheberrecht.

Wettbewerbsrechtliche Themen mit Bezügen zu elektronischen Medien finden sich zudem in:
- MMR (Multimedia und Recht),
- K&R (Kommunikation und Recht),
- CR (Computer und Recht).

§ 1: Einführung, Rechtsgrundlagen, Aufbau des Rechts gegen den unlauteren Wettbewerb (UWG)

Fall Nr. 1: „Die schockierende Werbung"

(BGHZ 130, 196 = GRUR 1995, 598 – Ölverschmutzte Ente; BGH GRUR 1995, 600 – H.I.V. Positive I; BVerfGE 102, 347 = GRUR 2001, 170 – Benetton-Schockwerbung I; BGHZ 149, 247 = GRUR 2002, 360 – H.I.V. Positive II; BVerfGE 107, 275 = GRUR 2003, 442 – Benetton-Schockwerbung II)

I. Sachverhalt

1992 ließ die Firma Benetton, Herstellerin von Jugendbekleidung, eine Fotokam- **1** *pagne durch den italienischen Fotografen Oliviero Toscani erstellen. In großflächigen Plakaten und ganzseitigen Zeitungsanzeigen wurden in ganz Europa Motive des Elends, des Leids und der Krankheit abgebildet. Sämtliche Motive wurden auch in der unternehmenseigenen Zeitschrift COLORS veröffentlicht. In einer deutschen Publikumsillustrierten werden folgende Darstellungen veröffentlicht:*

(1) Die Anzeige zeigt das Foto einer ölverklebten Ente, die auf einer ölgetränkten Wasseroberfläche schwimmt. Es enthält keine produktbezogene Aussage, lediglich am linken Rand die Zeile „UNITED COLORS OF BENETTON" auf grünem Untergrund.

Eine zweite Anzeige zeigt das Foto eines nackten menschlichen Körperteils mit dem Stempelaufdruck „H.I.V. POSITIVE". Auch hier findet sich keine Produktaussage, nur das Firmenschlagwort auf grünem Untergrund.

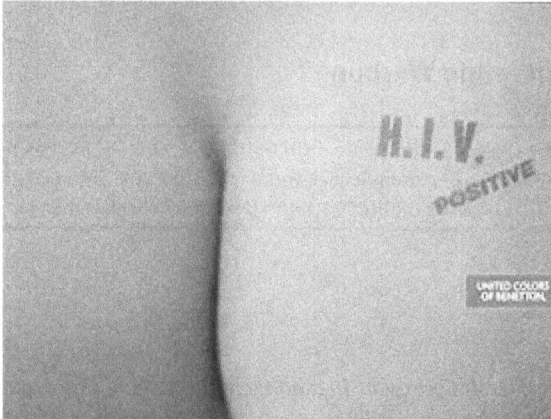

Der Wettbewerbsverband Z meint, dass mit beiden Motiven im wirtschaftlichen Wettbewerb nicht geworben werden darf. Es fehle jeglicher Produktbezug; mit den Anzeigen werde nur an das Mitleid und die Empörung der Verbraucher über das Unrecht in der Welt appelliert, ohne dass erkennbar sei, welchen Bezug die Annoncen zu dem Engagement des Unternehmens hätten. Werbung, so der Verband, solle nur Preise, Konditionen und besondere vertragliche Gegenleistungen des Anbieters hervorheben, eine allgemeinpolitische Stellungnahme ohne erkennbares Engagement des Werbenden sei für die Funktion der Wettbewerbsprozesse wertlos. Die Annoncen erzeugten im Gegenteil sogar den irreführenden Eindruck, dass vertragliche Beziehungen mit dem werbenden Unternehmen Einfluss auf die Bekämpfung dieses Elends hätten, was allerdings gerade nicht der Fall sei. Das zweite Motiv sei menschenverachtend, weil es gezielt die Würde der an Aids erkrankten Menschen für geschäftliche Zwecke einsetze.

Das Unternehmen Benetton verteidigt die Annoncen mit dem Hinweis, es müsse einem Unternehmen möglich sein, sich in Form einer Imagekampagne gegen das Elend in der Welt zu engagieren. Unternehmerische Werbung sei als Meinungsäußerung verfassungsrechtlich ebenso geschützt wie politisches oder gesellschaftliches Engagement. Ein Werbeverbot, gestützt darauf, dass Unternehmen nur mit und für ihre Leistungen werben dürften, sei daher verfassungswidrig.

Z klagt ungeachtet dessen auf Unterlassung der Veröffentlichung von Werbeanzeigen, in denen mit Motiven des Elends oder des Mitgefühls, insbesondere dem Motiv einer ölverschmierten Ente und einem mit einem Stempel gekennzeichneten

menschlichen Hinterteil ohne jeden Produktbezug und lediglich mit einem Firmenschlagwort geworben wird, wie geschehen in der Zeitschrift S vom (folgt Datum und
Seitenzahl). Die Klage richtet sich gegen den Herausgeber (H) der Zeitschrift S, in
der die Annonce erschienen ist. Der Herausgeber war zuvor erfolglos abgemahnt
worden. Er hatte sich im vorgerichtlichen Verfahren die Argumente des Unternehmens B zu eigen gemacht. Wird die Klage der Z gegen H Erfolg haben?

II. Schwerpunkte des Falles

1. Lauterkeitsrecht: von guten Sitten, Anstand und Marktmoral

Der Fall erläutert die Schutzzwecke des Lauterkeitsrechts (UWG). Das UWG ver- **2**
bietet geschäftliche Handlungen, die den anständigen Gepflogenheiten im Geschäftsverkehr widersprechen. Es verbot noch bis 2003 Handlungen im geschäftlichen Verkehr zu Zwecken des Wettbewerbs, die gegen die guten Sitten
verstießen. Diese sehr breite Formulierung bestimmte die Generalklausel des
auf das Jahr 1909 zurückgehenden § 1 UWG a.F. Zu ihr ergingen die BGH-Entscheidungen, die Fall 1 zugrunde liegen. 2004 wurde der Begriff des Sittenver-
stoßes durch den der Unlauterkeit ersetzt. 2015 wurde das UWG erneut geändert. „Unlautere geschäftliche Handlungen" betreffen heute Handlungen, die
gegen die „unternehmerische Sorgfalt" oder „die anständigen Marktgepflogenheiten" verstoßen (§§ 3 Abs. 2, 2 Abs. 1 Nr. 7 UWG). Fall 1 wird nach geltendem
UWG gelöst. Er zeigt, dass das Lauterkeitsrecht ein wirtschaftsmoralisches Verständnis von Lauterkeit und „anständigen Marktgepflogenheiten" hat. Maßstäbe der allgemeinen Moral, des gesellschaftlichen und religiösen Anstands oder
der Sitte stehen dabei nicht im Vordergrund. Sie spielen nur eine Rolle, wenn
der Verstoß gegen diese Regeln gleichzeitig die „anständigen Marktgepflogenheiten" verletzt. Das aber ist nur so, wenn Kunden irregeführt oder unangemessen in ihren geschäftlichen Entscheidungen beeinträchtigt oder wenn Konkurrenten mit unlauteren Mitteln behindert werden. Irreführung, Aggression,
unangemessene Belästigung und Behinderung sind daher die Unterkategorien,
um deren Verhinderung es im UWG geht.

2. Freier und lauterer Wettbewerb

Nach § 1 UWG schützt das UWG Mitbewerber, Verbraucher sowie sonstige **3**
Marktteilnehmer und „zugleich das Interesse der Allgemeinheit an einem unverfälschten Wettbewerb". Dem Schutz des Wettbewerbs dient auch das Gesetz

gegen Wettbewerbsbeschränkungen (GWB). Das UWG richtet sich allein gegen „unlauteren Wettbewerb", indem es „unlautere geschäftliche Handlungen" (§ 3 Abs. 1 UWG) und „unzumutbare Belästigungen" (§ 7 Abs. 1 UWG) für unzulässig erklärt und nach § 8 Abs. 1 UWG die Möglichkeit gewährt, gegen solche Handlungen durch Unterlassungs- und Beseitigungsansprüche vorzugehen.

Das Gesetz behandelt damit eine Sondermaterie des Wirtschaftsrechts. Es sieht seine **Aufgabe** darin, die **Funktionsfähigkeit der marktwirtschaftlichen Mechanismen** dadurch zu **erhöhen**, dass für **Transparenz und Fairness im Verhältnis der Anbieter untereinander** und im Verhältnis der Anbieter zu den Abnehmern gesorgt wird. Das Wettbewerbsrecht, verstanden als Lauterkeitsrecht, ist ein System von Verbotsvorschriften, die das Ziel haben, unlautere (unredliche, unfaire) geschäftliche Handlungen zu verhindern. Dem liegt die Theorie zugrunde, dass Wettbewerbsprozesse nur durch faire geschäftliche Handlungen gestärkt werden. „Frei ist nur der lautere Wettbewerb, der unlautere ist beschränkbar." (*Fikentscher*, in: Recht und wirtschaftliche Freiheit, Band I, 1992, S. 79).

a) Definition Wettbewerb

4 Der Begriff Wettbewerb wird weder im UWG noch im GWB definiert. In der Tat kann man das Phänomen eher beschreiben als definieren. Ganz allgemein versteht man unter Wettbewerb im UWG und im GWB das Streben zweier oder mehrerer Wirtschaftsteilnehmer nach der Erreichung eines Ziels (in der Regel eine Kundenbeziehung) mit den Mitteln Preis, Konditionen und Nebenleistungen, das im Regelfall nur einer der Konkurrenten auf Kosten der anderen erreicht (statt vieler: *Ingo Schmidt*, Wettbewerbspolitik und Kartellrecht, 9. Aufl. 2012, S. 1; ebenso jetzt BGH GRUR 2014, 1114 Tz. 24 – nickelfrei).

Wettbewerb ist Konkurrenz (lat. concurrere/competere = gemeinsames Streben). Konkurrenz besteht zwischen Mitbewerbern auf Märkten. Sie in ihrer Freiheit und Neutralität zu gewährleisten, erfordert den Schutz der sich redlich und rechtstreu verhaltenden Unternehmen. Das dahinterstehende Ziel ist es, die qualitätvolle und preisgünstige Versorgung der Abnehmer nachhaltig zu sichern („Verbraucherwohlfahrt"), Angebotsvielfalt zu ermöglichen und Beeinträchtigungen der Handlungs- und Entscheidungsfreiheit möglichst auszuschließen. Umstritten ist in der Volkswirtschaftslehre noch, ob Wettbewerb nur das Ziel hat, die Wohlfahrt der Verbraucher zu erhöhen (so die sog. Chicago-School, vgl. *Robert H. Bork*, The Antitrust Paradox: A Policy at War with Itself, New York 1978, S. 91) oder ob es darum geht, die Handlungsfreiheit der Marktteilnehmer vor unangemessenen Beeinträchtigungen zu bewahren und dadurch zu erhalten (so die stärker ordnungspolitisch beeinflusste Theorie in Deutschland, vgl. *Möschel*, Recht der Wettbewerbsbeschränkungen, 1983, S. 49). Diese Streitigkeiten sind für das Antibeschränkungsrecht (GWB) von größerer Bedeutung als für das Lauterkeitsrecht. Es wird sich aber zeigen, dass beide Gesichtspunkte – Verbraucherwohlfahrt und Erhaltung der Handlungsfreiheit – die maßgeblichen Argumente liefern, wenn in einer wertenden Entscheidung zu bestimmen ist, welche Sichtweise den Wettbewerb stärkt.

b) Schutzzwecke und Schutzsubjekte des Lauterkeitsrechts

Die Schutzzwecke des UWG folgen aus § 1 UWG. Historisch diente das Gesetz **5** zunächst dem Schutz der (lauter handelnden) Konkurrenten. Aus diesem Grunde dürfen Konkurrenten, d.h. Mitbewerber, nach § 8 Abs. 3 Nr. 1 UWG auf Unterlassung und Beseitigung, ferner nach § 9 UWG auf Schadensersatz klagen, wenn ihre Interessen oder Schutzgüter durch unlautere geschäftliche Handlungen beeinträchtigt werden. Klagen dürfen aber auch die Verbände von (konkurrierenden) Wirtschaftsunternehmen (§ 8 Abs. 3 Nr. 2 UWG). Das ist wichtig in Fällen, in denen sich die Mitbewerber untereinander nicht angreifen wollen, etwa weil sie den Zorn eines starken Konkurrenten fürchten oder aber, weil ihnen der Fall zu lästig ist. In dem Fall 1 zugrundeliegenden Benetton-Fall hat ein solcher Konkurrentenverband geklagt.

Überdies geschützt sind die „Verbraucherinnen und Verbraucher". Damit wird anerkannt, dass die Marktfunktionen nicht nur dem Individualschutz der konkurrierenden Mitbewerber, sondern auch der Verbesserung der Angebote für Verbraucher dienen. Überraschenderweise sind Verbraucher als Individuen nicht klagebefugt, sondern nur Verbraucherverbände sind es. Sie zählen zu den sog. „qualifizierten Einrichtungen" nach § 8 Abs. 3 Nr. 3 UWG (unten Rn. 36).

Den Verbrauchern gleichgestellt sind die „sonstigen Marktteilnehmer". Dazu zählen gewerbliche Lieferanten und Abnehmer, also Kunden, die nicht Endverbraucher sind.

In § 1 Satz 2 UWG wird schließlich das „Interesse der Allgemeinheit an einem unverfälschten Wettbewerb" erwähnt. Hierdurch wird zum Ausdruck gebracht, dass der lautere Wettbewerb ein kollektives Schutzgut ist. Geschützt sind mithin nicht nur Personen, sondern auch der faire Wettbewerb als Veranstaltung. „Die Allgemeinheit" wird mitgeschützt, aber nur in ihrem Interesse am funktionierenden Wettbewerb. Diese Einschränkung ist wichtig für den Benetton-Fall, denn sie zeigt, dass nur wettbewerbsbezogene Interessen vorgebracht werden können. Eine Verbesserung der allgemeinen Moral und Sittlichkeit beabsichtigt das UWG nicht (mehr). Man kann Werbung nicht deswegen verbieten, weil sie unanständig oder geschmacklos ist.

3. Verhältnis des Lauterkeitsrechts zu anderen Rechtsgebieten

a) Verhältnis zum Antibeschränkungsrecht (GWB – auch: Kartellrecht)

6 Das GWB beabsichtigt wie das UWG den Schutz der Funktionsfähigkeit des Wettbewerbs. Allerdings sind die Eingriffsschwellen unterschiedlich. Das UWG erfasst jede geschäftliche Handlung, die geeignet ist, die Interessen von Konkurrenten, Verbrauchern und sonstigen Marktteilnehmern zu beeinträchtigen. Sobald auch nur ein einziger Konkurrent einen Vermögensverlust zu erleiden droht, kann diese Grenze überschritten sein. Demgegenüber schützt das GWB vor Wettbewerbsbeeinträchtigungen von gesamtmarktrelevanter Größe und Bedeutung. Bei Fusionen ist nur die Begründung oder Verstärkung von Marktbeherrschung tatbestandsmäßig (§ 36 Abs. 1 Satz 1 GWB), behinderndes Verhalten von Unternehmen wird auf Missbräuche erst untersucht, wenn eine marktbeherrschende Stellung besteht (§ 18 Abs. 1 GWB).

Als allgemeine Faustregel kann gelten, dass das Kartell- oder Antibeschränkungsrecht den Wettbewerb als Institution schützt, also die Arena, in der Markthandlungen stattfinden, als Spielfeld erhalten möchte, während das Lauterkeitsrecht für faire Verhaltensweisen der Marktteilnehmer untereinander sorgt. Um einen (nicht ganz zutreffenden) Vergleich mit dem Sport zu bemühen: Das Kartellrecht baut das Stadion und sorgt für gleiche Ausgangsbedingungen auf dem Spielfeld (Ballgröße, Torgröße, Stollenlänge), das Lauterkeitsrecht stellt den Schiedsrichter während des Spiels, der dafür zu sorgen hat, dass keine Fouls begangen werden. Der Vergleich hinkt allerdings, weil beim Sport das Ziel feststeht. Worin das Ziel der Veranstaltung Wettbewerb (günstige Preise, bessere Versorgung, Erhaltung der mittelständischen Wirtschaft?) besteht, ist hingegen alles andere als klar. Der Ökonom *von Hayek* sprach davon, dass Wettbewerb nur ein Entdeckungsverfahren sei (*von Hayek*, Der Wettbewerb als Entdeckungsverfahren, in: Freiburger Studien, Gesammelte Aufsätze, 1969, S. 249). Was dabei aufgedeckt wird, ist offen.

Zwischen UWG und GWB sind Überschneidungen denkbar, weil unfaire Praktiken auf der Mikroebene (zu viele oder zu schwere Fouls) auch die Institution Wettbewerb gefährden können. So ist die gezielte und systematische Preisunterbietung eines Konkurrenten im Einzelfall institutionell ungefährlich, wenn sie jedoch Ausdruck von Marktmacht oder Kartellorganisation ist, kann sie den Wettbewerb insgesamt gefährden, weil sie darauf gerichtet sein kann, eine Monopolstellung zu erlangen (siehe als Beispiel den Benrather Tankstellenfall, RGZ 134, 342; hierzu unten Fall 7 Rn. 253).

Die Ahndung von Kartellrechtsverstößen erfolgt aufgrund eigener Mechanismen. Das GWB erkennt die Anspruchsberechtigung privater Kläger an (§ 33 GWB), so dass eine Anwendung des Lauterkeitsrechts nicht erforderlich ist, um

Schutzlücken zu schließen (vgl. dazu den Fall BGH GRUR 2006, 773 Tz. 13–16 – Probeabonnement). Auf dem Rückzug ist die Auffassung, das UWG solle im Vorfeld gegen Handlungen, durch die Marktmacht erst erlangt werden kann, Unterlassungsansprüche zubilligen (sog. „Vorfeldthese", dazu *A. Merz*, Die Vorfeldthese, 1988).

b) Verhältnis zum Gewerblichen Rechtsschutz und zum Urheberrecht

Das UWG ist Teil des Gewerblichen Rechtsschutzes und des Urheberrechts, 7 denn die Normen beider Rechtsgebiete schützen unternehmerische Leistungsergebnisse, das UWG allerdings nur ergänzend und nicht als Hauptzweck.

Leistungsergebnisse, die nicht durch Patent-, Marken-, Design- oder Urheberrecht geschützt werden, sind daher nicht stets gegen Nachahmung durch das UWG geschützt. Es gilt der Grundsatz der Spezialität des sondergesetzlichen Schutzes. Ein Gegenstand, der die Schutzgrenzen der Sondergesetze verfehlt oder dessen Schutzdauer abgelaufen ist, ist nicht per se gegen Nachahmung durch das UWG geschützt. Die Ausbeutung einer Erfindung, deren Patentschutz abgelaufen ist, durch einen Konkurrenten ist nicht unanständig, sondern systemgemäß. In einer Wettbewerbswirtschaft gilt Nachahmungsfreiheit. Nur ausnahmsweise kann ein Schutz durch § 4 Nr. 3 UWG erfolgen, wenn zusätzliche Unlauterkeitskriterien in der Person des Nachahmers vorliegen, wenn er den Ruf des Originals schädigt oder ausnutzt, Herkunftstäuschungen erzeugt oder die Vorlage, die er zum Nachbau nutzt, unredlich erworben hat (näher Fall 8).

In ganz seltenen Fällen wurde die sog. „sklavische Nachahmung" eines mit 8 hohen Investitionen erzeugten, aber mit einfachsten Mitteln kopierten Gegenstandes auch unmittelbar als unlautere Wettbewerbshandlung angesehen (heute § 3 Abs. 1 UWG). Die Gerichte eilten hier aber stets nur dem Gesetzgeber voraus, der ein besonderes Schutzbedürfnis noch nicht gesehen und daher auch noch nicht durch Schutzgesetze abgesichert hatte. So wurden die Rechte von Konzertveranstaltern vor dem Inkrafttreten des § 81 UrhG (BGHZ 39, 352 – Vortragsabend) und die Rechte ausübender Künstler vor dem Inkrafttreten der §§ 73 ff. UrhG jeweils auch durch das UWG geschützt. Allein lauterkeitsrechtlich gegen sklavische Übernahme werden auch heute noch Modeneuheiten geschützt, in der Regel für die Dauer einer Saison (BGHZ 60, 168 – Modeneuheit).

Das Markenrecht war ursprünglich Bestandteil des Lauterkeitsrechts, weil 9 auch das UWG vor irreführenden Kennzeichnungen schützen wollte (heute noch erkennbar in § 5 Abs. 2 UWG). Dasselbe galt früher für irreführende geographische Herkunftsbezeichnungen (vgl. § 5 Abs. 1 Nr. 1 UWG: Irreführung über „geographische oder betriebliche Herkunft", heute § 126 MarkenG) und das Firmenrecht (§ 5 Abs. 1 Nr. 3 UWG, heute §§ 5, 15 MarkenG). Zum Teil wird vertreten, dass diese Materien sich vom UWG emanzipiert haben. Lediglich in Fällen, in denen die irreführende Verwendung von Marken, Firmen oder Herkunftsbezeichnungen nicht nur den Konkurrenten, der Schutzrechte innehat, sondern auch die Verbraucher beeinträchtigen, soll das UWG zusätzlich anwendbar sein. Die These vom „Vorrang des Markenrechts" (*Bornkamm*, GRUR 2005, 97) wird heute jedoch nicht mehr streng vertreten. Die irreführende Vermarktung von Produkten kann sowohl Markenrechte des Markeninhabers, als auch lauterkeitsrechtliche Interessen der Abnehmer verletzen (BGH GRUR 2013, 1161 Tz. 60 – Hard Rock Cafe).

c) Verhältnis zum Bürgerlichen Recht

10 Das Lauterkeitsrecht bezeichnet man auch als Sonderdeliktsrecht (*Beater*, Unlauterer Wettbewerb, Rn. 6). Es erweitert insbesondere den in den §§ 823 ff. BGB nur rudimentär und in § 826 BGB sehr einschränkend erfassten Schutz des Vermögens.

Dagegen ist in anderen Rechtskreisen der Schutz von Konkurrenten gegen unlautere Wettbewerbshandlungen unmittelbar in den Zivilgesetzbüchern enthalten (z.B. Frankreich: Art. 1382 Code civil, ab 1.10.2016 Art. 1240 C.c., Italien: Art. 2598 Codice civile). Diese Rechtsordnungen haben ursprünglich einen rein konkurrentenbezogenen Schutzansatz verfolgt, so dass die verbraucherschützenden Richtlinien des Unionsrechts dort vielfach in eigenen Verbraucherschutzgesetzen umgesetzt werden mussten. Diesen Umweg hat sich die deutsche Regelung erspart. Allerdings trägt die Zusammenfassung mehrerer Schutzanliegen in einem Gesetz nicht zur Vereinfachung der Gesetzesregelung bei. Die Abgrenzung erzeugt immer wieder Friktionen.

Anders als im allgemeinen Deliktsrecht sind im Lauterkeitsrecht auch Kollektivinteressen geschützt. Das zeigt sich an der Klagebefugnis der Verbände in § 8 Abs. 3 Nr. 2 bis 4 UWG. So wird verhindert, dass geringwertige Verstöße ungeahndet bleiben. Welcher Verbraucher macht sich die Mühe zu klagen, wenn er durch eine irreführende Werbung einen Vermögensverlust von nur wenigen Euro erlitten hat? Durch die Möglichkeit zur Bündelung solch „diffuser" Einzelinteressen erlangt das UWG eine sehr viel größere Durchschlagskraft (zu diesem „Multiplikatoreffekt" *Bydlinski*, System und Prinzipien des Privatrechts, 1996, S. 608 ff.).

d) Verfassungsrechtliche Verankerung des Lauterkeitsrechts

11 Die Wettbewerbsfreiheit ist Ausdruck der wirtschaftlichen Handlungsfreiheit und insoweit durch Art. 12 Abs. 1 und Art. 2 Abs. 1 GG verfassungsrechtlich ge-

schützt. Europarechtliche Ausprägungen dieser wirtschaftlichen Handlungs-
freiheiten sind die Warenverkehrs- und Dienstleistungsfreiheiten, die in Art. 34,
53 AEUV (ehemals Art. 28, 47 EG-Vertrag) geschützt werden und Art. 16 EU-
GRCh.

Erworbene Besitzstände (wie z.b. der Good-Will, Geschäftsgeheimnisse und
Know-How) sowie die freie Verfügungsbefugnis über Waren (Warenverkehrs-
freiheit) sind zudem Ausdruck des Eigentumsschutzes und insoweit durch Art. 14
Abs. 1 GG bzw. Art. 17 EU-GRCh geschützt (z.T. noch streitig).

Das BVerfG hat akzeptiert, dass das UWG mit Generalklauseln und unbestimmten Rechtsbegriffen arbeitet. Selbst die damalige Generalklausel des Verstoßes gegen die „guten Sitten" wurde gebilligt, unter anderem mit der Begründung, dass der Richter einen gewissen Spielraum zur Beurteilung neuer
Werbeformen behalten müsse (BVerfGE 32, 311, 317 Tz. 17 – Steinmetz-Wettbe-
werb).

Unternehmerische Äußerungen, insbesondere die Unternehmenswerbung, **12**
und zwar auch in Form der bloßen Imagewerbung, sind verfassungsrechtlich
geschützte Meinungsäußerungen, die unter Art. 5 Abs. 1 Satz 1 GG (bzw. Art. 11
Abs. 1 EU-GRCh) fallen. Eingriffe in die Werbefreiheit müssen sich daher an verfassungsrechtlichen Maßstäben messen lassen. Die Frage, ob einem Unternehmen eine bestimmte Form der Werbung (z.B. gefühlsbetonte oder schockierende
Werbung) oder geschäftlichen Äußerung verboten werden darf, ist demnach
besonders zu rechtfertigen (vgl. BVerfGE 71, 162, 175 = NJW 1986, 1533, 1534 unter I.3.a) – Werbeverbot für Ärzte; BVerfGE 102, 347, 359 = GRUR 2001, 170 – Be-
netton-Werbung; GRUR 2001, 1058 – Werbung für Generikum-Präparat), etwa
weil es um die Abwehr irreführender oder intransparenter Werbung geht
(BVerfG GRUR 2003, 349 – Preistest).

4. Rechtsquellen des Lauterkeitsrechts

Das Lauterkeitsrecht ist im UWG und wettbewerbsrechtlichen Nebengesetzen **13**
geregelt. Die Nebengesetze sind zum Teil für einzelne Wirtschaftsbereiche von
Bedeutung, zum Teil enthalten sie Spezialregelungen zum UWG oder sie ergän-
zen das UWG als Marktverhaltensregeln. Ein Verstoß gegen solche Vorschriften
führt über **§ 3a UWG** dazu, dass das betreffende Verhalten unlauter ist, wenn es
dazu geeignet ist, die Interessen von Marktbeteiligten spürbar zu beeinträchtigen. Oft finden sich in den Sondergesetzen verwaltungsrechtliche Regelungen,
welche die Ahndung von Verstößen als Ordnungswidrigkeiten auch (BGH GRUR
2016, 392 – Buchungssystem II) durch die jeweils zuständige Behörde erlauben.
Unter diese Sonderregelungen fallen:

– die **Preisangabenverordnung (PAngV)** mit Pflichten zur Preisauszeichnung beim Verkauf von Waren oder beim Absatz von Dienstleistungen gegenüber Letztverbrauchern im stationären Handel und im Fernabsatz; Ausnahmen von der Pflicht regelt § 9 PAngV. Der Verstoß kann von der Gewerbeaufsicht durch die Verhängung eines Ordnungsgeldes geahndet werden (§ 10 PAngV);

– einige Vorschriften des **Arzneimittelgesetzes** (Gesetz über den Verkehr mit Arzneimitteln – AMG), so Vorschriften über die Anforderungen an Herstellung und Vertrieb von Arzneimitteln (§§ 5–7 AMG), Täuschungsverbote bei der Vermarktung (§ 8, insbesondere § 8 Abs. 1 Nr. 2 lit. a AMG: Werbung mit unzutreffenden Wirksamkeitsbehauptungen bzw. lit. b: Werbung mit sicheren Heilungserwartungen), Kennzeichnungsvorschriften (§§ 10–12 AMG) und Zulassungserfordernisse (§ 21 AMG);

– Vorschriften aus dem **Heilmittelwerbegesetz** (Gesetz über die Werbung auf dem Gebiet des Heilwesens – HWG) für Heilmittel, Heilverfahren, Medizinprodukte und Kosmetika sowie Körperpflege- und Lebensmittel, die mit medizinischen Wirkungsaussagen angeboten werden. Das Gesetz enthält ein allgemeines Irreführungsverbot (§ 3 HWG) und sonstige Werbeverbote (§§ 3a, 4a, 5, 6–13 HWG) sowie Zugabeverbote (§ 7 HWG);

– das **Lebensmittel-, Bedarfsgegenstände- und Futtermittelgesetzbuch** (LFGB) mit Werberegelungen und Kennzeichnungsvorschriften für Lebensmittel, Futtermittel, Kosmetika, die insbesondere dem Schutz der Verbrauchergesundheit dienen;

– der **Jugendmedienschutzstaatsvertrag** (Staatsvertrag über den Schutz der Menschenwürde und den Jugendschutz in Rundfunk in Telemedien – JMStV) mit Vorschriften über die Verbreitung von elektronischen Medienangeboten in Rundfunk und Internet (für Trägermedien gilt das Jugendschutzgesetz) sowie Inhaltsverboten im Bereich von Gewaltverherrlichung und Pornographie, ferner Werbeverboten für Kinderprogramme;

– das **Ladenschlussgesetz** (Gesetz über den Ladenschluss – LadSchlG) mit (erheblich liberalisierten) Regelungen über die Öffnungszeiten von Verkaufsstellen (z.B. Sonn- und Feiertagsöffnungsverbote).

5. Unionsrechtliche Einflüsse auf das Lauterkeitsrecht

14 Das Primärrecht der EU enthält keine ausdrücklichen Vorschriften über die Bekämpfung des unlauteren Wettbewerbs. Allerdings schützt es die Marktfreiheiten auch im Interesse eines funktionierenden Wettbewerbs. Oft hat es nationale Lauterkeitsrechte als Quelle möglicher Beeinträchtigung von Marktfreiheiten

(insbesondere Warenverkehrs- und Dienstleistungsfreiheit) wahrgenommen. Der EuGH hat nationale Lauterkeitsvorschriften gelegentlich als unverhältnismäßige Eingriffe in diese Freiheiten angegriffen. Die erste Phase der europäischen Harmonisierung im Lauterkeitsrecht war mithin freiheitsbetont. Sie führte zu einer Deregulierung auch im deutschen Recht.

Etwa Mitte der 1980er Jahre begann das Europäische Recht die Harmonisierung des Lauterkeitsrechts positiv auszugestalten. Die Kommission hatte erkannt, dass fairer Wettbewerb dem Schutz von Verbraucherinteressen dient. Der EuGH hatte die Auffassung vertreten, dass die Lauterkeit des Handelsverkehrs (EuGH Slg. 1989, 229 Tz. 12/17), der Schutz der Entscheidungsfreiheit, der Sicherheits- und Gesundheitsinteressen von Verbrauchern legitime Ziele sind, um die Ausübung von Wettbewerbsfreiheiten einzuschränken. Zuständig für die Wettbewerbspolitik sind die Generaldirektionen Binnenmarkt, Wettbewerb sowie Gesundheit und Lebensmittelsicherheit.

Seit dem Vertrag von Maastricht (1992) sieht das Unionsrecht vor, ein hohes **15** Maß an Verbraucherschutz zu gewährleisten (Art. 169 AEUV, vorher Art. 153 EGV). Gestützt auf diese Kompetenznorm hat die Kommission in der zweiten Hälfte der 1990er-Jahre sukzessive eine Harmonisierung des Lauterkeitsrechts durch Verordnungen und Richtlinien in Angriff genommen, die zunächst Mindeststandards vorsahen, mittlerweile jedoch im Verbraucherbereich auch abschließende Standards setzen. Folgende Regelungen sind heute von Bedeutung:
- die **Irreführungsrichtlinie** (Richtlinie 2006/114/EG vom 12. Dezember 2006 über irreführende und vergleichende Werbung, EG-Amtsblatt Nr. L 376, S. 21), die eine Mindestharmonisierung im Bereich der irreführenden und vergleichenden Werbung bezweckt und eine Neukodifikation der älteren Richtlinien 1984/450/EWG, ABl. L 250/17 und 97/55/EG, ABl. L 149/22 darstellt;
- die **E-Commerce-Richtlinie** (Richtlinie 2000/32/EG vom 8. Juni 2000 über bestimmte rechtliche Aspekte der Dienste der Informationsgesellschaft, insbesondere des elektronischen Geschäftsverkehrs im Binnenmarkt, ABl L 178/1) mit ihren Informationspflichten (Art. 5, 6, 10), einem Verbot nicht angeforderter kommerzieller Kommunikation („E-Mail-Spam", Art. 7) und Vorschriften über Haftungserleichterungen für bloße Zugangsvermittler, Caching- und Hostingdienste (Art. 12–15) sowie Verhaltenskodizes im Bereich des elektronischen Geschäftsverkehrs (Art. 16). Die Informationspflichten sind über Art. 246c EGBGB Marktverhaltensnormen im Sinne des § 3a UWG;
- die **Kommunikationsdatenschutzrichtlinie** (Richtlinie 2002/58/EG des Europäischen Parlaments und des Rates vom 12. Juli 2002 über die Verarbeitung personenbezogener Daten und den Schutz der Privatsphäre in der

elektronischen Kommunikation, ABl L 201/37, auch ePrivacy-Richtlinie). Von lauterkeitsrechtlicher Relevanz ist insbesondere Art. 13 über „unerbetene Nachrichten" mit weiteren Detailregelungen über „spamming". Ergänzt wurde die Richtlinie 2009 durch die sog. „Cookie"-Richtlinie (Richtlinie 2009/136/EG vom 25. November 2009, ABl L 337/11);

– die **Richtlinie** 2005/29/EG des Europäischen Parlaments und des Rates vom 11. Mai 2005 **über unlautere Geschäftspraktiken** im binnenmarktinternen Geschäftsverkehr zwischen Unternehmen und Verbrauchern = Richtlinie über unlautere Geschäftspraktiken – **RL UGP**), die eine Vollharmonisierung im Bereich irreführender und aggressiver Geschäftspraktiken im Unternehmer-Verbraucher-Verhältnis (B2C) bewirkt und entscheidender Anlass für die UWG-Reform 2008 sowie die UWG-Reform 2015 war;

– die **Health-Claims-Verordnung** (Verordnung [EG] Nr. 1924/2006 des Europäischen Parlaments und des Rates vom 20. Dezember 2006 über nährwert- und gesundheitsbezogene Angaben über Lebensmittel, ABl. L 12/3, unten Fall 9) mit Vorschriften über die Verwendung von Angaben zum Nährwertgehalt und zu gesundheitsfördernden Wirkungen bei Lebensmitteln;

– die **Verbraucherrechte-Richtlinie** (Richtlinie 2011/83/EU des Europäischen Parlaments über die Rechte der Verbraucher, ABl. L 304/64) als Basis für zahlreiche vorvertragliche Informationspflichten bei Fernabsatzgeschäften, Verbrauchsgüterkaufverträgen, bei der Verwendung von Allgemeinen Geschäftsbedingungen und bei sog. Haustürgeschäften. Bedeutsam sind insbesondere Ob und Wie der Informationen über Widerrufsrechte der Verbraucher. Lauterkeitsrechtliche Relevanz haben diese Informationspflichten insbesondere über § 5a Abs. 4 UWG (dazu Fall 4).

6. Entwicklung und Aufbau des Lauterkeitsrechts

a) Entwicklung des UWG

16 Das Recht gegen den unlauteren Wettbewerb ist verknüpft mit der Möglichkeit von Wettbewerb, die wiederum davon abhängt, dass Gewerbefreiheit besteht. Die Gewerbefreiheit wurde auf dem Gebiet des Norddeutschen Bundes 1869 eingeführt und mit der Gründung des Deutschen Reichs 1871 auf das gesamte Reichsgebiet ausgedehnt.

Als Folge der Gewerbefreiheit begann nicht nur die Wettbewerbstätigkeit, sondern auch der unfaire Wettbewerb. Gewerbetreibende behinderten einander zum Teil mit physischen Mitteln und Boykottaufrufen, vor allem aber durch Täuschungen des Publikums. Eine konkurrentenschützende Generalklausel, die davor schützte, fehlte. Das BGB mit seinem § 826 BGB trat erst 1900 in Kraft. Der

Rechtsprechung fehlte es an Möglichkeiten, die unerwünschten Auswüchse der Konkurrenztätigkeit zu bekämpfen. Lediglich das Firmen- und Warenzeichenrecht wurde bereits 1874 kodifiziert, so dass ein rudimentärer Schutz gegen die unautorisierte und Verwechslungen erleichternde Verwendung fremder Kennzeichen bestand. Den Ausnahmecharakter dieses Schutzes nahm das Reichsgericht zum Anlass, ein allgemeines Verbot unlauteren Wettbewerbs in Deutschland für nicht existent zu halten (RGZ 3, 68 – Apollinaris).

Der Gesetzgeber reagierte 1896 mit der Verabschiedung des ersten UWG. Doch enthielt dieses Gesetz lediglich spezielle Verhaltensverbote (z.B. Verbot von Irreführung, geschäftlicher Anschwärzung, übler Nachrede, Missbrauch von Kennzeichnungsmitteln, Geheimnisverrat). Als Generalklausel sollten die Gerichte § 826 BGB anwenden. Dieser Weg erwies sich jedoch als steinig, weil diese Generalklausel vorsätzliches Handeln auch bezüglich des eingetretenen Schadens erforderte. Versuche, das Schutzgut „Wettbewerb" im Rahmen des § 823 Abs. 1 BGB („Recht am eingerichteten und ausgeübten Gewerbebetrieb") zu etablieren, scheiterten an der Haltung der Gerichte, die hierfür einen betriebsbezogenen, unmittelbar gegen den Bestand des Unternehmens gerichteten Eingriff verlangten (RGZ 135, 242, 247; BGHZ 29, 65).

Erst durch das Gesetz vom 7. Juni 1909 (RGBl. 499) erhielt das UWG die folgende weite und flexible Generalklausel, die bis zum Juli 2004 in Deutschland galt (zur Entwicklung *Beater*, Unlauterer Wettbewerb, Rn. 297 ff.): **17**

> „§ 1 Wer im geschäftlichen Verkehr zu Zwecken des Wettbewerbs Handlungen vornimmt, die gegen die guten Sitten verstoßen, kann auf Unterlassung und Schadensersatz in Anspruch genommen werden."

Die Formulierung entspricht dem § 826 BGB, doch fehlten das Vorsatz- und sogar das Verschuldenserfordernis. Zunehmend konnte daher bereits Unterlassung einer unlauteren Wettbewerbshandlung verlangt werden, wenn ein Verhalten objektiv wettbewerbswidrig war, ohne dass ein Schädigungsvorsatz vorlag. Bis 2004 wurden die weitaus meisten Wettbewerbsstreitigkeiten mit dieser Generalklausel ausgefochten. Die Gerichte entwickelten um die Generalklausel eine reichhaltige Fallsystematik.

In den 1930er-Jahren erhielt das UWG eine Reihe von industriepolitischen **18** Schutzvorschriften, insbesondere generelle Verbote von Zugaben und Rabatten (ZugabeVO/RabattG). Sie dienten nicht nur dem Schutz von Verbrauchern, sondern auch dem Erhalt des mittelständischen Gewerbes zum Schutz vor Rabatt- und Zugabeschlachten. In den 1980er-Jahren wurde dies gestärkt. Der Schutz vor Irreführung wurde durch eine Reihe von absoluten Verboten (Räumungsverkäufe, Jubiläumsverkäufe, Sonderveranstaltungen) mit engen Ausnahmen stark ausgebaut. Mit den wirtschaftspolitischen Reformen in den USA („Reaganomics") und Großbritannien („Thatcherism"), die zu einer starken Rücknahme staatlicher Regulierung führten, wuchs auch in Deutschland das Bedürfnis nach Deregulierung im Wettbewerbsrecht (vgl. hierzu *Jänich*, Überhöhte Schutzstandards im UWG, 1993; *Schricker*, GRUR Int. 1994, 586). Auch von europäischer Seite wurden starre Werbeverbote zunehmend angegriffen. Der EuGH kritisierte eine Reihe solcher Verbote als unverhältnismäßige Beeinträchtigungen von Warenverkehrs- und Dienstleistungsfreiheit (vgl. stellvertretend EuGH v. 18.5.1993, Slg. 1993 I 2361 – Yves Rocher). Die Bundesregierung verfolgte in den 1990er-Jahren zunehmend das Ziel, den Standort Deutschland durch eine Deregulierung des Wettbewerbsrechts attraktiver zu machen (vgl. dazu den Bericht der Bundesregierung „Zukunftssicherung des Standortes Deutschland", BT-Drucks. 12/5620, S. 42f. [1993]).

19   Im August 2000 wurden Rabatt- und Zugabeverbot aufgehoben. Diese Maßnahmen standen im Zusammenhang mit der Richtlinie über den elektronischen Geschäftsverkehr (vgl. BR-Drs. 13/01 S. 1, 4; BR-Drs. 21/01, S. 1, 4), die in Europa den grenzüberschreitenden elektronischen Einkauf vereinfachen sollte. Man vermutete in Deutschland nicht zu Unrecht, dass die Rabatt- und Zugabeverbote des deutschen Rechts inländische Kaufleute behindern würden, wenn die Kunden elektronisch im Ausland einkaufen würden, um dort höhere Rabatte und Werbegeschenke zu nutzen.

Kurze Zeit danach begann eine intensive Diskussion über eine Lockerung der Ladenschlussregelungen, die noch in den 1990er-Jahren einen Ladenschluss an Wochentagen um 18.30 Uhr und an Samstagen um 14.00 Uhr vorsahen. Durch spektakuläre Aktionen einiger Kaufleute, die gezielt ihre Geschäfte länger geöffnet hielten, stieg der Liberalisierungsdruck auf den Gesetzgeber (vgl. BVerfG NJW 2004, 2363).

20   Das Bundesjustizministerium vergab Ende des 20. Jahrhunderts Gutachtenaufträge an *Fezer* und *Schricker/Henning-Bodewig*, um die Modernisierungsspielräume zu testen (veröffentlicht in WRP 2001, 989 bzw. 1367). Eine Arbeitsgruppe im BMJ, bestehend aus *Köhler, Bornkamm* und *Henning-Bodewig* erstellte einen Arbeitsentwurf (WRP 2002, 1317), der in einem Referenten- und Regierungsentwurf mündete. Die Deregulierung zeichnete sich an folgenden Punkten ab:
–   Aufhebung starrer Verbote für Jubiläums-, Räumungs- und Konkursverkäufe;
–   Aufhebung starrer Verbote für Sonderveranstaltungen, insbesondere Schlussverkäufe (bis 2004 waren generelle Preisnachlässe auf ganze Warengruppen nur zweimal im Jahr, nämlich nach der Weihnachtszeit als Winterschlussverkauf und im Frühsommer als Sommerschlussverkauf zulässig);

- Anpassung der Gesetzessystematik an die Vorgaben des EuGH und die europarechtlichen Standards (z.B. Zweckklausel in § 1 UWG, Definitionen in § 2 UWG);
- Aufgliederung der zahlreichen Fallgruppen, die unter § 1 UWG 1909 entwickelt wurden, in einen Beispielskatalog in § 4 UWG 2004, der die bisherige Rechtsprechung kodifizierte (heute §§ 3a, 4, 4a UWG);
- Kodifizierung der Rechtsprechung zur Telefon- und Telefaxwerbung in § 7 Abs. 2 UWG;
- Systematische Aufgliederung des UWG in materielle Verbotsnormen (§§ 3–7 UWG), Anspruchsgrundlagen (§§ 8–11 UWG), Verfahrensnormen (§§ 12–15 UWG und Strafvorschriften (§§ 16–19 UWG);
- Kodifikation der Rechtsprechung zur vorgerichtlichen Abmahnung und zum Anspruch auf Kostenerstattung im Fall einer berechtigten Abmahnung (§ 12 UWG);
- Neue Generalklausel in § 3 UWG mit im Anschluss formulierten Beispielstatbeständen.

Der deutsche Gesetzgeber hatte mit der UWG-Reform 2004 die Hoffnung verbunden, dass das europäische Recht dem deutschen Entwurf weitgehend folgen würde. Diese Hoffnung erwies sich jedoch als trügerisch. Im Jahr 2005 wurde die Richtlinie über unlautere Geschäftspraktiken (RL UGP) verabschiedet. Diese Richtlinie sah zahlreiche zusätzliche Regelungen, insbesondere im Bereich der irreführenden Geschäftspraktiken vor. Daraufhin wurde das deutsche UWG angepasst, denn die Richtlinie war bis zum 12. Dezember 2007 in nationales Recht umzusetzen. Die Anpassungen erfolgten durch das „Erste Gesetz zur Änderung des Gesetzes gegen den Unlauteren Wettbewerb", das am 29. Dezember 2008 verkündet wurde und am 30. Dezember 2008 in Kraft trat (BGBl. I 2949). **21**

Die UWG-Novelle 2008 erweiterte den Anwendungsbereich von Wettbewerbshandlungen auf alle „geschäftlichen Handlungen". Damit fällt nicht nur die Werbung im Vorfeld des Verkaufs, sondern auch die Phase von Vertragsschluss, Vertragsabwicklung sowie Service- und Garantieverhalten in den Anwendungsbereich des UWG. Neu eingeführt wurde § 5a UWG, mit dem die Vorenthaltung wesentlicher Informationen, die der Abnehmer für seine geschäftliche Entscheidung benötigt (z.B. Informationen über Garantien, Widerrufsrechte, Serviceleistungen), als unlauter klassifiziert. Zudem wurde ein Katalog von Perse-Verboten im Anhang des Gesetzes nach dem Vorbild der Richtlinie aufgenommen.

Die UWG-Novelle 2008 war stark bemüht, die Reform des Jahres 2004 weitgehend zu erhalten. Wortlaut und Systematik, aber auch manche Einzelheiten **22** der RL UGP wurden dadurch intransparent übernommen oder sie führten zu überflüssigen Doppelregelungen (vgl. *Peifer*, WRP 2010, 1432). Die EU-Kommission drohte mit einem Vertragsverletzungsverfahren wegen unrichtiger Umsetzung der Richtlinie. Das veranlasste den deutschen Gesetzgeber nachzubessern. Diese Nachbesserung soll weniger materielle Änderungen erzeugen, wohl aber für eine bessere Systematik sorgen und eine stärkere Orientierung des deutschen Gesetzes am Wortlaut der RL UGP vornehmen. Die Diskussion der Reform war heftig, Referenten- und Regierungsentwurf unterschieden sich stark, und auch der Regierungsentwurf wurde im parlamentarischen Verfahren nochmals stark verändert. Das „Zweite Gesetz zur Änderung des Gesetzes gegen den unlauteren Wettbewerb" vom 2. Dezember 2015 trat am 12. Dezember 2015 in Kraft (BGBl. I 2158).

Die Vorschriften des UWG 2008 wurden 2015 vielfach neu geordnet und nummeriert. Eine Synopse im Anhang 1 gibt einen Überblick darüber, wie sich die Fallgruppen von 1909 bis 2015 verändert haben. Das Fallbuch verwendet jeweils die Abkürzung UWG für das aktuelle Gesetz, im Übrigen die Abkürzungen UWG 1909, UWG 2004 und UWG 2008 für die Vorgängerregelungen.

b) Aufbau des UWG

23   Anwendungsvoraussetzung aller Verbotsnormen des UWG ist das Vorliegen einer geschäftlichen Handlung. Sie ist die Eintrittstür in das Lauterkeitsrecht. Liegt keine geschäftliche Handlung vor, so ist nicht das UWG, sondern es sind die allgemeinen Deliktsnormen, also § 823 Abs. 1, Abs. 2 und § 826 BGB, anzuwenden.

Das UWG verfügt mit § 3 und § 7 UWG über zwei Grundtatbestände. Unzulässig sind danach unlautere (§ 3 UWG) und unzumutbar belästigende (§ 7 UWG) geschäftliche Handlungen. Die unzumutbare Belästigung betrifft vor allem Praktiken der Direktwerbung durch Telefonanrufe, E-Mail-Spamming, „Hausieren" oder das Ansprechen in der Öffentlichkeit. Wann eine geschäftliche Handlung unlauter ist, wird in § 3 UWG nicht definiert. Die §§ 3a–6 UWG enthalten hierzu aber Fallgruppen, so dass für § 3 UWG nur noch Sachverhalte übrig bleiben, die nicht unter diese Spezialnormen fallen. § 3 UWG erhält dadurch den Charakter einer Auffangvorschrift. Die §§ 3a bis 6 UWG kodifizieren zum Teil diejenigen Fallgruppen, die vor der Reform 2004 von den Gerichten entwickelt und insbesondere in den Kommentaren von *Baumbach* und *Hefermehl* systematisiert wurden (zuletzt *Baumbach/Hefermehl*, UWG, 22. Aufl. 2003), zum Teil transformieren sie die Verbotsvorschriften der RL UGP.

§§ 8 bis 10 UWG enthalten die Anspruchsgrundlagen des Lauterkeitsrechts, § 11 UWG regelt die Verjährung dieser Ansprüche.

Das Wettbewerbsverfahrensrecht ist in den §§ 12 bis 15 UWG geregelt.

§§ 16 bis 19 UWG enthalten Strafvorschriften, die auch Schutzgesetze im Sinne von § 823 Abs. 2 BGB sind und damit zivilrechtliche Schadensersatzansprüche nach sich ziehen können.

7. Die allgemeinen Anwendungsvoraussetzungen des UWG

a) Geschäftliche Handlung, § 2 Abs. 1 Nr. 1 UWG

Das UWG erfasst „geschäftliche Handlungen". Legal definiert sind sie in § 2 Abs. 1 Nr. 1 UWG. Die Definition hat drei Elemente: [24]

(1) Förderung des (eigenen oder eines fremden) Unternehmens
   Geschäftliche Handlungen definiert man am besten, indem man erläutert, was nicht darunter fällt. Nicht geschäftlich ist die private Tätigkeit (Bsp.: BGH GRUR 1993, 760, 761 – Makler-Privatangebot mit Anm. *Gröning*, WRP 1993, 621; vgl. aber zur Haftung von Privatpersonen für eBay-Verkäufe *Henning-Bodewig*, GRUR 2013, 26), ferner die amtliche, behördliche und die betriebsinterne Tätigkeit (vgl. BGHZ 144, 255 = GRUR 2000, 1076, 1077 – Abgasemissionen). Positiv gewendet fällt unter die geschäftliche Handlung jede selbständige wirtschaftliche Betätigung im Erwerbsleben, die der Förderung eines beliebigen Geschäftszwecks dient. Das Merkmal wurde schon immer weit ausgelegt. Auch die Tätigkeit von Freiberuflern (Ärzten, Rechtsanwälten) sowie von gesetzlichen Krankenkassen (BGH GRUR 2014, 1120 Tz. 19 f. – Betriebskrankenkasse II) fällt hierunter.
   Auch die Förderung fremder Unternehmen ist geschäftlich. Daher handelt der Herausgeber, der Werbung für Dritte in seiner Zeitschrift gegen Entgelt veröffentlicht, zugunsten des werbenden Unternehmens, also geschäftlich (vgl. EuGH GRUR 2013, 1245 Tz. 36 – Good News).

(2) Verhalten vor, während oder nach einem Geschäftsabschluss
   Publikums- und Imagewerbung bewegen sich im Vorfeld des Geschäftsabschlusses. Erfasst sind darüber hinaus Handlungen im Augenblick des Vertragsabschlusses oder das Serviceverhalten nach Vertragsschluss. Wer etwa nach Vertragsschluss behauptet, eine Servicehotline in Deutsch bereitzuhalten, nimmt eine geschäftliche Handlung vor. Wer als Unternehmer einen Link auf eine Internetseite mit kommerziellen Angeboten setzt, begeht eine geschäftliche Handlung, weil er die fremden Inhalte in den eigenen Werbeauftritt einbezieht (BGH GRUR 2016, 209 Tz. 9 – Haftung für Hyperlink; GRUR 2015, 694 Tz. 22 f. – Bezugsquellen für Bachblüten). Die bloße vertragliche Schlechtleistung (Pflichtverletzung i.S.v. § 280 Abs. 1 BGB) ist nicht automatisch auch geschäftliche Handlung (BGH GRUR 2013, 945 Tz. 26 – Standardisierte Mandatsbearbeitung; *Svigac*, NJOZ 2013, 721), sie ist aber als

solche zu qualifizieren, wenn sie Teil einer Geschäftsstrategie wird, die auch künftige Geschäftsabschlüsse beeinträchtigt. So ist es, wenn ein Unternehmen in seinen öffentlichen Angaben Gewährleistungen bewirbt oder irreführend behauptet, Gewährleistungsansprüche seien ausgeschlossen (vgl. BGH GRUR 2010, 1117 Tz. 18 – Gewährleistungsausschluss).

(3) Objektiver Zusammenhang des Verhaltens mit der Absatz- oder Bezugsförderung

Wie früher muss die Handlung einen Wettbewerbsbezug haben, also geeignet sein, auf den tatsächlichen oder möglichen eigenen oder fremden Kundenkreis Einfluss zu nehmen. Ob dieser Einfluss sich tatsächlich auswirkt (Umsatzverlust beim Konkurrenten, Umsatzgewinn beim Handelnden), ist nicht zu prüfen (BGHZ 3, 270, 277 – Constanze I; 14, 163, 170 – Constanze II; 19, 299, 303 – Kurverwaltung; GRUR 1983, 374 – Spendenbitte m. Anm. *Tillmann*).

25 Im Ausgangsfall „Benetton" ergeben sich zwei Probleme:

(a) Zunächst ist fraglich, ob die Tätigkeit eines Medienunternehmens stets im objektiven Zusammenhang mit der Absatzförderung des werbenden Unternehmens steht. Der Wortlaut des § 2 Abs. 1 Nr. 1 UWG ist erfüllt. Erst ein Blick in die Gesetzesmaterialien führt zu einer differenzierten Betrachtungsweise. Danach ist die rein redaktionelle Tätigkeit der Medien keine geschäftliche Handlung, weil sie nicht im objektiven Zusammenhang mit der Absatzförderung (sondern im objektiven Zusammenhang mit der Information und Meinungsbildung) steht. Das gilt auch für religiöse, politische und verbraucherpolitische Stellungnahmen (z.B. Warentests, BT-Drucks. 16/10145, S. 21). Nicht zur redaktionellen Tätigkeit gehört allerdings die Verbreitung von Werbeanzeigen. Hierin liegt also in der Tat objektive Absatzförderung. Daher gehört der Anzeigenteil zum absatzfördernden Verhalten (vgl. BGH GRUR 1998, 947 – AZUBI'94; vgl. auch GRUR 1997, 907 – Emil-Grünbär-Club; GRUR 1998, 167 – Restaurantführer; GRUR 1998, 489 – Unbestimmter Unterlassungsantrag III; vgl. auch OLG Düsseldorf NJW-RR 1997, 1045: Aufruf an Kunden der Telekom, Telefongebühren nur unter Vorbehalt zu zahlen, ist Meinungsäußerung und daher keine geschäftliche Handlung).

(b) Das zweite Problem betrifft den Werbenden: Problematisch ist, ob eine Kampagne, die nur ein Schockmotiv zeigt, überhaupt die Absatztätigkeit dieses Unternehmens fördern kann. Man mag daran zweifeln, ob bei einem Fehlen jeglicher Produktaussage überhaupt noch ein Zusammenhang zur Absatztätigkeit besteht. Diese Frage lässt sich nicht mit dem Wortlaut des § 2 Abs. 1 Nr. 1 UWG, wohl aber mit der Systematik des Gesetzes klären. § 5 Abs. 1 Satz 2 Nr. 4 UWG führt als Umstände, über die irregeführt werden kann, auch „Aussagen oder Symbole auf, die im Zusammenhang mit direktem oder indirektem Sponsoring stehen". Daraus folgt, dass jedenfalls reine Sympathieaktionen, wie direkte Unterstützungsleistungen zugunsten sozialer oder kultureller Zwecke, aber auch indirekte Imagekampagnen vom UWG als „geschäftliche Handlungen" angesehen werden. Die Gesetzesbegründung unterstreicht dies. Danach nämlich „(können) Sponsoring und Image-Werbung [...] in den Anwendungsbereich des UWG fallen" (BT-Drucks. 16/10145, S. 21). Auch eine teleologische Auslegung führt zu diesem Ergebnis: Unternehmen versuchen durch Kampagnen wie der vorliegenden gezielt ihr Image in der Öffentlichkeit zu stärken, um letztlich „sympathisch" zu wirken. Dies geschieht in der Hoffnung, dass Kunden mit einem engagierten Unternehmen lieber Geschäfte machen. Daher ist Imagewerbung absatzfördernd und somit eine geschäftliche Handlung. Wer Imagewerbung veröffentlicht, begünstigt fremde Absatzförderung.

b) Subjektive Voraussetzungen?

Das UWG 1909 verlangte ein Handeln zu Wettbewerbszwecken. Das erforderte 26 die Absicht, eigenen oder fremden Wettbewerb zu fördern. Das „Handeln zu Zwecken des Wettbewerbs" als subjektive Voraussetzung wurde regelmäßig vermutet (Ausnahme: redaktionelle Mitteilungen der Presse, Verbraucheraufklärung). Das neue UWG folgt dagegen einer rein objektiven Betrachtungsweise (hierzu *Peifer*, Mitteilungen der Deutschen Patentanwälte 2007, S. 200–207). Auf subjektive Kriterien kommt es nicht mehr an.

Problematisch mag sein, ob der gegen lauterkeitsrechtliche Normen Verstoßende schuldhaft (z.B. fahrlässig) handeln muss. Für den bloßen Unterlassungs- und Beseitigungsanspruch aus § 8 Abs. 1 UWG wird auch das nicht gefordert. Allerdings besteht bei der Veröffentlichung von Anzeigen oder Werbung in den Medien eine Verantwortung des Medienunternehmens nur, wenn der Verstoß offensichtlich und leicht erkennbar war (BGH GRUR 2006, 429 – Schlank-Kapseln; OLG München ZUM 2001, 521). Diese Voraussetzung soll Medienunternehmen vor einer zu starken Einschränkung ihres aus Finanzierungsgründen unerlässlichen Anzeigengeschäfts bewahren, dient mithin dem Schutz der Medien in institutioneller Hinsicht. Sie berücksichtigt, dass diese Tätigkeit durch Art. 5 Abs. 1 Satz 2 GG mit besonderem verfassungsrechtlichen Schutz versehen ist. Im vorliegenden Fall haben die Gerichte eine wettbewerbsrechtliche Haftung des Presseunternehmens gleichwohl angenommen, weil der Verstoß vorher abgemahnt und ausführlich erörtert worden ist.

8. Unlauterkeit

a) Definition

27 Zentrales Tatbestandsmerkmal des UWG ist die Unlauterkeit. Die **Generalklausel** in § 3 UWG definiert das Merkmal nur in § 3 Abs. 2 für die Verbraucheransprache (den sog. „Business-to-Consumer" = B2C-Bereich). Dort ist unlauter, was der **„unternehmerischen Sorgfalt"** widerspricht. § 2 Nr. 7 definiert die „unternehmerische Sorgfalt" als Verhalten, das in Übereinstimmung mit „Treu und Glauben unter Berücksichtigung der **anständigen Marktgepflogenheiten"** steht. Die RL UGP verwendet ebenfalls diesen unbestimmten Rechtsbegriff, spricht aber von „beruflicher Sorgfalt" (Art. 2 lit. h. RL UGP). Fassbar ist das kaum. Letztlich kann man sich damit wieder an den früheren Begriff der „guten Sitten" anlehnen. Auch darunter verstand man nämlich überwiegend die anständigen Kaufmannsgepflogenheiten. Das, was ordentliche und rechtschaffene Kaufleute als anständig empfinden, müsste dann auch die „berufliche Sorgfalt" bestimmen. Der deutsche Gesetzgeber hat „beruflich" mit „unternehmerisch" gleichgesetzt. Der Begriff „berufliche Sorgfalt" missfiel, weil Berufe angeblich nach deutschem Recht nur natürliche, nicht aber juristische Personen ausüben können. Im Ergebnis geht es hier wie dort um einen Verstoß gegen die anständigen Marktgepflogenheiten, also die lautere Geschäftsmoral.

Für die nicht gegenüber gewerblichen Abnehmern („Business-to-Business" = B2B) erfolgende Ansprache fehlt es an einer Definition. Es spricht aber wenig dagegen, auch hier Unlauterkeit als Verstoß gegen anständige Marktgepflogenheiten zu definieren. Nur mögen diese Marktgepflogenheiten im B2B-Bereich andere als im B2C-Bereich sein, denn Unternehmen sind untereinander erfahrener als Verbraucher es sind.

Im Übrigen begnügt sich das UWG damit, **Beispielsfälle der Unlauterkeit** in den §§ 3a bis 6 UWG aufzulisten. Gegen die anständigen Gepflogenheiten verstoßen danach Irreführungen des Publikums (§§ 5, 5a), aggressive Vermarktungsstrategien (§ 4a) und diverse direkt konkurrentenbehindernde Handlungen, die nicht durch die Verfolgung eigener Wettbewerbsziele zu rechtfertigen sind (§§ 4, 6), schließlich der spürbare Verstoß gegen Vorschriften, die Marktverhaltenspflichten aufstellen (§ 3a). Ein besonderer Fall des Verstoßes gegen die unternehmerische Sorgfalt wird in § 7 UWG formuliert. Die Norm schützt die Privatsphäre natürlicher Personen und die geschäftliche Sphäre von Unternehmen gegen **belästigendes Direktmarketing**, z.B. E-Mail-Spamming.

§ 3 Abs. 1 UWG ersetzt die frühere Generalklausel des § 1 UWG 1909, die von einem Verstoß gegen die guten Sitten ausging. In allen Fällen außerhalb des § 7 wird § 3 Abs. 1 UWG benötigt, denn nur dort steht zu lesen, dass unlautere Handlungen auch unzulässig sind. Daher werden alle Fälle der §§ 3a bis 6 in

Verbindung mit § 3 Abs. 1 UWG geprüft. § 3 hat im Übrigen vier Absätze. Abs. 1 bis 3 stehen zueinander im **Verhältnis der Spezialität**, sind daher von hinten nach vorne zu prüfen. Man beginnt bei Verbraucherangeboten stets mit § 3 Abs. 3. Sind die dortigen Voraussetzungen nicht gegeben, werden die Beispielsfälle der §§ 3a bis 7 UWG geprüft. Soweit ein geschäftliches Verhalten Elemente enthält, die dort nicht erfasst sind, wird bei Verbraucherangeboten § 3 Abs. 2 UWG als Auffangklausel, bei Angeboten gegenüber gewerblichen Abnehmern § 3 Abs. 1 UWG, ebenfalls als Auffangklausel, geprüft. § 3 Abs. 4 UWG ist keine Anspruchsgrundlage, diese Norm gibt nur den Maßstab für die Prüfung des Adressatenhorizonts einer geschäftlichen Handlung an. Sie ist bei Verbraucherangeboten in allen Fällen der §§ 3a bis 7 UWG zu prüfen.

b) Absolute Verbote, § 3 Abs. 3 UWG mit Anhang

Nach **§ 3 Abs. 3 UWG** ist eine geschäftliche Handlung ohne weiteres unlauter, d.h. ohne weitere Abwägung, wenn sie unter eines der **Per-se-Verbote des Anhangs** zu dieser Norm fällt. Es kommt in solchen Fällen weder darauf an, ob der Verstoß gerechtfertigt werden kann, noch ob er relevant für die geschäftliche Entscheidung eines Verbrauchers oder sein Verhalten am Markt war oder werden konnte. Der Verstoß allein führt zur Unlauterkeit.

Der Anhang nennt insgesamt dreißig solcher Verhaltensweisen, die allerdings nur in der Verbraucheransprache (B2C), nicht gegenüber gewerblichen Abnehmern (B2B) verboten sind.

> **Bsp.:** Die unwahre Behauptung, ein Fernseher werde nur an zwei aufeinanderfolgenden Tagen zu einem Sonderpreis angeboten, danach werde er wieder teuer (vgl. Nr. 7 des Anhangs zu § 3 Abs. 3 UWG).

c) Allgemeine Generalklausel, § 3 Abs. 1 UWG

Nach **§ 3 Abs. 1 UWG** ist jede geschäftliche Handlung unlauter, welche die in § 1 UWG genannten Interessen verletzt. Bis 2015 musste der Verstoß „spürbar", also wettbewerblich relevant sein. Dieses Kriterium findet sich heute nur noch in § 3a UWG. Es bezweckt dort, Bagatellverstöße dem Verbotsbereich zu entziehen. In der Praxis spielte das Merkmal kaum eine Rolle, weil die Gerichte selten einen Verstoß als so marginal angesehen haben, dass er nicht spürbar war. Es war also durchaus konsequent, dass der Gesetzgeber das weitgehend funktionslose Kriterium gestrichen hat. Ob es in § 3a UWG besondere Bedeutung erhalten wird, ist fragwürdig.

Eine Relevanz müssen Lauterkeitsverstöße allerdings auch heute noch haben. Das zeigen die Beispielsfälle in §§ 3a–6 UWG. Nach § 4a UWG ist eine ag-

28

gressive Praktik erst unlauter, wenn sie kausal für eine Marktentscheidung in dem Sinne ist, dass die Entscheidung voraussichtlich ohne die aggressive Einwirkung auf die Entscheidungsfreiheit des Abnehmers nicht getroffen worden wäre.

> **Bsp.**: Der Händler bedrängt einen Kunden in seinem Geschäft so stark, dass der Kunde kauft, um dem Druck zu entgehen.

Ebenso ist es bei der Irreführung. Auch sie ist nur unlauter, wenn sie kausal für eine Abnehmerentscheidung sein kann (§ 5 Abs. 1 Satz 1 UWG).

> **Bsp.**: Der Händler bewirbt eine Ware mit einem niedrigen Preis. Im Geschäft ist der Artikel dagegen teurer ausgezeichnet (§ 5 Abs. 1 Satz 2 Nr. 2 UWG). Hier besteht die Gefahr, dass ein Kunde, der aufgrund der Werbung ins Ladengeschäft des Händlers geht, zwar verärgert ist, aber – einmal angekommen – dennoch kauft.

Die Vorenthaltung von Informationen ist nur unlauter, wenn der Abnehmer die Information benötigt, um eine Marktentscheidung zu treffen (vgl. z.B. § 5a Abs. 1 UWG: „Eignung des Verschweigens zur Beeinflussung der Entscheidung"). Bei konkurrentenbehindernden Praktiken (§§ 4, 6 UWG) ist nur unlauter, was den Konkurrenten schädigen kann.

d) Verbrauchergeneralklausel (§ 3 Abs. 2 UWG)

29   § 3 Abs. 1 UWG definiert die Unlauterkeit nicht, nur § 3 Abs. 2 Satz 1 UWG tut dies für den B2C-Bereich (oben Rn. 27). Die Norm betrifft nur „geschäftliche Handlungen gegenüber dem Verbraucher". Besondere Relevanz gegenüber § 3 Abs. 1 UWG hat dies letztlich nicht. Zwar müssen Unternehmer untereinander andere Maßstäbe („Marktgepflogenheiten") anlegen als gegenüber dem Verbraucher, dass Anstand nur gegenüber den Verbraucher gilt, ist aber nicht anzunehmen. In Fallgutachten ist daher § 3 Abs. 2 UWG die Auffangklausel, wenn es um den B2C-Verkehr geht, bei B2B-Fällen ist es § 3 Abs. 1 UWG. In den meisten Fällen kommt es darauf nicht an, weil ohnehin einer der Beispielsfälle der §§ 4a–6 UWG zur Anwendung kommt. Nur wenn diese Fälle nicht greifen, also eine Auffangklausel benötigt wird, ist § 3 UWG relevant. § 3 Abs. 1 UWG ist allerdings stets zu zitieren (außer bei Anwendung des § 7 UWG), denn erst aus § 3 Abs. 1 UWG folgt, dass unlautere Handlungen unzulässig sind. In der Fallprüfung wurde die Unlauterkeit nach § 3 Abs. 2 UWG bislang nicht anders ausgelegt als § 3 Abs. 1 UWG (vgl. *Emmerich*, UWG, § 5 Rn. 29).

In Fall 1 geht es um einen Anwendungsbereich der General- oder Auffangklausel. Die Frage, ob schockierende Werbung unlauter ist, war lange Zeit umstritten. Insbesondere die Frage, ob solche auf besondere Aufmerksamkeitseffekte zielende Imagewerbung Wettbewerbsfunktionen verbessert, stört oder diesen Funktionen gegenüber neutral ist, hat kontroverse Stellungnahmen hervorgebracht. Diese Frage hat auch verfassungsrechtliche Implikationen. Sie kann objektive Wertvorstellungen durchsetzen (Meinungsfreiheit) oder auch gefährden (Menschenwürde von HIV-Infizierten). Allerdings wurde schon darauf hingewiesen, dass es im UWG nicht um die Durchsetzung allgemeiner Vorstellungen von gutem Geschmack und ethischem Verhalten geht.

> **Bsp.:** Eine Fallgruppe, die noch nach § 3 Abs. 2 Satz 1 UWG unlauter sein könnte, ist die Werbung mit Motiven, welche religiöse Gefühle verletzen können (vgl. BGH GRUR 2010, 1113 Tz. 10 – Grabmalwerbung).

e) Das maßgebliche Verbraucherleitbild (§ 3 Abs. 4 UWG)

§ 3 Abs. 4 UWG definiert, auf welchen Adressatenhorizont es bei der Frage an- **30** kommt, ob eine unlautere Geschäftshandlung geeignet ist, zu täuschen, zu belästigen und Marktentscheidungen zu beeinflussen. Maßgeblich ist grundsätzlich der durchschnittliche Verbraucher. Das entspricht der EuGH-Rechtsprechung, wonach das (harmonisierte) Lauterkeitsrecht nicht den besonders leichtgläubigen und unaufmerksamen Verbraucher schützt, sondern Verbote nur ausgesprochen werden dürfen, wenn sie Entscheidungen eines Verbrauchers beeinträchtigen können, der „angemessen gut unterrichtet und angemessen aufmerksam und kritisch ist" (EuGH Slg. 1995, I-1923 Tz. 24 = GRUR Int. 1995, 802 – Mars; vgl. Erwägungsgrund Nr. 18 der RL UGP; BGH GRUR 2014, 1013 – Original Bach-Blüten).

Eine Ausnahme von diesem Standard formuliert § 3 Abs. 4 Satz 2 UWG für Fälle, in denen sich eine Werbung ganz gezielt an eine Verbrauchergruppe richtet, die aufgrund von geistigen oder körperlichen Gebrechen, aufgrund ihrer Jugend oder aufgrund ihres Alters nicht mehr so aufmerksam und gut unterrichtet ist wie der in Satz 2 angenommene Normalverbraucher (sprachunkundige Ausländer, Kinder, Alte, Sprachbehinderte, Sehbehinderte etc.; vgl. BGH GRUR 2014, 686 Tz. 16 – Goldbärenbarren). Für Unternehmerangebote gibt es kein gesetzlich definiertes Leitbild. Hier ist der durchschnittliche Unternehmer maßgeblich.

9. Die Fallprüfung im Lauterkeitsrecht (Prüfungsaufbau)

Fallprüfungen im Lauterkeitsrecht umfassen typischerweise sowohl die Zuläs- **31** sigkeit als auch die Begründetheit einer Klage. Der Standardaufbau wird in Fall 1 erläutert. Typische Prüfungsreihenfolge ist:

I. **Unterlassungs- und Beseitigungsanspruch, § 8 Abs. 1 UWG**
1. Zulässigkeit (Zuständigkeit, Fassung des Unterlassungsantrags)
2. Begründetheit
    a) Klagebefugnis, § 8 Abs. 3 UWG (bei Abmahnung: Abmahnbefugnis, analog § 8 Abs. 3 UWG)
    b) Allgemeine Anwendungsvoraussetzung des UWG, § 3 mit § 2 Abs. 1 Nr. 1 UWG: Vorliegen einer geschäftlichen Handlung
    c) Unzulässigkeit nach § 3 Abs. 3 UWG mit Anhang bei B2C-Angeboten oder
    d) Unzulässigkeit nach §§ 3 Abs. 1; 7 UWG
        aa) Unzumutbare Belästigung nach § 7 UWG
        bb) Unlauterkeit nach § 3 Abs. 1 mit §§ 3a bis 6 UWG
        cc) Unlauterkeit nach § 3 Abs. 2 UWG bei B2C-Angeboten
        dd) Unlauterkeit nach § 3 Abs. 1 UWG bei B2B-Angeboten
3. Rechtsfolge: Unterlassung und/oder Beseitigung
II. **Schadensersatz, § 9 UWG**
1. (wie oben 1. und 2.)
2. Verschulden (Vorsatz oder Fahrlässigkeit, vgl. § 276 BGB)
3. Rechtsfolge: Ersatz des
— unmittelbaren Schadens (§ 249 Abs. 1 BGB)
— entgangenen Gewinns (§ 252 BGB)
— Marktverwirrungsschadens (§ 249 Abs. 1 BGB)

10. Wettbewerbsprozessrecht (Grundzüge)

a) Zuständigkeit der Gerichte

[32] **Sachlich ausschließlich zuständig** in Wettbewerbsfragen für alle Streitigkeiten aus den §§ 8 bis 10 UWG (sowie Abmahn- und Gebührensachen, § 12 UWG)[1] sind die Landgerichte (§ 13 Abs. 1 UWG). Durch die Spezialnormen im UWG sollen die Landgerichte als Eingangsinstanz die Möglichkeit erhalten, besonderes Wissen in wettbewerbsrechtlichen Fragen anzusammeln. Die Länder hätten zudem die Möglichkeit, die Zuständigkeit für wettbewerbsrechtliche Sachverhalte ausschließlich einzelnen Landgerichten zuzuweisen. Das ist bisher allerdings nur in Sachsen geschehen.

---

1 Zu den Wettbewerbssachen gehören auch vertragliche Ansprüche, insbesondere solche aus Unterwerfungserklärungen nach einer Abmahnung (= Vertragsstrafeversprechen nach § 339 BGB), vgl. Fezer/*Büscher*, § 13 Rn. 7; ausführlich zum Thema *Hess*, Vertragsstrafenklage und wettbewerbliche Gerichtszuständigkeit, FS Ullmann, 2006, S. 927.

Innerhalb eines Landgerichts sind die Kammern für Handelssachen zuständig (§ 95 Abs. 1 Nr. 5 GVG mit § 13 Abs. 1 ZPO), falls ein entsprechender Antrag vom Kläger (§ 96 Abs. 1 GVG) oder vom Beklagten (§ 98 Abs. 1 GVG) gestellt wird. Falls kein Antrag gestellt wird, ist die allgemeine Zivilkammer des Landgerichts zuständig oder – falls vorhanden – eine etwaige Spezialkammer für Wettbewerbsrechtsfragen. Die Präsidien der Landgerichte haben die Möglichkeit, in ihrem Geschäftsverteilungsplan die Zuständigkeit für Wettbewerbssachen einer einzelnen oder mehreren Zivilkammern zuzuweisen. Diese Kammern sind zuständig, wenn kein Antrag auf Verhandlung durch die Kammer für Handelssachen gestellt wird.

Auch für die **örtliche Zuständigkeit** gibt es eine wettbewerbsrechtliche 33 Spezialregelung. Zuständig für Klagen aufgrund des UWG ist grundsätzlich das Gericht am Wohn- oder Geschäftssitz des Beklagten (§ 14 Abs. 1 Satz 1 UWG; vgl. ebenso § 12 ZPO). Außerdem ist das Gericht zuständig, „in dessen Bezirk die Handlung begangen ist", also das Gericht am Verletzungsort (§ 14 Abs. 2 Satz 1 UWG). Das eröffnet die Möglichkeit eines sog. „fliegenden Gerichtsstands". Überall dort, wo ein Wettbewerbsverstoß begangen wird, d.h. wo entweder gehandelt wurde oder wo die Rechtsverletzung eingetreten ist, darf geklagt werden. Gegen eine Werbung, die über das Internet verbreitet und daher bundesweit abgerufen werden kann, darf mithin vor dem Gericht am jeweiligen Abufort vorgegangen werden (vgl. *Willems*, GRUR 2013, 462, 465). Das lädt zum sog. „forum shopping" ein, d.h. der Kläger kann sich einen ihm genehmen Klageort (z.B. sein Heimatgericht oder ein Gericht, das als „verbotsfreudig" gehandelt wird) aussuchen. Dies belastet wiederum den Beklagten, der damit rechnen muss, bundesweit verklagt zu werden. Missbräuchliche Klagestrategien sind damit nicht ausgeschlossen (zum Problem *Mühlberger*, WRP 2008, 1419). Aus diesem Grunde hat das UWG eine Schranke eingefügt: Verbände dürfen am Begehungsort nur klagen, wenn der Beklagte keinen inländischen Sitz hat (§ 14 Abs. 2 Satz 2 UWG).

b) Bestimmtheit des Klageantrags, § 253 Abs. 2 Nr. 1 ZPO

Ein wichtiges Thema im Wettbewerbsprozess ist die richtige Formulierung des 34 Klageantrags bei der Geltendmachung von Unterlassungsansprüchen. Um dieses Thema rankt sich im Wettbewerbsverfahrensrecht ein verzweigter Ast von Problemen.

Ganz allgemein muss jede Zivilklage einen bestimmten Antrag formulieren, damit der Streitgegenstand und der Umfang der richterlichen Entscheidungsbefugnis festgelegt werden können, § 253 Abs. 2 Nr. 2 ZPO. Der Richter muss wissen, was der Kläger begehrt, um bei einem begründeten Anspruch einen voll-

streckbaren Tenor formulieren zu können. Er darf nicht mehr oder Anderes zu-
sprechen als beantragt wurde (§ 308 Abs. 1 ZPO; vgl. BGH WRP 2016, 193 – Zu-
weisung von Verschreibungen).

Im Wettbewerbsprozess überwiegen Unterlassungsansprüche bei weitem.
Wer Unterlassung begehrt, möchte eine konkrete Handlung verbieten lassen.
Einen Anspruch hierauf hat der Kläger nur, wenn Wiederholungs- oder Erstbe-
gehungsgefahr besteht. Wiederholungsgefahr wird regelmäßig vermutet, wenn
es bereits eine Verletzung gab (vgl. BGH GRUR 1959, 544, 547 – Modenschau).
Der Kläger muss versuchen, die konkrete Verletzungshandlung, auf die er seine
Klage stützt, möglichst genau zu beschreiben. Darin besteht die erste Kunst, die
der Anwalt zu meistern hat.

Die Verletzungshandlung darf nicht zu unbestimmt und nicht zu weit gefasst werden. Der Beklagte muss genau wissen, was ihm vorgeworfen wird.
Sonst kann er sich nicht mit geeigneten Argumenten verteidigen. Zudem muss
der Tenor später so genau gefasst werden, dass er vollstreckbar ist. Das Vollstreckungsorgan darf keinen Zweifeln darüber unterliegen, welches Verhalten
es mit Zwangsmitteln durchsetzen darf (vgl. BGHZ 144, 255, 263 = GRUR 2000,
1076 – Abgasemissionen).

Wird ein Verbot für eine Handlung begehrt, die der Beklagte gar nicht vorgenommen hat oder vorzunehmen droht, so fehlt es an der Wiederholungs-
bzw. Erstbegehungsgefahr. Die Unterlassungsklage ist insoweit unzulässig
(nicht: unbegründet, denn es handelt sich um eine Zulässigkeitsvoraussetzung)
und abzuweisen. Dieser Umstand ist bis zur Revisionsinstanz nachprüfbar und
kann auch dort noch zur Abweisung führen (Bsp. aus dem Urheberrecht: BGH
GRUR 2003, 958, 960 – Paperboy). Doch ist der Rechtsstreit im Revisionsverfah-
ren zurückzuverweisen, wenn das Ausgangsgericht nicht darauf hingewiesen
hat, dass der Antrag zu unbestimmt war (richterliche Hinweispflicht gem. § 139
Abs. 2 ZPO).

Der Streitgegenstand setzt sich zusammen aus dem Lebenssachverhalt (Kla-
gegrund) und dem Klageantrag (BGHZ 154, 342). Umstritten war, ob ein einheitlicher Streitgegenstand vorliegt, wenn der Kläger seinen Anspruch auf mehrere
Anspruchsgrundlagen (z.B. UWG, Markenrecht, sonstige Kennzeichenbefugnis-
se) stützt. Der BGH tendierte zunächst dazu, für jede Anspruchsgrundlage einen
eigenen Streitgegenstand anzunehmen und vom Kläger zu verlangen, dass dieser das Verhältnis dieser Ansprüche – kumulativ oder alternativ – erläutert
(BGHZ 189, 56 – TÜV I; GRUR 2011, 1043 – TÜV II; vgl. zu der Kontroverse hierüber
Büscher, GRUR 2012, 16 einerseits und *Stieper*, GRUR 2012, 5 andererseits). Im
UWG hat das Gericht die Ansicht später modifiziert und den Streitgegenstand dort
weiter gefasst. Wer ein Mineralwasser als „Biomineralwasser" bewirbt, kann
dadurch irreführen, aber auch gegen Marktverhaltensnormen (§ 3a UWG) ver-

stoßen. Die Unterlassungsklage betrifft gleichwohl nur einen Streitgegenstand (BGHZ 194, 314; vgl. zum Thema *Ahrens*, WRP 2013, 129; *Krüger*, WRP 2013, 140; *Stieper*, WRP 2013, 561).

Unbestimmt sein kann ein Antrag aus mehreren Gründen: **35**

- **Verwendung unbestimmter Formulierungen** und Begriffe, die auch durch Auslegung nicht zu klären sind, z.b. wenn von dem Kläger verwendet wird: „im geschäftlichen Verkehr" (BGH GRUR 1962, 310, 313 – Gründerbildnis), „in unmittelbarem Zusammenhang" (BGH GRUR 2008, 532 Tz. 17 – Umsatzsteuerhinweis), „überhöhte Preise zu verwenden" (vgl. BGH WRP 1998, 164, 168 – Modenschau im Salvatorkeller: „günstige Berichterstattung"), „deutlich hervorgehoben" (vgl. BGH GRUR 1992, 406 – Beschädigte Verpackung I: „blickfangmäßig"), weil hier die Grenzen des Verbots nicht genau genug fixiert sind. Repariert werden kann ein solcher Antrag häufig dadurch, dass der Kläger der Formulierung hinzugefügt: „sofern dies geschieht wie" oder „wie geschehen in der als Anlage XY beigefügten Werbung vom …". Allerdings soll es zulässig sein, Begriffe zu verwenden, die in der Rechts- oder Alltagssprache einen eindeutigen Inhalt haben, wie z.B. „werben", „anbieten", „markenmäßig" (vgl. zu der Abgrenzung: BGH GRUR 1991, 254, 256 – Unbestimmter Unterlassungsantrag I).
- Bloße **Wiederholungen des Gesetzeswortlauts**, wie z.B. „Dem Beklagten wird verboten, irreführende geschäftliche Handlungen vorzunehmen", weil der Beklagte (und das Vollstreckungsorgan) hier die Subsumtion selbst vornehmen müssen, um herauszufinden, was genau verboten ist (BGH GRUR 2000, 438, 440 – Gesetzeswiederholende Unterlassungsanträge, z.B. „in Nachlassangelegenheiten rechtsberatend und rechtsbesorgend tätig zu werden", BGH GRUR 2003, 886, 887 – Erbenermittler).
- **Fehlende verbale Beschreibung des Verhaltens:** In solchen Fällen kann und sollte der Antrag durch ein Foto oder eine grafische Abbildung ersetzt oder ergänzt werden. Die Abbildung wird dann unmittelbar in den Antrag aufgenommen, z.B. „Die Beklagte wird verurteilt, es zu unterlassen, Rollhocker mit folgenden Merkmalen (folgt Auflistung der Merkmale) herzustellen, die folgender Abbildung entsprechen (vgl. BGH GRUR 1981, 517 – Rollhocker – Abbildung aus dortiger Entscheidung S. 28).
- **Mangelnde Konkretisierung der charakteristischen Verletzungsform:** Zur Bestimmtheit des Unterlassungsantrages gehört es, die **konkrete Verletzungsform** zu beschreiben, also diejenigen Merkmale zu benennen, welche die Wettbewerbswidrigkeit des Verhaltens begründen. Am einfachsten erfüllt man diese Voraussetzung, indem man nur diejenige Handlung benennt, die aktuell begangen wurde. Doch möchte der Kläger in der Regel auch Handlungen erfassen, die zwar nicht identisch sind, aber im Kern der

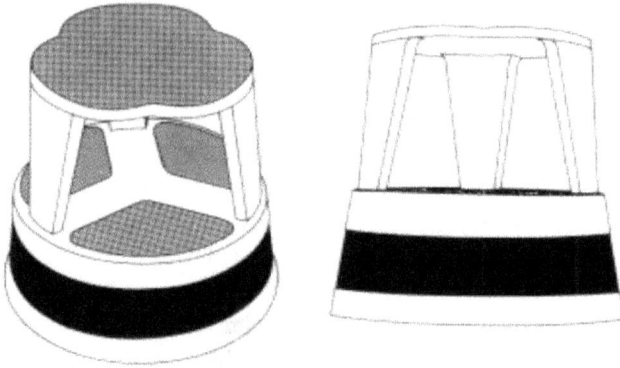

vorgenommenen Handlung entsprechen („kerngleiche" = die Charakteristika der Handlung aufnehmende und beinhaltende Handlungen). Üblich ist es, den zu verbietenden Typus von Handlungen allgemein zu beschreiben und dann durch die vorgenommene Handlung zu konkretisieren, (z.B. durch Formulierungen wie „wie geschehen in der Werbung vom ...").

Bsp.: Der Beklagte hat für adidas-Sportartikel mit einem besonders attraktiven Preis geworben, ohne dass er die beworbenen Artikel auch tatsächlich in seinem Geschäft vorrätig hielt (vgl. Nr. 5 des Anhangs zu § 3 Abs. 3 UWG). Der Kläger stellte den Antrag, „dem Beklagten zu verbieten, adidas-Sportartikel einschließlich adidas-Sportbekleidung feilzuhalten, wenn sie nicht bei Erscheinen bzw. Zugang des Werbemittels für jeden angebotenen Sportartikel (bzw. adidas-Sportartikel) über einen für mindestens drei Verkaufstage oder bei Angabe eines bestimmten Verkaufszeitraums für den ganzen angegebenen Verkaufszeitraum ausreichenden Warenvorrat verfügt". Kern der Verletzungshandlung war das werbemäßige Anbieten von Sportartikeln einer bestimmten Marke. Unterstellt man, dass einzelne beworbene Artikel nicht vorrätig waren, so nahm der Unterlassungsantrag auf die konkrete Verletzungshandlung Bezug, verallgemeinerte diese aber in einer Weise, dass auch die entsprechende Bewerbung von anderen Artikeln dieser Marke verboten bleibt, wenn diese nicht vorrätig sind (vgl. BGH GRUR 1984, 593 – adidas-Sportartikel). Unzulässig wäre allerdings die Verallgemeinerung auf die Werbung für Sportartikel schlechthin, denn das Charakteristische der anlockenden Werbung liegt darin, dass bestimmte Marken beworben werden, nicht aber darin, dass die Gattungsware angepriesen wird.

Wenn mehrere Handlungen untersagt werden sollen, empfiehlt es sich, diese Handlungen durch die Konjunktion „oder" bzw. „und/oder" zu verbinden, so dass verhindert wird, dass der Antrag beide Handlungen nur kumulativ erfasst. Ist nämlich eine der beiden Handlungen doch zulässig, so wäre es nicht mehr möglich, dem Antrag teilweise stattzugeben, er müsste insgesamt abgewiesen werden. Bei einer Verbindung „und/oder" kommt es äußerstenfalls zu einer Teilabweisung (vgl. zu den Grenzen *Michael Schmidt*, GRUR-Prax 2014, 71).

c) Aktivlegitimation im Wettbewerbsprozess – Wer darf klagen?

– **Konkurrentenschutz:** Das UWG 1909 war ursprünglich ein konkurrenten- 36
   schützendes Gesetz, das den durch wettbewerbswidrige Praktiken behinderten Unternehmen eine Klagemöglichkeit verschaffen sollte. Daraus folgt
   noch heute, dass der durch eine wettbewerbswidrige Praktik konkret betroffene Mitbewerber nach § 8 Abs. 3 Nr. 1 UWG stets klagebefugt ist. Er darf
   auch auf Ersatz der ihm entstandenen Schäden klagen (§ 9 UWG; vgl. hierzu und zum Folgenden zusammenfassend *Beater,* JZ 1997, 916; *Henning-
   Bodewig,* GRUR 2013, 238).
– **Kunden:** Anerkannt wurde zunehmend, dass das UWG auch in gewisser
   Weise die Abnehmer (Kunden) vor unsachlicher Beeinflussung und vor Irreführung schützt; allerdings gibt es bis heute keine Klagebefugnis für den
   einzelnen benachteiligten Kunden. Dieser ist vielmehr darauf verwiesen,
   auf Rücktritt, Minderung oder Schadensersatz aus §§ 280, 281, 283 BGB zu
   klagen. Ein aufgrund irreführender Werbung geschlossener Vertrag kann
   grundsätzlich nicht wegen §§ 311a Abs. 2, 280 BGB gelöst werden.
– **Allgemeinheit/Verbände:** Anerkannt ist heute, dass das UWG auch das
   Interesse der Allgemeinheit an einem lauteren Wettbewerb schützt (vgl. § 1
   Satz 2 UWG). Dieses Interesse wird auf Unternehmerseite wahrgenommen
   durch Verbände (§ 8 Abs. 3 Nr. 2 UWG) sowie Industrie- und Handelskammern (§ 8 Abs. 3 Nr. 4 UWG) und auf Seite der sonstigen Interessierten, insbesondere der Verbraucher, durch die „qualifizierten Einrichtungen", d.h.
   Verbände, die Verbraucherinteressen wahrnehmen (§ 8 Abs. 3 Nr. 3 UWG).
   Diese Verbände müssen um Aufnahme in eine Liste nachsuchen. Die Liste
   der „qualifizierten Einrichtungen" wird auf den Seiten des Bundesamtes
   für Justiz (www.bundesjustizamt.de) veröffentlicht (unter „Verbraucherschutz"). Mit Ausnahme der Industrie- und Handelskammern müssen Verbände eine Seriositätskontrolle durchlaufen. So soll schon im Vorfeld verhindert werden, dass das Klagerecht missbraucht wird, etwa um allein aus
   Gebührenerzielungsinteressen zu klagen (vgl. § 8 Abs. 4 UWG). Das Klagerecht von Verbänden ist daher gesetzlich begrenzt. Verbände haben auch
   keinen Schadensersatzanspruch. In eng begrenzten Fällen können sie aber
   nach § 10 UWG den vom Verletzer erzielten Gewinn abschöpfen (dazu unten
   Rn. 84).
– Nach § 8 Abs. 3 Nr. 2 UWG ist ein Verband nur klagebefugt, wenn ihm eine
   erhebliche Zahl von konkurrierenden Unternehmern angehört. Die Schwelle, ab der diese Voraussetzung erfüllt ist, muss jeweils nach dem betroffenen Markt bestimmt werden. Die Anforderungen dürfen aber nicht zu hoch
   angesetzt werden, wenn der Zugang zu dem betroffenen Markt rechtlich
   oder tatsächlich beschränkt ist. Denn ansonsten wird die wettbewerbliche

Kontrolle marktstarker Unternehmen oder Oligopole unangemessen beschränkt (BGH BeckRS 2012, 04574 – Verbandsklagebefugnis eines Glücksspielverbandes). Verbraucherzentralen, die ihren Sitz in einem Bundesland haben, dürfen auch gegen Anbieter in anderen Bundesländern vorgehen (BGH NJW 2012, 1812 – Überregionale Klagebefugnis).

d) Passivlegitimation – Wer ist Verletzer?

37 – Schuldner eines Unterlassungs- oder Schadensersatzanspruchs und damit passivlegitimiert ist derjenige, der die wettbewerbswidrige Handlung selbst vorgenommen hat oder wer eine Verkehrspflicht zum Schutz der in § 1 UWG genannten Interessen verletzt hat (dazu Fall 8), d.h. der **Täter**. Passivlegitimiert sein kann auch der Teilnehmer (Anstifter, Gehilfe, § 830 Abs. 2 BGB).

– Tathandlung ist nicht nur die Beauftragung, sondern auch die **Verbreitung** wettbewerbswidriger Werbung; daher haftet auch ein Medienbetreiber, der eine wettbewerbswidrige Anzeige veröffentlicht und im Druck oder online an die Öffentlichkeit gibt. Beteiligte sind Verleger, Herausgeber, Sendeunternehmen, Redakteure und jeder, der in den Vertrieb eingeschaltet ist (BGH GRUR 1977, 114, 116 – VUS). Die Frage, ob der Verbreiter auch den Tatbestand einer unlauteren geschäftlichen Handlung erfüllt, hängt davon ab, ob er eigenen oder fremden Wettbewerb fördert (§ 2 Abs. 1 Nr. 1 UWG).

11. Ethik im Lauterkeitsrecht

a) Die Benetton-Fälle und das Lauterkeitsrecht

38 Die Benetton-Fälle sind in den 1990er-Jahre ursprünglich von den Gerichten als wettbewerbswidrig angesehen worden. Allerdings fügen sich die Fälle nicht in die klassischen Beispielskategorien der §§ 3a–7 UWG ein. Sie verletzen keine Marktverhaltensnormen (§ 3a UWG) und sie führen nicht irre, weil sie keinerlei Informationen vermitteln (§ 5 UWG). Diskutieren könnte man über die Frage, ob sie wesentliche Informationen verschweigen, die der Abnehmer benötigt, um eine Marktentscheidung zu treffen (z.B. die Frage, was Benetton denn nun tut, um das plakatierte Elend in der Welt zu bekämpfen). Sie behindern auch keine Konkurrenten (§§ 4, 6 UWG) und die Gerichte waren bisher auch nicht bereit, schockierende oder aufdringliche Werbung generell bereits als unzumutbare Belästigung des Rezipienten anzuerkennen (vgl. etwa LG Hamburg NJW 1980, 56: sexualisierte Titelmotive der Zeitschrift „Stern" wurden nicht als Belästigung von Frauen als Rezipientinnen angesehen).

Damit kam es letztlich auf die Frage an, ob schockierende Werbung unlauter ist, weil sie nicht die Leistung des Unternehmens betont, sondern die Gefühle der Werberezipienten für kommerzielle Zwecke ausnutzt. Exemplarisch hierfür mag das Ergebnis der ersten BGH-Entscheidungen zu den Konstellationen gelten.

> **BGH NJW 1995, 2488, 2489 – „ölverschmutzte Ente" mit Anm.** *Marly,* **LM H. 11/1995**
> **§ 1 UWG Nr. 693:** Der Beklagte warb in Anzeigen und auf Plakaten mit dem Motiv einer ölverschmutzten Ente (siehe Abbildung oben). Der BGH entschied, dass sich dem Vorwurf sittenwidrigen Handelns im Wettbewerb aussetze, wer im geschäftlichen Verkehr Gefühle des Mitleids oder der Solidarität mit sozialem Engagement ohne sachliche Veranlassung zu Wettbewerbszwecken einsetze. Unlauter sei es, wenn der Werbende Gefühle der Verbraucher zu kommerziellen Zwecken ausnutzt.

> **BGH NJW 1995, 2492, 2493 – H.I.V. Positive:** Beklagter warb mit einem wie im Sachverhalt des Falles 1 oben abgebildeten Motiv. Der BGH sah dies als sittenwidrig an. Eine Werbung, die die Abbildung eines menschlichen Körperteils mit dem Stempel HIV positive zeigt, verstoße in grober Weise gegen die Grundsätze der Wahrung der Menschenwürde, da sie den Aids-Kranken als abgestempelt und aus der menschlichen Gesellschaft ausgeschlossen ansieht. Eine solche Werbung müsse von erkrankten Personen als grob anstößig und ihre Menschenwürde verletzend angesehen werden („Pendant l'agonie, la vente continue").

Das BVerfG (BVerfGE 102, 347 = GRUR 2001, 170, 174) hat die Entscheidung **39** zum Bereich „ölverschmutzte Ente" dagegen aufgehoben, weil es hierin keine Rechtsverletzung erkennen konnte. Es handele sich vielmehr um geschützte Meinungsäußerung, die – auch wenn sie zur Lösung der aufgeworfenen Probleme nichts beitrage – als solche schützenswert sei. Dass der Leistungswettbewerb dadurch nennenswert geschädigt werde, sei nicht erkennbar: „Die Anzeigen weisen auf gesellschaftlich und politisch relevante Themen hin und sind auch geeignet, diesen öffentliche Aufmerksamkeit zu verschaffen. Der besondere Schutz, unter den Art. 5 Abs. 1 Satz 1 GG gerade solche Äußerungen stellt, wird nicht dadurch gemindert, dass sie, wie der BGH meint, zur Auseinandersetzung über das aufgezeigte Elend nichts Wesentliches beitragen. Auch das (bloße) Anprangern eines Missstandes kann ein wesentlicher Beitrag zur freien geistigen Auseinandersetzung sein. Ob eine Äußerung weiterführend ist oder ob sie sich eines Lösungsvorschlages enthält, beeinflusst den Grundrechtsschutz aus Art. 5 Abs. 1 Satz 1 GG grundsätzlich nicht. Dieser besteht unabhängig davon, ob eine Äußerung rational oder emotional, begründet oder grundlos ist und ob sie von anderen für nützlich oder schädlich, wertvoll oder wertlos gehalten wird".

Die Entscheidung zum Motiv „H.I.V. Positive" wurde zunächst nicht aufgehoben. Das BVerfG hielt die Begründung, dass eine Werbung, die in die Menschenwürde eingreife, wettbewerbsrechtlich unlauter sei, für tragfähig, vermisste jedoch eine Begründung dafür, warum ein Eingriff durch das Motiv provoziert werde und verwies daher an den BGH zurück (aaO. S. 174). Man könne das Motiv nämlich sehr wohl auch als Anprangerung eines gesellschaftlichen Missstandes (nämlich der Ausgrenzung HIV-Infizierter) ansehen. Dann aber handele es sich um eine zulässige Meinungsäußerung. Der BGH führte daraufhin aus: „Wer betroffen ist und die Anzeige so sieht – und das wird die weit überwiegende Zahl der Betroffenen sein – wird diese Werbeanzeige als zynisch empfinden und sich durch sie in seiner Würde als Mensch gleichen Ranges und Wertes wie ein Gesunder herabgesetzt fühlen. Es kann als verletzend empfunden werden, als Betroffener im Interesse einer Wirtschaftswerbung dem bildhaften Ausdruck des eigenen Schicksals – möglicherweise ganz unvorbereitet – durch eine gewerbliche Anzeige in einer Zeitschrift oder im öffentlichen Raum auf Plakatwänden ausgesetzt zu werden. Sehr viele, die sich beim Anblick der Anzeige in die Lage Betroffener versetzen, werden diese Gefühle mitvollziehen" (BGH 149, 247 = GRUR 2002, 360, 362). „Die Anzeige „H.I.V. POSITIVE" verletzt die Menschenwürde Aids-Kranker nicht durch einen konkret fassbaren Aussagegehalt, sondern deshalb, weil sie die Darstellung der Not von Aids-Kranken in einer Unternehmenswerbung als Reizobjekt missbraucht, um zu kommerziellen Zwecken die Aufmerksamkeit der Öffentlichkeit auf das werbende Unternehmen zu lenken" (S. 365).

Das BVerfG wurde erneut angerufen und zeigte sich von der nachgebesserten Begründung nicht überzeugt (BVerfGE 107, 275 = GRUR 2003, 442 – Benetton II). „Allein der Umstand, dass das werbende Unternehmen von der durch die Darstellung erregten öffentlichen Aufmerksamkeit auch selbst zu profitieren versucht, rechtfertigt den schweren Vorwurf einer Menschenwürdeverletzung nicht" (S. 443). „Wollte man kommerziellen Werbeanzeigen wegen des mit ihnen stets verbundenen Eigennutzes die Thematisierung von Leid verbieten, hätte ein wesentlicher Teil der Realität in der allgegenwärtigen, Sichtweisen, Werte und Einstellungen der Menschen nicht unerheblich beeinflussenden Werbewelt von vornherein keinen Platz. Das kann angesichts der besonders schützenswerten Interessen an der Thematisierung gesellschaftlicher Probleme (...) kein mit der Meinungs- und der Pressefreiheit vereinbares Ergebnis sein" (S. 444).

Die Literatur stimmte diesem Ergebnis überwiegend zu. Das BVerfG hat seine Rechtsprechungslinie fortgeführt. Heute ist im Wettbewerbsrecht anerkannt, dass gefühlsbetonte und auch schockierende Werbung im Wesentlichen zulässig ist (vgl. *Scherer*, Verletzung der Menschenwürde durch Werbung, WRP 2007, 594). Problematisch sind noch Fälle der diskriminierenden Werbung (vgl. *Fezer*, JZ 1998, 265 und unten Rn. 40). Diese Fälle werden überwiegend in der Praxis der Werbeselbstkontrolle behandelt. Die Gerichte haben sich nach der eindeutigen und aufwändigen Stellungnahme des BVerfG in den Benetton-Fällen an Verbote auch in diesem Bereich nicht mehr herangewagt.

b) Diskriminierende Werbung

Umstritten ist heute noch, ob die sog. diskriminierende Werbung unlauter ist. **40** Sie betrifft insbesondere den Bereich der Werbung mit sexuell anstößigen Motiven, zumeist auf Kosten von Frauen. Die Gerichte neigten früher dazu, Motive, in denen Frauen zu Objekten rein sexueller Interessen („Sexobjekte") degradiert wurden, als diskriminierend und menschenwürdeverletzend anzusehen (vgl. *Fezer*, JZ 1998, 265). Eine der letzten Entscheidungen des BGH zu dem Themenkomplex ist die Entscheidung „Busengrabscher/Schlüpferstürmer".

> **BGH GRUR 1995, 592:** Ein Likörhersteller nennt seine Produkte „Schlüpferstürmer" und „Busengrabscher". Er verwendet unter anderem folgendes Etikett:

> Der BGH war der Ansicht, die Bilddarstellung erwecke in obszöner Weise den Eindruck der freien Verfügbarkeit der Frau in sexueller Hinsicht, was eine Herabsetzung und Diskriminierung der Frau darstelle. Der Unterschied zu sonstiger Werbung bestehe darin, dass gezielt der Eindruck hervorgerufen werde, der Genuss dieser Getränke (v.a. auch auf Seiten der Frau) sei geeignet, mögliche physische und psychische Widerstände abzubauen und die sexuellen Wünsche des Mannes leichter erfüllbar zu machen. Diese kränkende Herabsetzung eines Bevölkerungsteils verletze in grobem Maße das allgemeine Anstandsgefühl und wirke dadurch ärgerniserregend und belästigend (S. 594).

Die Gerichte sind heute vorsichtiger und argumentieren, Werbung arbeite bekanntermaßen mit drastischen, frivolen und sexuell aufdringlichen Bildern.

Bsp.: OLG München NJW-RR 1997, 107: Ein Wodkahersteller bewirbt sein Produkt mit der Abbildung einer neben einer Wodkaflasche stehenden Frau in einem schulterfreien Latexkostüm. Auf der Vorderseite des Kleids befindet sich über die gesamte Länge ein Reißverschluss. Wodkaflasche und Frau sind mit dem Slogan überschrieben: „Hätten Sie nicht Lust, sie gleich zu öffnen?" Die Werbung wurde vom OLG gebilligt, da die Abbildung keinen eindeutig sexuellen Inhalt habe und insoweit nicht über den verbreiteten Einsatz erotischer Anreize oder sexueller Anspielungen hinausgehe.

Die Kontrolle diskriminierender Werbung ist vor diesem Hintergrund überwiegend der Werbeselbstkontrolle der Wirtschaft überantwortet. Der Deutsche Werberat hat Richtlinien für die Werbung aufgestellt, die nicht nur Rechtsverletzungen betreffen. Allerdings ist die Durchsetzung schwach. Der Werberat kann eine Werbung, die den Richtlinien widerspricht, lediglich (öffentlich) rügen. Das betroffene Unternehmen muss außer dieser Rüge keine weiteren Konsequenzen befürchten. Gerügt wurde der Slogan „Miet mich! Kauf mich! Benutz mich!", den ein Vermieter von PKW-Anhängern mit der Silhouette einer Frau dargestellt hat. Der Werberat hat den Slogan gerügt, weil er den Eindruck entstehen lasse, auch Frauen seien zu mieten und sie seien käuflich (Rüge des Werberats vom 26.6.2013, abrufbar unter www.werberat.de). Der Vorwurf der sexistischen/geschlechterdiskriminierenden Werbung dominierte auch im Jahr 2015 die Beschwerden an den Werberat. Unter diesem Begriff werden Motive zusammengefasst, die sexistische oder geschlechtsdiskriminierende Werbung betreffen. 2015 betrafen 196 Fälle bzw. rund 52 Prozent aller Beschwerden vor dem Werberat diese Rubrik (2014 waren es 203 Fälle, vgl. www.werberat.de/content/akzeptanz-der-werberatsentscheidungen-der-branche-weiter-hoch).

In der Literatur ist vorgeschlagen worden, bestimmte Formen geschlechtsdiskriminierender Werbung lauterkeitsrechtlich durch einen neuen § 7a UWG zu untersagen (*Völzmann*, Geschlechtsdiskriminierende Wirtschaftswerbung, 2014, mit Textvorschlag auf S. 296). Darunter sollen Konstellationen fallen, in denen die Werbung eine gesellschaftliche Rolle ausschließlich einem Geschlecht zuweist (z.B. Hausarbeit), Fälle, in denen Sexualität als einziger Wert eines Menschen betont wird („Warum Sie lieber in Gold als in eine schöne Frau investieren sollten") und schließlich Fälle, in denen Menschen zum Objekt sexuellen Gebrauchs degradiert werden („Miet mich. Kauf mich. Benutz mich"). Die Interessenvereinigung „pinkstinks", die sich gegen die Bildung und Verfestigung von Geschlechterrollen durch Werbung wendet, hat sich diesen Vorschlag zu eigen gemacht (www.pinkstinks.de). Pressemitteilungen aus dem Jahr 2016 zufolge befasst sich das Bundesministerium der Justiz und für Verbraucherschutz mit der Frage (Spiegel-Online v. 9.4.2016: „Heiko Maas will Verbot sexistischer Werbung").

III. Lösungsskizze 41

Anspruch auf Unterlassung einer erneuten Veröffentlichung der Werbemotive aus § 8 Abs. 1 Satz 1, Abs. 3 Nr. 2 i.V.m. §§ 3 Abs. 1, 4a; 5 Abs. 1 Satz 1; 5a Abs. 1 UWG

1. Zulässigkeit der Klage

a) **Gerichtliche Zuständigkeit**
   aa) Sachliche Zuständigkeit, § 13 Abs. 1 UWG: Landgericht/KfH
   bb) Örtliche Zuständigkeit, § 14 Abs. 1 Satz 1 mit Abs. 2 Satz 1 UWG: Beklagtensitz = Sitz des Verlages.
b) **Bestimmtheit des Klageantrags**, § 253 Abs. 2 Nr. 2 ZPO: Beschreibung der Verletzungshandlung, sinnvollerweise durch Bezugnahme auf die konkrete Werbung, ohne den Antrag hierauf zu beschränken; vorliegend problematisch, weil „Motive des Mitleids" zu unbestimmt; äußerste Lösung: Beschränkung auf die konkrete Anzeige.

2. Begründetheit der Klage

a) **Klagebefugnis (Aktivlegitimation)**
   – § 8 Abs. 3 Nr. 2 UWG, wenn Kläger rechtsfähiger Verband mit genügend Mitgliedern aus der Gruppe der Konkurrenten desjenigen Unternehmens, dem die Werbung zugutekam (in der Klausur zu unterstellen).
b) **Passivlegitimation** der Beklagten
   – Täter ist auch, wer eine unlautere Werbung verbreitet, dazu zählt der Herausgeber einer Illustrierten; daher ist vorliegend H Täter.
c) **Geschäftliche Handlung (§ 2 Abs. 1 Nr. 1 i.V.m. §§ 3, 4a, 5; 7 UWG)**
   aa) Jedes Verhalten zur Förderung des eigenen oder eines fremden Unternehmens, hier fördert die Verbreitung der Werbung durch H den Werbenden;
   bb) vor, bei oder nach Geschäftsabschluss = Werbung wird erfasst, da vor Geschäftsabschluss; ob es zu einem Geschäftsabschluss kommt, ist gleichgültig;
   cc) objektiver Zusammenhang mit Absatz- oder Bezugsförderung; Werbung fällt, anders als redaktionelle Berichterstattung, hierunter; Absatzförderung liegt auch vor bei Sponsoring und Imagewerbung, ebenso bei reiner Aufmerksamkeitswerbung;
   = geschäftliche Handlung liegt vor.

d) Unzulässigkeit wegen Verstoßes gegen Per-se-Verbote nach § 3 Abs. 3 UWG mit Anhang ist nicht ersichtlich.

e) Unzulässige belästigende Werbung nach § 7 Abs. 1 UWG

– Eindringen in die Privatsphäre des Verbrauchers durch gezielte Ansprache der Gefühle von Schock und Mitleid als unzumutbare Belästigung? (Rechtsprechung ablehnend; für eine solche Lösung *Henning-Bodewig*, WRP 1992, 533, 535: „Viele Verbraucher empfinden die grob schockierende Werbung als in ihre Intimsphäre eindringend und deshalb belästigend.").

f) Unzulässigkeit nach § 3 Abs. 1 i.V.m. § 5 Abs. 1 UWG

– Voraussetzung: irreführende Angabe über Waren, Preis oder sonstige geschäftliche Verhältnisse; hier nicht ersichtlich, da keine Produktinformationen gegeben werden;

– Diskutabel ist, zu prüfen, ob eine irreführende Angabe über eine Sponsoringtätigkeit im Sinne von § 5 Abs. 1 Satz 2 Nr. 4 UWG vorliegt; dann müsste der durchschnittliche Verbraucher (§ 3 Abs. 2 Satz 2 UWG) angesichts der Motive davon ausgehen, dass der werbende Unternehmer eine Sponsoringtätigkeit vornimmt, obgleich dies tatsächlich nicht der Fall ist. Da keinerlei Angaben gemacht werden, ist auch das zweifelhaft (vgl. BGH GRUR 2007, 247 – Regenwaldprojekt I).

g) Unzulässigkeit nach § 3 Abs. 1 i.V.m. § 5a Abs. 2 UWG

– Voraussetzung: Vorenthalten einer wesentlichen Information, die der Verbraucher benötigt, um eine rationale geschäftliche Entscheidung zu treffen. Diskutabel ist eine Informationspflicht, wenn es für den Verbraucher wesentlich ist, inwieweit der werbende Unternehmer Teile seiner Einnahmen spendet; hierüber werden jedoch keine Angaben gemacht, so dass auch keine Täuschung durch Unterlassen vorliegt (in diese Richtung OLG Hamm GRUR 2003, 975).

h) Unzulässigkeit nach § 3 Abs. 1 i.V.m. § 4a Abs. 1 Satz 1 Nr. 3 UWG

– Voraussetzung: Beeinträchtigung der Entscheidungsfreiheit von Verbrauchern durch unzulässige Beeinflussung. Das Motiv „ölverschmutzte Ente" übt keinen solchen Einfluss aus, da der Verbraucher allein wegen des Motivs keine Kaufentscheidung vornimmt.

– Ergebnis: kein Verstoß gegen § 4a Nr. 3 UWG

i) Unlauterkeit nach § 3 Abs. 2 UWG (Generalklausel): Verstoß gegen die unternehmerische Sorgfalt

– Ansatzpunkt: Die Werbung mit Schockmotiven ohne jegliche Produktaussage hilft weder dem Verbraucher noch dem Wettbewerb; es handelt sich um keinen Beitrag zur Steigerung der Leistungsfähigkeit der Wettbewerbsprozesse.

- Weiterer Ansatzpunkt: Die Verquickung von Gefühls- und Schockwerbung mit geschäftlichen Interessen entspricht nicht den anständigen Gepflogenheit der Geschäftsmoral.
- Dagegen BVerfG: Auch Unternehmen dürften gesellschaftspolitische Stellung beziehen; es gibt kein Recht des Verbrauchers darauf, in der Unternehmenswerbung vom Elend der Welt verschont zu werben. Solange es keine konkrete Gefahr für den Leistungswettbewerb gibt, darf unternehmerische Werbung, die Meinungsäußerung im Sinne von Art. 5 Abs. 1 GG ist, nicht eingeschränkt werden.

Gesamtergebnis: Die Werbung und ihre Verbreitung in einer Publikumszeitschrift sind zulässig.

§ 2: Unlautere Beeinträchtigung der Entscheidungsfreiheit durch aggressive Praktiken (§ 4a UWG)

Fall Nr. 2: „Kühlmanagement für Verstorbene"

(LG Wiesbaden BeckRS 2013, 14282; LG Berlin WRP 2010, 955 – Kühlmanagement für Verstorbene; BGH GRUR 2015, 1134 – Schufa-Hinweis)

I. Sachverhalt

Die Altersheim AG betreibt ein Geriatrie-Zentrum (AGZ) in Köln, das Anlaufstelle **42** *für Patienten aus dem ganzen Rheinland ist. Die ständig steigenden Kosten für die Aufbewahrung verstorbener Patienten zwingen sie zu Sparmaßnahmen. Sie schließt daher einen Dienstleistungsvertrag mit dem Bestattungsunternehmer Berthold (B), der unter anderem ein „professionelles Kühlmanagement für Verstorbene" anbietet. Im Vertrag finden sich folgende Passagen:*

„§ 1 (1) Die Verstorbenen verbleiben grundsätzlich mindestens zwei Stunden im AGZ. Dies soll den Hinterbliebenen die Möglichkeit der Abschiednahme geben. Auf die besonderen Abschiednahmemöglichkeiten im Haus der Begegnung von B wurde hingewiesen.

(2) B garantiert eine jederzeitige Abschiednahme für die Angehörigen im AGZ oder im Haus der Begegnung.

(3) Nach telefonischer Sterbefallmeldung erfolgt die Abholung jederzeit durch B.

(4) Die Abholung erfolgt grundsätzlich mit Sarg."

Der im 20 Kilometer südlich von Köln gelegenen Brühl ansässige Bestatter Kuno (K), der ein eigenes Kühlhaus betreibt und die Lagerung Verstorbener gegen eine Gebühr anbietet, klagt gegen B auf Unterlassung des Abschlusses solcher Dienstleistungsverträge mit Alten- und Pflegeeinrichtungen. Indem B ohne Wissen und Wollen der Angehörigen auf die Leichen der Verstorbenen Zugriff nähme, übe er Druck auf die Hinterbliebenen aus, mit ihm in Kontakt zu treten und verschaffe sich dadurch eine Gelegenheit, ihnen seine Bestattungsdienstleistungen anzubieten. Für die Angehörigen liege in dieser Situation eine Beauftragung des B schon deshalb nahe, um einen weiteren Transport des Verstorbenen zu vermeiden. Dadurch erziele B gegenüber seinen Mitbewerbern einen Wettbewerbsvorteil.

B bestreitet, dass die Angehörigen unlauter unter Druck gesetzt würden. In der gleichen Lage befänden sich schließlich auch diejenigen Angehörigen, deren Verstorbene nach Verstreichen der gesetzlichen Lagerfrist des § 11 BestG NRW abgeholt würden. Außerdem orientiere man sich stets am Willen der Hinterbliebenen. Das komme auch im Vertrag mit der AGZ zum Ausdruck. Die Vereinbarung sehe insbesondere die Möglichkeit der Abschiednahme in der Einrichtung ausdrücklich vor. Wenn diese mehr als 2 Stunden Zeit beanspruche, bleibe der Verstorbene entsprechend länger in den Räumen der AGZ.

Anmerkung: § 11 Abs. 2 Satz 1 Bestattungsgesetz NRW lautet wie folgt: „Tote sind spätestens 36 Stunden nach dem Tode, jedoch nicht vor Ausstellung der Todesbescheinigung, in eine Leichenhalle zu überführen."

1. K bemerkt einen Rückgang von Kundenwünschen für seine Kühlhausvorrichtung, der einen Gewinneinbruch um 10% verursacht. Er klagt gegen B auf Unterlassung, Ersatz der Gewinnschmälerung und Erstattung von Kosten, die K aufgewendet hat, um die Öffentlichkeit auf unlautere Werbung von Bestattern wie B aufmerksam zu machen. Hat die Klage Aussicht auf Erfolg?

2. Abwandlung: Kunden, die Rechnungen nicht innerhalb der gesetzten Zahlungsfrist begleichen, schickt B Mahnschreiben, in denen es heißt:

„Als Partner der Schutzgemeinschaft für allgemeine Kreditsicherung (SCHUFA) ist B verpflichtet, die unbestrittene Forderung der SCHUFA mitzuteilen, sofern nicht eine noch durchzuführende Interessenabwägung in Ihrem Fall etwas anderes ergibt. Ein SCHUFA-Eintrag kann Sie bei Ihren finanziellen Angelegenheiten, z.B. der Aufnahme eines Kredits, erheblich behindern. Auch Dienstleistungen anderer Unternehmen können Sie dann unter Umständen nicht mehr oder nur noch eingeschränkt in Anspruch nehmen."

Bestehen gegen dieses Vorgehen lauterkeitsrechtliche Bedenken?

Anmerkung: Beachten Sie zur Abwandlung § 28a Abs. 1 Satz 1 BDSG, der wie folgt lautet:

„Die Übermittlung personenbezogener Daten über eine Forderung an Auskunfteien ist nur zulässig, soweit die geschuldete Leistung trotz Fälligkeit nicht erbracht worden ist, die Übermittlung zur Wahrung berechtigter Interessen der verantwortlichen Stelle oder eines Dritten erforderlich ist und [...]

4. *a) der Betroffene nach Eintritt der Fälligkeit der Forderung mindestens zweimal schriftlich gemahnt worden ist,*
   b) zwischen der ersten Mahnung und der Übermittlung mindestens vier Wochen liegen,
   c) die verantwortliche Stelle den Betroffenen rechtzeitig vor der Übermittlung der Angaben, jedoch frühestens bei der ersten Mahnung über die bevorstehende Übermittlung unterrichtet hat und
   d) der Betroffene die Forderung nicht bestritten hat [...]."

II. Schwerpunkte des Falles

1. Fallgruppen im UWG

Das UWG enthält seit der Einteilung durch *Baumbach* und *Hefermehl* klassische 43 Fallgruppen der Unlauterkeit. Diese Fallgruppen stellten schon immer den Versuch dar, den unbestimmten Rechtsbegriff der „guten Sitten" bzw. heute der „unlauteren geschäftlichen Handlung" mit Leben zu füllen.

Nach ursprünglicher Überzeugung von Rechtslehre und Judikatur sollte im Wettbewerb nur mit der eigenen Leistung, d.h. mit der Produktausstattung, dem Preis und den sonstigen Konditionen geworben werden. Allein hierdurch würde der Kunde über den sachlichen Umfang des Angebots unterrichtet. Eine Werbung, die mit anderen als diesen Kriterien wirbt, sollte nicht automatisch unlauter, aber verdächtig sein. Das zeigte sich bereits in Fall 1 hinsichtlich der Einordnung schockierender Werbung.

Hierzu ist der **Begriff des Leistungswettbewerbs** geprägt worden. Lauter ist, was hierzu gehört (zurückgehend auf *Lobe*, Die Bekämpfung des unlauteren Wettbewerbs I, 1907, S. 47ff.). Leistungswettbewerb ist, was den Absatz durch Förderung der eigenen Leistung und der ihr immanenten Eigenschaften, also Preis, Qualität, Ausstattung, Bekanntheit und Service, bezweckt. Der **Nichtleistungswettbewerb**[1] ist nicht ohne weiteres unlauter, sondern erst, wenn er eine nicht gerechtfertigte Beeinträchtigung geschützter Interessen mit sich bringt.

---

1 Die Unterscheidung von Leistungs- und Behinderungswettbewerb geht zurück auf *Nipperdey*, Wettbewerb und Existenzvernichtung, 1930, S. 16 ff. = Kartellrundschau 1930, 127 ff. Verfeinert wurde sie von *F. Böhm*, der zwischen erwünschtem Leistungs- und unerwünschtem = verbotenem Nichtleistungswettbewerb unterschied, vgl. Wettbewerb und Monopolkampf 1933/ 1964, S. 73, 124, 178, 210, 250 ff. Zum Nichtleistungswettbewerb gehören Monopolkampf gegen Außenseiter und Behinderungen. Entscheidend sei es sicherzustellen, dass nur mit der eigenen Leistung als ausschließlich erlaubtem Einsatz um die Gunst der Abnehmer gekämpft wird.

Die möglichen Rechtfertigungsgründe müssen mit den durch das Verhalten beeinträchtigten Interessen abgewogen werden. Auch heute noch spielt der Leistungswettbewerb eine gewisse Rolle in lauterkeitsrechtlichen Abhandlungen. Allerdings fällt es immer schwerer zu bestimmen, was genau darunter fällt, und zu legitimieren, warum der vermeintliche Nichtleistungswettbewerb, z.B. die Werbung mit Verlockungen und Gefühlsanmutungen, nicht leistungsgerecht sein soll.

44   Die Ausbildung von Fallgruppen des Nichtleistungswettbewerbs erfolgte bis in die jüngste Zeit im Rahmen einer flexiblen Generalklausel (früher § 1 UWG, siehe Rn. 17). Bereits mit der UWG-Reform 2004 ist das Verhältnis zwischen Fallgruppen und Generalklausel komplizierter geworden. Der Gesetzgeber hat mit den §§ 3a bis 6 UWG klarere Fallgruppen der Unlauterkeit ausformuliert und speziell gefasst. Die „nackte" Generalklausel ist daher heute nur noch Auffangklausel. Zahlreiche Fälle sind in „kleine Generalklauseln" der §§ 3a ff. UWG gefasst worden.

45   Mit dem UWG 2015 lassen sich **fünf Fallgruppen der Unlauterkeit** aufstellen:

(1) Aggressive Kundenansprache (§ 4a UWG)
  –   Beeinträchtigung der Entscheidungsfreiheit der Abnehmer durch Mittel, die Druck auf den Abnehmer ausüben und daher die Gefahr erzeugen, dass dieser die Marktentscheidung nicht trifft, weil er von der Leistung des Anbieters überzeugt ist, sondern weil er diesem Druck entgehen will; darunter fällt die unsachliche Einwirkung auf die Entscheidungsfreiheit;

(2) Irreführung und Vorenthaltung von wesentlichen Informationen (§§ 5, 5a UWG)
  –   Beeinträchtigung der Fähigkeit des Abnehmers, eine informierte und damit rationale Entscheidung zu treffen, indem der Anbieter falsche oder irreführende Angaben macht oder aber die für eine informierte Entscheidung des Abnehmers wesentlichen Angaben verschweigt.

(3) Mitbewerberbehinderung (§ 4 UWG)
  –   Beeinträchtigung der Möglichkeiten eines konkreten Wettbewerbers (Konkurrenten), seine Leistungen auf dem Markt unverfälscht und unbeeinträchtigt zur Geltung zu bringen, sei es, dass der Mitbewerber in Werbevergleichen oder außerhalb solcher Vergleiche beleidigt, mit falschen kreditschädigenden Behauptungen oder sonstigen gezielten Behinderungen (z.B. Boykott, Verleitung von Kunden zum Vertragsbruch) ohne sachliche Rechtfertigung angegriffen wird. Sonderfall der Behinderung ist die unlautere Ausnutzung der Arbeitsergebnisse eines Konkurrenten.

(4) Rechtsbruch (§ 3a UWG)
 – Verletzung von Marktverhaltensregelungen, die einen unlauteren Vorsprung im Wettbewerb gegenüber den Konkurrenten verschafft;
(5) Auffangklausel (§ 3 Abs. 1 und Abs. 2 UWG): sonstige Verstöße gegen die anständigen Marktgepflogenheiten, z.B.
 – Wettbewerb durch die öffentliche Hand;
 – Sklavische Nachahmung von Leistungsergebnissen (str., vgl. BGHZ 187, 255 – Hartplatzhelden).

2. Aggressive Kundenansprache, § 4a UWG

Zur unlauteren Kundenwerbung gehört die aggressive Einwirkung auf die Ent- **46** scheidungsfreiheit des Abnehmers durch gesetzlich näher bestimmte Mittel. Die hierunter fallenden Sachverhalte werden in § 4a UWG genauer definiert. Sie wurden früher auch mit dem Begriff „Kundenfang" bezeichnet. Allgemein soll sie vor unsachgemäßen Beeinträchtigungen der rationalen Entscheidungsfindung des Abnehmers schützen. Der Abnehmer soll zwar umworben, nicht aber belästigt, genötigt oder mit unangemessenen Mitteln gedrängt werden, Produkte des Unternehmers abzunehmen.

Als aggressiv sieht das Gesetz **drei Einwirkungsmittel** an: die Belästigung, die Nötigung und die unzulässige Beeinflussung, vgl. § 4a Abs. 1 Satz 2 UWG. Die „Belästigung" wird auch in § 7 UWG genannt. Der dortige Begriff beschreibt Einbrüche in die Privatsphäre des Verbrauchers oder die geschäftlichen Einrichtungen eines Unternehmers. Die „Belästigung" im Sinne des § 4a UWG ist davon abzugrenzen. Der Begriff stammt aus der RL UGP. Er ist also auch eigenständig zu interpretieren. Innerhalb des § 4a UWG ist die Belästigung erst unzulässig, wenn die Gefahr besteht, dass sie Einfluss auf das Marktverhalten oder eine Marktentscheidung erhält. Bei § 7 UWG ist sie auch ohne diesen Einfluss unzulässig, wenn sie eine gewisse Intensität annimmt und damit „unzumutbar" wird (dazu unten Fall 6).

Die ersten beiden Fallgruppen (aggressive und irreführende Praktiken) **47** stimmen mit der Einteilung der Materie durch die Richtlinie über unlautere Geschäftspraktiken (RL UGP) überein. Sie unterscheidet neben den Praktiken, die gegen die „berufliche Sorgfalt" verstoßen, zwei große Gruppen, nämlich irreführende und aggressive Praktiken. Zu beiden Fallgruppen gehört ein Katalog von Per-se-Verboten, die sog. „Schwarze Liste" („Blacklist") von Verhaltensweisen, die stets unzulässig sind.

Die Struktur der Richtlinie

GENERALKLAUSEL		
IRREFÜHRENDE PRAKTIKEN		AGGRESSIVE PRAKTIKEN
HANDLUNGEN	UNTERLASSUNGEN	
SCHWARZE LISTE		

Das UWG hat diese Struktur zum Teil übernommen. Übernommen wurde die Schwarze Liste, nämlich in den Anhang zu § 3 Abs. 3 UWG. Diese Liste enthält im deutschen Recht 24 irreführende und 6 aggressive Praktiken, die irreführenden Praktiken wurden in §§ 5, 5a, die aggressiven in § 4a umgesetzt. Die Generalklausel der nur Verbraucheransprachen erfassenden Richtlinie entspricht dem deutschen § 3 Abs. 2 UWG. Die konkurrentenschützenden Praktiken des deutschen Rechts (§§ 4, 6 UWG) haben kein Pendant in der RL UGP. Umstritten ist die Anbindung des § 3a UWG an die Richtlinie (dazu unten Fall 9).

48 § 4a UWG betrifft die erste Säule, nämlich die aggressiven Praktiken. Mit der UWG-Reform 2015 hat der deutsche Gesetzgeber diese Vorschrift stärker an den Wortlaut der Richtlinie angepasst. Die Vorgängerregelungen aus § 4 Nr. 1 und Nr. 2 UWG 2008 gehen nunmehr in § 4a UWG auf. Sie hat drei Voraussetzungen, die alle auf die RL UGP zurückgehen (vgl. nachfolgende Rn.), nämlich:

(1) Einwirkungsmittel: Belästigung, Nötigung, unzulässige Beeinflussung;
(2) Einwirkungsumstände: Zeit, Ort, Dauer, Formulierungen, Umstände gem. § 4a Abs. 2 UWG;
(3) Einwirkungsfolgen: Eignung zur erheblichen Beeinträchtigung der Entscheidungsfindung (Entscheidungs- oder Marktrelevanz), vgl. § 4a Abs. 1 Satz 2 UWG.

3. Die unionsrechtlichen Vorgaben in Bezug auf aggressive Praktiken

49 **Art. 8 der RL UGP** enthält – wie jetzt auch § 4a UWG – folgende Einteilung für die sog. „aggressiven Geschäftspraktiken" (= unzulässige Beeinflussung der Entscheidungs- und Verhaltensfreiheit des Durchschnittsverbrauchers in Bezug auf das Produkt):

```
┌─────────────────────────────┐
│   Unzulässige Beeinflussung  │
│     (vgl. Art. 2 lit. j)     │
└─────────────────────────────┘
```

Belästigung	Nötigung (einschl. der Anwendung körperlicher Gewalt)	Sonstige unzulässige Beeinflussung

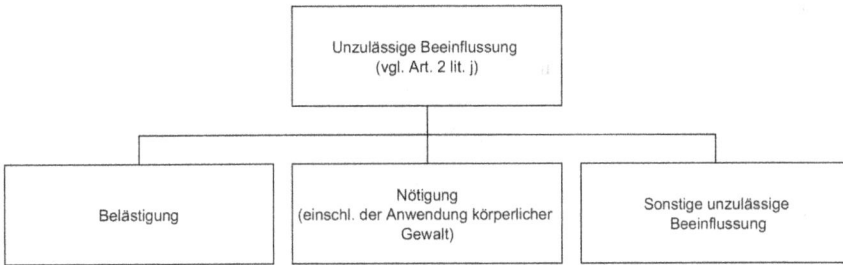

Oberbegriff ist die unzulässige Beeinflussung. Belästigung und Nötigung sind Unterfälle hiervon, die ein gewisses Spektrum abdecken. **Nötigung** ist ein lauterkeitsrechtlicher Begriff, also nicht mit der strafrechtlichen Definition deckungsgleich. Allerdings zeigt der Wortlaut, dass hierunter Drohungen mit einem empfindlichen Übel und die körperliche Einwirkung auf den Kunden zu rechnen sind, während **Belästigung** hartnäckige Ansprachen ohne körperliche Einwirkung und ohne Drohungen erfasst. Die im Anhang zu § 3 Abs. 3 UWG genannten Fälle der Nr. 25 und 26 zeigen für beide Konstellationen, dass es vor allem um Fälle geht, in denen der Kunde im Ladenlokal oder in seiner häuslichen Umgebung in einer Weise bedrängt wird, der er sich nur noch durch erheblichen Aufwand lösen kann. Die **unzulässige Beeinflussung** ist in Art. 2 lit. j der RL UGP legaldefiniert als „**Ausnutzung einer Machtposition** gegenüber dem Verbraucher zur Ausübung von Druck, auch ohne die Anwendung oder Androhung von körperlicher Gewalt". Diese Definition wurde 2015 in § 4a Abs. 1 Satz 3 UWG übernommen.

In Fallgutachten ist diese Differenzierung nicht übermäßig bedeutsam, denn die Einwirkungsmittel sind einander gleichgestellt. Die Nötigung dürfte im Rahmen von Drohungen eine Rolle spielen, die Belästigung außerhalb dieser Schwelle, wenn zwischen Anbieter und Abnehmer kein wirtschaftliches Machtgefälle besteht. Die unzulässige Beeinflussung stellt dagegen gerade auf die Machtposition des Anbieters ab. Auch wenn die Machtposition nicht die kartellrechtliche Schwelle einer marktbeherrschenden Stellung erreicht, ist der Einsatz bestimmter Mittel, wie etwa der Nötigung, der Drohung mit rechtswidrigen Mitteln, aber auch der Beleidung unzulässig (Fezer/*Scherer*, UWG, § 4a Rn. 76).

Jeweils ist auf die Umstände des Einzelfalls, also die **Einwirkungsumstän-** 50 **de**, abzustellen. § 4a Abs. 2 UWG, der Art. 9 der RL UGP entspricht, zeigt, dass die Einwirkung von der Situation abhängig sein kann. Die Kundenansprache kann nämlich gerade dadurch unzulässig werden, dass Begleitumstände, wie „**Zeitpunkt, Ort, Art oder Dauer der Handlung**", den Druck auf ein unzumutbares Niveau heben.

> **Bsp.: OLG Hamm GRUR 2006, 86:** Ein Möbelhändler warb in der Sonntagsausgabe einer Tageszeitung vom 6.6. für diesen Tag mit folgender Ankündigung: 6.6. von 11.00–16.00 Uhr – Sonntags-Verkauf – Rabatt 25% auf alle Küchen. Das OLG sah den hohen 25%-Rabatt noch nicht als unlauter an, wohl aber die extreme zeitliche Verkürzung der Aktion, für welche das Gericht keinen sachlichen Grund sah (Küchen sind keine verderbliche Ware, es ging auch nicht um einen Räumungsverkauf). Sie brachte den Kunden in die Situation, eine sehr schnelle und angesichts der teuren Ware auch unüberlegte Entscheidung treffen zu müssen, um den Rabatt zu erhalten.

§ 4a Abs. 2 UWG nennt weitere Indizien für eine Druckausübung, nämlich die Verwendung von **Drohungen oder Beleidigungen.** Hierunter fällt die Drohung mit dem Eintrag in der Schuldnerkartei der Schufa, wie sie dem Fall BGH GRUR 2015, 1134 zugrundelag.

Unzulässig wird eine Einflussnahme, wenn sie eine **Unglückssituation ausnutzt,** die das Urteilsvermögen des Abnehmers beeinflusst.

> **Bsp.:** BGH GRUR 2000, 235 – Unfallwerbung IV: Ein Abschleppunternehmer begibt sich mit seinem Fahrzeug an einen Unfallort, um dort seine Leistungen den Haltern beschädigter Fahrzeuge anzubieten.

Darüber hinaus nennt § 4a Abs. 2 UWG die Drohung mit rechtlich unzulässigen Handlungen sowie „belastende Hindernisse ... nichtvertraglicher Art", mit denen der Unternehmer einen Verbraucher daran hindert, seine Rechte auszuüben.

> **Bsp.: zur Drohung:** Ein Unternehmer droht im Auftrag von Gläubigern einem Schuldner an, sog. „Schwarze Schatten"; d.h. auffällig gekleidete Personen (schwarzer Anzug, schwarze Melone, schwarze Fliege und schwarzer Stockschirm) zu entsenden, die den Schuldner fortwährend begleiten und verfolgen, bis dieser sie anspricht (vgl. LG Leipzig NJW 1995, 3190).

> **Bsp.: zu „belastenden Hindernissen nichtvertraglicher Art":** Ein Telekommunikationsunternehmer weigert sich, den Anschluss des Kunden nach dessen Kündigung so vorzubereiten, dass der Kunde die Leistungen eines neuen TK-Anbieters in Anspruch nehmen kann (vgl. BGH GRUR 2009, 876 – Änderung der Voreinstellung II).

51 Sowohl im deutschen als auch im europäischen Recht müssen die Druckmittel eingesetzt werden, um den Abnehmer zu einer Entscheidung zu veranlassen, die er ansonsten nicht getroffen hätte. Die Gefahr, dass es zu einer solchen irrationalen Entscheidung kommt, genügt. Sie muss sich nicht verwirklicht haben (vgl. Art. 8 RL UGP: „und dieser dadurch *tatsächlich oder voraussichtlich* dazu veranlasst wird, eine geschäftliche Entscheidung zu treffen, die er andernfalls nicht getroffen hätte").

Die RL UGP und ihr folgend § 3 Abs. 3 UWG nennt im **Anhang** einige **Bei-** 52
spiele für unzulässige aggressive Einflussnahmen. Diese Beispielsfälle zeigen die Tendenz des § 4a UWG. Es geht entweder um die Ausübung von Druck
oder um die ungerechtfertigte Inanspruchnahme von Rechten, auf die vertrag-
lich kein Anspruch besteht:

> Nr. 27 (RL Nr. 27): Maßnahmen, durch die der Verbraucher von der Durchsetzung seiner
> vertraglichen Rechte aus einem Versicherungsverhältnis dadurch abgehalten werden
> soll, dass von ihm bei der Geltendmachung seines Anspruchs die Vorlage von Unterlagen
> verlangt wird, die zum Nachweis dieses Anspruchs nicht erforderlich sind, oder dass
> Schreiben zur Geltendmachung eines solchen Anspruchs systematisch nicht beantwortet
> werden (= Ausübung wirtschaftlicher Macht, Ausnutzung strukturellen Ungleichge-
> wichts);

> **Bsp.:** Ein Versicherungsunternehmen kündigt an, eine Schadenssumme erst auszuzahlen,
> wenn Unterlagen vorgelegt werden, auf die nach dem Versicherungsvertrag kein An-
> spruch besteht, so wenn z.B. Kaufverträge für sämtliche Gepäckinhaltsstücke eines ge-
> stohlenen Koffers vorgelegt werden sollen, um eine Reiseverlustversicherung in Anspruch
> zu nehmen. Ebenso unlauter ist es, auf Zahlungsaufforderungen und sonstige Anfragen
> nicht zu reagieren oder bei Anrufen nicht ans Telefon zu gehen. (Unverständlich ist in die-
> sem Zusammenhang, warum diese Praktiken nur für Versicherungsverhältnisse unlauter
> sein sollen.)

4. Die Fallgruppen des § 4a Abs. 1 Satz 2 UWG im Einzelnen

a) § 4a Abs. 1 Satz 2 Nr. 1 UWG: Belästigung

Nach § 4a Abs. 1 Satz 2 Nr. 1 UWG sind Belästigungen verboten. Darunter fallen 53
aufdringliche Ansprachen, die sich auch in der Privatsphäre des Verbrauchers
abspielen können. Belästigungen sind abzugrenzen von der Nötigung, die vor
allem physische Gewaltmittel (Festhalten, körperliche Einflussnahme) im Auge
hat. Belästigung ist daher eine Einwirkung, die sich ohne körperliche Einwirkung gleichwohl auf die Entscheidungsfreiheit des Abnehmers auswirkt, ihn
also bedrängt, eine Entscheidung zu treffen, die er ohne die Bedrängung nicht
getroffen hätte.
Die Richtlinie erfasst manche solcher Fälle in der Blacklist, etwa in Nr. 29.

> Nr. 29 (RL Nr. 29): Die Aufforderung zur Bezahlung nicht bestellter Waren oder Dienstleis-
> tungen oder eine Aufforderung zur Rücksendung oder Aufbewahrung nicht bestellter Sa-
> chen (= versteckte Drohung);

> **Bsp.:** Ein Unternehmen sendet Waren zu, ohne dass der Kunde sie bestellt hat und übt
> nun durch schriftliche oder mündliche Aufforderungen Druck auf den Kunden aus, die

unbestellte Ware zu bezahlen oder die Ware zurückzuschicken. Dagegen hat der Verbraucher nach den Vorschriften über den Fernabsatz und nach § 241a BGB keinerlei Pflichten zur Aufbewahrung oder Rücksendung der Ware. Selbstverständlich muss er diese auch nicht bezahlen. Das Unternehmen maßt sich also Rechte an, die ihm mangels Vertrages nicht zustehen.

54 Außerhalb der Blacklist geht es vor allem um **Ansprachen in einer Situation der Trauer oder Notlage,** während derer der Angesprochene entscheidungsschwach oder wehrlos ist. Darunter fällt die Ansprache von Angehörigen kurz nach einem Trauerfall, die Ansprache eines Unfallopfers, das sich noch am Unfallort befindet, die Bedrängung eines Kranken oder Ausgeraubten. Die Belästigung kann hier zum einen darin bestehen, dass die besondere Entscheidungsschwäche (Trauer, Hilfsbedürftigkeit) ausgenutzt wird, aber auch darin, dass der mit seiner Situation Kämpfende die Ansprache eines Unternehmers als zusätzliche Belästigung empfindet und seine Entscheidung trifft, um diese als Belästigung empfundene Ansprache zu beenden.

> Bsp.: BGH GRUR 1967, 430 – **Grabsteinaufträge:** Ein Bestattungsunternehmer ruft vier Wochen nach einem Trauerfall mehrfach die Angehörigen an und bietet Grabsteine zur Aufstellung auf dem Grab an.

> BGH GRUR 1975, 264 – **Werbung am Unfallort I:** Ein Abschleppunternehmer begibt sich an einen Unfallort und bietet einem Unfallopfer seine Dienstleistungen an. Zusätzlich erklärt er, er werde „alles übernehmen, (er) werde dem Zeugen einen Rechtsanwalt besorgen und einen Mietwagen zur Verfügung stellen, der Zeuge brauche nur in das Büro (des Unternehmers) zu kommen und zu unterschreiben."

> **Ehrengerichtshof Celle, BRAK-Mitteilungen 1991, 168:** Ein Rechtsanwalt übergibt nach einem schweren Unfall einer Geschädigten seine Visitenkarte mit den Worten: „Ich bin Rechtsanwalt, wenn Sie Hilfe brauchen ...".

55 Eine besondere Fallkonstellation liegt in der sog. **Laienwerbung.** Bei ihr werden gezielt Privatpersonen und deren familiäre oder freundschaftliche Beziehungen ausgenutzt, um Kunden zu rekrutieren. Solche Werbeaktionen sind grundsätzlich zulässig („Kunden werben Kunden"), können aber unzulässig werden, wenn der geworbene Laie in eine Situation gebracht wird, in der er das Angebot nicht ablehnen kann, weil er befürchten muss, sich familiärem oder sozialem Druck auszusetzen. Laienwerbung ist allerdings nicht allein deswegen unlauter, weil die ausgelobte Prämie hoch ist und dadurch besondere Anreize zum Eindringen in die familiäre oder private Sphäre gesetzt werden (BGH GRUR 2006, 949 Tz. 16 – Kunden werben Kunden; anders noch BGH GRUR 1991, 150, 151). Die Rechtsprechung hierzu ist nicht eindeutig. Sie sieht insbesondere die Laienwerbung nicht per se als unzulässig an, sondern verlangt weitere Unlau-

terkeitsmomente, etwa die Gefahr einer unzumutbaren Belästigung des umworbenen Kunden durch den Laienwerber.

Wird vom Unternehmer nicht offengelegt, dass der Werbende eine Prämie erhält, so kann ein Verstoß gegen § 5a UWG vorliegen (sog. verdeckte Laienwerbung). Bezieht sich die Laienwerbung auf Waren oder Dienstleistungen, für die besondere Maßstäbe (wie ein Zugabeverbot bei Medizinprodukten, § 7 Abs. 1 HWG) bestehen, so kann ein Verstoß gegen § 3a UWG vorliegen (vgl. BGH GRUR 2006, 749 Tz. 17, 23, dort als aggressive Praktik gewertet).

b) § 4a Abs. 1 Satz 2 Nr. 2 UWG: Nötigung

Klar verboten ist die Ausübung physischen Zwangs, also körperlicher oder kör- **56** perlich wirkender Gewalt. Auch die rechtswidrige Drohung ist als Werbemittel verboten. In der deutschen Rechtsprechung sind klare Fälle der Nötigung bisher kaum aufgetreten. Denkbar ist aber, dass ein Vermieter einen unliebsamen Mieter durch den Entzug von Heizwärme oder die Belegung einer Nachbarwohnung mit aggressiven Bewohnern zum Auszug zu bewegen sucht oder dass ein Gläubiger Gewalt androht, um seine Forderung durchzusetzen.

> **Bsp.: OLG München GRUR-RR 2010, 50:** Ein Unternehmen, das pornografische Filme im Internet anbietet, kündigt einem säumigen Kunden an, „dass (den Schuldner) ein auf Inkasso spezialisiertes Mitarbeiter-Team in den Abendstunden persönlich konsultieren werde". Die Nötigung kann hier darin liegen, dass der solchermaßen Angesprochene dies als Drohung mit körperlicher Gewalt versteht.

Die Zielrichtung des Verbots zeigen im Übrigen die Nr. 25 bis 30 des Anhangs zu **57** § 3 Abs. 3 UWG:

> Nr. 25 (RL Nr. 24): Erwecken des Eindrucks, der Verbraucher könne bestimmte Räumlichkeiten nicht ohne vorherigen Vertragsabschluss verlassen (= Nötigung);

> **Bsp.:** Hierunter fällt etwa der Fall, dass bei einer Kaffeefahrt der Anbieter verkündet, dass ein Ausflug erst fortgesetzt wird, wenn eine bestimmte Anzahl von Waren verkauft ist.

> Nr. 26 (RL Nr. 25): Bei persönlichem Aufsuchen in der Wohnung die Nichtbeachtung einer Aufforderung des Besuchten, diese zu verlassen oder nicht zu ihr zurückzukehren, es sei denn, der Besuch ist zur rechtmäßigen Durchsetzung einer vertraglichen Verpflichtung gerechtfertigt (= Nötigung);

> **Bsp.:** Ein Vertreter sucht den Kunden zu Hause auf und stellt in Aussicht, erst zu gehen, wenn der Vertrag unterschrieben ist.

Nr. 30 (RL Nr. 30): Die ausdrückliche Angabe, dass der Arbeitsplatz oder Lebensunterhalt des Unternehmers gefährdet sei, wenn der Verbraucher die Ware oder Dienstleistung nicht abnehme (Werbung mit der Angst als Androhung eines empfindlichen Übels).

Bsp.: Der Anbieter erzeugt emotionalen Druck, indem er einen Zusammenhang zwischen Erwerb und Arbeitsplatzerhalt behauptet. Ein Automobilhersteller fordert etwa seine Mitarbeiter auf, die selbst produzierten Autos zu kaufen mit dem Hinweis: „Wenn Sie nicht alle zwei Jahre ein Auto kaufen, werden wir Sie entlassen müssen".

c) Unzulässige Beeinflussung (§ 4a Abs. 1 Satz 2 Nr. 3 UWG)

58 Die dritte Fallgruppe deckt sich mit am stärksten mit der Rechtsprechung der deutschen Gerichte zu § 4 Nr. 1 UWG 2008. Sie ist auch die einzige Fallgruppe, die im Gesetz näher definiert ist. § 4a Abs. 1 Satz 3 UWG definiert die unzulässige Beeinflussung durch die Ausübung von Druck, die aufgrund einer Machtposition des Unternehmers möglich wird. Das deutsche Recht nimmt eine Machtposition aufgrund wirtschaftlicher Überlegenheit, Einsatz von Autoritätspersonen oder aufgrund moralischen Drucks an.

aa) Einsatz wirtschaftlicher Macht

59 Der Einsatz wirtschaftlicher Macht (Vertragsmacht, Marktmacht), die so stark ist, dass sie nach Adressatensicht auf seine geschäftliche Entscheidung Einfluss zu nehmen geeignet ist, spielt vor allem gegenüber Verbrauchern eine Rolle, wenn diese sich in einer strukturell unterlegenen Vertragsrolle befinden. Zulässig ist es zwar, vertragliche Rechte auszuüben. Unlauter ist es aber, **Nachteile anzudrohen, die außerhalb des zulässigen Vertragsverhaltens liegen.**

Bsp.: Drohung mit Anschwärzung bei Dritten, mit Bekanntgabe von Vertragsinterna, Verramschen der Waren des Lieferanten; Drohung mit vertragswidriger Kündigung oder der Nichtaufnahme einer Geschäftsbeziehung trotz geschlossenen Vertrages.

LG Ellwangen WRP 2007, 467: Der Hersteller von Röntgenanlagen für Tiermediziner kündigt an, dass für ein in der Vergangenheit ausgeliefertes Gerät künftig keine Ersatzteile mehr zu beschaffen sein werden. Er fordert die früheren Käufer auf, ein Ersatzteilpaket zu bestellen, das für künftige Reparaturen zur Verfügung steht. Der Brief hat folgenden Wortlaut: „Bitte bestellen Sie bis zum 15. September 2006 ein Ersatzteil-Paket. Danach können wir nur noch bei den Kundinnen und Kunden Reparaturen und auch Umzüge ausführen, die ein solches Ersatzteil-Paket besitzen." Faktisch wird mithin gedroht, Gewährleistungswünsche und nachvertragliche Leistungsbitten nicht mehr zu bedienen.

60 Unklar ist, ob diese Maßstäbe auch gegenüber Unternehmern gelten. Zu beachten ist nämlich hier die Konkurrenz zu kartellrechtlichen Normen: §§ 19 Abs. 2 GWB bzw. § 20 GWB (BGH GRUR 2003, 80 – Konditionenanpassung, noch zum

früheren GWB) erfassen nur Behinderungen durch Unternehmen mit absoluter oder relativer Marktmacht. Unterhalb dieser Schwelle wurde das sog. **Anzapfen** früher als unlauter angesehen:

> **Bsp.: BGH GRUR 1977, 619 – Eintrittsgelder**: Ein Händler verlangt von einem Lieferanten als Voraussetzung für die Aufnahme von dessen Waren in sein Händlersortiment eine „Eintrittsgebühr" (sog. **Anzapfen**).

> **OLG Hamm WRP 2002, 747**: Ein bedeutender Warenhaus- und Versandhandelskonzern informiert seine Lieferanten darüber, dass er ab dem 1. August „zur Sicherung des gemeinsamen Wachstums" 2,5% von jeder Lieferantenrechnung in Abzug bringen wird. Im Ergebnis wird damit die Aufrechterhaltung der Lieferantenbeziehung an das Einverständnis mit einer (faktisch erzwungenen) Rabattierung gebunden. Das OLG Hamm hat diese Praxis für unzulässiges Anzapfen gehalten und auf S. 749 ausgeführt: „Grundsätzlich steht es einem Händler zwar frei, sich Einkaufskonditionen so günstig wie möglich zu verschaffen. Es liegt im Rahmen der allgemeinen Handlungsfreiheit im Wirtschaftsleben, die Lieferanten sich frei auszuwählen und die Preise für Leistung und Gegenleistung frei aushandeln zu dürfen. Die Grenze zulässiger Ausnutzung von Nachfragemacht wird aber überschritten, wenn mit nicht leistungsgerechten Mitteln ungerechtfertigt Sondervorteile herausgeschlagen werden („sogenanntes Anzapfen"). Ein solcher wettbewerbswidriger Missbrauch von Nachfragemacht kann dabei auch darin liegen, dass systematisch bestehende Verträge nicht erfüllt werden, etwa dass beispielsweise ein einseitiger Abzug von Skonti vorgenommen wird."

Nach heutigem Recht sind die vorstehenden Fälle lauterkeitsrechtlich nur relevant, wenn besonders aggressive Mittel, also Drohungen, Beleidigungen oder sogar Gewalt eingesetzt werden. Das bloße Anzapfen ist dagegen nur verboten, wenn es von marktmächtigen Unternehmen praktiziert wird (anders Vorauflage, Fall 2).

bb) Ausübung gesellschaftlichen und moralischen Drucks

Das deutsche Recht hat auch vor 2015 die **Ausübung moralischen Drucks** als 61 aggressive Praktik angesehen. Ein solcher Druck kann im **Appell an die Solidarität** liegen. Diese Fälle spielen eine Rolle, wenn es um die Werbung in Schulen und Kindergärten geht und wenn an die Spenden- oder Hilfsbereitschaft von Eltern über den Klassenverband appelliert wird.

> **BGH GRUR 1979, 157, 158 – Kindergarten-Malwettbewerb**: Ein Spielzeughersteller veranstaltet einen Malwettbewerb im Kindergarten und belohnt den Kindergarten dafür mit Spielzeuggeschenken. Die Eltern werden so in die Lage gebracht, dass sie die Teilnahme ihrer Kinder an dem Spiel dulden müssen (Adressensammelproblem!), damit der Kindergarten die Gaben erhält. Die Verweigerung der Teilnahme wird dadurch zum kleinen moralischen Dilemma. Der BGH hält dies für ausreichend, um einen unangemessenen

Einfluss auf die Entscheidungsfindung anzunehmen. Das gilt im Grundsatz auch heute noch.

BGH GRUR 2008, 183 Tz. 19 – Tony Taler: Das Unternehmen Kellogg's führt eine an Schüler gerichtete Werbeaktion durch, aufgrund derer die Schüler aufgefordert werden, als „Tony Taler" bezeichnete Wertpunkte zu sammeln und diese anschließend über ihre Schule unter Einschaltung eines Lehrers bei Kellogg's einzureichen. Je nach Anzahl der eingereichten Taler erhielt die Schule Sportartikel (z.B. für 5 Taler ein Springseil, für 15 Taler einen Ball, für 50 Taler ein Badminton-Set, für 400 Taler eine Basketballanlage, für 555 Taler ein Baseball-Schulset). Die „Tony Taler" befanden sich in „ausgewählten Aktionspackungen" der Produkte „Kellogg's Frosties" und „Kellogg's Chocos", die man hätte erwerben müssen. Sie konnten allerdings auch durch einen Anruf bei einer kostenpflichtigen Telefonverbindung (0,49 Euro je Anruf und Taler) oder durch Teilnahme an einem einfachen Geschicklichkeitsspiel auf der Internetseite der Bekl. erworben werden (vgl. insoweit § 4 Nr. 6 UWG 2008). Der BGH hielt das Vorgehen für unlauter, weil Druck auf die Eltern ausgeübt wurde, sich durch Kauf der Produkte an der Aktion zu beteiligen und so der Schule zu helfen. Wer sich nicht beteilige, gerate in den Verdacht, die Schule nicht unterstützen zu wollen (anders, wenn der Fördernde nicht erfährt, an wen Vergütungen gehen, vgl. KG GRUR-RR 2016, 126 – Affiliate Program).

cc) Ausübung oder Ausnutzung autoritären Drucks

62 Unzulässige Beeinflussung kann auch die **Ausübung oder Ausnutzung autoritären Drucks** (Ausnutzung von Autorität) sein. Wird eine amtliche, politische, verbandsrechtliche, kirchliche oder gesellschaftliche Stellung benutzt, um auf die geschäftliche Entscheidung der Abnehmer Einfluss zu nehmen, so besteht die Gefahr, dass der Nutzer eine Entscheidung nur trifft, weil er befürchtet, dass er anderenfalls Nachteile erleidet. Diese Gefahr besteht, wenn die Autoritätspersonen konkreten Einfluss auf die Entscheidung nehmen sollen.

BGH GRUR 2008, 183 Tz. 21 – Tony Taler: Das bereits genannte Unternehmen fordert die Schüler auch auf, ihre Lehrer anzusprechen, die Tony-Taler-Aktion an der Schule zu unterstützen. Missbräuchlich daran ist, dass hierdurch der Lehrer in eine Situation gebracht wird, in der er selbst Schüler und Eltern zum Erwerb auffordert. Da der Lehrer als Autoritätsperson auch Einfluss auf die Noten und sonstige Geschicke der Schüler nehmen kann, werden die Eltern in die Situation gebracht, die Aktion zu dulden oder zu unterstützen, weil sie möglicherweise befürchten, andernfalls den Schulerfolg ihrer Kinder zu gefährden.

OLG Karlsruhe GRUR-RR 2003, 191, 192: Gewährung einer Provision an die Schulleitung für die Empfehlung eines bestimmten Vertragspartners des Schulträgers.

OLG Brandenburg WRP 2003, 903: Spende eines PC für eine Schule dafür, dass die Schulverwaltung eine gewerbliche Fotoaktion an der Schule bewirbt und Aufträge vermittelt.

dd) Dreieckskonstellationen

Umstritten ist, ob auch die **Ausübung von Druck auf den Abnehmer zuguns-** 63
ten Dritter als Belästigung einzuordnen ist. Die Gerichte haben diese Konstella-
tionen in der Vergangenheit unter die aggressiven Praktiken gefasst und von
„Dreieckskonstellationen" gesprochen (BGH GRUR 2012, 1050 – Dentallaborleis-
tungen). In der Literatur hat man das zum Teil kritisiert und empfohlen, solche
Dreieckskonstellationen, bei denen nicht der Abnehmer, sondern ein Dritter mit
Geschenken und Prämien gelockt wird, unter die Generalklausel des § 3 Abs. 1
UWG zu fassen (oben Rn. 28). Das ist in der Tendenz richtig.

Dafür spricht, dass in den genannten Fällen nicht der Einfluss auf die Entscheidungsfreiheit des Abnehmers entscheidend ist, sondern die in der Einflussnahme liegende Behinderung oder Schädigung von anderen Unternehmen.
Wird etwa der Kunde durch hohe Vorteile in eine Situation gebracht, in der er
bereit ist, günstige Alternativen auszublenden, so wird letztlich der Zugang des
Konkurrenten zum Kunden blockiert; das kann jedenfalls unlauter sein, wenn
der Kunde, ohne länger zu überlegen, sogar Vertragsbrüche in Kauf nimmt:

> **BGH NJW 2014, 630 – Freie Anwaltswahl:** Eine Versicherung stellt einem Unfallgeschä-
> digten finanzielle Vorteile für den Fall in Aussicht, dass der Kunde von der Versicherung
> empfohlene Anwälte beauftragt. Hierdurch werde der Versicherte nicht unangemessen in
> seiner Entscheidungsfreiheit beeinflusst. Keine Berücksichtigung fand der Umstand, dass
> nicht gelistete Anwälte aus der zur Auswahlentscheidung des Kunden stehenden Gruppe
> der Berufsträger ausfallen.

> **BGH GRUR 2008, 530 Tz. 12 – Nachlass bei Selbstbeteiligung:** Reparaturwerkstätten
> werben gegenüber voll- oder teilkaskoversicherten Autofahrern mit Vorteilen, die nicht in
> der Rechnung ausgewiesen werden (z.B. Rabatte in Höhe des Selbstbehalts, Tankgut-
> scheine). Das Vorgehen kann den Versicherungsnehmer dazu veranlassen, die tatsächlich
> gegenüber der Rechnung niedrigeren Kosten gegenüber dem Versicherer zu verschwei-
> gen, jedenfalls auch eine rationale Prüfung von Konkurrenzangeboten zu unterlassen, um
> in den Genuss des Vorteils zu gelangen, und zwar zum Nachteil der Versicherung (ähnli-
> che Fälle BGH WRP 2008, 780 Tz. 16 – Hagelschaden; OLG Schleswig GRUR-RR 2007, 242,
> 243; OLG Naumburg GRUR-RR 2012, 34 – Schaden-Card; LG Köln GRUR-RR 2012, 122 –
> Werbepartnervertrag).

ee) Wertreklame, Geschenke und sonstige Verlockungen

Problematisch bleibt, ob unter die **Fälle der „unzulässigen Beeinflussung"** 64
(§ 4a Abs. 1 Satz 2 Nr. 3 UWG) auch Fälle der aufdringlichen und verlockenden
Werbung fallen können (dafür *Ohly*, GRUR 2016, 3, 5). Gelegentlich hat die
Rechtsprechung Konstellationen, die mit der Gewährung von Rabatten, Zugaben oder der Aufstellung von Koppelungspreisen („Handy für 0,00 Euro" mit
ergänzender Vertragsbindung) zusammenhängen, unter diese Fallgruppe ge-

fasst. Man befürchtete, dass der Werbeadressat sich mehr von dem in Aussicht gestellten Vorteil als von der Hauptware leiten lässt, also nicht rational entscheidet. Im Falle von Geschenken lag dem auch der Glaube zugrunde, dass es dem Kunden peinlich ist, Geschenke zu nehmen und hernach nichts zu kaufen. Man sprach von **„psychischem Kaufzwang"**, der Verlockung durch Großzügigkeit. Daher waren bis 2002 Rabatte von mehr als 3% (bei Barzahlung) verboten und Zugaben zu Hauptwaren auf recht wertlose Kleinigkeiten beschränkt. Als unlauter wurden Versuche angesehen, diese strengen Reglementierungen zu unterlaufen.

Einige Beispiele aus diesen Zeiten erscheinen heute kaum noch nachvollziehbar:

Bsp.: OLG Düsseldorf NJW-RR 1997, 42: Als übertriebenes Anlocken wurde die Werbung eines SB-Markts angesehen, aufgrund derer dem Kunden zwischen 7 und 8 Uhr ein kleines Frühstück mit Kaffee und einem gekochten Ei gratis angeboten wurde. Der Kunde werde dadurch veranlasst, sich ohne Prüfung von Güte und Preiswürdigkeit mit dem Warenangebot des Werbenden zu befassen, wobei er sich nach dem geschenkten Frühstück verleitet fühle, dort auch etwas (aus Dankbarkeit) zu kaufen. Mit den Angeboten der Wettbewerber befasse er sich dagegen nicht mehr.

BGH GRUR 1973, 418 – Das goldene A: Zur Eröffnung eines Möbelhauses, das auch Kleinteile anbot, wurde ein Preisausschreiben durchgeführt. Aufgabe war es, ein „goldenes A" zu finden, das irgendwo im Geschäftslokal versteckt wurde. Als Gewinn wurde der „berühmteste Sessel der Welt" (ein „Kugelsessel", der damals als Designneuheit galt und einen nicht unbeträchtlichen Verkaufswert hatte) ausgelobt. Der BGH sah die Unlauterkeit der Aktion nicht in dem Wert des Preises, sondern darin, dass der Kunde in die Situation gebracht werde, sich im Geschäft mit einer Gründlichkeit umzusehen, die er normalerweise nicht aufbringe. „Mit Recht sieht das LG hier die Besonderheit darin, dass die Lösung der Teilnahmebedingungen eine Durchsuchung des Ladenlokals erfordert. Es widerspricht nicht der Lebenserfahrung, dass, wie das LG ausführt, der Teilnehmer sich dabei auffällig und ungleich einem normalen Kunden verhalten muss, diese besondere Lage auch als unangenehm empfindet und sich deshalb zum Kauf einer Kleinigkeit gedrängt fühlt."

65 Mit Aufhebung der Sondergesetze hat der BGH heute zu Recht den Standpunkt eingenommen, dass Rabatte, Geschenke und Preiskoppelungen grundsätzlich zulässig sind. In folgenden Sachverhalten hat der BGH eine aggressive Praktik jedoch noch für möglich gehalten:

(1) Verstoß gegen das Transparenzgebot: Der Kunde wird im Unklaren darüber gelassen (oder gar aktiv darüber getäuscht), wie hoch der Wert einer Zugabe, eines Geschenks oder der Einzelbestandteile eines Gesamtangebots ist. Er hat auch keine zumutbaren Möglichkeiten, sich diese Kenntnis auf leichte Art und Weise zu beschaffen (BGHZ 151, 84 = GRUR 2003, 976, 978 – Koppelungsangebot I).

(2) Das Geschenk, der Nachlass oder die Zugabe sind so attraktiv, dass beim Käufer die rationalen Kontrollkräfte aussetzen und er sich denkt „Nichts wie hin" (so die Formulierung von *Ullmann*, GRUR 2003, 817, 818; vgl. BGHZ 151, 84, 9 = GRUR 2002, 976, 978 – Koppelungsangebot I).

(3) Die Werbeaktion hat eine konkurrentenverdrängende Wirkung oder sie ist gezielt gegen bestimmte Mitbewerber gerichtet (abgelehnt in BGH GRUR 1999, 256 – 1.000,- DM Umweltbonus, wo ein Angebot von Stadtwerken zur Umrüstung einer Heizung weder als behindernd noch als marktgefährdend eingestuft wurde).

Fallgruppe (1) fällt unter § 5 UWG (wenn positive Täuschung) oder § 5a UWG (wenn Vorenthaltung wesentlicher Informationen über den Preis oder seine Berechnung). Fallgruppe (3) fällt unter § 4 Nr. 4 (gezielte Behinderung) oder die Generalklausel § 3 Abs. 1 UWG (sog. allgemeine Marktstörung). Fallgruppe (2) fällt theoretisch noch unter § 4a Abs. 1 Satz 2 Nr. 3 UWG. Die Gerichte haben allerdings in der jüngeren Zeit keine Fälle mehr gefunden, die hierunter zu subsumieren wären. Ganz allgemein wird dem mündigen Verbraucher (vgl. § 3 Abs. 4 UWG) zugetraut, dass er sich – je nach Warengruppe und Verkaufssituation – rational entscheiden kann und darf, selbst wenn der gewährte Vorteil erheblich ist. Es wird auch nicht mehr als schädlich für Verbraucherinteressen angesehen, wenn der Verbraucher eine Hauptware nur wegen der Zugabe erwirbt.

Bsp.: OLG Köln GRUR-RR 2005, 168 – Glow by J.Lo: Eine Zeitschrift (Preis 2,20 Euro) enthält einen aufgeklebten Gutschein für ein Duschgel oder eine Körperlotion im Wert von 9,95 Euro. Hier fehlt es an der unzulässigen Einflussnahme auf die Entscheidungsfreiheit. Wer 2,20 Euro ausgibt, um ein Produkt von 10,- Euro erwerben zu können, handelt nicht irrational.

Es spricht daher einiges dafür, dass die Fallgruppe „psychischer Kaufzwang" künftig allenfalls dann noch eine Rolle spielen wird, wenn die aufdringliche Werbung durch intensive Einwirkungen nach § 4a Abs. 2 UWG begleitet wird. Dabei mag es eine Rolle spielen, ob die Werbung gegenüber besonderen Verbrauchergruppen wie Kindern oder älteren Menschen erfolgt (vgl. hierzu Fall 3 und § 3 Abs. 4 UWG).

5. Wettbewerbsrechtliche Sanktionen: Der Schadensersatzanspruch

Verstöße gegen lauterkeitsrechtliche Normen ziehen nicht nur Unterlassungs-, **66** sondern unter Umständen auch Schadensersatzansprüche nach sich. § 9 UWG verlangt hierfür eine vorsätzliche oder fahrlässige Handlung, die gegen §§ 3, 7 UWG verstößt. Der Anspruch steht allerdings nicht all denjenigen zu, die nach § 8 Abs. 3 UWG klagebefugt sind, sondern nur den Mitbewerbern, die durch das angegriffene Verhalten in ihren Interessen verletzt sind. Das können direkt Behinderte, aber auch durch die Marktverwirrung Mitbetroffene sein.

§ 9 UWG ist eine spezialgesetzliche Anspruchsgrundlage für Verletzungen nach §§ 3 (mit 3a–6) und 7 UWG. Verletzungen der strafrechtlichen Normen (§§ 16–18 UWG) sind dagegen über § 823 Abs. 2 BGB zivilrechtlich bewehrt. Die Frage, ob die §§ 1 ff. UWG Schutzgesetze zugunsten der Verbraucher sind, hat der BGH stets verneint (BGH GRUR 1975, 150 – Prüfzeichen m. Bespr. *Schricker*, GRUR 1975, 111). Der Gesetzgeber hat sich diese Auffassung anlässlich der UWG-Reform 2004 zu eigen gemacht (BT-Drucks. 15/1487, S. 22; dagegen Fezer/*Koos*, § 9 Rn. 3; *Sack*, GRUR 2004, 630; *Augenhofer*, WRP 2006, 169, 176).

Da § 9 UWG nur sonderdeliktsrechtliche Anspruchsgrundlage ist, gelten für Fragen, die im UWG nicht geregelt werden, die Normen des allgemeinen Deliktsrechts, also §§ 827–829 (Verschuldensfähigkeit), 830 (Täterschaft und Teilnahme), 831 (Haftung für Verrichtungsgehilfen), 840 (Gesamtschuldnerschaft) und 852, 853 BGB (besondere Verjährungsfragen, Einreden).

67 Unberührt bleiben durch § 9 UWG Sondervorschriften nach den Gesetzen zum Schutz von Immaterialgüterrechten oder solche nach dem GWB. Das BGB bleibt ergänzend anwendbar, wenn es um die Verletzung von Unterwerfungserklärungen im Wettbewerb (§ 339 BGB) geht (§ 280 BGB).

Die Schadensersatzfolgen richten sich nach dem BGB, nämlich den §§ 249 ff. BGB. Allerdings gibt es im Wettbewerbsrecht einige Besonderheiten, die im Rahmen der §§ 249, 252 BGB zu berücksichtigen sind.

68 Eine Besonderheit gegenüber dem BGB besteht darin, dass auch der sog. **Marktverwirrungsschaden** als ersatzfähig gilt. Marktverwirrung kann bei Abnehmern und bei sonstigen Marktbeteiligten in Folge irreführender Werbung oder aggressiver Produktvermarktung entstehen. Zur Wiederherstellung des ohne die Verletzungshandlung bestehenden Zustandes gehört es dann, die Folgen der Fehlvorstellung zu beseitigen. Typischerweise geschieht dies durch Werbung, die Kosten verursacht. Dabei ist fraglich, ob der Betroffene publikumsaufklärende Maßnahmen vornehmen und die Kosten hierfür ersetzt verlangen kann.

Marktverwirrung wird definiert als ein „durch eine wettbewerbswidrige Maßnahme herbeigeführter Zustand, der objektiv geeignet ist, geschäftliche Entschlüsse von Marktpartnern, insbesondere Verbrauchern, zugunsten des Verletzers und zu Ungunsten seiner Mitbewerber zu beeinflussen" (*Köhler*/Bornkamm, § 9 Rn. 1.30). So mag der Verletzer den Umsatz des Verletzten auf sich ziehen. Dann liegt auch ein Vermögensschaden vor. Man kann wie folgt unterscheiden:

– Eine Marktverwirrung durch anhaltende Täuschung des Publikums ist eine Störung, die durch den Beseitigungsanspruch nach § 8 Abs. 1 UWG behoben werden kann (alternativ: § 9 UWG mit § 249 Abs. 1 BGB: Herstellung des störungsfreien Zustands).

- Sofern nach Beseitigung der Störung konkrete Vermögenseinbußen (auch in Form eines entgangenen Gewinns) verbleiben, ist dieser Vermögensschaden nach § 9 UWG mit § 251 Abs. 1 BGB in Geld ersatzfähig.
- Soweit Schäden dadurch entstanden sind oder entstehen werden, dass durch Werbung über die wahren Marktverhältnisse aufgeklärt wird, ist der dazu erforderliche Geldbetrag nicht ohne weiteres nach § 249 Abs. 2 Satz 1 BGB ersatzfähig, denn Geld statt Herstellung kann der Gläubiger nur bei der Verletzung von Personen und Beschädigung von (körperlichen) Sachen verlangen. Der Gläubiger muss also zunächst vom Schuldner verlangen, dass dieser die Marktaufklärung vornimmt (§ 249 Abs. 1 BGB). Hierzu kann eine Frist gesetzt werden (§ 250 Satz 1 BGB). Erst nach dem fruchtlosen Ablauf der Frist kann Ersatz in Geld verlangt werden. In diesem Fall wären diejenigen Kosten zu ersetzen, die erforderlich waren, um die Marktverwirrung zu beseitigen. Eine Selbstvornahme vor Ablauf der Frist (etwa analog § 249 Abs. 2 Satz 1 BGB) ist grundsätzlich nicht möglich. Der BGH hat sie allerdings zugelassen in Fällen, in denen Kunden über den wahren Vertragspartner getäuscht wurden und der Verletzte selbst Maßnahmen ergreift, um die Lage aufzuklären (BGH NJW-RR 2002, 191, 192 – Mitteilung an Zahlungspartner über die Zuständigkeit an Forderungen). In der Literatur wird einschränkend darauf hingewiesen, dass nur Mitbewerber, gegen die sich die wettbewerbswidrige Maßnahme unmittelbar richtet, Anspruch auf Ersatz solcher Kosten haben (*Köhler*/Bornkamm, § 9 Rn. 1.32). Kosten für Maßnahmen, die einer Marktverwirrung vorbeugen, sind nicht ersatzfähig (BGHZ 148, 26 = GRUR 2001, 841, 845 – Entfernung der Herstellungsnummern II: Kosten für die Installation von Kontrollnummern auf Parfumverpackungen, um die Vertriebswege in selektiven Vertriebsorganisationen kontrollieren zu können).

Ersatzfähig ist der konkret **entgangene Gewinn**. Problematisch ist häufig dessen Nachweis. Für eine Feststellungsklage wird es als ausreichend erachtet, auf die Erfahrung zu vertrauen, dass eine wettbewerbswidrige Praktik typischerweise Mitbewerber schädigt. Soll der Schaden ersetzt werden, ist aber konkret nachzuweisen, inwieweit der Verstoß adäquat kausal für die Einbuße war. Das wird häufig nur gelingen, wenn sich eine Maßnahme gezielt gegen einen bestimmten Mitbewerber richtet. Einen Erfahrungssatz des Inhalts, dass der entgangene Gewinn dem Verletzergewinn entspricht oder der Umsatz des Verletzers beim Verletzten gelandet wäre, hat die Rechtsprechung nicht anerkannt (BGH NJW 2008, 2716, Tz. 20 – Schmiermittel; GRUR 1993, 757, 758 f. – Kollektion „Holiday"). Nicht ausgeschlossen ist eine richterliche Schätzung nach § 287 ZPO, wenn der Verletzte ausreichend Tatsachen vorträgt, die dem Gericht eine

69

Schätzung ermöglichen. Im Sachverhalt von Fall 2 wird unterstellt, dass ein Gewinn tatsächlich entgangen ist. Realistisch ist diese Unterstellung nicht.

6. Mitbewerberbegriff und Wettbewerbsverhältnis

70 Der Schadensersatzanspruch nach § 9 UWG setzt eine Mitbewerberstellung zwischen Kläger und Beklagtem voraus. Mitbewerber ist nach § 2 Abs. 1 Nr. 3 UWG jeder Unternehmer, der mit einem oder mehreren Unternehmen als Anbieter oder Nachfrager von Produkten in einem konkreten Wettbewerbsverhältnis steht.

Konkret ist das Wettbewerbsverhältnis zwischen zwei Unternehmen, wenn die von ihnen angebotenen Waren **substituierbar** sind, der Käufer also die Möglichkeit hat, seinen Bedarf entweder bei dem einen oder bei dem anderen Unternehmer zu befriedigen (vgl. hierzu aus europarechtlicher Sicht EuGH, Urt. v. 19.4.2007 – Rs. C-381/05, GRUR 2007, 511 Tz. 28 – De Landtsheer – vergleichende Werbung). Das ist der Fall, wenn die Waren in sachlicher Hinsicht den gleichen Bedarf befriedigen, also austauschbar sind (BGH GRUR 2002, 828, 829 – Lottoschein), sowie in räumlicher und zeitlicher Hinsicht gleichermaßen vom Abnehmer als erreichbar angesehen werden. Bei Unternehmen, die sich in verschiedenen Regionen befinden, kommt es darauf an, ob damit zu rechnen ist, dass Kunden aus der Nachbarregion die Verkaufsstelle noch ernsthaft für Einkäufe in Erwägung ziehen.

Problematisch waren in der Vergangenheit Fälle, in denen zwei Unternehmen unterschiedlichen Branchen angehörten (**Branchenfremdheit**). Die Rechtsprechung bejaht ein Konkurrenzverhältnis auch, wenn **potentieller Wettbewerb**, also die konkrete Aussicht besteht, dass das noch branchenfremde Unternehmen den in Rede stehenden Markt betreten wird (BGH GRUR 2014, 573 – Werbung für Fremdprodukte). So ist es auch, wenn **durch** eine bestimmte **Werbung** ein **Wettbewerbsverhältnis** mit einer branchenfremden Ware **begründet** wird.

Berühmter Bsp.-Fall ist **BGH GRUR 1972, 553 – Statt Blumen ONKO-Kaffee**: Ein Unternehmen, das Kaffee verkauft, erzeugt mit dem Werbespruch „Kaffee statt Blumen" ein Wettbewerbsverhältnis zu einem Blumenverkäufer, weil der Slogan bewusst den Wettbewerb zwischen zwei unterschiedlichen Warenarten eröffnet. Das genügte, um ein Wettbewerbsverhältnis durch Werbung zu begründen. Ist die Werbung irreführend oder sonst unlauter, so kann der Blumenhändler als Mitbewerber klagen. Diese Sichtweise hat sich durch die UWG-Reformen nicht geändert (Begr. BT-Drucks. 15/1487, S. 16).

Neuerer Fall **BGH GRUR 2015, 1129 – Hotelbewertungsportal**: Zwischen einem Hotelbetreiber und dem Anbieter des Online-Reisebüros holidaycheck.de besteht ein konkretes

Wettbewerbsverhältnis, weil durch Online-Bewertungen das Portal gefördert und das durch die Bewertung betroffene Hotel behindert werden können.

Neuerdings hat der BGH klargestellt, dass eine Klagebefugnis auch besteht, wenn durch die Verletzungshandlung in irgendeiner Art Wettbewerb zu dem Betroffenen erzeugt wird, vorausgesetzt, dass die aus der Handlung resultierenden **Vorteile des Handelnden mit den von dem Betroffenen erlittenen Nachteilen in Wechselwirkung** stehen (BGH GRUR 2014, 1114 – nickelfrei). Mit anderen Worten: klagebefugt ist, wer durch das Handeln eines anderen Unternehmens unmittelbar Umsatz verliert. Das entspricht der Definition von Konkurrenz, wonach das Ziel des Wettbewerbs darin besteht, Gewinne auf Kosten anderer Unternehmen zu erzielen, der Gewinn des einen Wettbewerbs also dem Verlust des anderen entspricht. Keine Konkurrenz dieser Art besteht aber zwischen einer Verbraucherberatungsstelle, die Bücher über die Rechte von Reisenden anbietet, und einem Online-Reisedienstleister, der gleichzeitig Reiseliteratur auf seiner Homepage bewirbt und mit Bestellseiten verlinkt (BGH GRUR 2014, 573 Tz. 18 – Werbung für Fremdprodukte).

III. Lösungsskizze   71

A. Klage des K gegen B

I. Anspruch auf Unterlassung der Durchführung von Verträgen mit dem Inhalt nach § 1 des Vertragsformulars

1. Zulässigkeit der Klage

a) Gerichtliche Zuständigkeit
   aa) Sachliche Zuständigkeit, § 13 Abs. 1 UWG: Landgericht/KfH;
   bb) Örtliche Zuständigkeit, § 14 Abs. 1 Satz 1 mit Abs. 2 Satz 1 UWG: Beklagtensitz oder Orte, an denen mit dem Vertragsangebot geworben wurde (= Handlungsort).
b) Bestimmtheit des Klageantrags, § 253 Abs. 2 Nr. 2 ZPO: Beschreibung der Verletzungshandlung durch Einbeziehung des konkreten Vertragstextes in den Unterlassungsanstrag.

2. Begründetheit der Klage

a) Klagebefugnis (Aktivlegitimation)
- § 8 Abs. 3 Nr. 1 UWG, wenn K Mitbewerber von B im Sinne von § 2 Abs. 1 Nr. 3 UWG wäre. Voraussetzung dafür ist ein „konkretes Wettbewerbsverhältnis": hier werden gleiche Waren auf regional benachbarten Märkten angeboten. Bei Bestattungsleistungen ist noch davon auszugehen, dass auch Kunden im Umkreis von 20 km Angebote von B und K noch als räumlich relevant in Betracht ziehen, zumal die Angehörigen der Verstorbenen nicht unbedingt in Köln wohnhaft sind.

b) Passivlegitimation der Beklagten
- Eine Täterhaftung ist unproblematisch, weil B die Verträge verwendet.

c) Unzulässigkeit nach § 3 Abs. 1 UWG
aa) Anwendungsvoraussetzung: Geschäftliche Handlung nach §§ 3, 2 Abs. 1 Nr. 1 UWG
Vertragsangebote und die Durchführung von Verträgen sind geschäftliche Handlungen, da sie der Förderung des eigenen Absatzes dienen.

bb) **Per-se-Verbote nach § 3 Abs. 3 UWG** mit Anhang sind nicht einschlägig. Insbesondere ist nicht ersichtlich, dass Handlungen etwa nach Nr. 25, 26 tatsächlich vorgenommen wurden oder werden.

cc) **Unlauterkeit nach § 4 Nr. 4 UWG**
Eine gezielte Behinderung durch das Abwerben von Kunden liegt hier nicht vor, da die gerade über einen Todesfall informierten Angehörigen den Konkurrenten nicht bereits als Kunden zuzurechnen sind, die abgefangen oder gar abgeworben werden könnten.

dd) **Unlauterkeit nach § 4a** Abs. 1 Satz 1, Satz 2, Abs. 2 Satz 1 Nr. 3, Satz 2 UWG. Die Vertragsgestaltung könnte jedoch gegen §§ 3, 4a Abs. 1 Satz 1 UWG verstoßen. Dafür müsste es sich bei dieser um eine aggressive geschäftliche Handlung handeln. In Betracht kommt eine aggressive Handlung nach § 4a Abs. 1 Satz 2 Nr. 1, Abs. 2 Satz 1 Nr. 3, Satz 2 UWG.

(1) Eine Nötigung als Einflussmittel (§ 4a Abs. 1 Satz 2 Nr. 1 UWG) ist nicht ersichtlich, da weder mit körperlicher Gewalt vorgegangen noch ein empfindliches Übel in Aussicht gestellt wird.

(2) Als **Einflussmittel** in Betracht kommt eine **Belästigung**. Sie besteht in jeder psychischen Einflussnahme außerhalb der Ausübung wirtschaftlicher oder sonstiger Macht, soweit besonderer Druck im Einzelfall aufgebaut wird. Das ist in einer Situation, in der Angehörige über den Verbleib Verstorbener zu entscheiden haben, anzunehmen. Die Angehörigen sind durch das Verbringen der Toten in

die Räumlichkeiten des B mit einer Situation konfrontiert, in der es als unangenehm empfunden wird, wenn sie eine Beauftragung des B ablehnen und einen eigenen Bestatter den Vorzug geben möchten. So werden die Angehörigen davor in der Regel schon zurückschrecken, um einen weiteren Transport des Verstorbenen zu vermeiden. Auch kann es den Betroffenen unangenehm sein, sich an einen Konkurrenten des B zu wenden und diesem eröffnen zu müssen, dass sich der Verstorbene bereits im Gewahrsam eines Mitbewerbers befindet.

(3) Die Eignung, die Entscheidung des Abnehmers nachteilig zu beeinflussen, besteht insbesondere, wenn die **Entscheidungszeit verkürzt** wird (**§ 4a Abs. 2 Satz 1 Nr. 1 UWG**) und eine konkrete **Unglückssituation**, nämlich die Trauerstimmung, **ausgenutzt** wird (**§ 4a Abs. 2 Satz 1 Nr. 3 UWG**). Hinzu kommt, dass der Vertrag die Abholung des Verstorbenen bereits nach zwei Stunden ermöglicht und B insoweit eine unnötig verschärfte Zwangslage ausnutzt. Zwar garantiert B in § 1 Abs. 2 des Vertrages eine jederzeitige Abschiednahme auch im AGZ, dafür müssten die Angehörigen dann aber wiederum auf einen Rücktransport bestehen, dies entschärft die Zwangslage also nicht. Dass im Einzelfall auch längere Wartezeiten bis zum Abtransport eingehalten werden, ändert an der Unlauterkeit der Vertragsgestaltung, die sogar gegebenenfalls kürzere Wartezeiten als 2 Stunden erlaubt, nichts.

(4) Es ist zu erwarten, dass die Ausnutzung der Unglückssituation wie auch die Verkürzung der Entscheidungszeit den Adressaten zu einer Entscheidung veranlassen können, die er sonst nicht getroffen hätte (§ 4a Abs. 1 Satz 2 UWG), also marktentscheidungsrelevant ist.

Ergebnis: Die Vertragsgestaltung des B ist daher als aggressive geschäftliche Handlung gem. § 3 Abs. 1 i.V.m. § 4a Abs. 1 Satz 1, Satz 2, Abs. 2 Satz 1 Nr. 3, Satz 2. UWG unzulässig.

d) Die **Wiederholungsgefahr** wird vermutet, wenn es eine Verletzungshandlung gab und keine Unterwerfungserklärung seitens des Verletzers vorliegt.

Ergebnis: Der Unterlassungsanspruch ist begründet.

II. Anspruch auf Schadensersatz wegen der Vertragsdurchführung aus § 9 Satz 1 i.V.m. §§ 3, 4a Abs. 1 Satz 2 UWG

1. Zulässigkeit der Klage (s.o.)

2. Begründetheit der Klage

a) Ein **objektiver Lauterkeitsverstoß** nach §§ 3 Abs. 1, 4a Abs. 1 Satz 2 Nr. 1 UWG liegt vor, soweit aggressive geschäftliche Handlungen gegenüber Verbrauchern praktiziert wurden.

b) Die **Kausalität** der unlauteren Praktik für den Lauterkeitsverstoß ist ohne Weiteres gegeben.

c) Die **Rechtswidrigkeit** wird indiziert durch den Lauterkeitsverstoß.

d) **Verschulden**
   – Vorsatz, d.h. Wissen, Wollen und ein Bewusstsein der Rechtswidrigkeit kann nicht ohne Weiteres unterstellt werden. Es genügt aber Fahrlässigkeit. Sie liegt bereits in der Sorgfaltswidrigkeit bei der unrichtigen Beurteilung der lauterkeitsrechtlichen Rechtslage.

e) **Rechtsfolge, §§ 249 ff. BGB**
   – Zu ersetzen ist der konkrete Vermögensschaden, der adäquat kausal aus der unlauteren geschäftlichen Handlung entstanden ist, unter Einbeziehung des entgangenen Gewinns. Hier ist problematisch, ob der Gewinnrückgang allein auf die unlautere Vertragsgestaltung des B zurückzuführen ist. Der Sachverhalt unterstellt dies aber. Daher ist der entgangene Gewinn zu ersetzen. Dagegen hätte ein Anspruch auf Ersatz von Aufwendungen zur Beseitigung einer etwaigen Marktaufklärung nur verlangt werden können, wenn der K zuvor Frist zur Beseitigung der Verwirrung gesetzt hätte (§ 251 BGB). Daran fehlt es, daher muss K die diesbezüglichen Kosten selbst tragen.

Ergebnis: Ein Anspruch auf Schadensersatz besteht, die Klage ist auch insoweit erfolgreich.

72 **B. Unzulässigkeit der Schufa-Klausel im Mahnschreiben nach §§ 3 Abs. 1 i.V.m. § 4a Abs. 1 Satz 1, Satz 2 Nr. 1; Abs. 2 Satz 1 Nr. 5 UWG**

Der in den Mahnschreiben verwendete Hinweis auf eine Datenübermittlung an die Schufa könnte unzulässig sein, wenn auch insoweit eine aggressive geschäftliche Handlung vorliegt.

I. Anwendungsvoraussetzung geschäftliche Handlung

Das Versenden der Mahnschreiben steht im Zusammenhang mit der Durchführung von Bestattungsverträgen, insbesondere der nachfolgenden Zahlungsabwicklung. Es geht mithin um eine geschäftliche Handlung nach Vertragsschluss, die nach § 2 Abs. 1 Nr. 1 UWG ebenfalls zur Anwendung des UWG führt.

II. Unlauterkeit, § 3 Abs. 2 UWG

Da die Formulierung gegenüber Endabnehmern (Verbrauchern) verwendet wird, kommt eine Unlauterkeit nach § 3 Abs. 2 UWG in Form einer aggressiven Praktik nach § 4a Abs. 1 Satz 2 UWG in Betracht.

1. Aggressionsmittel Nötigung, § 4a Abs. 1 Satz 2 Nr. 2 UWG

Es könnte eine Nötigung vorliegen, § 4a Abs. 1 Satz 2 Nr. 2 UWG. In Betracht kommt hier die Drohung mit einem empfindlichen Übel. Da die Datenübermittlung für den Verbraucher erhebliche Nachteile zur Folge haben kann, stellt sie ein empfindliches Übel dar. B kündigt für den Fall einer nicht fristgerechten Zahlung eine solche Übermittlung an, so dass er ein künftiges Übel in Aussicht stellt, auf dessen Eintritt er Einfluss zu haben vorgibt.

2. Drohung mit einer rechtlich unzulässigen Handlung, § 4a Abs. 2 Satz 1 Nr. 5 UWG

a) Möglicherweise ist die Ankündigung der Datenübermittlung an die Schufa jedoch nicht rechtlich unzulässig, sondern gesetzlich sogar vorgeschrieben. In der Tat sieht § 28a Abs. 1 Satz 1 Nr. 4c) BDSG eine rechtzeitige Unterrichtung der Betroffenen vor der Übermittlung vor.

b) Das BDSG soll jedoch keine Drohmittel zur Verfügung stellen, sondern nur für größere Transparenz einer Datenübermittlung sorgen. Gerade aus § 28a Abs. 1 Satz 1 Nr. 4d) BDSG ergibt sich aber, dass eine Übermittlung nur unter den in der Norm genannten zusätzlichen Voraussetzungen zulässig ist, insbesondere auch vorausgesetzt wird, dass bestimmte Mahnvoraussetzungen eingehalten wurden und der Betroffene die Forderung nicht bestritten hat. Um den Zielen des BDSG, hier insbesondere der Datenvermeidbarkeit, gerecht zu werden, soll dieser Hinweis daran erinnern, dass das bloße

Bestreiten der Forderung reicht, um eine Übermittlung zu verhindern (BGH GRUR 2015, 1134 Tz. 25).

Im vorliegenden Fall wurden diese Mahnvoraussetzungen nicht eingehalten. Zwar heißt es in dem Hinweis, man sei verpflichtet, „die unbestrittene Forderung" mitzuteilen, für juristische Laien ergibt sich daraus aber gerade nicht, dass ein Bestreiten noch möglich ist. Vielmehr kann der Hinweis auch schlicht so verstanden werden, dass B die Forderung für nicht bestreitbar hält. B hat zudem in Aussicht gestellt, die Mitteilung erfolge im Falle der Nichtzahlung zwangsläufig, was aber gerade nicht von § 28a BDSG gedeckt ist (BGH aaO. Tz. 31).

3. Marktentscheidungsrelevanz, § 4a Abs. 2 Satz 1 UWG

Es ist zu befürchten, dass die gemahnten Verbraucher die Drohung ernst nehmen werden und die Zahlung auch dann vornehmen werden, wenn die Mahnvoraussetzungen nicht eingehalten wurden oder Grund zum Bestreiten der Forderung besteht. Dabei mag eine Rolle spielen, dass die Adressaten es als besonders peinlich empfinden, Forderungen im Zusammenhang mit dem Hinscheiden eines Angehörigen unbezahlt zu lassen, dieser Umstand also zusätzlich zur Drohnung auf die Entscheidung einwirken wird.

Gesamtergebnis:

Eine Klage des K gerichtet auf Unterlassung und Schadensersatz hat Aussicht auf Erfolg. Das in der Abwandlung problematisierte Vorgehen des B stellt eine unzulässige aggressive Praktik dar. Ein Unterlassungsanspruch wäre auch insoweit begründet.

§ 3: Unlautere Beeinträchtigung der Entscheidungsfreiheit besonderer Verbrauchergruppen (§ 3 Abs. 4 UWG)

Fall Nr. 3: „Pimp Deinen Charakter"

(BGH GRUR 2014, 298 – Runes of Magic; GRUR 2014, 1211 – Runes of Magic II; GRUR 2006, 776 – Werbung für Klingeltöne)

I. Sachverhalt

Das Game-Entwickler-Unternehmen J. vertreibt im Internet ein Fantasierollen- 73 spiel für Mehrspieler, ein sog. Massively Multiplayer Online Role-Playing Game (MMORPG). Die für die Spielteilnahme erforderliche Software steht zum kostenlosen Herunterladen zur Verfügung. Die Austattung der Spielcharaktere kann aber durch virtuelle Gegenstände, insbesondere sog. Klassenzugehörigkeiten, erweitert und verbessert werden. Diese virtuellen Eigenschaften oder Gegenstände müssen entgeltlich, unter anderem auch durch Kreditkarte auf Guthabenbasis („Prepaid"), virtuelles Geld oder per SMS, bezahlt werden.

Auf ihrer Internetseite, auf der auch die Grundversion des Spieles erhältlich ist, wirbt J unter der Überschrift „Pimp deinen Charakter-Woche" mit folgendem Text: „Ist Dein Charakter bereit für kommende Abenteuer und entsprechend gerüstet? Es warten tausende von Gefahren in der weiten Spielwelt auf Dich und Deinen Charakter. Ohne die entsprechende Vorbereitung kann die nächste Ecke im Dungeon der letzte Schritt gewesen sein. Diese Woche hast Du erneut die Chance Deinen Charakter aufzumotzen! Schnapp Dir die günstige Gelegenheit und verpasse Deiner Rüstung & Waffen das gewisse ‚Etwas'! Von Montag, den 20.4. 17:00 bis Freitag, den 24.4. 17:00 hast du die Chance, <u>Deinen Charakter aufzuwerten!</u>"

Die unterstrichene Formulierung enthält einen Hyperlink auf eine Seite, auf der J Zubehörartikel zum Erwerb anbietet.

Der in die Liste qualifizierter Einrichtungen nach § 8 Abs. 3 Nr. 3 UWG eingetragene Wettbewerbsverband W e.V. hält die Werbung für unlauter, weil gezielt Kinder angesprochen würden, und klagt darauf, J zu verurteilen es zu unterlassen, im Rahmen des näher bezeichneten Online-Spiels mit der Aufforderung „Schnapp Dir die günstige Gelegenheit und verpasse Deiner Rüstung & Waffen das gewisse ‚Etwas'" für den kostenpflichtigen Erwerb von Spielgegenständen gegenüber Kindern zu werben oder werben zu lassen.

J ist der Ansicht, dass die Werbung sich nicht an Kinder richte, sondern auch Erwachsene anspreche.

Ferner klagt W auf Herausgabe des im Jahr 2015 erzielten Gewinns der J. Hat die Klage Aussicht auf Erfolg?

II. Schwerpunkte des Falles

1. Das Verbraucherleitbild

74 Der Fall betrifft die Werbung gegenüber besonderen Verbrauchergruppen, insbesondere Jugendlichen und Kindern. Er befasst sich insbesondere mit dem Regelungsgehalt des § 3 Abs. 4 UWG, der das sog. Verbraucherleitbild umschreibt.

In lauterkeitsrechtlichen Fällen ist stets zu prüfen, ob ein Abnehmer in seiner Entscheidungsfreiheit wirklich beeinflusst wird oder ob er dem Druck durch aggressives Marketing standhält. Ebenso ist stets zu ermessen, ob Abnehmer durch Marketingmaßnahmen irregeführt (§§ 5, 5a UWG) oder belästigt werden können (§ 7 UWG). Das deutsche Wettbewerbsrecht galt bis zur Jahrtausendwende als besonders streng. Man warf ihm vor, von einem überzogenen Verbraucherleitbild auszugehen. So sollte eine Angabe bereits unlauter sein, wenn sie die Interessen einer kleinen Gruppe von Verbrauchern schädigen konnte. Man meinte, dem UWG liege das Leitbild eines besonders leichtgläubigen und unerfahrenen Verbrauchers zugrunde, der zu schützen sei. Das zeigt sich an folgendem Beispielsfall:

> **EuGH v. 6. 7. 1995 – Rs. C-470/93, Slg. 1995, I-1923 = GRUR Int. 1995, 804 – Mars:** Die Mars GmbH vertreibt europaweit in Frankreich produzierte Eiscremeriegel unter der Marke „Mars". In einer Werbeaktion wird auf der Verpackung der Hinweis „+ 10%" angebracht. Damit sollte zum Ausdruck gebracht werden, dass sich die Packungsgröße zum gleichen Preis um 10% vergrößert hatte. Der Packungsaufdruck zeigte einen rot gerändelten Streifen, der die Packungsvergrößerung versinnbildlichte. Doch konnte durch die Größe des Streifens beim flüchtigen Verbraucher der Eindruck entstehen, die Packung sei um das rot gerändelte Feld vergrößert worden, das mehr als 10% der Gesamtverpackung einnahm. Ein Wettbewerbsverband hielt daher die Verpackung für irreführend im Sinne von § 3 UWG 1909 (heute § 5 Abs. 2 UWG) und klagte auf Unterlassung. Die Entscheidung wurde dem EuGH vorgelegt, der in der strengen Auslegung einen Verstoß gegen die Warenverkehrsfreiheit gem. Art. 28 EGV (heute Art. 34 AEUV) sah.

Das europäische Recht kannte zum damaligen Zeitpunkt noch keine Regeln im Bereich unlauterer Geschäftspraktiken. Die Richtlinie gegen irreführende Werbung gestattete es, dass Mitgliedstaaten strenge nationale Regelungen beibehielten, forderte nur irgendeinen Schutz gegen irreführende Werbung. Der EuGH prüfte aber Werbeverbote und ihre Auslegung durch die nationalen Gerichte im Hinblick darauf, ob ein Verstoß gegen die Waren- oder Dienstleistungsfreiheit vorliege. Art. 28 EG (Art. 34 AEUV) verbietet allgemein Zoll- oder Einfuhrbeschränkungen sowie „Maßnahmen gleicher Wirkung". Der EuGH hatte wettbewerbsrechtliche Vorschriften als Maßnahmen gleicher Wirkung angesehen (EuGH, Urt. v. 11.7.1974 – Rs. 8/84, Slg. 1974, 837 = NJW 1975, 515 = GRUR Int. 1974, 467 – Dassonville), jedenfalls wenn sie die Bezeichnung, Form, Abmessung, Gewicht, Zusammensetzung, Aufmachung, Etikettierung und Verpackung von Waren betreffen. Nur bloße Verkaufsmodalitäten (z.B. Ladenschlussregeln) sollten nicht darunter fallen (EuGH v. 24.11.1993 – Rs. 267 u. 268/91, Slg. 1993 I-6097 Tz. 16 = GRUR Int. 1994, 56 – Keck u. Mithouard). Im Fall Mars ging es um eine Vorschrift, die einen Werbeaufdruck verbietet. Das beeinträchtigt den freien Verkehr mit dieser Ware. Damit stellte die strenge Anwendung eines Irreführungsverbotes (wie in Deutschland) einen Eingriff in die Warenverkehrsfreiheit dar, denn der Artikel konnte in europäischen Staaten mit einem liberaleren Irreführungstatbestand frei veräußert werden. Eine europaweite Marketingstrategie für die Ware wurde so erschwert.

Art. 36 AEUV lässt Eingriffe in die Warenverkehrsfreiheit zu, allerdings nach den in der Rechtsprechung des EuGH fixierten Voraussetzungen nur unter drei Bedingungen: (1) Sie müssen einem im Allgemeininteresse liegenden Ziel dienen (EuGH, Slg. 1979, 649 Tz. 8), (2) diskriminierungsfrei auf In- und Ausländer angewendet werden und (3) sie dürfen nicht unverhältnismäßig sein. Als legitime öffentliche Interessen hat der EuGH bereits früher nicht nur die Wahrung der Lauterkeit des Handelsverkehrs, sondern auch den Verbraucherschutz anerkannt (EuGH aaO.). Entscheidend war mithin, ob die Anwendung des deutschen Irreführungsverbots verhältnismäßig war. Dies hat der EuGH verneint. Eine nationale Einschränkung von Warenverkehrsfreiheiten, die dazu führt, dass die Täuschung eines sehr kleinen Teils der Verbraucherschaft über das Verbot entscheidet, sei unverhältnismäßig. Tatsächlich haben die deutschen Gerichte angenommen, dass bereits die Täuschung von 10% der angesprochenen Verbraucher (bei manchen Produkten gar nur 5%) genüge, um eine Irreführung anzunehmen (BGH GRUR 1990, 604 – Dr. S.-Arzneimittel; OLG Köln GRUR 1990, 59; vgl. auch BGH GRUR 1979, 716 – Kontinentmöbel: Relevanzschwelle bei ca. 10%). Das provozierte den Vorwurf, dass dem deutschen Wettbewerbsrecht das Bild „eines absolut unmündigen, fast schon pathologisch dummen und fahrlässig unaufmerksamen Verbrauchers zugrunde" liege.[1]

---

1 Formulierung nach dem Südtiroler Weinhändler *Prantl* im Verfahren „Bocksbeutel", EuGH GRUR Int. 1984, 291, 293; dazu *Deutsch*, GRUR 1996, 541, 546. Ähnlich drastisch *Emmerich*, Unlauterer Wettbewerb, 5. Aufl. 1998, S. 181: Leitbild eines „an der Grenze zur Debilität verhar-

Im Ergebnis musste das deutsche Recht, oder besser: die deutsche Recht-sprechung, einen liberaleren Standpunkt einnehmen. Das geschah erstmals mit der Entscheidung „Orient-Teppichmuster" (BGH GRUR 2000, 619, 621). Dort weist der BGH darauf hin, dass im deutschen Recht auf den „Grad der Aufmerk-samkeit des durchschnittlich informierten und verständigen Verbrauchers" ab-zustellen sei. Damit bestimmte der angemessen informierte und angemessen aufmerksame Durchschnittsverbraucher nun das Leitbild auch des deutschen Wettbewerbsrechts. Das entspricht mittlerweile auch dem Unionsrecht. Das Leitbild des Durchschnittsverbrauchers ist in § 3 Abs. 4 UWG kodifiziert worden (vgl. § 3 Abs. 2 Satz 2 UWG 2008).

2. § 3 Abs. 4 UWG und seine Einordnung

75 a) Nicht nur für das deutsche Recht stellt sich die Frage, wie mit Fällen umzu-gehen ist, in denen sich Unternehmer gezielt an Verbraucher wenden, von de-nen sie wissen, dass sie nicht dem Leitbild entsprechen, sondern leichtgläubig, unerfahren und ungeschickt sind. Für diese Fälle wurde im UWG 2004 § 4 Nr. 2 UWG eingeführt, der 2015 in § 3 Abs. 4 UWG (und z.T. auch in § 4a Abs. 2 Satz 2 UWG) überführt wurde.

§ 3 Abs. 4 UWG regelt keine eigenständige Fallgruppe der Unlauterkeit, son-dern modifiziert §§ 3 a ff. UWG für Fälle, in denen Verbrauchergruppen ange-sprochen werden, die – situationsabhängig oder typischerweise –
- einen **höheren Informationsbedarf** haben (insbesondere Zuwanderer, Ausländer, Personen mit geistigen oder körperlichen Gebrechen oder al-tersbedingten Schwächen);
- aufgrund ihrer geschäftlichen Unerfahrenheit **besonders anfällig für Mar-ketingaktivitäten** sind (Kinder, Jugendliche, etwa weil sie zum Teil nicht selbst verdientes Geld ausgeben, aber auch „Leichtgläubige") oder
- sich in **Ausnahmesituationen** befinden, in denen die rationale Entschei-dung durch Überrumpelung, starke Gefühle oder Ängste erschwert ist.

Die Grundregel lautet: Eine geschäftliche Handlung, die gezielt, d.h. auch wis-sentlich, die Unkenntnis, Ungewandtheit und Beeinflussbarkeit der angespro-chenen Personen ausnutzt, ist unlautere Wettbewerbshandlung, und zwar auch

---

renden, unmündigen, einer umfassenden Betreuung bedürftigen, hilflosen Verbrauchers, der auch noch gegen die kleinste Gefahr einer Irreführung durch die Werbung geschützt werden muß" (nicht mehr in neueren Auflagen).

dann, wenn eine konkrete Einflussnahme in der betreffenden Situation nicht vorliegt.

b) Wenn es um Werbung geht, die sich explizit an Kinder richtet, enthält § 6 **76** Abs. 3 JMStV eine konkurrierende Regelung. Danach darf Werbung, die sich an Kinder und Jugendliche richtet oder bei der Kinder oder Jugendliche eingesetzt werden, nicht ihren Interessen schaden oder ihre Unerfahrenheit ausnutzen. § 6 Abs. 2 JMStV verbietet in

> Nr. 1: direkte Kaufappelle an Kinder und Jugendliche, die deren Unerfahrenheit und Leichtgläubigkeit ausnutzen;
> Nr. 2: die unmittelbare Aufforderung an Kinder und Jugendliche, ihre Eltern oder Dritte zum Kauf der beworbenen Waren oder Dienstleistungen zu bewegen;
> Nr. 3: die Ausnutzung des besonderen Vertrauens, das Kinder zu Eltern, Lehrern und anderen Vertrauenspersonen haben.

Zudem § 6 Abs. 6 JMStV: Teleshopping darf Kinder und Jugendliche nicht dazu anhalten, Kauf- oder Miet- bzw. Pachtverträge für Waren oder Dienstleistungen zu schließen.

Verstöße gegen § 6 JMStV sind zugleich Verstöße gegen Marktverhaltensnormen und daher nach § 3a UWG auch lauterkeitsrechtlich relevant. Zudem werden diese Vorschriften allerdings auch von den Gremien der Landesmedienanstalten überwacht (Kommission für Jugendmedienschutz), ihre Einhaltung kann also auch behördlich erzwungen werden.

3. Unionsrechtliche Vorgaben

Für die Ausübung von Druck verwendet die UGP-Richtlinie in Art. 8 den Aus- **77** druck „Nötigung einschließlich der Anwendung körperlicher Gewalt". Hierunter fällt jeder psychische oder physische Einfluss, der so stark ist, dass derjenige, der diesem Einfluss ausgesetzt ist, eine selbstbestimmte freie Entscheidung nicht mehr treffen kann. Eine Rolle spielt insoweit auch, welches Verbraucherleitbild einer Gefahreneinschätzung zugrunde liegt. Art. 5 Abs. 2 lit. b) stellt – wie das deutsche Recht – grundsätzlich auf den Durchschnittsverbraucher ab. Art. 5 Abs. 3 RL UGP stellt aber klar, dass Geschäftspraktiken, die

- voraussichtlich
- in einer für den Gewerbetreibenden vernünftigerweise vorhersehbaren Art und Weise
- das wirtschaftliche Verhalten nur einer eindeutig identifizierbaren Gruppe von Verbrauchern wesentlich beeinflussen,
- die aufgrund von geistigen oder körperlichen Gebrechen,

- Alter oder
- Leichtgläubigkeit
- im Hinblick auf diese Praktiken besonders schutzbedürftig sind,

aus der Perspektive eines durchschnittlichen Mitglieds dieser Gruppe beurteilt werden. Bei besonders schutzwürdigen Verbrauchern kann der Unlauterkeitsmaßstab also weniger liberal sein. Voraussetzung ist, dass sich die geschäftliche Handlung gezielt an diese Gruppe richtet.

78   Das europäische Recht kennt zudem die besondere Konstellation der **direkten Aufforderungen an Kinder**, die in Nr. 28 des Anhangs zu § 3 Abs. 3 UWG (ähnlich § 6 II Nr. 2 JMStV) umgesetzt wurde:

> Nr. 28: die in eine Werbung einbezogene unmittelbare Aufforderung an Kinder, selbst die beworbene Ware zu erwerben oder die beworbene Dienstleistung in Anspruch zu nehmen oder ihre Eltern oder andere Erwachsene dazu zu veranlassen.

Durch diese Vorschrift soll der Einsatz von Kindern als Absatzhelfer erfasst werden. Allerdings ist nicht bereits jeder Appell an den Kaufwunsch eines Minderjährigen (z.B. Süßigkeiten an der Kasse) unlauter. Denn es ist davon auszugehen, „dass verständige Eltern sich durch derartige Wünsche nicht in ihrer rationalen Entscheidung über den Kauf eines Produkts beeinflussen lassen" (BGH GRUR 2008, 183 Tz. 17 – Tony Taler). Wann genau diese Schwelle aber überschritten wird, ist nicht immer einfach festzustellen. Nr. 28 verlangt eine „unmittelbare Aufforderung an Kinder", also würde „Bitte Deinen Papi" bereits ausreichen. Die Aufforderung muss auf konkrete Produkte bezogen sein (BGH GRUR 2014, 1117 Tz. 19 – Zeugnisaktion), die allgemeine Aufforderung „Kommt zu ..." oder „Kauf bei ..." genügt dafür nicht. Aufforderungen beinhalten typischerweise Imperative („Kauf", „Hol Dir"), als genügend erachtet wurde aber auch „Einfach fünf leckere H(aribo)-Produkte kaufen und gewinnen" (BGH NJW 2014, 2279 – Goldbärenbarren).

> Älteres **Bsp.: BGH GRUR 1965, 363 – Fertigbrei**: Ein Kleinkindernahrungshersteller wirbt mit einem Plakat, auf dem ein gesundes, lachendes Kleinkind dargestellt ist, welches eine Packung Fertigbrei in den Händen hält. Auf der Packung befinden sich die Worte „Pomps Fertigbrei" mit dem Zusatz „Kein Kochen mehr"; unter der Packung steht in Fettdruck der Satz „Mutti gibt mir immer nur das Beste". Der BGH hatte Zweifel daran, hierin die Aufforderung „Mutti, kauf Pomps" zu sehen. Anders wäre es, wenn mit der Aufforderung geworben würde: „Sag Deiner Mutti, sie soll den Brei kaufen" (wenn das Kind schon lesen kann, aber immer noch Brei mag).

Wie ist es mit folgendem Beispiel?

KG WRP 1992, 649: Einsatz eines Kindes in der Werbung für eine Kreditkarte in einem Fernsehspot, in welchem das Kind mit einer Kreditkarte spielt und dabei die Vor- und Nachteile der Kreditkarte (Flugreise in den Süden, Auto mieten, riesiges Eis kaufen) in kindlicher Sprache aufzählt, indem es unter anderem erzählt, was Papa mit der Karte machen kann. Den Vater hört man im Hintergrund laut darüber nachsinnen, wo seine Kreditkarte ist. Verboten wurde der Spot, weil die Werberegeln des Zentralausschusses Äußerungen von Kindern in der Werbung verbieten, die nicht den „natürlichen Lebensäußerungen von Kindern" entsprechen.

Zu beachten ist, dass Nr. 28 nur die Aufforderung an „**Kinder**" verbietet. Der **Begriff** stammt aus der RL UGP und ist daher nicht nach deutschem Recht (z.B. dem § 1 Abs. 1 Nr. 2 JuSchG), sondern nach europäischem Recht autonom auszulegen. In der RL UGP fehlt aber eine Definition. Auch sonst findet sich keine europäische Definition dazu, wie lange Minderjährige noch Kinder sind. In der früheren Fernsehrichtlinie und der heutigen Richtlinie über audiovisuelle Mediendienste (AVMD-RL) wird der Begriff des „Minderjährigen" verwendet (Art. 3 Abs. 1 lit. g). Daraus könnte man schließen, dass „Kinder" nur eine Untergruppe der Minderjährigen sind. Ob man als Kind nur Minderjährige bis zum 14. Lebensjahr qualifizieren kann (wie in § 1 JuSchG definiert), ist damit allerdings noch nicht gesagt. Die Frage müsste vom EuGH oder durch eine Unionsregulierung geklärt werden. Diesbezüglich bringt die Datenschutzgrundverordnung von 2016 in ihrem Art. 8 Abs. 1 und für ihren Regelungsbereich immerhin die Klarstellung, dass „Kinder" Minderjährige unter 16 Jahren sind, solange ein Mitgliedstaat diese Grenze nicht auf bis zu 13 Jahren herabsetzt.

4. Anwendungsbereich des § 3 Abs. 4 UWG

a) Subjektiver Schutzbereich

§ 3 Abs. 4 UWG schützt nur Verbraucher. Sonstige Marktteilnehmer (Unternehmer, aber auch Idealvereine, wie z.B. Sportvereine, karitative Organisationen) fallen nicht darunter. Das ist durchaus problematisch, denn Unternehmer, die noch wenig Geschäftserfahrung haben (z.B. Existenzgründer, sog. Start-Ups) werden genauso (streng) behandelt wie Großunternehmen, die mit großen Marketing- und Rechtsabteilungen operieren. **79**

b) Abweichung von den Fähigkeiten des Durchschnittsverbrauchers aus besonderen Gründen

Umstände, die dazu führen, dass eine Person nicht diejenige Aufmerksamkeit aufbringt oder über das Maß an Informiertheit verfügt, das dem Durchschnitts- **80** verbraucher zu eigen ist, dürfen nicht gezielt vom Unternehmer ausgenutzt werden. Das Gesetz nennt eine Reihe solcher besonderer Umstände, ohne dass diese Liste abschließend ist:

- **Geistige oder körperliche Gebrechen** (= Art. 5 Abs. 3 Satz 1 RL UGP): z.B. Seh- und Hörvermögen, Schreibfähigkeit.
- **Alter** (Art. 5 Abs. 3 Satz 1 UGP-RL): Erfasst sowohl jugendliches als auch hohes Alter; entscheidend ist, ob das Alter die geschäftliche Gewandtheit wesentlich beeinträchtigt. Hierunter fällt die gezielt an Kinder und Jugendliche gerichtete geschäftliche Ansprache (nicht nur direkte Kaufappelle). Auch die geschäftliche Tätigkeit in Altersheimen ist erfasst, wenn die jeweiligen Bewohner gerade aufgrund ihres Alters Einschränkungen in ihrer geschäftlichen Gewandtheit unterliegen.

Bsp.: BGH GRUR 2009, 71 – Sammelaktion für Schokoriegel: Ein Hersteller von Schokoriegeln druckt auf die Verpackung seiner Riegel einen Sammelpunkt („N-Screen"). Wer 25 solcher Sammelpunkte einschickt, erhält einen 5,– Euro Gutschein, der z.B. beim elektronischen Einkauf bei Amazon zum Bezahlen genutzt werden kann. Der Adressat wurde auf den Aufdrucken geduzt, benutzt wurden Formulierungen wie „einfach abkassieren" „Noch mehr n-screens findest du auf den Packungen von kit kat ...". Der BGH hielt die Aktion nicht für unlauter. Zwar liege eine gezielte Ansprache gegenüber Jugendlichen vor, doch sei diese Werbung noch nicht geeignet, die Unerfahrenheit von Kindern auszunutzen. Der BGH vertraute auf die Rechenfähigkeiten der Jugendlichen und meinte: „Ohne Rechtsfehler hat das Berufungsgericht angenommen, dass ein durchschnittlich informierter, aufmerksamer und verständiger Minderjähriger, der über Taschengeld verfügt und ohne Begleitung eines Erwachsenen Verkaufsstätten für Schoko-Riegel aufsucht, zu der einfachen, hier ausreichenden Berechnung in der Lage ist, um den Aufwand für einen Gutschein zu ermitteln. Im Rahmen der beanstandeten Verkaufsaktion war es bei einem durchschnittlichen Riegelpreis von 40 Cent erforderlich, 25 Schoko-Riegel für insgesamt rund 10 Euro zu erwerben, um einen amazon.de-Gutschein im Wert von 5 Euro zu erhalten. Die Teilnahme an der Sammelaktion hält sich damit innerhalb des Minderjährigen durch ihr Taschengeld regelmäßig verfügbaren finanziellen Bewegungsspielraums."

- **Geschäftliche Unerfahrenheit** (in der RL UGP nicht genannt) ist ein schwieriges Kriterium. Sie erfasst nicht die Unerfahrenheit bezüglich eines konkreten Geschäfts.

Vgl. hierzu **BGH GRUR 2007, 978 Tz. 27 – Rechtsberatung und Haftpflichtversicherer:** Ein Kfz-Versicherer versendet nach Schadensfällen Briefe an die Geschädigten, in denen er rechtlichen Rat darüber erteilt, wie der Schadensfall abzuwickeln ist. Eine Rechtsanwaltsgesellschaft klagt in erster Linie wegen angeblicher unerlaubter Rechtsberatung, in zweiter Linie behaupten die Anwälte, der Versicherer nutze mit seinen Informationen die geschäftliche Unerfahrenheit der versicherten Geschädigten aus und verleite sie dazu, bestimmte Ansprüche gegenüber dem Versicherer nicht geltend zu machen. Der BGH sah in dem letztgenannten Punkt keinen Verstoß, weil die Versicherten nicht allein deswegen geschäftlich unerfahren seien, weil sie die Rechtslage nicht einschätzen könnten. Wörtlich: „Eine etwaige Unkenntnis der Rechtsprechung zur Erstattung von Sachverständigenkosten macht die Geschädigten noch nicht zu geschäftlich unerfahrenen Personen, die des besonderen Schutzes durch diese Vorschrift bedürften. Erforderlich ist vielmehr, dass die angeschriebenen Geschädigten nicht über die Kenntnisse verfügen, die von einem durchschnittlich aufmerksamen, informierten und verständigen Verbraucher zu erwarten sind."

- **Leichtgläubigkeit** (Art. 5 Abs. 3 Satz 1 RL UGP): Die Abgrenzung zur geschäftlichen Unerfahrenheit kann problematisch sein; Leichtgläubigkeit liegt nicht nur im Hinblick auf geschäftliches Verhalten vor, erforderlich ist eine generelle Einfalt.
- **Angst:** Der Fall wird in Nr. 30 des Anhangs zu § 3 Abs. 3 UWG erfasst. Ausdrücklich verboten ist die gezielte Ausnutzung von Ängsten in Deutschland in der Arzneimittelwerbung. Dort darf nach § 11 Nr. 7 HWG nicht mit der Behauptung geworben werden, der Kunde werde krank, wenn er ein bestimmtes Produkt nicht kaufe (relevant über § 3a UWG). Nach § 12 Abs. 1 Nr. 6 LFGB darf auch für Lebensmittel nicht entsprechend geworben werden. Der Fall ist heute zudem mittelbar auch in Nr. 18 des Anhangs zu § 3 Abs. 3 UWG erfasst. Typischerweise fällt die Angstwerbung jedenfalls unter § 4a Abs. 1 Satz 2 Nr. 3. Der Maßstab des § 3 Abs. 4 UWG spielt eine Rolle, wenn nicht allgemeine Ängste in der Gesellschaft angesprochen, sondern eine von besonderen Risiken bedrohte isolierbare Gruppe unmittelbar angesprochen wird.
- **Zwangslage: Bsp.: BGH GRUR 2000, 235 – Werbung am Unfallort IV:** Ein Abschleppunternehmen spricht am Unfallort von sich aus Unfallbeteiligte an mit dem Ziel, sie noch dort zum Abschluss eines Abschleppvertrages zu bewegen. Der BGH hielt dieses Vorgehen bereits früher ohne Weiteres für unlauter (vorher bereits BGH GRUR 1980, 790 – Werbung am Unfallort III). Entscheidend ist für ihn das gezielte Ausnutzen eines Überraschungsmoments, das dem Abnehmer die Möglichkeit einer überlegten rationalen Entscheidung nimmt. Die Initiative zum Geschäft soll in solchen Fällen nicht vom Unternehmer, sondern vom Kunden selbst ausgehen.
- **Sonstige Umstände:** Hierunter kann nach bisheriger Rechtsprechung die gezielte Ansprache von Gruppen fallen, die wegen sprachlicher Schwierigkeiten oder aufgrund kultureller Umstände vom Leitbild des Durchschnittsverbrauchers abweichen. In der Vergangenheit fiel hierunter etwa die Werbung gegenüber gerade zugewanderten Ausländern oder die **Werbung in Aussiedlerheimen.**

Bsp.: BGH GRUR 1998, 1041, 1042 – Verkaufsveranstaltung in Aussiedlerwohnheimen: „(Aussiedler), die sich erst kurze Zeit in der Bundesrepublik aufhalten, (bedürfen) eines besonderen Schutzes. Dieser Personenkreis ist erfahrungsgemäß häufig nicht in der Lage, die wirtschaftliche Tragweite und die rechtlichen Auswirkungen eines Angebots abzuschätzen, da er in der Regel noch über keinerlei Erfahrungen mit den hiesigen Geschäftsgepflogenheiten verfügt. Ihm ist das bestehende Wirtschafts- und Rechtssystem völlig fremd und auch die Sprache oft noch nicht vertraut. Unter diesen besonderen Umständen kann der in Rede stehende Personenkreis, der zudem in aller Regel nur über begrenzte finanzielle Mittel verfügt, nur allzu leicht der Versuchung erliegen, die bei einer Verkaufsveranstaltung in Wohnheimen angepriesenen Waren zu erwerben."

In der früheren Rechtsprechung wurde auch die **„Ausnutzung von Rechtsunkenntnis"** als mögliche sittenwidrige Wettbewerbshandlung angesehen (BGH GRUR 2000, 731, 733 – Sicherungsschein). Mit einer neueren Entscheidung des BGH (GRUR 2007, 978 Tz. 27 – Rechtsberatung durch Haftpflichtversicherer) dürfte diese Fallgruppe dagegen unter § 3 Abs. 4 UWG keine Rolle mehr spielen.

c) Ausnutzung von Schwächen

81 Allein das Vorliegen „besonderer Umstände" reicht noch nicht aus, um eine geschäftliche Handlung als unlauter anzusehen. Das Vorgehen muss geeignet sein, diese Umstände auch auszunutzen. Das erfordert die **gezielte Ansprache** der betreffenden isolierten Verbrauchergruppe, das **Wissen um diese besonderen Umstände** und die **Absicht**, diese Situation auszunutzen. Entscheidend sind Zielgerichtetheit und Wissen; die betreffende Absicht zur Ausnutzung wird, wenn erstere vorliegen, vermutet.

> **Bsp.:** Im obigen Fall „Sammelaktion" lag zwar eine gezielte Ansprache vor, doch war der Umfang der finanziellen Vorteile, die offeriert wurden, nicht geeignet, die besondere Entscheidungssituation auszunutzen.

Eine Ausnutzung der besonderen Umstände liegt erst vor, wenn der Adressat das Angebot im Hinblick auf seine wirtschaftliche Tragweite nicht zutreffend einschätzen kann. Hieraus erklärt sich, warum der BGH im Handy-Fall (GRUR 2006, 776 – Werbung für Klingeltöne) dieses Kriterium bejaht, es aber im Sammelpunkt-Fall verneint hat.

82 Ob eine gezielte Ansprache vorliegt, lässt sich anhand der folgenden Indizien ermitteln (vgl. hierzu *Gerecke*, NJW 2015, 3185; *Jahn/Palzer*, GRUR 2014, 332):

– Welche Sprache wird verwendet, werden Slangs oder typische Jugendmilieuformulierungen benutzt (BGH GRUR 2014, 298 – Runes of Magic)?
– Welche Aufmachung enthält die Werbung (Farben, Motive, Verpackungen)?

- Welche Anrede der Adressaten wird gewählt („du" bei Jugendlichen)?
- Welcher Art sind die Waren oder die angebotenen Zugaben, wessen Bedarf befriedigen sie?
- Wird mit Gewinnspielen (Spieltrieb), mit Events und besonderen „Gimmicks" (Sammelleidenschaft) geworben, für die Jugendliche empfänglicher als Erwachsene sind?

Problematisch ist, ob eine gezielte Ansprache ausscheidet, wenn die geschäftli- **83** che Handlung auch gegenüber Durchschnittsverbrauchern eingesetzt wird. Da man die Medienlandschaft kaum klar nach Adressaten- und Altersgruppen strukturieren kann, muss es genügen, dass sich ein Medium hauptsächlich an die geschützte Verbrauchergruppe richtet. Das wird sich meist aus dem gewählten Kontext, in dem die Ansprache stattfindet, ergeben (z.B. Jugend- und Zukunftsmesse, BGH NJW 2014, 2282 – Nordjob Messe).

Dazu **BGH GRUR 2006, 776 Tz. 21**: „Nach den unangegriffen gebliebenen Feststellungen des Berufungsgerichts besteht die Leserschaft der Zeitschrift „BRAVO Girl", in der die beanstandete Werbung erschienen ist, zu mehr als 50% aus Jugendlichen. Dementsprechend hat das Berufungsgericht rechtsfehlerfrei angenommen, dass sich die in der Zeitschrift „BRAVO Girl" veröffentlichte Anzeige gezielt an Minderjährige richtet. Entgegen der Ansicht der Revision fällt die beanstandete Werbung nicht deshalb aus dem Verbotstatbestand ... heraus, weil entsprechende Anzeigen auch in Werbeträgern veröffentlicht werden, die sich nicht gezielt an Minderjährige wenden (vgl. BGH GRUR 1994, 304, 305 – Zigarettenwerbung in Jugendzeitschriften; OLG Hamm MMR 2005, 112). Es ist gerade Zweck des [§ 3 Abs. 4 UWG], eine Werbemaßnahme strengeren Anforderungen zu unterwerfen, wenn sie sich im konkreten Fall an Kinder oder Jugendliche richtet."

5. Wettbewerbsrechtliche Sanktionen: Der Vorteilsherausgabeanspruch, § 10 UWG

a) Funktion

Der Vorteilsherausgabe- oder Gewinnabschöpfungsanspruch aus § 10 UWG **84** wurde mit der UWG-Reform 2004 eingeführt. Der Anspruch soll eine Kompensation dafür gewähren, dass den Verbrauchern kein eigener Schadensersatzanspruch zugebilligt wurde. Hauptargument für seine Einführung ist jedoch, dass hierdurch eine Bündelung „diffuser Interessen" möglich wird, d.h. eine Bündelung von Interessen, die einzeln nur geringes Gewicht haben und auch nicht zu großer Klageneigung führen, zusammengefasst aber erhebliches Gewicht erlangen (US-amerikanische Parallele in den sog. „class actions"). Die Gewinnabschöpfung erlaubt insoweit die gebündelte Geltendmachung sog. Streuschäden (= Summierung vieler Bagatellschäden zu einem wirksamen Abschöpfungsanspruch). Damit soll eine wirksame Sanktion gesetzt werden, die zumindest mittelbar auch eine Abschreckungsfunktion hat.

b) Schwäche

85   Größte Schwäche des Anspruchs ist, dass sämtliche Beweisprobleme bei den klagebefugten Verbänden liegen.

Sie haben die Last, den aufgrund der Rechtsverletzung erzielten **Gewinn** ermitteln zu müssen, denn nur dieser kann abgeschöpft werden (LG München I GRUR-RR 2015, 255). Dafür steht ihnen allerdings ein allgemeiner Auskunfts- und Rechnungslegungsanspruch zur Verfügung (OLG Stuttgart WRP 2007, 350). Zudem soll die Erzielung eines Gewinns zu Lasten der Verbraucher nicht voraussetzen, dass den Verbrauchern eine konkret nachweisbare Vermögenseinbuße nach § 249 BGB entstanden ist. Das OLG Stuttgart hierzu (S. 353): „Dass die Beklagte einen etwaigen Gewinn zu Lasten ihrer Abnehmer erzielt hat, ist bei der vorliegenden Fallgestaltung unzweifelhaft. Ihnen gegenüber erfolgte die unlautere Werbung, die geeignet war, sie über die Tragweite eines Warentests zu täuschen und dadurch zum Kauf des beworbenen Produkts zu veranlassen. Ein durch solche Käufe entstandener Gewinn der Beklagten ging somit zu Lasten der Abnehmer. Dass die beanstandete Werbung wirkungslos verpufft sei, macht sie selbst nicht geltend. Eines Schadens der Kunden im Sinne des § 249 BGB bedarf es im Rahmen des § 10 UWG nicht. Im Gesetzgebungsverfahren wurden die Wörter ‚auf Kosten' durch die Wörter ‚zu Lasten' ersetzt, um sicherzustellen, dass es für den Gewinnabführungsanspruch keines dem Unternehmergewinn kongruenten Schadens der Abnehmer bedarf. Erforderlich, aber auch ausreichend ist, dass durch die Zuwiderhandlung bei einer Vielzahl von Abnehmern eine wirtschaftliche Schlechterstellung eingetreten ist, welche schon im Abschluss des Vertrages zu sehen ist." Mit dieser großzügigen Auslegung könnte man eine Hauptschwäche der Norm überwinden.

86   Auch das **Prozessrisiko** liegt bei den Verbänden. Zudem dürfen die Verbände den erhaltenen Schadensersatz nicht behalten. Er muss an den Bundeshaushalt abgeführt werden, was dazu führt, dass eine private Strafverfolgung zugunsten öffentlicher Kassen stattfindet.

Eine weitere Schwäche ist, dass der Anspruch inhaltlich auf **vorsätzliche Verstöße** beschränkt ist. Immerhin genügt bedingter Vorsatz. „Bedingt vorsätzlich handelt, wer sein wettbewerbsrelevantes Verhalten fortsetzt, obgleich er sich aufgrund der ihm bekannten Tatsachen nicht der Einsicht verschließen kann, dass dieses unlauter ist" (OLG Stuttgart WRP 2007, 350, 352). Dies wurde bejaht, wenn der Werbende Anlass hatte, sich zu informieren, dies aber nicht getan hat, ebenso wenn ein großes Unternehmen mit eigener Rechtsabteilung sein Verhalten der Rechtsprechung des BGH zum Lauterkeitsrecht nicht anpasst (OLG Schleswig MMR 2013, 579).

Die Literatur hält den Anspruch daher insgesamt nicht für sonderlich praktikabel (*Alexander*, WRP 2012, 1190, mit Hinweis auf Studien von *Fezer* und *van Raaj*; ferner *Henning-Bodewig*, GRUR 2015, 731; *Hörmann*, VuR 2016, 81; *Keßler*, ZRP 2016, 2).

c) Einige Fälle

Das OLG Stuttgart hat mit einer mutigen Entscheidung dem Grunde nach einen 87
Auskunftsanspruch wegen einer irreführenden Werbung mit einem veralteten Warentest für begründet erachtet (WRP 2007, 350), wegen der Ermittlung des Schadens jedoch den Streit zurückverwiesen.

Das LG Bonn (GRUR-RR 2006, 111) hat in einem ähnlichen Fall keinen Vorsatz darin gesehen, dass ein unrichtiger Warentest veröffentlicht wurde. Das OLG Frankfurt/M. hat die Vorschrift gegen den Betreiber einer „Internet-Kostenfalle" durchgreifen lassen (GRUR-RR 2010, 482 – nicht rechtskräftig; ebenso LG Hanau MMR 2009, 142 und 143).

III. Lösungsskizze   88

A. Anspruch des W gegen J

I. Anspruch auf Unterlassung aus § 8 Abs. 1 Satz 1, Abs. 3 Nr. 3 i.V.m. §§ 3 Abs. 1, 4a Abs. 1 Satz 2 Nr. 3 UWG

1. Zulässigkeit der Klage

a) Gerichtliche Zuständigkeit
   aa) Sachliche Zuständigkeit, § 13 Abs. 1 UWG: Landgericht/KfH
   bb) Örtliche Zuständigkeit, § 14 Abs. 1 Satz 1 mit Abs. 2 Satz 1 UWG: Beklagtensitz (da Verbandsklage, vgl. § 14 Abs. 2 UWG).
b) Bestimmtheit des Klageantrags, § 253 Abs. 2 Nr. 2 ZPO: Beschreibung der Verletzungshandlung durch Bezugnahme auf die konkrete Werbung. Im Fall ist problematisch, ob Werbung gegenüber „Kindern" zu unbestimmt ist, weil nicht klar ist, welche Gruppe darunter fällt. Insbesondere ist dieser Begriff gesetzlich nicht definiert, so dass keine klare Altersgrenze besteht. Doch genügt es, wenn sich die Werbung jedenfalls überwiegend an minder-

jährige Spieler richet (BGH aaO. Tz. 19). Das folgt zwar noch nicht aus der Anrede mit „Du", die mittlerweile im Internet auch gegenüber Erwachsenen verbreitet ist, wohl aber aus den sonstigen Formulierungen, die zeigen, dass es vor allem um jugendliche Spieler geht, etwa weil typische Jugendfloskeln gebraucht werden („Pimp Deinen Charakter", BGH aaO. Tz. 19).

2. Begründetheit der Klage

a) Klagebefugnis (Aktivlegitimation)
   – § 8 Abs. 3 Nr. 3 UWG ist erfüllt.
b) Passivlegitimation der Beklagten
   – Täterhaftung unproblematisch, weil J die Werbung geschaltet hat.
c) Unzulässigkeit, § 3 Abs. 1 UWG
   aa) Geschäftliche Handlung nach §§ 3 Abs. 1, 2 Abs. 1 Nr. 1 UWG
      für Werbung anzunehmen, da sie stets der Förderung eigenen Absatzes im Vorfeld eines Geschäftsabschlusses dient.
   bb) Per-se-Verbote Nr. 28 nach § 3 Abs. 3 UWG
      (–) *„Schnapp Dir ..."* ist eine direkte Aufforderung, eine Dienstleistung zu erwerben; allerdings erfasst Nr. 28 nur die Aufforderung an „Kinder"; hier ist nicht klar, ob sich das Angebot nur an Kinder oder nicht doch eher an Jugendliche richtet; im Zweifel ist Nr. 28 eng auszulegen, da es sich um ein Per-se-Verbot handelt. Allerdings hat der BGH es für genügend erachtet, dass überwiegend Minderjährige, und darunter auch Kinder angesprochen werden (BGH aaO. Tz. 19); das ist allerdings methodisch zweifelhaft und für ein Per-se-Verbot nicht angebracht. Überzeugender ist es daher, Nr. 28 nur anzuwenden, wenn Minderjährige unter einem bestimmten Alter, etwa 14 Jahren, gezielt adressiert werden (vgl. so noch BGH GRUR 2006, 776 Tz. 20 – Werbung für Klingeltöne; Fezer/*Scherer*, Anhang UWG Nr. 28 Rn. 9). Das ist nur der Fall, wenn Kinder dieser Altersgruppe nicht nur zufällig miterreicht, sondern ausdrücklich angezielt werden. Daran fehlt es vorliegend. Daher ist das Per-se-Verbot nicht erfüllt.
   cc) Unzulässigkeit nach § 3 Abs. 1 i.V.m. § 4a Abs. 1 Satz 2 Nr. 3 UWG
      (1) Einflussmittel unzulässige Beeinflussung durch wirtschaftliche Machtposition: Das Spiel ist zwar in seiner Grundversion gratis, diese Version macht aber die kostenpflichtigen Zusatzattribute besonders anlockend, die das Spielerlebnis erst besonders erstrebenswert und lohnend machen; die Kombination einer „free-Version" mit

Premiumbestandteilen potenziert also den Einfluss des Spieleentwicklers;

(2) Einflussumstände, § 4a Abs. 2 UWG: bewusste Ausnutzung von Umständen, die das Urteilsvermögen des angesprochenen Verbrauchers beeinträchtigen; hier spielt das besondere Verbraucherleitbild des § 3 Abs. 4 UWG die entscheidende Rolle:

(a) Besondere Verbrauchergruppe Kinder und Jugendliche mit altersbedingt abweichenden Fähigkeiten, informierte und überlegte Entscheidungen zu treffen;

(b) Gezielte Werbung an diese Altersgruppe = nach Art des beworbenen Produkts, Sprache und Art und Weise der getroffenen Aussage werden Jugendliche angesprochen; dass auch Erwachsene die Seite aufrufen mögen, ändert daran nichts.

(c) Konkrete Eignung, die Angehörigen dieser Zielgruppe zu unüberlegten Entscheidungen zu provozieren (Unerfahrenheit auszunutzen)

– Altersbedingte Schwierigkeiten, die wirtschaftliche Tragweite des Angebotes vollumfänglich zu verarbeiten, sind naheliegend angesichts der Intransparenz des Angebots. Jugendliche können Schwierigkeiten haben, die vollständigen Kosten des Angebotes zu ermessen. Bei Minderjährigen sind hohe Anforderungen an die Transparenz zu stellen; typischerweise sind Jugendliche eher geneigt, mögliche Bedenken beiseitezuschieben und das Angebot wahrzunehmen.

(3) Das Wissen um diese Umstände kann aus der gezielten Ansprache geschlossen werden.

dd) Die gezielte Kaufaufforderung wirkt gegenüber der angesprochenen Verbrauchergruppe so intensiv, dass die Gefahr besteht, dass die Adressaten eine übereilte, aber keine abgewogene Entscheidung treffen und damit die aggressive Ansprache auch die Qualität der Marktentscheidung beeinträchtigt.

Ergebnis: Das Angebot stellt eine unlautere geschäftliche Handlung dar und ist damit unzulässig.

d) Die **Wiederholungsgefahr** wird vermutet, wenn es – wie hier – bereits eine Verletzungshandlung gab und keine Unterwerfungserklärung seitens des Verletzers vorliegt.

89 **II. Anspruch auf Gewinnabschöpfung aus § 10 Abs. 1 Satz 1 i.V.m.
§§ 3 Abs. 1, 4a Abs. 1 Satz 2 Nr. 3 UWG**

1. Zulässigkeit der Klage (s.o.)

2. Begründetheit der Klage

a) **Klagebefugt** ist der Kläger als Verband.
b) **Objektiver Lauterkeitsverstoß** nach §§ 3 Abs. 1, 4a Abs. 1 Satz 2 Nr. 3 UWG
   liegt vor.
c) Die **Rechtswidrigkeit** ist durch den Lauterkeitsverstoß indiziert.
d) Der **Vorsatz** bezüglich des Verstoßes ist problematisch und setzt voraus,
   dass die Bekl. die Unerfahrenheit Minderjähriger nicht nur bewusst, sondern auch willentlich ausgenutzt hat, zumindest gebilligt hat. Dafür gibt es
   im Sachverhalt keine Anhaltspunkte. Vorsatz bejahen kann man nur, wenn
   man davon ausgeht, dass der Kläger Bedenken haben musste und sich über
   diese aber hinweggesetzt hat. Das ist gut vertretbar.
e) **Kausalität:**
   Die Gewinnerzielung müsste zu Lasten einer Vielzahl von Abnehmern erfolgt sein. Das ist nur anzunehmen, wenn man davon ausgeht, dass viele
   Minderjährige zugegriffen haben und dadurch eine letztlich nachteilige
   wirtschaftliche Entscheidung getroffen haben. Das setzt allerdings keine
   konkret nachweisbare Vermögenseinbuße bei den Betroffenen voraus. Es
   genügt, dass die Werbung insgesamt erfolgreich war und zu Mehreinnahmen geführt hat. Die genaue Bezifferung dürfte gleichwohl schwierig sein.
f) Sofern die Berechnung gelingt, ist der Gewinn an den Bundeshaushalt ab-
   zuführen. Prozesskosten dürfte der Kläger abziehen. Diese dürften allerdings nicht entstanden sein, weil der Unterlassungsanspruch begründet
   war und die Beklagte daher nach allgemeinen zivilprozessualen Regeln die
   Kosten des Rechtsstreits zu tragen hat (§ 91 Abs. 1 ZPO).

Gesamtergebnis: Der Unterlassungsanspruch (I.) ist begründet. Die auf Gewinnabschöpfung gerichtete Klage hat ebenfalls Aussicht auf Erfolg, sofern die
Bezifferung der Mehreinnahmen gelingt.

§ 4: Irreführung durch Angaben, Fälle mit Auslandsberührung, Gewinnspielwerbung

Fall Nr. 4: „Sie haben gewonnen!"

(BGH NJW 2003, 426; EuGH, Urteil vom 11. 7. 2002 – Rs. C-96/00 – NJW 2002, 2697; EuGH, Urteil vom 20. 1. 2005 – Rs. C-27/02 – IPrax 2005, 239; BGH GRUR 2005, 1061 – Telefonische Gewinnauskunft)

I. Sachverhalt

Die in den Niederlanden ansässige Versandhandelsgesellschaft V übersandte an **90** *in Köln wohnhafte und namentlich angesprochene Personen ein Schreiben, in dem es unter anderem heißt:*

„Lieber Herr A,
    ich freue mich, Ihnen über drei große Ereignisse berichten zu dürfen:
1. Am 1.6. fand bei uns eine Gewinnauslosung statt.
2. Es war Ihr Name, sehr geehrter Herr A, den mir der Justiziar nannte.
3. Einer der höchsten Geldbeträge wurde Ihnen zugeteilt.
(...) Es sind 10.000 €! Ja, 10.000 € in bar, die Ihnen und Ihrer Ziehungsnummer eindeutig zugeteilt wurden!

(...) Sicher verstehen Sie, dass wir diese hohen Gewinne nur vergeben können, wenn wir auch unsere Produkte gut verkaufen. Die 10.000 € können wir Ihnen daher nur auszahlen, wenn Sie zum einen den Einlöse-Scheck an uns zurücksenden und zum anderen unser einmaliges Angebot nutzen und die auf dem beiliegenden Prospekt abgedruckte Designer-Vase zu einem Preis von nur 50 € bestellen.

Wenn sie Genaueres über Ihren Gewinn erfahren möchten, rufen Sie unter folgender 0900-Telefonnumer an (Kosten: 3,63 €/Min.)."

Dem Schreiben der V lag ein von dem Justiziar unterzeichnetes „Gewinn-Ziehungs-Protokoll" bei, das A als „Gewinn-Empfänger" eines „Gewinn-Betrages" in Höhe von 10.000 € auswies. Ein Anruf bei der Gewinnhotline führte nicht zur Angabe von Details über den Gewinn, sondern lediglich zu allgemeinen Informationen über das Gewinnspiel.

Einer der angeschriebenen Kunden (A) hält die Werbung für unseriös und wendet sich an die örtliche Verbraucherzentrale. Dort liegen bereits gleichgerich-

tete Beschwerden vor. Die Verbraucherzentrale W e.V. möchte V auf Unterlassung in Anspruch nehmen und vor dem Landgericht Köln klagen.
Hat die Klage Aussicht auf Erfolg?

II. Schwerpunkte des Falles

1. Ausgangsproblematik

91 Der Ausgangsfall betrifft Gewinnmitteilungen, die Unternehmer aus dem Ausland an Verbraucher in Deutschland versenden. Der Verbraucher mag sich hier darüber irren, tatsächlich gewonnen zu haben. Er mag sich darüber ärgern, dass er getäuscht wurde, er mag auch Kosten aufgewendet haben, um herauszufinden, wie er gewonnen hat. Oft verwendet er einige Mühe, um herauszufinden, dass der Gewinn nicht existiert oder aber an Kosten geknüpft ist, die der Verbraucher scheut. Typisch ist, dass es dem Verbraucher zu lästig und zu aufwändig ist, Mühe und Kosten in ein Gerichtsverfahren zu investieren, um derartige Praktiken unterbinden zu lassen. Daher ist es sinnvoll, dass Verbände gegen die Praktik vorgehen. Hierzu bietet das UWG mit seiner Verbandsklagebefugnis nach § 8 Abs. 3 Nr. 3 UWG ein taugliches Instrument. In materiell-rechtlicher Hinsicht sind die Vorschriften über irreführende geschäftliche Handlungen einschlägig.

Problematisch ist allerdings, ob der unlauter handelnde ausländische Unternehmer vor deutschen Gerichten verklagt werden kann (Internationale Zuständigkeit deutscher Gerichte), und ob deutsches Recht auf den Fall anwendbar ist (Internationales Privatrecht). In materiell-rechtlicher Hinsicht kann der Fall von jedem individuell angeschriebenen Kunden auch über § 661a BGB gelöst werden, wenn es dem Verbraucher darum geht, den Gewinn zu erhalten und er das Risiko der Zahlungsklage eingehen möchte. Auch dann stellen sich die internationalverfahrens- und -privatrechtlichen Probleme (zur Klage nach § 661a BGB BGH NJW 2003, 426; und zu den IZVR-Problemen EuGH NJW 2002, 2697; EuGH IPrax 2005, 239).

2. Irreführende geschäftliche Handlungen

a) Die Entwicklung des Schutzes gegen irreführende geschäftliche Handlungen

92 Der lauterkeitsrechtliche Schutz gegen Irreführungen betrifft eine klassische und weitgehend anerkannte Fallgruppe des Lauterkeitsrechts, die starke Bezie-

hungen zum Verbraucherschutzrecht aufweist. Selbst das angloamerikanische Recht, das mit der Einführung lauterkeitsrechtlicher Vorschriften zurückhaltend verfährt, kennt einen Schutz gegen „deceptive or misleading advertising". Der heutige § 5 UWG gehört auch zu den beiden Kernsäulen, die in der RL UGP anerkannt werden, denn sie unterscheidet zwischen irreführenden und aggressiven Praktiken.

Vor der UWG-Novelle 2004 waren nur Irreführungen in der **Werbung** erfasst. Irreführende Handlungen, die Teil der Vertragsabwicklung (Täuschung über Lieferungszeitpunkt nach Vertragsabschluss) oder einer Serviceleistung (Täuschung über Gewährleistungen) darstellten, wurden nur (unzureichend) durch das Vertragsrecht sanktioniert (z.B. arglistige Täuschung, Irreführung als Pflichtverletzung, §§ 241, 280 BGB). Das UWG erfasste sie damals nur, wenn der Unternehmer sie systematisch und planmäßig einsetzte, um geschäftliche Vorteile zu erlangen (vgl. BGH GRUR 2002, 1093 – Kontostandsauskunft; GRUR 2007, 805 – Irreführender Kontoauszug: Angabe von Kontoständen auf Auszügen, die auch Beträge als Guthaben auswiesen, die noch nicht wertgestellt waren, so dass der Kunde bei einer Verfügung über diese Beträge Überziehungszinsen zahlen musste, wurde als irreführende Werbung angesehen).

Ein Irreführungsverbot gab es schon im UWG 1909, allerdings war es wesentlich schlanker gefasst als der heutige § 5 UWG. **§ 3 UWG i.d.F.** der Änderungen **bis 2000** lautete wie folgt: 93

> „[1]Wer im geschäftlichen Verkehr zu Zwecken des Wettbewerbs über geschäftliche Verhältnisse, insbesondere über die Beschaffenheit, den Ursprung, die Herstellungsart oder die Preisbemessung einzelner Waren oder gewerblicher Leistungen oder des gesamten Angebots, über Preislisten, über die Art des Bezugs oder die Bezugsquelle von Waren, über den Besitz von Auszeichnungen, über den Anlass oder den Zweck des Verkaufs oder über die Menge der Vorräte irreführende Angaben macht, kann auf Unterlassung der Angaben in Anspruch genommen werden. [2]Angaben über geschäftliche Verhältnisse im Sinne des Satzes 1 sind auch Angaben im Rahmen vergleichender Werbung."

Diese Bestimmung diente den Gerichten dazu, ein verzweigtes Fallrecht zu dem Problemkreis zu entwickeln. Der Gesetzgeber griff punktuell ein (etwa im Heilmittelwerberecht – HWG, wo spezialgesetzliche Irreführungsnormen implantiert wurden, die allerdings der allgemeinen Formulierung des § 3 UWG 1909 folgten). Das internationale und das europäische Recht hatten den Flickenteppich unterschiedlicher nationaler Normen lange Zeit geduldet. Das Völkerrecht kannte nur offene Formulierungen, welche die Staaten allgemein verpflichteten, Handlungen zu verbieten, „die geeignet sind, auf irgendeine Weise eine Verwechslung mit der Niederlassung, den Erzeugnissen oder der gewerblichen oder kaufmännischen Tätigkeit eines Wettbewerbers hervorzurufen" (Art. 10bis

Abs. 3 Nr. 1 Pariser Verbandsübereinkunft – PVÜ). Das Europarecht kannte mit der im Jahr 1984 verabschiedeten EWG-Richtlinie zur Bekämpfung der irreführenden Werbung nur eine Mindestschutzverpflichtung, die so allgemein war, dass sie kaum harmonisierende Wirkung entfaltete.

94   Seit den 1990er-Jahren und nach Inkrafttreten des Vertrages von Maastricht vom 7.2.1992 nutzte die EG-Kommission die dort neu eingeführte Kompetenz im Bereich des Verbraucherschutzes, um selbst für einen hohen Schutzstandard Sorge zu tragen (Art. 129a EGV = Art. 153 EG Amsterdam 1997 = Art. 169 AEUV; zu den verschiedenen Vertragsfassungen: http://eur-lex.europa.eu/collection/ eu-law/treaties.html). Damit ist der Gedanke der Mindestharmonisierung auf dem Rückzug. Die EU-Kommission verfolgt nachdrücklich das Ziel, den Verbraucher bereits in der Werbung möglichst umfassend zu informieren und dadurch Irreführungen zu unterbinden. Der Ansatz, Generalklauseln zu erlassen und die Ausformulierung der Rechtsprechung zu überlassen, genügte dem nicht. Er hätte die Rechtszersplitterung innerhalb Europas erhalten, weil die Gerichte aller Mitgliedstaaten die Rechtsentwicklung getragen und perpetuiert hätten. Auch das angloamerikanische Rechtssystem hat Vorbehalte dagegen, allzu offene Gesetze zu erlassen, bei denen die Auslegung den Gerichten überlassen ist. Das deutsche UWG hatte sich im Jahr 2004 die Aufgabe gestellt, die Entwicklung mitzugestalten. Die Novelle 2004 sollte Schrittmacher für die europäische Entwicklung sein. Bereits das UWG 2004 enthielt daher eine sehr viel genauere Regelung zur irreführenden Werbung. Das UWG 2004 blieb aber noch zögerlich bei der Kodifikation von Informationspflichten, die erst 2008 eingeführt und 2015 nochmals angepasst wurden (heute § 5a UWG).

b) Das System des deutschen Irreführungsschutzes

95 Das System des Irreführungsschutzes gegen irreführende Verhaltensweisen besteht aus **drei Grundkomponenten:**

Die **Per-se-Verbote Nr. 1–21 des Anhangs zu § 3 Abs. 3 UWG** verbieten bestimmte unwahre oder zur Irreführung geeignete Verhaltensweisen stets, d.h. auch wenn die Gefahr einer konkreten Irreführung oder einer fehlerhaften Entscheidung nicht besteht.

§ 5 UWG stellt **konkrete Irreführungsverbote** auf. Allein die Täuschung oder Irreführung über die dort genannten Umstände reicht noch nicht, um eine geschäftliche Handlung unlauter zu machen. Hinzukommen muss die konkrete Einschätzung, dass durch die Irreführung eine Marktentscheidung getroffen wird, die ohne die Irreführung nicht getroffen worden wäre (§ 5 Abs. 1 Satz 1 UWG).

§ 5a UWG schließlich schützt gegen die **Vorenthaltung von Informationen**. Die Vorenthaltung der in § 5a Abs. 4 UWG einbezogenen Informationen in

Richtlinien des Unionsrechts ist immer unlauter, die Vorenthaltung bestimmter Informationen in Verbraucherangeboten ist ebenso unlauter (§ 5a Abs. 3 UWG) wie die Vorenthaltung wesentlicher Informationen in der Verbraucheransprache (§ 5a Abs. 2 UWG). Als Auffangklausel erklärt zudem § 5a Abs. 1 UWG, dass die Vorenthaltung von erheblichen Informationen unlauter ist. In den Fällen der Abs. 1 bis 3 muss die Vorenthaltung geeignet sein, Marktentscheidungen zu beeinflussen (Einzelheiten in Fall 5).

Irreführende Praktiken sollten daher in folgender Reihenfolge geprüft werden: **96**

1. Verstoß gegen Per-se-Verbote im Anhang zu § 3 Abs. 3 UWG
    –   21 Sachverhaltsbeschreibungen, die als stets unzulässig gelten, insbesondere also auch unzulässig sind, wenn eine konkrete Täuschung nicht feststellbar ist und die Handlungen im Übrigen auch nicht spürbar Interessen von Verbrauchern beeinträchtigen;
2. Schutz gegen irreführende Angaben (= positive Aussagen) durch § 5 UWG (vgl. den Wortlaut: „unlauter *handelt*");
3. Schutz gegen irreführende Unterlassungen durch § 5a UWG.

c) Der Katalog der Per-se-Verbote

Der Katalog im Anhang zu § 3 Abs. 3 UWG beschreibt 30 Sachverhalte, von denen die ersten 21 zu den irreführenden Praktiken gerechnet werden. Bei ihnen findet keine weitere Abwägung mit den Interessen des Werbenden statt. Eine konkrete Verbrauchertäuschung muss weder nachgewiesen werden noch wahrscheinlich sein. **97**

Der Katalog übernimmt Vorgaben aus der RL UGP (dort 31 Sachverhalte mit leicht veränderter Reihenfolge und leicht abweichenden Formulierungen).[1] Die Sachverhalte verbieten zum Teil sehr eng definierte Verhaltensweisen. Es handelt sich um ein kaum geordnetes Sammelsurium, das auf Vorschlag der Mitgliedstaaten kodifiziert wurde, eine Art „Hard-Core-Verbotskatalog". Die Kommission hat eine Broschüre über die Richtlinie veröffentlicht, in der viele der Verhaltens-

---

1 Die Richtlinie enthält 23 irreführende und 8 aggressive Praktiken. Nicht im Anhang zu § 3 Abs. 3 UWG umgesetzt wurde in Deutschland die Nr. 26 der europäischen Liste, weil der dort geregelte Fall in § 7 Abs. 2 Nr. 2 UWG (unerbetene Telefonwerbung gegenüber Privatpersonen) erfasst sein soll. Die Nr. 31 der EG-Liste wurde in Deutschland als irreführende Praktik aufgefasst und daher in Nr. 17 des Anhangs zu § 3 Abs. 3 UWG erfasst, die nachfolgenden Nummern der deutschen Listen haben sich dadurch jeweils um eine Nummer verschoben. Mittlerweile hat der EuGH den Standpunkt eingenommen, dass Nr. 17 keine irreführende, sondern eine aggressive Praktik betrifft, vgl. EuGH, Urt. v. 18.10.2012 – C-428/11, WRP 2013, 143 Tz. 37, 46 – Purely Creative/Office of Fair Trading, m. Anm. *Scherer*, WRP 2013, 143–146.

weisen etwas näher (und damit auch klarer) definiert werden (vgl. http://ec.
europa.eu/consumers/cons_int/safe_shop/fair_bus_pract/ucp_de.pdf; vgl. auch
Scherer, WRP 2014, 771).

98   **Nr. 1: Verhaltenskodizes**: Unwahre Angabe eines Unternehmens, zu den
Unterzeichnern eines Verhaltenskodexes zu gehören.

> **Bsp.**: Ein Unternehmen behauptet wahrheitswidrig, den Kodex des deutschen Zeitungs-
> und Zeitschriftenverlegerverbandes (ZAW) über redaktionelle Werbung *unterzeichnet zu
> haben.*

Dieses Verhalten gilt als irreführend, auch wenn sich der Verbraucher keine
konkreten Vorstellungen darüber macht, was in dem Kodex geregelt ist, welche
Folgen die Unterzeichnung hat und wenn es dem Kunden gleichgültig ist, ob
das Unternehmen die Regeln befolgt oder nicht. Nicht unter Nr. 1 fällt die Nicht-
einhaltung der Bestimmungen des Kodexes. Allerdings kann über diesen Umstand konkret irregeführt werden (§ 5 Abs. 1 Satz 2 Nr. 6 UWG).

99   **Nr. 2: Gütezeichen**: Verwendung von Gütezeichen ohne die erforderliche
Genehmigung.

> **Bsp.**: Ein Unternehmen verwendet das Bio-Siegel (vgl. § 1 des Gesetzes zur Einführung
> und Verwendung eines Kennzeichens für Erzeugnisse des ökologischen Landbaus (Öko-
> KennzG), ohne hierzu die Genehmigung zu besitzen.

Selbst wenn der Verbraucher das Zeichen nicht einmal kennt oder weiß, was
sich dahinter verbirgt, ist das Verhalten unlauter. Ob die Voraussetzungen für
die Verwendung der Gütezeichen wirklich eingehalten werden, spielt für Nr. 2
keine Rolle, kann aber für eine Irreführung über eine Auszeichnung nach § 5
Abs. 1 Satz 2 Nr. 3 UWG oder über Sponsoring nach § 5 Abs. 1 Satz 2 Nr. 4 UWG
relevant sein. Nicht ganz klar ist, wie weit der Begriff „Gütezeichen" reicht. Man
wird darunter Zeichen verstehen müssen, bei denen der Verkehr eine objektive
Prüfung der Qualität erwartet (BGH GRUR 2012, 214 Tz. 12 – Zertifizierter Testamentsvollstrecker). Sofern das Zeichen aufgrund der Zahlung von Geld oder
aufgrund einer bloßen Anmeldung geführt werden darf, ist dagegen die Güte-
zeicheneigenschaft fraglich.

100   **Nr. 3: Billigung von Verhaltenskodizes**: Unwahre Angabe, ein Verhaltenskodex sei von einer öffentlichen oder anderen Stelle gebilligt.

> **Bsp.**: Ein Unternehmen wirbt mit der zutreffenden Angabe, einen Verhaltenskodex zur
> Unbedenklichkeit von an Kinder gerichteten Angeboten im Internet zu befolgen. Es be-
> hauptet (wahrheitswidrig), dieser Kodex sei vom Bundesfamilienministerium geprüft und
> für „kindersicher" befunden worden.

Fehlt diese Billigung, so ist die Angabe unlauter. Ob der Kodex ausreichende Schutzmechanismen für Kinder bietet, ist in solchen Fällen unbeachtlich. Der Begriff Verhaltenskodex ist in § 2 Nr. 5 UWG definiert.

Nr. 4: Billigung von Leistungen: Unwahre Angabe, Waren oder Dienstleis- 101 tungen seien gebilligt oder genehmigt worden oder die unwahre Angabe, den Bedingungen für diese Genehmigung werde entsprochen.

> **Bsp.:** Ein Unternehmen wirbt mit der nicht zutreffenden Behauptung, dass seine Internet-zahlungsmechanismen von einer „Deutschen Gesellschaft für Internetsicherheit" als „sichere Zahlungstechnik" bewertet und den Verbrauchern zur Nutzung empfohlen worden seien.

Nr. 5: Lockangebote: Werbung für Produkte zu einem bestimmten Preis, ohne 102 über Angebotsknappheiten aufzuklären (dazu BGH GRUR 2016, 395 – Smartphone-Werbung).

> **Bsp.:** Ein Unternehmen bietet einen Hochleistungscomputer mit Preisangabe und Beschreibung zu einem „unschlagbaren Preis" von 500 Euro an. Tatsächlich hat der Unternehmer nur etwa 10 dieser Geräte eingekauft. Nach den Erfahrungen der Vergangenheit sind diese Geräte in wenigen Minuten nach Ladenöffnung ausverkauft.

Das Verbot war früher (ähnlich) in § 5 Abs. 5 UWG 2004 formuliert (dazu BGH GRUR 2011, 340 – Irische Butter; GRUR-RR 2012, 745 – Matratzen). Diese Vorschrift wurde im UWG 2008 gestrichen. Nr. 5 ist allerdings enger als die vormalige Norm, er verlangt nämlich ein zeitlich befristetes „Angebot", die bloße Aufmerksamkeitswerbung genügt dafür nicht. Zumindest muss die Ware so angeboten werden, dass der Kunde aufgrund des Angebots bereits eine Kaufentscheidung treffen kann. Preis und Warenmerkmale müssen mithin genannt werden. Die Werbung mit „unschlagbar günstig" ohne Preisangabe genügt noch nicht. Nicht ganz klar ist, wie der Kaufmann darüber aufklären muss, dass er Gründe zu der Annahme hat, nicht genügend Stücke auf Lager zu haben. Die allgemeine Behauptung „freibleibend" genügt wohl nicht. Der Zusatz „Achtung, nur wenige Stücke vorhanden" dürfte aber ausreichen. Als angemessene Liefermöglichkeit wurden früher zwei Tage angesehen (§ 5 Abs. 5 UWG 2004). Als Richtschnur taugt diese Angabe noch, verbindlich vorgegeben durch die Richtlinie ist sie nicht.

Nr. 6: Sog. „Bait & Switch-Technik": „anlocken und umleiten". 103

> **Bsp.:** Ein Unternehmen behauptet, einen Sonderposten Jeans einer bestimmten Marke eingekauft zu haben. Der Kunde K besucht daraufhin das Geschäft. Der Angestellte A antwortet ausweichend und zeigt dem Kunden nur ein Exemplar, das allerdings Fehler aufweist. Im Übrigen bietet der Verkäufer schnell einige Modelle einer anderen Marke an. Später findet K heraus, dass U nur die eine schadhafte Jeans von der beworbenen Sorte im Lager hatte.

Schwierig wird es sein, dem Kaufmann die Absicht nachzuweisen, von vornherein die Aufmerksamkeit des Kunden umzuleiten. Die Gerichte haben dies in der Vergangenheit stets aus den objektiven Umständen des Angebots geschlossen. Wer bei mehrfacher Anfrage dasselbe Stück, stets ein fehlerhaftes Stück zeigt oder sich stets weigert, Bestellungen entgegenzunehmen, der muss erklären, warum er so handelt. Sonst wird seine Absicht, anzulocken und umzuleiten vermutet.

104 **Nr. 7: Knappheitsbehauptungen:** Unwahre Behauptung der zeitlichen Begrenzung eines Produktangebots.

> **Bsp.:** K sucht das Geschäft des U auf und entdeckt dort ein Kleid, das ihr gefällt. Sie hat allerdings ihr Monatsgehalt noch nicht erhalten und möchte das Kleid nicht auf Kredit kaufen. U bemerkt ihr Zögern und weist (wahrheitswidrig) darauf hin, dass das Kleid „nur noch heute zu diesem sagenhaft günstigen Preis" erhältlich sei. Morgen werde er den Preis „auf Wunsch des Herstellers" um 20% erhöhen müssen. Da der Ladenschluss bereits bevorsteht und K auch keinerlei Möglichkeit hat, in anderen Geschäften nach diesem Modell zu suchen, entscheidet sie sich kurzerhand zu kaufen und die drohende Kontoüberziehung zu akzeptieren.

Die Fallgruppe fällt unter die unangemessene Druckausübung, die heute noch in § 4a Abs. 1 Satz 2 Nr. 3 UWG kodifiziert ist. Früher sprach man auch von psychischem Kaufzwang. Es handelt sich gleichwohl um eine Irreführungshandlung, denn der zeitliche Zwang wird unwahr behauptet, nicht aber bloß vorgespiegelt. Daher dürfte die Verwendung von Begriffen wie „Räumungsverkauf" oder „Wir schließen" für sich genommen nicht ausreichen (dazu Nr. 15).

105 **Nr. 8: Kundendienstsprache:** Nichtaufklärung darüber, dass Kundendienstleistungen in einer anderen als der Verhandlungssprache erbracht werden.

> **Bsp.:** K kauft sich in Deutschland ein Handy des koreanischen Herstellers F. Der Händler erklärt – auf Anweisung dieses Herstellers – dass die Geräte zwar neu am Markt seien. Die komplizierte Technik werde aber durch eine tolle Hotline des Herstellers jederzeit verständlich erklärt. Natürlich werde diese Hotline in deutscher Sprache geführt. K kauft das Gerät daraufhin. Drei Monate später benötigt er die Hotline erstmals. Auf seinen Anruf hört er makelloses, aber für ihn unverständliches Koreanisch.

106 **Nr. 9: Verkehrsfähigkeit:** Unwahre Angabe oder das Erwecken des unzutreffenden Eindrucks, ein Produkt sei verkehrsfähig.

> **Bsp.:** Ein Dienstleister bietet Fußballeintrittskarten an, verschweigt aber, dass diese „personalisiert", also persönlich und nicht übertragbar sind (LG Hamburg, Urt. v. 4.3.2013 – 408 HKO 185/12 – juris).

Nr. 10: Selbstverständlichkeiten: Unwahre Angabe oder das Erwecken des 107
unzutreffenden Eindrucks, gesetzlich verankerte Rechte stellten eine Besonderheit des Angebots dar („Werbung mit Selbstverständlichkeiten").

> **Bsp.:** Der Unternehmer U preist einem Kunden an, dass er auf diese Neuware „nur für Sie" 24 Monate Gewährleistung bietet. Angesichts des Umstandes, dass eine solche Gewährleistung gesetzlich geschuldet wird und nicht abbedungen werden kann (§§ 433 Abs. 1 Satz 2, 434, 438 Abs. 1 Nr. 3, 474 Abs. 1, 475 Abs. 1 BGB), handelt es sich um eine „Selbstverständlichkeit", die aber dem Kunden den Eindruck vermitteln kann, es handele sich um ein besonderes Entgegenkommen (vgl. BGH GRUR 2014, 1007 – Geld-Zurück-Garantie III; OLG Köln WRP 2013, 662; vgl. auch BGH GRUR 2013, 950 – auch zugelassen am OLG).

Nr. 11: Schleichwerbung: 108

> **Bsp.:** Der Unternehmer U zahlt dem Journalisten einer Automobiltestzeitschrift ein Honorar dafür, dass dieser das neue Modell von U in seiner Zeitschrift bespricht. Die Besprechung wird nicht als „Anzeige" gekennzeichnet.

Nr. 11 geht davon aus, dass für redaktionelle Berichte nichts gezahlt wird, wohl aber für Werbung. Wenn ein redaktioneller Bericht dennoch bezahlt wird, so muss dies offengelegt werden, weil der Bericht möglicherweise nicht unabhängig, sondern interessengeleitet verfasst wurde. Ob der Journalist inhaltlich beeinflusst wurde, ist nicht entscheidend. Dem Umstand, dass ein Unternehmer einen Bericht finanziert, kann ohne Weiteres die Absicht entnommen werden, dass sie zu Zwecken der Absatzförderung geschieht.

Nr. 12: Angsterzeugung: Unwahre Angabe über Art und Ausmaß einer Ge- 109
fahr für die persönliche Sicherheit des Verbrauchers oder seiner Familie für den Fall, dass er das angebotene Produkt nicht erwirbt („Werbung mit der Angst").

> **Bsp.:** Der Verkäufer einer Alarmanlage berichtet wahrheitswidrig bei einem Verkaufsgespräch, dass er über Hinweise durch die Polizei verfüge, dass in dem Viertel, in dem der Kunde wohnt, gewaltsame Bandeneinbrüche bevorstünden, die durch den Einbau der von ihm angebotenen Alarmanlage verhindert werden könnten.

Wichtig ist, dass mit der Aussage eine Gefahr für die persönliche Sicherheit behauptet wird. Eine bloße Gefährdung von Vermögensinteressen allein reicht mithin nicht aus. Behauptet werden müssen aber nur Tatsachen, die eine solche Gefährdung nahelegen, die Gefährdung selbst muss nicht positiv behauptet werden.

Nr. 13: Herkunftstäuschung: Absichtliche Täuschung über die betriebliche 110
Herkunft einer Ware.

Bsp.: Ein Unternehmer preist einem Kunden ein Parfum mit der falschen Behauptung an, es stamme von Chanel, aus Marketinggründen vertreibe Chanel es allerdings unter einer weniger bekannten Marke. Für eine absichtliche Täuschung genügt hier der bedingte Vorsatz dahingehend, dass eine Täuschung von Abnehmern für möglich gehalten, aber in Kauf genommen wird (BGH GRUR 2013, 1161 Tz. 70 – Hard-Rock-Café). Die Verwendung verwechslungsfähiger Zeichen fällt nicht nur unter Nr. 13, sondern unter § 14 Abs. 2 MarkenG (vgl. BGH GRUR 2013, 631 – AMARULA/Maralablu; *Sack*, WRP 2014, 1130).

111 **Nr. 14: Betrieb eines Schneeball- oder Pyramidensystems**

Bsp.: Der findige F wirbt in seinem Bekanntenkreis für folgendes Geschäftsmodell: F besorgt ein Hautpflegeprodukt, das im Wege des Haustürkaufs veräußert werden soll. Seine Bekannten sollen als Händler an diesem Geschäft beteiligt werden. Sie erhalten von F einen Warenkorb im Wert von 1.000,– € sowie ein Informationspaket mit genauer Unterrichtung für die Kundenansprache. Dafür zahlen sie dem F 20.000,– €. Gleichzeitig verpflichten sich die „Händler", weitere Personen in das Netzwerk zu ziehen. Für jeden Unterhändler erhält der Werbende einen Rückfluss aus dem Pool in Höhe von 5.000,– €. F schwärmt seinen Bekannten vor, dass diese schon nach kurzer Zeit Großverdiener seien.

112 **Nr. 15: Räumungsverkauf:** Unwahre Behauptung einer Geschäftsaufgabe oder Geschäftsverlegung.

Bsp.: U möchte seinen Umsatz ankurbeln. Er hängt ein Schild an seine Ladentür, auf dem zu lesen steht: „Unser Vermieter hat uns gekündigt. Wir ziehen um. Alles muss raus". In der Tat strömen die Kunden nun in seinen Laden. Obwohl er die Preise nur punktuell gesenkt hat, steigert er den Verkauf erheblich. Nach 14 Tagen entfernt er das Schild wieder und ersetzt es durch folgende Tafel: „Glück gehabt! Wir dürfen bleiben! Danke für Ihr Vertrauen!" (vgl. OLG Köln GRUR-RR 2010, 250).

Zu beachten ist, dass Nr. 15 nicht erst erfüllt ist, wenn mit der Ankündigung auch Sonderpreise gewährt werden. Andererseits erfüllt der Sachverhalt nur den Tatbestand, wenn U von vornherein beabsichtigte, die Räumungssituation nur zu behaupten. Nicht anwendbar ist Nr. 15, wenn U lediglich wirbt mit „Alles muss raus", denn entscheidend ist die zusätzliche Behauptung, dass er wegen Geschäftsaufgabe oder Umzug räumen müsse. Nr. 15 kann in Einzelfällen mit unwahren Knappheitsbehauptungen (Nr. 7) oder Lockangeboten (Nr. 5) konkurrieren.

113 **Nr. 16: Gewinnchancen**: Angabe, durch ein Produkt ließen sich die Gewinnchancen bei einem Glücksspiel erhöhen.

Bsp.: Der Lotteriedienstleistungen anbietende S wirbt mit der Behauptung, er habe ein Lotteriespielsystem entwickelt, das die Gewinnchancen „erheblich erhöhe" (vgl. KG GRUR 1988, 223).

Die Angabe ist nach Nr. 16 auch dann unlauter, wenn das System tatsächlich den Zufall bei Lotterieausspielungen begrenzt.

Nr. 17: Gewinnbehauptung: Unwahre Behauptung, der Verbraucher habe 114
gewonnen oder werde gewinnen, wenn er bestimmte Handlungen vornehme; unwahre Angabe, dass es einen Gewinn gibt; unwahre Angabe, dass die Möglichkeit zu gewinnen von einer Geldzahlung oder einer Kostenübernahme abhängig gemacht wird. Der EuGH geht mittlerweile davon aus, dass nicht die Irreführung über den Gewinn unlauter ist, sondern die Druckausübung, die darin besteht, dass dem Verbraucher ein Gewinn suggeriert wird und ihn dadurch zu „nicht immer rationalen" geschäftlichen Entscheidungen veranlassen kann (EuGH GRUR 2012, 1269 Tz. 38 – Purely Creative).

Vgl. hierzu den Sachverhalt von Fall 4. Nr. 17 ergänzt im deutschen Recht § 5a Abs. 2 UWG. Erfasst ist nicht bereits die Koppelung von Teilnahme am Gewinnspiel und Produkterwerb, sondern erst die Koppelung von Gewinn und Produkterwerb.

Nr. 18: Heilaussagen: Unwahre Behauptung von Heilwirkungen. 115

Bsp.: Der Arzt A behauptet wahrheitswidrig, er habe eine Creme entwickelt, die Warzen entferne.

Die irreführende Behauptung von Produktwirkungen kann zudem unter § 5 Abs. 1 Satz 2 Nr. 1 UWG fallen. Bei Lebensmitteln ist die Behauptung krankheitsheilender Wirkungen durch Art. 7 Abs. 3 LMIV verboten, und zwar auch, wenn die Wirkung tatsächlich besteht. So darf nicht mit der Behauptung geworben werden, ein Kräutertee wirke gegen Heuschnupfen.

Nr. 19: Marktbedingungen: Unwahre Angabe über Marktbedingungen 116
oder Bezugsquellen.

Bsp.: U verkauft einen kalifornischen Wein zu einem hohen Preis. Einem Kunden gegenüber behauptet er, er sei Alleinimporteur dieses Weines: „Den bekommen Sie sonst nirgendwo". K kauft daher 5 Kisten. Tatsächlich wird der Wein zu niedrigeren Preisen in mehreren Supermärkten gleichfalls angeboten.

Nr. 20: Preisausschreiben ohne ausgelobten oder gleichwertigen Preis 117

Bsp.: Die Zeitschrift Z schreibt ein Preisrätsel aus. Demjenigen, der das richtige Lösungswort einschickt, wird als möglicher Gewinn ein Porsche Boxster in Aussicht gestellt. A, der das richtige Lösungswort übermittelt, wird in einer Auslosung als Gewinner ermittelt. Der Herausgeber von Z gratuliert persönlich und fährt mit einem Fiat 500 vor. Er entschuldigt sich mit den Worten, leider habe Porsche seine Zusage im letzten Moment zurückgezogen. Doch sei der Fiat auch ein schönes Auto.

118 **Nr. 21: Geschenke:** Unwahre Behauptung eines Gratisangebots.

> **Bsp.**: Telekommunikationsdienstleister T bietet ein „Prepaid-Handy" für 0,00 Euro an. Tatsächlich muss der Käufer nach Erwerb eine Hotline anrufen, um das Gerät freizuschalten. Dabei wird ihm mitgeteilt, dass eine einmalige Bereitstellungsgebühr von 5,– Euro zu zahlen ist. Die meisten Käufer ärgern sich zwar, zahlen aber trotzdem.

119 **Nr. 22: Tarnung von Werbematerial** als Rechnung

> **Bsp.**: U versendet an Rechtsanwaltskanzleien und Arztpraxen eine mit „Rechnung" überschriebene Mitteilung. Der Kunde erfährt darin zunächst, dass ein Betrag von 25,– Euro „wegen Kommunikationseintrag in Online-Kommunikationsnetz" zu zahlen ist. Auf der Rückseite des Schreibens liest der Kunde, dass U für sein Online-Datenverzeichnis wirbt und der Kunde sich durch das Ausfüllen eines Internetvordrucks und die Überweisung der 25,– Euro einen Eintrag sichert (vgl. BGHZ 123, 330 = GRUR 1994, 126 – Folgeverträge I; GRUR 1995, 358 – Folgeverträge II; OLG Düsseldorf GRUR-RR 2015, 66).

Sofern die Voraussetzungen der Nr. 22 nicht vorliegen, ist der Sachverhalt als irreführendes Unterlassen analog § 5a Abs. 6 UWG zu prüfen (vgl. § 4 Nr. 3 UWG 2008, dazu BGH GRUR 2012, 184 – Branchenbuch Berg).

120 **Nr. 23: Getarnte Privatangebote:** Unwahre Angabe oder Erwecken des unzutreffenden Eindrucks, der Unternehmer sei Verbraucher.

> **Bsp.**: Ein Immobilienmakler inseriert in einer Tageszeitung einige Mietwohnungen mit dem Zusatz „von privat". Den Interessenten, die sich daraufhin melden, zeigt er die Wohnung. Ihnen eröffnet er, dass für die Vermittlung eine Provision an ihn zu zahlen sei. Der Zusatz „von privat" beziehe sich nur darauf, dass sämtliche Wohnungen im Eigentum von Privatpersonen stünden (vgl. § 2 Wohnungsvermittlungsgesetz).

121 **Nr. 24: Europaweiter Kundendienst:** Unwahre Angabe oder Erwecken des unzutreffenden Eindrucks der Verfügbarkeit eines Kundendienstes im EU-Ausland.

> **Bsp.**: Elektronikkleinhändler E verkauft chinesische Kleinradios mit der Behauptung, der Hersteller habe ein dichtes Netz von Servicehändlern in der EU und gewähre eine „europaweite Garantie". Tatsächlich gibt es einen solchen Service nicht.

122 Die Beispiele zeigen, dass manche der Sachverhalte (z.B. Nr. 17) auch in jüngerer Zeit beobachtete missbräuchliche Verhaltensweisen aufgreifen. Andere Sachverhalte erscheinen unnötig kompliziert oder realitätsfremd. Eine gemeinsame Struktur oder Zuordnung haben die Fälle nicht. Wichtig ist, dass der Charakter als Per-se-Verbote einerseits zwar keine Abwägung mit den Interessen der Adressaten erfordert, andererseits aber eine enge Auslegung verlangt (vgl. zum Grundsatz der engen Auslegung Begr. RegE zu Anhang Nr. 5, BT-Drucks. 16/10145,

S. 31). Die meisten der hier zu findenden Angaben müssen unwahr sein, nur gelegentlich genügt es, dass ein unzutreffender Eindruck erweckt wird.

Häufig wird man auch nachweisen müssen, dass dem Unternehmer die Unwahrheit bewusst war. So wird etwa die unwahre Behauptung eines Räumungsverkaufs dann nicht gegen Nr. 15 verstoßen, wenn ein Unternehmer einwenden kann, er habe nur geglaubt, räumen zu müssen, er habe diese Absicht im Verlauf des erfolgreichen Verkaufs aber aufgeben können, weil der unerwartete Umsatz so viel Geld in seine Taschen gespült habe, dass er nun sein Ladenlokal beibehalten könne (a.A. OLG Köln GRUR-RR 2010, 250, 251).

Manche Tatbestandselemente sind unnötig eng. So sind zwar unwahre Gratisangebote in Nr. 21 erfasst, doch heißt dies noch nicht, dass die Verwendung des Wortes „gratis" damit eingeschränkt wird. Klärt der Unternehmer nämlich darüber auf, dass das „Gratishandy" mit einem 24-monatigen Vertrag veräußert wird, so weiß der durchschnittlich aufgeklärte Käufer, dass die Entgegennahme der Leistung dennoch Kosten verursacht und er das Handy nicht erwerben kann, wenn er nicht die Vertragsbindung eingeht.

Häufig wird der Fall eines Per-se-Verbotes daher nicht vorliegen. Dann ist § 5 UWG zu prüfen. Denn beinahe sämtliche Konstellationen, die im Katalog genannt werden, betreffen geschäftliche Verhältnisse, die auch dort erfasst sind. Eine Ausnahme mag Nr. 11 betreffen. Die Irreführung über den geschäftlichen Charakter eines Angebotes ist zwar in Art. 7 Abs. 2 RL UGP als irreführendes Unterlassen aufgeführt, das deutsche Lauterkeitsrecht nennt diese Konstellation aber ausdrücklich nur in § 5a Abs. 6 UWG (= § 4 Nr. 3 UWG 2008).

d) Prüfungsaufbau bei irreführenden Praktiken
In Fällen, die irreführende Praktiken zum Gegenstand haben, empfiehlt sich **123** folgender Prüfungsaufbau (zum Aufbau beim irreführenden Unterlassen unten Rn. 162):

I. **Allgemeine Voraussetzungen des § 3 UWG**
   Geschäftliche Handlung, § 2 Abs. 1 Nr. 1 UWG

II. **Verstoß gegen eines der Per-se-Verbote, § 3 Abs. 3 mit Anhang zu § 3 Abs. 3 UWG**
   – im Bereich der Irreführung Nrn. 1–24 des Anhangs zu § 3 Abs. 3 UWG;
   – falls einer dieser Fälle vorliegt: Untersagung ohne weitere Prüfung der Entscheidungsrelevanz (§ 5 Abs. 1 Satz 1 UWG);
   – falls keiner der Fälle vorliegt:

III. **Unlauterkeit durch konkrete Irreführung (= Angabe)**
   1. Unwahre oder zur Täuschung geeignete Angabe, § 5 Abs. 1 Satz 2 UWG
      a) Form der Angabe

aa) ausdrücklich, § 5 Abs. 1 Satz 2 UWG

bb) konkludent, § 5 Abs. 3 Fall 2 UWG

cc) Angaben in Werbevergleichen, § 5 Abs. 3 Fall 1 UWG

b) Inhalt der Angabe

aa) Produktmerkmale, § 5 Abs. 1 Satz 2 Nr. 1 UWG

bb) Preise und Konditionen, § 5 Abs. 1 Satz 2 Nr. 2 UWG

cc) Unternehmensverhältnisse, § 5 Abs. 1 Satz 2 Nr. 3 UWG

dd) Sponsoring und Zulassungen, § 5 Abs. 1 Satz 2 Nr. 4 UWG

ee) Kundendienstbezogene Angaben, § 5 Abs. 1 Satz 2 Nr. 5 UWG

ff) Selbstverpflichtungen, § 5 Abs. 1 Satz 2 Nr. 6 UWG

gg) Gewährleistungen und Garantien, § 5 Abs. 1 Satz 2 Nr. 7 UWG

2. Irreführung oder Irreführungsgefahr

a) Konkrete Irreführung = Auseinanderfallen von Vorstellung und Wirklichkeit

aa) Ermittlung der Vorstellungen des angesprochenen Verkehrs (beachte: § 3 Abs. 4 UWG)

bb) Auseinanderfallen von Vorstellung und Wirklichkeit

b) Eignung der Irreführung zur Beeinflussung der Marktentscheidung (Marktentscheidungsrelevanz), § 5 Abs. 1 Satz 1 UWG

3. Fehlende Klarstellung (z.B. Sternchenhinweis mit transparenter Erläuterung)

e) Die Verkehrsauffassung und ihre Ermittlung

124 Ein wichtiges Grundprinzip der §§ 5, 5a UWG ist, dass die Frage, ob eine Irreführung droht, nicht aus der Sicht des Werbenden, sondern aus der Sicht des Adressaten beurteilt wird. Der Werbende mag davon überzeugt sein, dass das Publikum ihn richtig versteht. Wenn jedoch die Auffassung des Verkehrs von der Sichtweise des Werbenden abweicht, besteht die Gefahr einer Irreführung. Daher ist unter dem Prüfungspunkt III. 2. stets zu prüfen, welche voraussichtliche Vorstellung der angesprochene Verkehr von einer Angabe haben wird. Die so ermittelte Verkehrsvorstellung ist mit der objektiven Wirklichkeit zu vergleichen.

Bsp.: BGH WRP 2009, 435 – Edelmetallankauf: Der Edelmetallhändler E wendet sich in einem Zeitungsinserat an Privatkäufer mit folgender hervorgehobener Zeile: „Achtung! Jetzt gebührenfreier Ankauf von Edelmetall von Privaten". Tatsächlich nimmt E keine „Gebühren". Allerdings ist generell der Ankauf von Edelmetallen von Privatleuten nicht gebührenpflichtig. Der BGH hielt die Werbung daher für irreführend, da der Adressat über diesen Umstand irregeführt werden könne. Wenn der Adressat glaube, dass üblicherweise Gebühren anfallen, so versteht er die objektiv richtige Werbung falsch, nämlich in dem

Sinne, dass eine Selbstverständlichkeit beworben wird, die tatsächlich keinen Vorzug darstellt (§ 5 Abs. 1 Satz 2 Nr. 2 UWG).

Maßgebend für die Perspektive des Adressaten ist – nach einer langen Entwick- **125** lung – nunmehr auch in Deutschland der „Durchschnittsverbraucher, der angemessen gut unterrichtet und angemessen aufmerksam und kritisch ist" (so Erwägungsgrund Nr. 18 der RL UGP, vgl. auch § 3 Abs. 4 UWG und Fall 3). Es zählt also nicht (mehr) der leichtgläubige und flüchtige, besonders schutzbedürftige Verbraucher, es sei denn eine geschäftliche Handlung richtet sich gezielt an diesen Personenkreis (vgl. § 3 Abs. 4 UWG). Daher hat der BGH in folgendem Fall keine Irreführung angenommen:

> **BGH GRUR 2007, 981 – 150% Zinsbonus:** Werbung der Postbank anlässlich der Fußball-EM 2004, in der dem Kunden ein „Zinsbonus von bis zu 150%" versprochen wurde, und zwar gekoppelt an das Weiterkommen der Deutschen Mannschaft. Wenn die deutsche Mannschaft bis ins Finale vorstoßen sollte, so wurde der Bonus von 150% gewährt.
>
> Im Verfahren wurde vorgebracht, die blickfangmäßige Herausstellung eines Bonus von „bis zu 150%" könne den Kunden dazu verleiten anzunehmen, dass ein Zinssatz von 150% gewährt werde. Der BGH ging jedoch zu Recht davon aus, dass der Durchschnittsverbraucher erkennen werde, dass bei einer Festgeldanlage ein solcher Zins nicht gezahlt werde, dass es also lediglich um eine Aufstockung eines wesentlich niedrigeren Zinssatzes um einen Prozentsatz gehe (§ 5 Abs. 1 Satz 2 Nr. 1 UWG).

Häufig stellt sich die **Frage, wer die Verkehrsauffassung feststellt**. Hierzu **126** gibt es zunächst die Regel, dass eine **Verkehrsbefragung** möglich ist (empirische Methode), mit deren Durchführung demoskopische Institute beauftragt werden können (vgl. § 402ff. ZPO). Eine Verkehrsbefragung ist allerdings zeit- und kostenaufwändig. Gerichte (und oft auch die Parteien) lieben sie daher nicht. Anerkannt ist aber, dass der Richter in gewissen Situationen aus eigener Sachkunde beurteilen darf, welches Verständnis der angesprochene Verkehr von einer geschäftlichen Angabe hat (BGHZ 156, 250, 255 – Marktführerschaft; BGHZ 194, 314 Tz. 32 – Biomineralwasser). Einfach ist dies in Fällen, in denen der entscheidende Richter selbst zu dem angesprochenen Verkehrskreis gehört, wie es häufig bei der Publikumswerbung der Fall ist.

Zumeist wird auch auf Regeln der Lebenserfahrung oder Plausibilität zurückgegriffen. Insbesondere kann die im Bereich der Wirkung von Werbeaussagen gesteigerte Sachkunde eines im Wettbewerbsrecht erfahrenen Richters diesen dazu legitimieren, auf Verkehrsbefragungen zu verzichten (BGHZ 156, 250, 255 – Marktführerschaft). In solchen Fällen nähert sich das deutsche Recht einer normativen Methode an, die in manchen Rechtsordnungen bevorzugt wird. Nicht immer wird begründet, warum der entscheidende **Richter aus eigener**

Sachkunde entscheiden darf. Ein Beispiel für das normative Vorgehen zeigt folgender Fall:

> **BGH GRUR 2007, 1079 – Bundesdruckerei:** Die sog. Bundesdruckerei war früher im Bundesbesitz, wurde dann jedoch in eine private GmbH überführt. Nach wie vor firmierte sie jedoch als „Bundesdruckerei". Der BGH (und der jeweilige Vorderrichter) hatte die Frage zu entscheiden, ob der Verkehr bei dieser Firmierung eine Bundesbeteiligung vermutet. Dies wurde mit folgendem Leitsatz bejaht: „Bei mit anderen Betrieben im Wettbewerb stehenden Wirtschaftsunternehmen, die in der Firmenbezeichnung den Bestandteil ‚Bundes-' führen, ist nach der Lebenserfahrung davon auszugehen, dass der Verkehr im Allgemeinen annehmen wird, die Bundesrepublik Deutschland sei bei dem Unternehmen zumindest Mehrheitsgesellschafter." Da dies nicht der Fall war, andererseits der Umstand einer Bundesbeteiligung für die wirtschaftliche Solidität des Unternehmens bedeutsam ist (weil der Kredit dadurch steigt), wurde die Firmierung als irreführend angesehen (§ 5 Abs. 1 Satz 2 Nr. 3 UWG).

Gelegentlich werden in ein Gerichtsverfahren Verkehrsbefragungen eingeführt. Zu solchen Konstellationen kommt es, wenn derjenige, dem eine irreführende Praktik vorgeworfen wird, seinerseits versucht, durch eine Verkehrsbefragung den Vorwurf auszuräumen. Die Gerichte dürfen solche Befragungen nicht ignorieren. Sie haben allerdings – wie stets bei der Einbringung von Privatgutachten in den Prozess – die Möglichkeit, die Überzeugungskraft des Gutachtens und seine methodischen Grundlagen anzugreifen.

> **Bsp.: BGH GRUR 2007, 1079 – Bundesdruckerei:** In diesem Fall hatte die Beklagte eine Verkehrsbefragung vorgelegt, wonach nur etwa 2,3% der Befragten den Umstand einer Bundesbeteiligung für bedeutsam hielten. Der BGH hielt die Befragung für methodisch fragwürdig. Sie sei zu eng auf die Leiter von Patentabteilungen und Patentanwälte beschränkt gewesen. Auch die Fragetechnik überzeugte das Gericht nicht. So sei die entscheidende Frage nach dem Eindruck von den Eigentümerverhältnissen nur noch an diejenigen Befragten gerichtet gewesen, die vorher die Frage bejaht hätten, ob sie etwas über die Eigentümerverhältnisse der Bundesdruckerei GmbH wüssten. Damit allerdings seien aus den ohnehin schon nicht zahlreichen Befragten über 75% herausgefallen, die sehr wohl durch die Bezeichnung irregeführt werden könnten. Letztlich seien auch weitere Fragen geeignet gewesen, die Aufmerksamkeit der Befragten von der eigentlich relevanten Frage, ob sie nämlich aus der Bezeichnung Rückschlüsse auf die Bonität der Beklagten zögen, abgelenkt worden.

f) Irreführung

127 Die ermittelte Verkehrsauffassung wird mit der Wirklichkeit verglichen. Sind beide nicht deckungsgleich, so liegt eine Irreführung vor. Irreführung lässt sich also definieren als das **Auseinanderfallen von Verkehrsauffassung und Wirklichkeit** (BGH GRUR 2015, 1019 Tz. 19 – Mobiler Buchhaltungsservice). Die An-

gabe muss nicht glatt falsch sein. So ist es irreführend, wenn ein Mobilfunkanbieter mit einer Übertragungsgeschwindigkeit von „bis zu 100 Mbit/s" wirbt, tatsächlich aber nicht mehr als 45 Mbit/s bereitstellt (OLG Frankfurt/M. BeckRS 2016, 02494).

Eine **tatsächliche** Irreführung muss allerdings nicht konkret nachgewiesen werden (auch nicht durch die Gutachten eines Umfrageinstituts, vgl. BGH GRUR-RR 2014, 201 – Peek & Cloppenburg IV). Es genügt die Irreführungs**eignung**. In der Praxis hilft es aber durchaus, wenn vor Gericht (durch Vorlage von Schriftstücken, z.B. schriftlichen Aussagen von Getäuschten) vorgetragen werden kann, dass es zu Täuschungen gekommen ist. Wettbewerbsverbände senden oft Testkäufer in die Unternehmen, deren Aussagen gegebenenfalls als Zeugenaussage im Wettbewerbsprozess verwendet werden können. Das ist eine zulässige Form der Beweismittelbeschaffung, solange dadurch die Geschäftsabläufe nicht gestört werden (BGH GRUR 1991, 843 – Testfotos I).

Grundsätzlich muss die Eignung zur Irreführung vom Kläger dargelegt und **128** bewiesen werden (BGH GRUR 2014, 578 Tz. 16 – Umweltengel für Tragetasche). Hiervon machen Gesetz und Praxis einige Ausnahmen, die auf Art. 7 lit. a der RL UGP zurückgehen, wonach Zivilgerichte die Befugnis haben müssen, „vom Werbenden Beweise für die Richtigkeit von in der Werbung enthaltenen Tatsachenbehauptungen zu verlangen, wenn ein solches Verlangen unter Berücksichtigung der berechtigten Interessen des Werbenden und anderer Verfahrensbeteiligter im Hinblick auf die Umstände des Einzelfalls angemessen erscheint".

So wird in der **Preiswerbung nach § 5 Abs. 4 UWG** vermutet, dass es irreführend ist, mit der Herabsetzung eines Preises zu werben, sofern der Preis nur für eine unangemessen kurze Zeit gefordert worden ist. Ist die Dauer des Preisverlangens oder der Umstand, dass ein solcher Preis gefordert wurde, streitig, muss der werbende Unternehmer beweisen, dass er den Preis als solchen und dass er ihn ausreichend lange gefordert hat (vgl. BGH GRUR 2011, 1151 – Original Kanchipur). Einen Grenzfall betrifft:

Bsp.: **BGH GRUR 2009, 788 – 20% auf alles:** Die Beklagte betreibt an vielen Standorten in Deutschland Bau- und Heimwerkermärkte. Sie führte im Januar 2005 eine Rabattaktion durch, für die sie mit dem Slogan „20% auf alles, ausgenommen Tiernahrung" warb. Die Klägerin, die Zentrale zur Bekämpfung unlauteren Wettbewerbs, nahm die Beklagte auf Unterlassung in Anspruch. Sie hatte durch Testkäufer festgestellt, dass für vier Artikel – das Sortiment der Beklagten umfasst etwa 70.000 Artikel – in der Woche vor der Aktion ein niedrigerer Preis gegolten hatte, ohne dass die Artikel als Sonderangebote beworben wurden. Zum Aktionsbeginn war der Preis dann erhöht worden, und zwar auf den Preis, der auch früher für diese Ware verlangt worden ist. Die Beklagte behauptete, dass dies ihr Normalpreis sei, der Preis unmittelbar vor der Sonderaktion sei ein Ausnahmepreis gewesen.

Der BGH hat einen Fall der möglichen Irreführung über das Vorhandensein eines besonderen Preisvorteils im Sinne von § 5 Abs. 1 Satz 2 Nr. 2 UWG angenommen. Da es um die Werbung mit einer Preisherabsetzung geht, gilt die Beweislastregel des § 5 Abs. 4 UWG. Problematisch ist, ob der ursprüngliche Preis im Sinne dieser Vorschrift der Normalpreis oder der unmittelbar vor der Aktion geltende Preis ist. Nimmt man ersteres an, so hätte der Verbraucher von der Rabattaktion keinen besonderen Vorteil gehabt, denn der Preis wurde eigens angehoben, um sodann einen Rabatt zu gewähren. Der angehobene Preis ist dann nur für eine unangemessen kurze Zeit (einen Tag) gefordert worden.

Allerdings ist die Konstellation nicht vollständig vom Wortlaut des § 5 Abs. 4 UWG gedeckt. Herabgesetzt wurde nämlich der Normalpreis, nicht der kurze Zeit verlangte Sonderpreis. Der BGH meinte, § 5 Abs. 4 UWG müsse auch hier gelten. Der Gesetzgeber habe mit der Regelung des § 5 Abs. 4 Satz 1 UWG Missbräuchen bei der Preissenkungswerbung begegnen wollen, weil diese Werbung ein hohes Irreführungspotential in sich berge. Dieses zeige sich gerade bei der vorliegenden Fallgestaltung. Der Verkehr verstehe eine Werbung, in der das gesamte Sortiment mit Ausnahme einer Produktgruppe ab einem bestimmten Zeitpunkt zu einem um 20% reduzierten Preis angeboten werde, in der Weise, dass er beim Kauf eines beliebigen Artikels aus dem Sortiment gegenüber vorher eine Preisersparnis in der angekündigten Höhe erziele. Tatsächlich habe der Verbraucher jedoch bei den vier von der Klägerin zu Testzwecken erworbenen Artikeln im Vergleich zu dem in der Woche vor der Aktion geltenden Preis keine oder nur eine Ersparnis im Bereich von wenigen Prozentpunkten erlangt.

129 **Ausnahmen von den Grundsätzen der Darlegungs- und Beweislast** macht die Praxis vor allem in Konstellationen, in denen mit wissenschaftlichen Auszeichnungen, mit Fremdbeurteilungen oder mit Umständen geworben wird, deren genaue Ermittlung aus der betrieblichen Sphäre des Werbenden stammt. In solchen Fällen genügt es, wenn der Kläger eine Irreführung anhand von Indizien darlegt. Die Last, die Wahrheit der Behauptung darzulegen, hat dann der Beklagte.

Bsp.: BGH GRUR 2003, 800 – Schachcomputerkatalog: In einem Katalog wird behauptet, dass der frühere Schachweltmeister *Kasparow* nach „unbestätigten Meldungen" gegen jedes Schachprogramm, nur nicht gegen das beworbene zu spielen bereit sei. Der BGH hat eine solche Angabe als wesentlich für die Marktentscheidung gehalten, die Beweislast für ihre Richtigkeit aber dem Beklagten auferlegt, weil der Kläger „unbestätigte Meldungen" selbst nicht nachprüfen könne.

Besondere Schwierigkeiten macht die Beweislastfrage in Fällen der Werbung für **Heil- oder kosmetische Mittel** (zumeist § 5 Abs. 1 Satz 2 Nr. 1 UWG). Hier muss der Werbende sich auf zumindest eine Studie für eine Wirkungsbehauptung stützen können. Diese Studie muss anerkannten Regeln und Grundsätzen der wissenschaftlichen Forschung folgen. Die Studien müssen die behauptete Aussage inhaltlich tragen (BGH GRUR 2015, 1244 Tz. 16 f. – Äquipotenzangabe in Fachinformation). Der Kläger kann dann seinerseits nachweisen, dass neuere Studien die behauptete Aussage nicht (mehr) rechtfertigen.

Bsp.: BGH GRUR 2013, 649 – Basisinsulin mit Gewichtsvorteil: Die Werbung für ein angeblich gewichtsreduzierendes Arzneimittel wurde als irreführend angesehen, weil die als Beleg angeführte Studie selbst abweichende Studienergebnisse nannte und die in der

Werbung behaupteten Ergebnisse als nicht bewiesen darstellte (vgl. auch OLG Celle WRP 2015, 1115 – Pflanzliches Antibiotikum; OLG Hamm WRP 2014, 1108 – kinesiologische Behandlung; OLG Frankfurt/M. WRP 2014, 881 – Gefahren der „E-Zigarette").

g) Kausalität (Marktentscheidungsrelevanz)

Nicht jede Irreführung ist lauterkeitsrechtlich relevant. Dies trifft nur auf solche **130** Irreführungen zu, die beim Verbraucher tatsächlich eine unrichtige Vorstellung hervorrufen können, die für eine Marktentscheidung relevant ist. Das folgt seit 2015 auch aus dem Tatbestand des § 5 Abs. 1 Satz 1 UWG. Wenn dem Verbraucher die betreffende Angabe gleichgültig ist, er jedenfalls keinerlei Folgerungen daraus für seinen Kaufwunsch zieht, ist die Irreführung daher im Ergebnis nicht relevant.

§ 5 Abs. 1 Satz 2 UWG listet auf, welche Umstände grundsätzlich relevant für **131** eine Marktentscheidung sein können. Die Relevanz darf allerdings nicht nur vermutet, sie muss konkret im Einzelfall auch erhärtet werden. Das kann problematisch sein, bei **Aussagen oder Symbolen, die im Zusammenhang mit direktem oder indirektem Sponsoring stehen,** und bei denen nicht immer klar ist, ob sie den Abnehmer wirklich auch im Einzelfall interessieren. § 5 Abs. 1 Satz 2 Nr. 4 UWG zeigt immerhin, dass Aussagen über unternehmerisch verantwortungsvolles Verhalten als geeignet angesehen werden, Marktentscheidungen zu beeinflussen (vgl. Fall 1). Das zeigt folgendes Beispiel:

BGH GRUR 2007, 247 – Regenwaldprojekt I: Werbung von Krombacher mit der Aussage: „Retten Sie 1qm Regenwald"; in der Erläuterung wird darauf hingewiesen, dass Krombacher von jedem verkauften Kasten Bier Zuwendungen an ein Regenwaldrettungsprojekt des World Wildlife Fund macht. Die Werbung wurde als irreführend angegriffen, weil Krombacher nicht klarstelle, welchen Beitrag es genau leiste. Der BGH hat in der Werbung im Ergebnis keine Irreführung gesehen, aber klargestellt: „Verspricht ein Unternehmen allgemein für den Fall des Erwerbs seiner Produkte, einen Dritten zu unterstützen, so folgt daraus noch nicht, dass über die Details der Leistung aufgeklärt werden muss. Erst wenn die Werbung konkrete, für die Kaufentscheidung relevante, irrige Vorstellungen hervorruft, ergibt sich eine Verpflichtung des werbenden Unternehmens zu aufklärenden Hinweisen."

Etwas genauer noch formuliert das Parallelurteil **BGH GRUR 2007, 251 – Regenwald-Projekt II:** „Verspricht ein Unternehmen für den Fall des Kaufs seiner Produkte eine nicht näher spezifizierte Leistung an einen Dritten (sog. Sponsoring), wird der Verbraucher regelmäßig nur erwarten, dass die Leistung zeitnah erbracht wird und nicht so geringfügig ist, dass sie die werbliche Herausstellung nicht rechtfertigt."

Damit hat der BGH zwar keine umfassende Aufklärung über Art und Höhe der karitativen Tätigkeit verlangt, gleichwohl aber anerkannt, dass eine Irreführung über karitatives Engagement relevant für die Marktscheidung sein kann, aber im konkreten Sachverhalt gleichwohl nicht dazu geführt hat, dass Kunden genaue Aufklärung darüber erwarten, wie konkret der für den Kauf aufgewendete Beitrag durch den Werbenden verwendet wird.

132 Der Begriff der „Marktentscheidungsrelevanz" wird in der Rechtsprechung weit verstanden. Relevant ist eine Irreführung nicht nur, wenn der Kunde die Ware erwirbt, sondern bereits dann, wenn er vorbereitende Handlungen zum Erwerb trifft, sich etwa zum Ladenlokal des Anbieters begibt, dann aber doch nicht kauft. Selbst die nähere Befassung mit einer Werbung aufgrund der **anlockenden Wirkung irreführender Angaben** („Heute Freibier") wird als relevante Marktentscheidung angesehen.

> **Bsp.: EuGH, GRUR Int. 2014, 276 – Trento Sviluppo/AGCM:** Eine italienische Supermarktkette wirbt in einem Werbeprospekt mit Preisnachlässen von bis zu 50% und vielen anderen Sonderangeboten, darunter ein Laptop. Tatsächlich war das Gerät in einem der angegebenen Supermärkte nicht vorrätig. Das Gericht urteilte, dass eine „geschäftliche Entscheidung" auch darin liege, dass der Werbeadressat vorbereitende Handlungen trifft, wie etwa den Weg zum Geschäft zu unternehmen oder dieses zu betreten (Tz. 35, 36). Der Begriff erfasse sämtliche Entscheidungen, „die mit der Entscheidung über den Erwerb oder Nichterwerb des Produkts unmittelbar zusammenhängen" (Tz. 38), nicht allerdings die Entscheidung, sich überhaupt mit der Werbung näher zu befassen (BGH GRUR 2015, 698 Tz. 20 – Schlafzimmer komplett; zweifelnd Fezer/*Peifer/Obergfell*, § 5 Rn. 206).

h) Weitere Probleme

133 Das Recht der irreführenden Praktiken hat eine Vielzahl von besonderen Problemfeldern hervorgebracht. Nur auf einige der gängigen Probleme sei im Folgenden hingewiesen:

– **Alleinstellungswerbung:**
 In der Regel als irreführend sehen Gerichte die Behauptung einer Spitzen- oder Alleinstellung an, wenn das Unternehmen nicht tatsächlich aufgrund seiner Größe und Bedeutung eine solche Stellung einnimmt (vgl. BGH GRUR 2004, 786 – Größter Online-Dienst; GRUR 2015, 186 – Wir zahlen Höchstpreise). Regelmäßig verstehe der Verkehr Spitzenstellungen dahin, dass eine besondere Größe, meist berechnet nach Umsatz, vorliege. Diese Größe erzeugt beim Publikum Vertrauen in die Leistungsfähigkeit. Spitzenstellungsbehauptungen müssen sich allerdings auf quantitativ nachprüfbare Angaben beziehen (z.B. „Bester Preis der Stadt", BGH WRP 2012, 1233 Tz. 8), rein qualitative Behauptungen („Beste Pizza der Stadt") werden regelmäßig nicht als irreführend, sondern entweder als bloße Werbeanpreisungen oder als subjektiv gefärbte, aber nicht nachprüfbare Angaben angesehen.

– **Blickfangwerbung:**   134

Zahlreiche Fälle der Irreführung resultieren daraus, dass geschäftliche Angaben verkürzt und schlaglichtartig dargestellt werden (so im Sachverhalt zu
Fall 4). Der vermeintliche Vorteil wird groß herausgestellt, die Erläuterung,
die den Vorteil relativiert, dagegen nur verkleinert. Die Gerichte halten eine
solche Blickfangwerbung grundsätzlich für zulässig, solange einerseits die
Angabe im Blickfang für sich genommen zutreffend ist, andererseits relati-
vierende oder erläuternde Zusatzangaben durch ein Sternchen angezeigt, in
zumutbarer Anordnung zum Haupttext auffindbar und inhaltlich klar und
nachvollziehbar sind (gutes Beispiel BGH GRUR 2016, 403 – Fressnapf). Das
UWG erkennt in § 5a Abs. 5 UWG an, dass Informationen unter Rücksicht-
nahme auf „Beschränkungen des Kommunikationsmittels" beurteilt werden
müssen, sofern die zur Entscheidungsfindung erforderlichen Angaben an
anderer Stelle bereitgestellt werden. Auch nach § 5a Abs. 3 UWG ist es möglich, Informationen „aus den Umständen" zu ermitteln. Das bietet Möglichkeiten für mobile Werbung auf kleinen Bildschirmen. Die Praxis hierzu ist
jedoch bei weitem nicht ausgelotet. Der BGH hat Erläuterungstexte auf einem Fernsehbildschirm für grundsätzlich geeignet gehalten, geschuldete Informationen zu geben. Der Umstand, dass ein nur zuhörender Zuschauer
diesen Hinweis nicht zur Kenntnis nimmt, sei unbeachtlich (BGH WRP 2009,
304 – Fußpilz). Ungenügend sind hingegen Werbetexte auf dem Fernsehbildschirm, die nicht lesbar sind. Als irreführend angesehen wurden eine
Printwerbung, bei der ein Sternchenhinweis nicht im Printbereich selbst
aufgelöst wurde, sondern auf eine Internetseite verwies (OLG Bamberg MMR
2015, 449; anders in der Fernsehwerbung, vgl. OLG Köln GRUR-RR 2014, 22 –
1 Jahr Preisgarantie* sichern).

– **Testergebnisse:**   135

Die Werbung mit Testergebnissen ist zulässig, wenn die berichteten Ergebnisse zutreffend und repräsentativ sind (BGH GRUR 2005, 877; vgl. auch
Lindacher, WRP 2014, 140). Zudem muss der Adressat einen Überblick darüber erhalten, in welchem Verhältnis das beworbene zu den sonst teil-
nehmenden Unternehmen steht. Wird ein Testergebnis „Gut" werblich
herausgestellt, liegt eine Irreführung vor, wenn von 15 getesteten 13 mit
dieser Note abgeschnitten haben. Dogmatisch handelt es sich um eine
missverständliche Werbung, oder – genauer – um eine unvollständige Angabe, die nach § 5a Abs. 2 UWG durch weitere Angaben zu vervollständi-
gen ist. Bei der Werbung mit älteren Testergebnissen muss der Zeitpunkt
der Veröffentlichung dieser Ergebnisse angegeben werden (BGH WRP 2014,
67).

136 Vorsätzlich unrichtige Werbung ist strafbar (§ 16 UWG). Solche Fälle kommen gelegentlich im Bereich der Kaffeefahrtenwerbung vor (BGH NJW 2002, 3415 – Strafbare Werbung für Kaffeefahrten; vgl. auch BGH GRUR 2008, 818 – Strafbare Werbung im Versandhandel).

Der BGH prüft in wenigen Ausnahmefällen, ob das Verbot einer Irreführung verhältnismäßig ist oder ob die Interessen des Werbenden an einem Fortbestand der Werbung überwiegen (BGH GRUR 2013, 1252 Tz. 17 – Medizinische Fußpflege; *Sack*, GRUR 2014, 609).

> **Bsp.**: So durfte eine Brauerei mit dem lange Jahre verwendeten Slogan „Über 400 Jahre Brautradition" weiterwerben, obwohl sich innerhalb dieses Zeitraums das Braurezept verändert hat und einige Werbeadressaten hierüber getäuscht werden könnten (**BGH WRP 2012, 1526**).

3. Grundzüge des internationalen Zivilverfahrensrechts

137 Im Ausgangsfall stellt sich die im Lauterkeitsrecht häufig auftretende Frage, dass die Gewinnspielwerbung nicht von einer deutschen, sondern von einer ausländischen Gesellschaft verantwortet wird. Für einen in Deutschland agierenden Wettbewerbsverband stellt sich die Frage, ob er das Unternehmen vor einem deutschen Gericht in Anspruch nehmen kann und ob auf den Fall deutsches Recht Anwendung findet.

a) Grundsätze

138 Diese Fragen werden einerseits durch die Regeln (des deutschen Rechts) über die internationale Zuständigkeit der deutschen Gerichte (Internationales Zivilverfahrensrecht – IZVR), andererseits durch die Vorschriften (des deutschen Rechts) über das in einem Fall mit Auslandsberührung anwendbare Recht (Internationales Privatrecht oder Kollisionsrecht = IPR) beantwortet. Beide Rechtsmaterien sind in Fällen mit Auslandsberührung stets in Betracht zu ziehen.

Die Regeln des IZVR und des IPR folgen grundsätzlich aus dem (jeweiligen) nationalen Recht, also in Deutschland der ZPO (IZVR) oder dem EGBGB (IPR). Sofern es dort keine kodifizierten verfahrens- oder materiell-rechtlichen Kollisionsregeln gibt, ist auf von den Gerichten entwickelte gewohnheitsrechtliche Prinzipien zurückzugreifen.

139 Sowohl im IZVR als auch im IPR sind aber Kollisionsregeln vorrangig, die aus multi- oder bilateralen völkerrechtlichen Verträgen folgen. In der Europäischen Union ist in den letzten Jahrzehnten sowohl das IZVR als auch das IPR in vielen Bereichen durch Verordnungen, die unmittelbare Wirkung in den Mitgliedstaaten haben (Art. 288 AEUV), kodifiziert worden.

b) Internationale Zuständigkeit (IZVR)

Die Vorschriften über die internationale Zuständigkeit bestimmen, welche Gerichte welchen Staates bei Sachverhalten mit Auslandsbezug zu entscheiden haben.

140

aa) Europäisches Zivilverfahrensrecht

Innerhalb der Europäischen Union finden sich harmonisierte IZVR-Regeln für Fälle, in denen ein Anknüpfungspunkt an das Hoheitsgebiet eines der Mitgliedstaaten der Europäischen Union besteht. Hier gilt die Verordnung Nr. 1215/2012 vom 12.12.2012 über die gerichtliche Zuständigkeit und die Anerkennung und Vollstreckung von Entscheidungen in Zivil- und Handelssachen (ABl. EG L 351/1), sog. Brüssel-Ia-VO, abgekürzt idR als EuGVO oder **EuGVVO** (Neufassung der VO 44/2001).

Die EuGVVO hat das Übereinkommen über die gerichtliche Zuständigkeit und die Vollstreckung gerichtlicher Entscheidungen in Zivil- und Handelssachen (EuGVÜ), das bis 2002 galt, ersetzt. Sie verfolgt primär drei Ziele: (1) **Vorhersehbarkeit**: Gerichtsstände sollen vorhersehbar sein, daher ist eine Klage prinzipiell am Wohn- oder Geschäftssitz des Beklagten anhängig zu machen. (2) **Sachnähe**: Sofern es auf die besondere Nähe des Gerichts zum Gegenstand des Streits ankommt (z.B. Erfüllungsort eines Vertrages), soll auch an diesem Gerichtsstand geklagt werden können. (3) **Schutz der schwächeren Partei**: Die schwächere Partei in Arbeits-, Versicherungs- und Verbraucherverträgen soll durch einen für diese Partei günstig erreichbaren Gerichtsstand bevorzugt werden.

Gemäß Art. 1 Abs. 1 Satz 1 EuGVVO ist die Verordnung sachlich anwendbar auf Zivil- und Handelssachen. Darunter fallen grundsätzlich auch wettbewerbsrechtliche Streitigkeiten. Die EuGVVO gilt für alle in den Mitgliedstaaten der EU ab dem 10.1.2015 erhobenen Klagen (Art. 81 EuGVVO). Die Vorgängerregelung galt für ab dem 1.3.2002 erhobene Klagen (BGH WRP 2006, 736 Tz. 20 – Arzneimittelwerbung im Internet).

Nach den Regeln über die internationale Zuständigkeit der Gerichte (= Zuständigkeit in Fällen mit einem grenzüberschreitenden Bezug, insbesondere in Fällen, in denen Kläger und Beklagter nicht in einem Staat residieren) sind **natürliche Personen grundsätzlich an ihrem Wohnsitz** (Art. 4 Abs. 1 EuGVVO), juristische Personen am Ort des Sitzes der Hauptverwaltung oder Hauptnieder-

141

lassung (Art. 63 Abs. 1 EuGVVO) **zu verklagen.** Diese Regel folgt dem Prinzip der Vorhersehbarkeit. Der Beklagte muss stets damit rechnen, an seinem eigenen Gerichtsstand in Anspruch genommen zu werden. Die Klage an diesem Ort ist für ihn vergleichsweise günstig. Er hat geringe Reisekosten und kann seinen örtlichen Rechtsbeistand hinzuziehen. Überdies muss er sich nicht auf die Besonderheiten ausländischer Gerichte einstellen. Die Klage am allgemeinen Gerichtsstand belastet allerdings den Kläger, denn er hat alle Nachteile, die aus Sicht des Beklagten Vorteile sind.

142   **Besondere Gerichtsstände** existieren demgegenüber in Fällen, in denen entweder ein Gericht größere Sachnähe zum Geschehen hat oder besondere Erwägungen des Klägerschutzes (Kläger als schwächere Partei) eine Rolle spielen. Hierfür sind die Art. 7–19 EuGVVO heranzuziehen. Relevant für das **Wettbewerbsrecht als Sondermaterie des Deliktsrechts** ist **Art. 7 Nr. 2 EuGVVO** (ehemals Art. 5 Nr. 3 EuGVO 2001), der einen besonderen Gerichtsstand für Klagen aus Delikt und gleichgestellten Ansprüchen (z.B. Gefährdungshaftung) vorsieht. Sind die Anknüpfungspunkte der besonderen Gerichtsstände erfüllt, so kann der Kläger zwischen diesen und dem allgemeinen Gerichtsstand wählen (sog. forum shopping). Art. 7 Nr. 2 EuGVVO lautet wie folgt:

> Eine Person, die ihren Wohnsitz im Hoheitsgebiet eines Mitgliedstaats hat, kann in einem anderen Mitgliedstaat verklagt werden: (...) 2. wenn eine unerlaubte Handlung oder eine Handlung, die einer unerlaubten Handlung gleichgestellt ist, oder wenn Ansprüche aus einer solchen Handlung den Gegenstand des Verfahrens bilden, vor dem Gericht des Ortes, an dem das schädigende Ereignis eingetreten ist oder einzutreten droht; (...)

143   Da Wettbewerbsdelikte unerlaubte Handlungen sind (BGHZ 167, 91 = GRUR 2006, 513; BGHZ 153, 91), kann mithin **vor dem Gericht des Ortes** geklagt werden, **an dem „das schädigende Ereignis eingetreten ist".** Art. 7 Nr. 2 EuGVVO erfasst Geldersatz-, Unterlassungs- und Beseitigungsansprüche (EuGH GRUR 2014, 806 – Parfumflakon II; BGH GRUR 2015, 689 – Parfumflakon III), darunter vorbeugende Unterlassungsklagen (EuGH Slg. 2002, I-8111 – Henkel; BGH NJW 2006, 689) und negative Feststellungsklagen (EuGH GRUR 2013, 98 – Folien Fischer/Ritrama). Sie erfasst nicht täterschaftliche, sondern auch Teilnehmerbeiträge (EuGH NJW 2014, 1793 – Hi-Hotel; dazu *M. Müller*, EuZW 2013, 130; *Hackbarth*, GRUR-Prax 2014, 320). Die Norm ist überdies anwendbar, wenn ein Verbraucherschutzverband einen solchen Unterlassungsanspruch geltend macht (EuGH Slg. 2002, I-8111 – Henkel). Letzteres ist insoweit bemerkenswert, als der Verband selbst durch ein Delikt nicht geschädigt werden kann.

Der Begriff „Ort des schädigenden Ereignisses" ist autonom, d.h. in Übereinstimmung mit europarechtlichen und rechtsvergleichenden Erkenntnissen auszulegen. Die Hoheit über diese Auslegung hat der EuGH. Das Gericht hat in der Vergangenheit als Schädigungsort sowohl den **Handlungsort** (= Ort, an dem die für die Rechtsgutverletzung ursächliche Handlung vorgenommen wurde oder – bei Unterlassungsdelikten – hätte gehandelt werden müssen) als auch den **Erfolgsort** (= Ort, an dem die Rechtsgutverletzung eingetreten ist) angesehen (EuGH Slg. 2004, I-1417 – DFDS Torline; BGHZ 167, 91 Tz. 21 – Arzneimittelwerbung im Internet). In Fällen, in denen diese Orte auseinanderfallen (Streu- oder Distanzdelikte), darf der Kläger wählen, an welchem Ort er klagen möchte. Bei Pressedelikten hat der EuGH den Erfolgsort für die deliktische Handlung auf den Ort beschränkt, an dem der Herausgeber des Publikationsorgans seinen Hauptsitz hat (EuGH Slg. 1995, I-415 = NJW 1995, 1881 – Shevill). Allerdings sind auch Klagen am Erfolgsort weiterhin zulässig, jedoch mit der Modifikation, dass an diesem Ort (im Falle von Persönlichkeitsrechtsverletzungen) nur der Schaden liquidiert werden kann, der in dem jeweiligen Mitgliedstaat eingetreten ist. Bei Markenverletzungen hat der EuGH eine Schadensersatzklage sowohl am Handlungsort als auch am Ort zugelassen, an dem eine Marke durch Eintragung Schutz entfaltet, also gewissermaßen dem Erfolgsort einer Verletzung (EuGH GRUR Int. 2012, 526 Tz. 29, 38 – Wintersteiger; ebenso im Urheberrecht EuGH GRUR Int. 2013, 1073 – Pinckney, GRUR 2015, 296 Tz. 19 – Hejduk).

Für das Lauterkeitsrecht gibt es bislang noch keine EuGH-Entscheidung, die **144** vordefiniert, wo der Erfolg eines Wettbewerbsdelikts eintreten kann. Der BGH hat bei **Wettbewerbsverstößen im Internet** den Erfolgsort überall dort gesehen, wo sich der Internet-Auftritt eines Unternehmens auswirken soll, d.h. dort, wo er bestimmungsgemäß wirken oder zur Kenntnis genommen werden soll (BGHZ 167, 91 = GRUR 2006, 513 Tz. 21 – Arzneimittelwerbung im Internet). Der BGH wörtlich:

> „Der Ort des schädigenden Ereignisses liegt im Streitfall in Deutschland. Der Internetauftritt der in den Niederlanden ansässigen Bekl. war international ausgerichtet und auch in deutscher Sprache gehalten und an deutschsprachige Europäer gerichtet. Die Verkaufspreise waren zudem in DM angegeben. Soweit die Bekl. in ihrem Internet-Auftritt den Hinweis auf ‚deutschsprachige Europäer' mit dem Zusatz ‚aber nicht an deutsche Adressen' und der österreichischen Nationalflagge versehen hat, ist das Berufungsgericht zu Recht davon ausgegangen, dass dadurch Deutschland von dem Internet-Auftritt nicht ausgeschlossen worden ist."

Daraus kann geschlossen werden, dass in Fällen, in denen eine irreführende Werbung sich gezielt an Adressaten im Inland richtet, Interessen des inländischen Rechtsverkehrs (Konkurrenten, Verbraucher, Allgemeinheit) verletzt werden, mithin ein inländischer Erfolgsort vorliegt. Die gezielte Bewerbung der Angehörigen eines Staates führt dann dazu, dass die dortigen Gerichte international zuständig werden. Das gilt auch, wenn eine im Ausland veröffentlichte Pressemitteilung mit unternehmensherabsetzendem Inhalt sich im Inland – etwa bei der Kundschaft oder den Geschäftspartnern – auswirken kann, weil die Mitteilung auch im Inland zur Kenntnis genommen werden kann (BGH NJW 2014, 2504 – Englischsprachige Pressemitteilung).

bb) Autonomes (deutsches) Zivilverfahrensrecht

145 Ist der Anwendungsbereich der EuGVVO oder sonstiger multi- oder bilateraler Verträge (ausnahmsweise) nicht eröffnet, so sind die autonomen, d.h. die innerstaatlichen, Regeln des nationalen Rechts im Forumsstaat (= Gerichtsstaat = Staat, bei dessen Gerichten die Klage anhängig gemacht wurde) anzuwenden. Das deutsche (autonome) Recht regelt die internationale Zuständigkeit deutscher Gerichte nur vereinzelt ausdrücklich (z.B. §§ 98 ff. FamFG). Gewohnheitsrechtlich wird die internationale Zuständigkeit aber aus den Regeln über die örtliche Zuständigkeit (§§ 12 ff. ZPO sowie § 14 UWG) abgeleitet. Die örtlichen Zuständigkeitsregeln haben insoweit eine Doppelfunktion. Sie bestimmen das örtlich zuständige Gericht und in Fällen mit Auslandsberührung zusätzlich die internationale Zuständigkeit dieses Gerichts.

146 Sofern die EuGVVO keine Anwendung findet (z.B. weil der Beklagte keinen Wohn- oder Geschäftssitz in einem Mitgliedstaat der Europäischen Union hat), bestimmt sich der allgemeine Gerichtsstand örtlich und international nach § 12 ZPO, der besondere Gerichtsstand für Deliktsklagen (einschließlich derjenigen aufgrund einer lauterkeitsrechtlichen Anspruchsgrundlage) nach § 14 UWG. Hiernach ist „das Gericht zuständig, in dessen Bezirk die Handlung begangen ist". Zuständig sind also die Gerichte am Begehungsort. Auch darunter fällt nach allgemeiner Ansicht der **Handlungs- wie auch der Erfolgsort** (BGH NJW 1996, 1413; NJW 1994, 1414). Zum Erfolgsort gehört allerdings **nicht der sog. Schadensort**, d.h. der Ort, an dem nicht das Rechtsgut selbst geschädigt wurde, sondern nur ein von dieser Primärschädigung verschiedener weiterer Schaden (z.B. ein Vermögensschaden) eingetreten ist (BGH NJW 1977, 1590, 1987, 592; es sei denn, der Schaden gehört zum Tatbestand, wie etwa bei § 826 BGB, vgl. BGHZ 40, 391, 395 = NJW 1964, 969; ebenso bei § 823 Abs. 2 BGB i.V.m. einer Norm zum Schutz des Vermögens wie § 263 StGB, BGHZ 132, 105). Auf das Lauterkeitsrecht bezogen bedeutet dies, dass ein Erfolgsort dort vorliegt, wo der Adressat einer Werbung getäuscht wird oder getäuscht werden kann, nicht allerdings dort, wo ein Konkurrent, der daraufhin weniger Waren abverkauft, eine Vermögenseinbuße erleidet. Das deutsche IZVR entspricht mithin der Rechtslage nach Art. 7 Nr. 2 EuGVVO.

c) Internationales Privatrecht (Internationales Wettbewerbsdeliktsrecht)

Welches Recht auf Delikte mit Auslandsberührung anzuwenden ist, richtet sich **147** nach den Regeln des Internationalen Privatrechts. Diese Regeln sind zum Teil im Unionsrecht, zum Teil in multi- und bilateralen Staatsverträgen und zum Teil in Art. 40 EGBGB kodifiziert. Bedeutung im UWG haben mittlerweile nur noch die Regeln des Unionsrechts.

aa) Europäisches Internationales Deliktsrecht

Auf Unionsebene gilt seit dem 11.1.2009 die Verordnung Nr. 864/07 des Europä- **148** ischen Parlaments und des Rates vom 11.7.2007 über das auf außervertragliche Schuldverhältnisse (Deliktsrecht, Bereicherung, GoA) anwendbare Recht, die sog. **Rom II-VO** (EG-ABl. L 199/40, hierzu u.a. *Junker*, NJW 2007, 3675, *von Hein*, ZEuP 2009, 6). Diese VO ergänzt die VO Nr. 593/2008 vom 17.6.2008 über das auf vertragliche Schuldverhältnisse anwendbare Recht („Rom I-VO"), deren Vorschriften am 17.12.2009 in Kraft getreten sind. Damit besteht seit 2009 eine geschlossene europäische Regelung für das internationale Schuldrecht.

Die Rom-II-VO gilt sachlich für die meisten außervertraglichen Schuldver- hältnisse (ausgenommen sind deliktische Klagen aufgrund einer Persönlich- keitsrechtsverletzung und Amtshaftungsklagen). Darunter fallen auch wettbe- werbsrechtliche Streitigkeiten. Im übrigen ist die VO – sehr viel weitergehend als das IZVR – **„universell anwendbar"**, d.h. sie gilt auch, wenn das anzuwen- dende Recht nicht das eines Mitgliedstaats der EU ist (Art. 3 Rom II-VO). Sie gilt räumlich für alle Mitgliedstaaten der EU mit Ausnahme Dänemarks (Erwä- gungsgrund 40 mit Art. 1 Abs. 4 Rom II-VO), im Verhältnis der übrigen Mitglied- staaten zu Dänemark wird sie allerdings angewendet (Art. 3 Rom II-VO). Nach Art. 31 der Rom II-VO sind deren Vorschriften auf schadensbegründende Ereig- nisse anzuwenden, die nach ihrem Inkrafttreten (also nach dem 11.1.2009) ein- getreten sind bzw. eintreten.

Die Rom II-VO enthält mit **Art. 4 Abs. 1** eine **allgemeine Kollisionsregel** **149** **für Deliktsklagen**, die an „das Recht des Staates (anknüpft), in dem der Scha- den eintritt". Das erfasst – anders als im IZVR nur den Erfolgsort, nicht jedoch den Handlungsort. Zum Erfolgsort gehört nicht jeder Schadensort (Art. 4 Abs. 1 letzter Hs. Rom II-VO nimmt ausdrücklich indirekte Schäden aus). Damit be- steht für die Frage der Rechtsanwendung nicht (mehr) das sog. Günstigkeits- prinzip, wonach der Geschädigte wählen konnte, ob er das Recht des Hand- lungs- oder das des Erfolgsortes zur Anwendung beruft. Umstritten ist noch, welches Recht bei Streudelikten anzuwenden ist, also bei Delikten, die Rechts- güter in mehreren Ländern verletzen (z.B. eine europaweite Internetwerbung). Hier steht entweder die sog. Mosaiktheorie zur Auswahl (jedes betroffene Recht ist anwendbar, so die h.M. im IPR) oder aber die Schwerpunkttheorie (anwendbar ist das Recht des Staates, in dem der Schwerpunkt der Verletzung liegt, vgl. Rn. 146).

150   Für das **Recht des unlauteren Wettbewerbs und das Kartellrecht** (= „den freien Wettbewerb einschränkendes Verhalten") ist allerdings (ebenso wie etwa für die Produkthaftung, Art. 5, oder Umweltschädigungen, Art. 7, oder Immaterialgüterrechtsverletzungen, Art. 8) eine Spezialnorm in Art. 6 eingefügt worden, die wie folgt lautet:

> **Artikel 6: Unlauterer Wettbewerb und den freien Wettbewerb einschränkendes Verhalten**
>
> (1) Auf außervertragliche Schuldverhältnisse aus unlauterem Wettbewerbsverhalten ist das **Recht des Staates** anzuwenden, **in dessen Gebiet die Wettbewerbsbeziehungen oder die kollektiven Interessen der Verbraucher beeinträchtigt worden sind** oder wahrscheinlich beeinträchtigt werden.
>
> (2) Beeinträchtigt ein unlauteres Wettbewerbsverhalten ausschließlich die Interessen eines bestimmten Wettbewerbers, ist Artikel 4 anwendbar.
>
> (3) a) Auf außervertragliche Schuldverhältnisse aus einem den Wettbewerb einschränkenden Verhalten ist das Recht des Staates anzuwenden, dessen Markt beeinträchtigt ist oder wahrscheinlich beeinträchtigt wird.
>
> b) Wird der Markt in mehr als einem Staat beeinträchtigt oder wahrscheinlich beeinträchtigt, so kann ein Geschädigter, der vor einem Gericht im Mitgliedstaat des Wohnsitzes des Beklagten klagt, seinen Anspruch auf das Recht des Mitgliedstaats des angerufenen Gerichts stützen, sofern der Markt in diesem Mitgliedstaat zu den Märkten gehört, die unmittelbar und wesentlich durch das den Wettbewerb einschränkende Verhalten beeinträchtigt sind, das das außervertragliche Schuldverhältnis begründet, auf welches sich der Anspruch stützt; klagt der Kläger gemäß den geltenden Regeln über die gerichtliche Zuständigkeit vor diesem Gericht gegen mehr als einen Beklagten, so kann er seinen Anspruch nur dann auf das Recht dieses Gerichts stützen, wenn das den Wettbewerb einschränkende Verhalten, auf das sich der Anspruch gegen jeden dieser Beklagten stützt, auch den Markt im Mitgliedstaat dieses Gerichts unmittelbar und wesentlich beeinträchtigt.
>
> (4) Von dem nach diesem Artikel anzuwendenden Recht kann nicht durch eine Vereinbarung gemäß Artikel 14 abgewichen werden.

Danach gilt für UWG-Klagen, welche die Interessen mehrerer Marktbeteiligten verletzen (wie z.B. im Fall der irreführenden Werbung) **das Recht des Staates, in dem die Interessenverletzung eintritt** (Art. 6 Abs. 1 Rom II-VO). Im Falle irreführender Werbung ist also jedenfalls das Recht des Staates anzuwenden, in dem Adressaten irregeführt werden können. Der Begriff ist autonom, d.h. nach europäischen Standards auszulegen (vgl. hierzu *Sack*, WRP 2008, 845, 846). Erfolgsort ist jeder Ort, an dem Marktinteressen aufeinandertreffen und geschädigt werden (können). Damit ist die im bisherigen deutschen Recht geltende Marktortregel (dazu sogleich unter bb) auch im Unionsrecht anwendbar (so

Handig, GRUR Int. 2008, 24, 27; *Sack*, aaO.). Allerdings ist zu berücksichtigen, dass ein „Marktort" auch Handlungen vor, während und nach Vertragsschluss erfasst (vgl. *Köhler*/Bornkamm, Einl. UWG, Rn. 5.33, der daher den Begriff „Einwirkungsort" vorschlägt).

Bei **Streudelikten**, die Interessen in mehreren Staaten verfolgen, kann es 151 zur Anwendung mehrerer Rechtsordnungen kommen. Sofern auf Schadensersatz geklagt wird, wird insoweit wohl die sog. Shevill-Doktrin des EuGH anwendbar sein, wonach bei einer Klage am besonderen Deliktsgerichtsstand nur Ersatz desjenigen Schadens verlangt werden kann, der im Staat des angerufenen Gerichts eingetreten ist (hierfür *Sack*, WRP 2008, 845, 853; vgl. EuGH Slg. 1995, I-415 = NJW 1995, 1881 – Shevill, dort allerdings zu Persönlichkeitsrechtsverletzungen, die von der Rom II-VO gerade nicht erfasst werden).

Bei allein Konkurrenten beeinträchtigenden Handlungen ohne weiteren Marktbezug sieht Art. 6 Abs. 2 Rom II-VO vor, dass hierfür die allgemeine Kollisionsnorm Art. 4 Abs. 1 Rom-II-VO anzuwenden ist (Erfolgsort). Ob dies zu abweichenden Ergebnissen führt, ist allerdings zweifelhaft. Hinzu kommt, dass man in Fällen, in denen zugleich Verbraucherinteressen oder Interessen der Allgemeinheit beeinträchtigt werden, zusätzlich Art. 6 Abs. 1 Rom II-VO anwenden müsste (so *Sack*, WRP 2008, 845, 850f.; vgl. aber *Lindacher*, GRUR Int. 2008, 453, 457, der in einem solchen Fall Art. 6 Abs. 2 anwenden möchte).

bb) Autonomes deutsches Recht

Da Art. 3 Rom II-VO die universelle Geltung der Vorschriften dieser Verordnung 152 anordnet, sind die vormalig geltenden Art. 38–42 EGBGB, insbesondere der für das Deliktsrecht anzuwendende Art. 40 EGBGB praktisch kaum noch relevant. Für deutsche Gerichte bleiben – vorbehaltlich etwaiger Entscheidungen europäischer Gerichte – jedenfalls grundsätzlich die bisherigen Entscheidungen zu Art. 40 EGBGB von Bedeutung, soweit dort der Erfolgsort definiert wurde und die Definition nicht im Konflikt zu Entscheidungen europäischer Gerichte oder der übrigen Gerichte der Mitgliedstaaten steht. Die Vorschriften der Rom II-VO sind naturgemäß „autonom", d.h. nach europäischen und rechtsvergleichenden Grundsätzen auszulegen.

Im Übrigen bleibt Art. 40 EGBGB anwendbar auf „Schadensfälle", die vor dem 11.1.2009 eingetreten sind.

In der Vergangenheit wurde auf Lauterkeitsverstöße Art. 40 EGBGB angewendet, denn das Lauterkeitsrecht ist Sonderdeliktsrecht (BGH GRUR 2002, 618, 619 – Meißner Dekor; vgl. auch die grundlegende Entscheidung zum Themenkreis: BGHZ 35, 329, 333 – Kindersaugflaschen). Nach Art. 40 Abs. 1 Satz 1 unterliegen Ansprüche aus unerlaubter Handlung

„dem Recht des Staates, in dem der Ersatzpflichtige gehandelt hat. Der Verletzte kann verlangen, dass anstelle dieses Rechts das Recht des Staates angewandt wird, in dem der Erfolg eingetreten ist."

153 Im Wettbewerbsrecht wurde von den deutschen Gerichten eine besondere Konstellation des Begehungsorts (Handlungs- und Erfolgsort) entwickelt, nämlich
das sog. „**Marktortprinzip**". Danach können unlautere Wettbewerbshandlungen von vornherein nur an dem Ort begangen werden, an dem die wettbewerblichen Interessen der Mitbewerber aufeinandertreffen (so BGHZ 35, 32, 333 =
GRUR 1962, 243 – Kindersaugflaschen; GRUR 1991, 463, 464 – Kauf im Ausland).
Tragender Regelungsgedanke ist dabei, dass an einem einheitlichen Marktort
alle Konkurrenten denselben Regeln unterliegen sollten, damit die par condicio
concurrentium (Grundsatz gleicher Wettbewerbsbedingungen) nicht verletzt
werde (BGHZ 35, 329, 333). Diese Grundsätze wurden auch in jüngerer Zeit noch
angewendet (vgl. BGH GRUR 2004, 1035, 1036 – Rotpreis-Revolution; GRUR
2006, 513 Tz. 25 – Arzneimittelwerbung im Internet; GRUR 2007, 245 Tz. 11 –
Schulden Hulp; *Sack*, WRP 2000, 269, 272). Die überzeugendste Begründung
dafür ist der Gedanke, dass Handlungs- und Erfolgsort nur an diesem Marktort
zusammentreffen, weil eine das Lauterkeitsrecht verletzende Handlung erst
vollendet ist, wenn das Rechtsgut verletzt ist, jede Handlung also den Erfolg
benötigt, um Verletzung zu sein (so *Sack*, aaO.; nicht grundsätzlich a.A. z.B.
Koos, WRP 2006, 499, der – wie im Kartellrecht – an die Auswirkung des Verhaltens anknüpfen will). Bei irreführenden geschäftlichen Praktiken ist daher
das Recht des Staates anzuwenden, in dem die Irreführung zu befürchten ist.

154 Problematisch wird die Anwendung des Prinzips wieder bei sog. **Streudelikten**, also in Fällen, in denen Irreführungen in mehreren Staaten zu befürchten sind (Euro-Marketing, globales Marketing, Internetmarketing). Hier können
mehrere Rechtsordnungen nebeneinander zur Anwendung kommen. Vorschlä-
ge, an das Herkunftslandprinzip und damit an das am Sitz des werbenden Unternehmens geltende Recht anzuknüpfen (so *Dethloff*, Die Europäisierung des
Wettbewerbsrechts, 2001, S. 284ff.), sind in der Minderheit geblieben. Bei den
Internetwerbefällen haben die Gerichte aber die Geltung einzelner Rechtsordnungen ausgeschlossen, wenn nach Art des Internetauftritts (Sprache, Kom-
munikationsmöglichkeiten, Disclaimer, tatsächliche Annahme oder Ablehnung
von Kundenaufträgen aus dem erreichbaren Staat) bestimmte Auslandsmärkte
ersichtlich nicht angezielt wurden (vgl. im Grundsatz BGH GRUR 2006, 513
Tz. 25); bei Rundfunksendungen soll danach nur das Recht des primär angeziel-
ten Sendegebiets (ohne eventuelle Sende-Overspills) gelten (BGH GRUR 1998,
945, 946 – Co-Verlagsvereinbarung; bei Zeitschriften tatsächliches Verbreitungs-
gebiet unter Ausschluss von Bagatelllieferungen ins Ausland: BGH GRUR 1971,
153, 154 – Tampax). In der Literatur wird zum Teil als Einschränkung vorgeschla-

gen, nur solche Rechtsordnungen anzuwenden, in denen lauterkeitsrechtliche Interessen spürbar betroffen sind (*Mankowski*, GRUR Int. 1999, 909, 915).

III. Lösungsskizze

155

Anspruch des W gegen V

Anspruch auf Unterlassung aus § 8 Abs. 1 Satz 1, Abs. 3 Nr. 3 i.V.m. §§ 3, 5 UWG

1. Zulässigkeit der Klage

a) Gerichtliche Zuständigkeit
  aa) Internationale Zuständigkeit, Art. 7 Nr. 2 EuGVVO
  – Sachliche und persönliche Anwendbarkeit der EuGVVO, Art. 1 Abs. 1; Art. 4 Abs. 1, 63 Abs. 1 (+);
  – Wettbewerbsklagen sind Klagen aus außergesetzlichen Schuldverhältnissen, so dass als Gerichtsstandsnorm neben dem allgemeinen Gerichtsstand des Beklagtenwohnsitzes (Art. 4 Abs. 1 EuGVVO) der besondere Gerichtsstand des Erfolgsortes in Betracht kommt.
  – Erfolgsort bei Wettbewerbsdelikten ist jeder Ort, an dem die für die Rechtsgutsverletzung maßgeblichen Handlungen vorgenommen werden und der Erfolg dieser Handlungen eintritt; im Falle einer Gewinnspielwerbung oder eines Gewinnanschreibens tritt der Erfolg, die mögliche Irreführung des Adressaten, dort ein, wohin das Schreiben versendet wird, also in Deutschland; damit sind die deutschen Gerichte international zuständig.
  bb) Sachliche Zuständigkeit, § 13 Abs. 1 UWG: Landgericht/KfH
  cc) Örtliche Zuständigkeit, § 14 UWG: Klage am Erfolgsort des Delikts (s.o. aa)
b) Bestimmtheit des Klageantrags, § 253 Abs. 2 Nr. 2 ZPO: Beschreibung der Verletzungshandlung durch Bezugnahme auf das konkrete Gewinnanschreiben.

2. Begründetheit der Klage

a) Anwendbarkeit des deutschen Rechts nach § 6 Abs. 2 Rom II-VO = Ort, an dem Marktinteressen geschädigt werden können, ist (auch) Deutschland, da die Irreführung hier auf die Verbraucher Auswirkungen hat.

b) Klagebefugnis (Aktivlegitimation)
- § 8 Abs. 3 Nr. 3 UWG, Aktivlegitimation darf nach Sachverhalt unterstellt werden (+)

c) Passivlegitimation der Beklagten
- Die Täterhaftung ist unproblematisch, weil B die Anschreiben versendet hat.

d) Allgemeine Anwendungsvoraussetzungen, § 3 UWG

Das Anschreiben ist geschäftliche Handlung nach §§ 3, 2 Abs. 1 Nr. 1 UWG, da sein Inhalt der Förderung eigenen Absatzes im Vorfeld eines Geschäftsabschlusses dient.

e) Unlauterkeitsmerkmale, §§ 3, 4a, 5, 5a UWG

aa) Die Mitteilung, ein adressierter Verbraucher habe einen Preis gewonnen, wenn dies tatsächlich noch nicht der Fall ist, sondern weitere Bedingungen zu erfüllen, insbesondere Kosten zu tragen sind, könnte unter das Per-se-Verbot Nr. 17 i.V.m. § 3 Abs. 3 UWG fallen.

„Sie haben gewonnen" und die weiteren Ausführungen in dem Gewinnanschreiben sind nach dem Horizont des Durchschnittsverbrauchers geeignet, diesem den Eindruck zu vermitteln, dass er seinen Gewinn ohne Kosten und Bedingungen erzielt hat; der Umstand, dass über die Kosten noch aufgeklärt wird, ist vor diesem Hintergrund unbeachtlich, gewissermaßen ein venire contra factum proprium. Ein „Preis, für den etwas zu bezahlen ist, ist eben kein Preis" (vgl. *Scherer*, WRP 2013, 143 Rn. 23 unter Bezugnahme auf EuGH WRP 2012, 1509).

bb) Eine Irreführung im Hinblick auf die Pflicht zum Warenerwerb nach Nr. 21 des Anhangs oder nach § 5 Abs. 1 Satz 2 Nr. 2 UWG liegt nicht vor, da dem „Gewinner" klargemacht wird, dass er den Gewinn erst erhält, wenn er auch eine Ware abnimmt.

cc) Die Mitteilung einer Gewinnhotline, unter welcher der Anrufer nicht, wie angekündigt, Informationen über die Gewinnmodalitäten, sondern nur allgemeine Informationen über das durchgeführte Spiel erhält, könnte unzulässig nach §§ 3 Abs. 1 i.V.m. § 5 UWG sein.

  (1) Unwahre oder zur Täuschung geeignete Angabe, § 5 Abs. 1 Satz 2 UWG, hier ausdrückliche Angabe einer Telefonhotline mit Beschreibung der dort zu erwartenden Leistungen (§ 5 Abs. 1 Satz 2 UWG);

  (2) Fallgruppe „produktmerkmalbezogene Angaben", § 5 Abs. 1 Satz 2 Nr. 1 UWG: genauere Beschreibung der versprochenen Leistung = Gewinnkonditionen und Konditionen der Inanspruchnahme des Gewinns;

(3) Konkrete Irreführungsgefahr

    (a) Verkehrsvorstellung: Durchschnittsverbraucher nimmt an und darf annehmen, dass er unter der Hotline genauere Informationen über die versprochene Gewinnleistung erhält.

    (b) Tatsächlich wurden diese Beschreibungen nicht geliefert, daher fallen Vorstellung des Verkehrs und Realität auseinander; somit liegt eine Irreführung des Verkehrs oder jedenfalls eine Gefahr solcher Irreführung vor.

(4) Marktentscheidungsrelevanz: Eignung der Irreführung zur Beeinflussung einer Marktentscheidung anzunehmen, da der Verbraucher die gebührenpflichtige Nummer voraussichtlich nicht anrufen würde, wenn er wüsste, dass er die versprochenen Informationen hier nicht erhält.

(5) Wiederholungsgefahr (+)

Ergebnis: Das Angebot der gebührenpflichtigen Gewinnhotline, die tatsächlich keine Informationen über die versprochenen Gewinne oder deren Inanspruchnahme enthält, stellt eine unlautere geschäftliche Handlung dar.

dd) Die Koppelung des Gewinnspiels mit einer Pflicht zum Warenerwerb könnte gegen § 5a Abs. 2 UWG verstoßen, weil möglicherweise dem Adressaten nicht klar ist, ob der Warenerwerb eine Teilnahmebedingung betrifft.

    (1) Die Aufforderung, sich an den Kosten des Spiels durch Warenkauf zu beteiligen, müsste eine Information betreffen, die wesentlich für die Teilnahmeentscheidung des Verbrauchers ist. Wesentlich sind alle Informationen, welche die Teilnahmebedingungen betreffen. Dazu gehört die Pflicht zum Warenerwerb, weil ersichtlich der Gewinnbezug an diese Modalität geknüpft wird; der Begriff der Teilnahmemodalitäten ist weit zu fassen und bezieht sich auf alle im Zusammenhang mit der Beteiligung des Teilnehmers an dem Gewinnspiel stehenden Modalitäten, zu denen auch die Information über Kosten gehört, die der Teilnehmer aufwenden muss, um den Gewinn in Anspruch nehmen zu können (vgl. BGH GRUR 2005, 1061, 1064);

    (2) Allerdings fehlt es an der Intransparenz; die Modalität ist klar und deutlich formuliert und sie wurde rechtzeitig bereitgestellt (§ 5a Abs. 2 Satz 2 UWG).

Ergebnis: Kein Verstoß gegen § 5a Abs. 2 UWG.

ee) Die Koppelung der Gewinninformation mit einer entgeltlichen Telefonleistung könnte unzulässig nach § 3 Abs. 1, Abs. 2 UWG sein.

Die Koppelung der „Teilnahme" an die Pflicht zum Absatz einer Ware war nach § 4 Nr. 6 UWG 2008 unzulässig. Da diese Norm mit Unionsrecht nicht vereinbar war (EuGH GRUR 2010, 244 – Plus Warenhandelsgesellschaft), wurde sie 2015 aufgehoben. Gleichwohl wird zum Teil angenommen, die Koppelung eines Gewinnspiels mit einem Warenerwerb könnte gegen die anständigen Marktgepflogenheiten verstoßen und damit im B2C-Verkehr unlauter nach § 3 Abs. 1, Abs. 2 UWG sein (BGH WRP 2014, 831 Tz. 23 – Goldbärenbarren; zust. *Köhler*/Bornkamm, § 5a Rn. 5.34). Allerdings ist dies allenfalls anzunehmen, wenn der Verbraucher unter einen besonderen Entscheidungsdruck gesetzt wird. Das ist allerdings bei dem bescheidenen Warenpreiseinsatz nicht zu befürchten. Ein Verstoß gegen § 3 Abs. 2 UWG kommt daher nicht in Betracht.

Gesamtergebnis: Der Unterlassungsanspruch ist begründet, soweit die Klägerin Gewinnmitteilungen verwendet, die wahrheitswidrig behaupten, der Betroffene habe bereits gewonnen, tatsächlich den Gewinn jedoch an einen Warenerwerb knüpfen. Ferner ist die Unterlassungsklage begründet, soweit die Klägerin behauptet, über eine gebührenpflichtige Gewinnhotline würden Informationen über die Gewinne und deren Inanspruchnahme verbreitet, tatsächlich aber nur Informationen zu dem Gewinnspiel selbst gegeben werden.

§ 5: Irreführung durch Unterlassen und intransparente geschäftliche Handlungen

Fall Nr. 5: „Alles komplett – alles transparent?"

(vgl. BGH GRUR 2016, 207 – All Net Flat; GRUR 2015, 698 – Schlafzimmer komplett)

I. Sachverhalt

Der Mobilfunkanbieter B bewirbt in einer doppelseitig bedruckten Zeitschriften- 156
beilage einen Mobilfunkvertrag wie folgt:

Auf der Vorderseite des Werbeblatts wird in den ersten beiden Absätzen eine „All Net Flat" wie folgt beschrieben: „... Für nur 19,90 € statt 29,90 € im Monat telefonieren und surfen Sie ab sofort so lange und wann Sie wollen. Alle Gespräche ins nationale Festnetz und in alle deutschen Handy-Netze sind inklusive. Damit haben Sie die Garantie nie mehr als 19,90 € im Monat zu bezahlen – ganz gleich, wie viel Sie telefonieren oder auch mit Ihrem Smartphone im Internet surfen." Hinter diesen Formulierungen findet sich kein Sternchenhinweis, der auf weitere Erläuterungen verweist. Auf beiden Seiten des Werbeblattes finden sich aber an insgesamt zehn Stellen in teilweise schwarz und teilweise rot gesetzter Schrift und blickfangartig hervorgehoben Werbeaussagen, darunter die Angaben „All Net Flat ... 19,90 €/Monat" und „Samsung ... Smartphone ... für ... einmalig 1,– €". Hinter diesen Formulierungen finden sich Sternchen. Die dazugehörigen Texte werden am Ende der rückwärtigen Seite des Werbeblattes aufgelöst. Der Text am unteren Rand der Rückseite der Beilage ist in Kleinbuchstaben gedruckt. Er enthält folgende Formulierung:

„Nationale Standardgespräche (ins dt. Festnetz, in alle dt. Handy-Netze und zur Mailbox) sind inklusive (ausgenommen Service- und Sonderrufnummern sowie Auskunftsdienste). (...) „Startpaketpreis einmalig 29,90 €".

Konkurrentin K, die ebenfalls Mobilfunkverträge anbietet, hält die Werbung und die sonstigen Aktionen für irreführend und damit wettbewerbswidrig, weil die für Service- und Sonderrufnummern anfallenden Kosten unberücksichtigt blieben. Ebenfalls irreführend sei es, die zu zahlenden Aktivierungskosten (den „Startpaketpreis") allein in der Fußnote am Ende des Werbeblatts anzugeben.

K sendet über ihren Prozessbevollmächtigten Rechtsanwalt Dr. R ein Schreiben, in dem der Sachverhalt und die Rechtsposition der K dargestellt werden. Das Schreiben endet mit der Formulierung:

„Meine Mandantin fordert Sie auf, die vorstehend näher beschriebenen Handlungen zu unterlassen, dies gegenüber meiner Mandantin in der anliegenden Unterlassungserklärung zu bekunden und gleichzeitig meiner Mandantin gegenüber die Verpflichtung einzugehen, für jeden Fall der Zuwiderhandlung eine Vertragsstrafe in Höhe von 20.000,– Euro an meine Mandantin zu zahlen. Ferner haben Sie die durch meine Beauftragung entstehenden Kosten, berechnet auf Basis eines Streitwertes von 100.000,– Euro zu zahlen. Meine Gebührennote füge ich bei."

1. Kann K Unterlassung im Wege der Abmahnung – wie vorliegend geschehen – verlangen?

2. Muss B die Kosten des Rechtsanwalts nach der angegebenen Berechnungsgrundlage erstatten?

II. Schwerpunkte des Falles

1. Die Verletzung von Transparenzpflichten im UWG

a) Irreführendes Unterlassen als Unlauterkeitsproblem

Das europäische und das deutsche Lauterkeitsrecht gehen davon aus, dass der 157
Abnehmer eine rationale Entscheidung nur treffen kann, wenn er weder über
geschäftlich relevante Angaben getäuscht wird, noch ihm **entscheidungsrele-
vante Informationen** vorenthalten werden. Der Abnehmer soll in der Lage
sein, die wesentlichen Eigenschaften eines Produkts (Ware oder Dienstleistung), seinen Preis sowie die für eine Entscheidung wichtigen Zusammenhänge
über Nebenleistungen (Frachtkosten, Verpackung, Steuern, Versicherungskos-
ten) und Servicebedingungen (Hotline, Gewährleistung, Reparaturbedingun-
gen) zu erfahren. Der Anbieter ist diesbezüglich im Vorteil, da er die Bedingungen der Transaktion setzt und daher auch kennt. Um das Ungleichgewicht
zwischen umfassender Kenntnis des Händlers und geringer Information des
Abnehmers auszugleichen, sollen dem Anbieter Informationspflichten auferlegt
werden. Das Angebot soll dadurch transparent werden.

Diese Entwicklung bricht mit dem Grundsatz des römischen Rechts, wonach galt: „Caveat emptor" („Der Käufer gebe acht"). Dieser Grundsatz ver-
pflichtete den Kunden zu fragen, nicht aber den Anbieter, ungefragt Auskunft
zu erteilen. Mehr und mehr kehrt das europäische Richtlinienrecht diesen
Grundsatz nunmehr um. Das erfolgt in erster Linie zur Verhinderung eines sog.
Marktversagens, das nach wirtschaftswissenschaftlichen Überzeugungen unter
anderem in Fällen einer fehlenden Symmetrie von Informationen auf Märkten
droht (hierzu *Fleischer,* Informationsasymmetrie im Vertragsrecht, 2001). Das
Lauterkeitsrecht ist dabei eine der wichtigsten Regelungsmaterien. Informationspflichten, die hier festgelegt werden, können nicht nur von den Beteiligten, sondern auch von Verbänden, insbesondere Verbraucherschutzorganisa-
tionen durchgesetzt werden.

Das **UWG enthält keine allgemeine Informationspflicht** dergestalt, dass 158
derjenige, der eine geschäftliche Handlung vornimmt, stets von sich aus vollständig über alle Eigenschaften und Umstände dieser Handlung aufklären muss
(RegE BT-Drucks. 15/1487, S. 19 f.; BGH GRUR 2007, 247, 250 – Regenwaldprojekt
I; GRUR 2012, 1275 Tz. 36 – Zweigstellenbriefbogen; a.A. *Fezer,* Das wettbewerbsrechtliche Vertragsauflösungsrecht in der UWG-Reform, WRP 2003, 127,
142[1]). Doch sieht das Gesetz vielfach besondere Informationspflichten für Ein-

---

1 *Fezer* hatte in diesem Aufsatz vorgeschlagen, eine allgemeine Informationspflicht in das
UWG aufzunehmen. Die Vorschrift sollte wie folgt lauten: „§ 2 Informationspflichten [alterna-

zelbereiche, etwa Preisangaben, Widerrufsrechte, Vertragsbedingungen oder Anbieterinformationen vor. Das UWG 2008 enthielt überdies besondere Transparenzpflichten bei Verkaufsfördermaßnahmen (§ 4 Nr. 4 UWG 2008), Preisausschreiben und Gewinnspielen (§ 4 Nr. 5 UWG 2008). Diese Vorschriften wurden 2015 aufgehoben und gehen nunmehr in § 5a UWG auf. Die Einbeziehung spezialgesetzlicher Informationspflichten in das UWG erfolgt daher über zwei Normen, nämlich § 3a UWG und § 5a UWG. § 5a UWG ist die speziellere Norm, also vorrangig zu prüfen.

b) Aufbau des § 5a UWG

159 § 5a ist von hinten nach vorne zu lesen. Die Abs. 2 bis 4 UWG betreffen nur Verbraucheransprachen (B2C-Bereich), § 5a Abs. 1 nur den B2B-Sektor. Bei der Verbraucheransprache sind Informationspflichten aufgrund Unionsrecht vorrangig (§ 5a Abs. 4 UWG). Wird eine solche Pflicht verletzt, liegt stets Unlauterkeit vor. Als nächstes ist § 5a Abs. 3 UWG zu prüfen. Diese Vorschrift verlangt bestimmte Basisinformationen, wenn eine „Aufforderung zum Erwerb" vorliegt. § 5a Abs. 2 schließlich verlangt, dass alle Informationen, die im Übrigen „wesentlich" sind, nicht vorenthalten werden dürfen. § 5a Abs. 1 UWG stellt nur klar, dass eine Täuschung auch durch Verschweigen von Informationen bewirkt werden kann. Am einfachsten ist es, auch im B2B-Bereich zu verlangen, dass Informationen, die wesentlich für die Marktentscheidung eines (gewerblichen) Abnehmers sind, nicht vorenthalten werden dürfen. Auf diese Weise wäre insgesamt klargestellt, dass § 5a UWG ein Unterlassungs- und § 5 UWG ein Handlungsdelikt ist (unten Rn. 163). Für die Anwendung des § 5a Abs. 1 UWG kann dann entsprechend auf die Dogmatik der übrigen Absätze der Norm zurückgegriffen werden, solange klar ist, dass Unternehmen erfahrener sind und daher wenige explizite Informationen benötigen als dies bei Verbrauchern der Fall ist.

160 Der § 5a UWG enthält noch einige zusätzliche Informationen. Für den B2C-Bereich definiert § 5a Abs. 2 Satz 2 UWG, worin ein „**Vorenthalten**" von Informationen liegen kann. Vorenthalten werden Informationen nicht nur, wenn sie vollständig verschwiegen, also „verheimlicht" (§ 5a Abs. 2 Satz 2 Nr. 1) werden,

---

tiv: Markttransparenz und Informationspflichten]: Unlauter handelt, wer in der Werbung oder bei dem Angebot von Waren oder Dienstleistungen [fakultative Ergänzung: zur Herstellung von Markttransparenz] Informationen nicht mitteilt, an denen ein berechtigtes Interesse der Verbraucher besteht." In der weiteren Diskussion konnte sich der Vorschlag allerdings nicht durchsetzen. Die UWG-Novelle 2004 beließ es dabei, Informationspflichten nur vereinzelt zu kodifizieren. Als wichtigste Fälle wurden solche Pflichten in § 4 Nr. 4 UWG 2008 für Verkaufsförderaktionen und in § 4 Nr. 5 UWG 2008 für Gewinnspiele und Preisausschreiben vorgesehen.

sondern auch, wenn sie unklar, unverständlich oder zweideutig bereitgestellt werden (§ 5a Abs. 2 Satz 2 Nr. 2) und wenn sie nicht rechzeitig erfolgen (§ 5a Abs. 2 Satz 2 Nr. 3).

§ 5a Abs. 6 UWG stellt klar, dass „wesentlich" auch die Information ist, ob und inwieweit überhaupt eine kommerzielle Nachricht, also etwa Werbung vorliegt (früher § 4 Nr. 3 UWG 2008). Der Unternehmer hat also die **Tarnung von Werbung** zu unterlassen. Wenn er mit Abnehmern kommunziert, muss er klarstellen, ob die Kommunikation Verkaufs- oder anderen Zwecken (redaktionelle Berichterstattung, allgemeine Meinungsumfrage, politische Stellungnahme) dient. Ein Unternehmer, der seine Mitarbeiter anweist, auf Internetbewertungsportalen Kommentare zu Bewertungen seiner Leistungen vorzunehmen, muss dies kennzeichnen, denn der Verbraucher erwartet auf solchen Portalen neutrale, nicht aber von wirtschaftlichen Eigeninteressen geleitete Stellungnahmen (unten Rn. 197). Überraschend ist, dass § 5a Abs. 6 UWG auf Verbraucheransprachen begrenzt ist. Die Vorgängernorm in § 4 Nr. 3 UWG 2008 galt dagegen für die gesamte unternehmerische Kommunikation. Hier kann man nur ein gravierendes Redaktionsversehen vermuten. Das Wort „Verbraucher" in § 5a Abs. 6 UWG sollte daher als „Abnehmer" gelesen werden, so dass die Norm richtigerweise auch den B2B-Bereich erfasst.

Wichtig ist die sog. **Kommunikations- oder Medienklausel (§ 5a Abs. 5** 161 **UWG)**. Bei der Beurteilung, ob Informationen vorenthalten wurden, sind räumliche oder zeitliche Beschränkungen des verwendeten Kommunikationsmittels zu berücksichtigen. Mobiltelefone mit ihren kleinen Bildschirmen müssen daher nicht alle wesentlichen Informationen bereitstellen, ebenso ist es bei Fernseh- oder Hörfunkspots, die oft nur wenige Sekunden dauern. In diesen Fällen hat der Unternehmer aber auf andere Weise sicherzustellen, dass die wegen der räumlichen oder zeitlichen Beschränkung vorenthaltenen Informationen auf andere wirksame Weise bereitgestellt werden (§ 5a Abs. 5 Nr. 2 UWG). In Hörfunk und Fernsehen kann dies durch die Angabe einer Internetseite oder einer kostenfreien Service-Rufnummer geschehen, ebenso ist es bei mobilen Geräten, dort wäre die ergänzende Information allerdings interaktiv durch einen Link zu produzieren. Auf Internetseiten selbst können vertiefende Informationen auf Unterseiten zur Verfügung gestellt werden. Allerdings ist auch hier klarzustellen, dass sie einfach und über wenige Links erreichbar sind.

Danach hat § 5a UWG folgenden Aufbau: 162

Unlauterkeit durch Verschweigen von marktentscheidungserheblichen Tatsachen, § 5a UWG

1. Fehlen von Angaben nach **§ 5a Abs. 4** in Verbindung mit EU-sekundärrechtlicher Bestimmung nach Art. 7 Abs. 5 mit Anhang II RL UGP

    a) Vorenthaltung der unionsrechtlich geschuldeten Information unter

b) Berücksichtigung räumlicher oder zeitlicher Beschränkungen des verwendeten Kommunikationsmittels, § 5a Abs. 5 UWG

2. Verschweigen von bestimmten als wesentlich geltenden Umständen in Erwerbsangeboten an Verbraucher, **§ 5a Abs. 3 UWG** (Art. 7 Abs. 4 RL UGP)

a) Angebot an Verbraucher gem. § 5a Abs. 3 UWG

b) Verschweigung von Tatsachen über

aa) Waren- und Dienstleistungsmerkmale, § 5a Abs. 3 Nr. 1 UWG

bb) Identität und Anschrift des Unternehmers, § 5a Abs. 3 Nr. 2 UWG

cc) Preise und Lieferkosten oder deren Berechnungsgrundlagen, § 5a Abs. 3 Nr. 3 UWG

dd) Vom Gesetz abweichende Zahlungs-, Liefer- und Reklamationsbedingungen, § 5a Abs. 3 Nr. 4 UWG

ee) Rücktritts- oder Widerrufsrechte des Verbrauchers, § 5a Abs. 3 Nr. 5 UWG

c) Form des Verschweigens (Vorenthaltung, Verheimlichung, intransparente oder verspätete Bereitstellung einer Information, § 5a Abs. 2 Satz 2 UWG)

d) Berücksichtigung räumlicher oder zeitlicher Beschränkungen des verwendeten Kommunikationsmittels, § 5a Abs. 5 UWG

3. Verschweigen von Tatsachen in sonstigen geschäftlichen Handlungen gegenüber dem Verbraucher, **§ 5a Abs. 2 UWG** (Art. 7 Abs. 1 RL UGP)

a) Wesentlichkeit der Tatsache im konkreten Fall (vgl. auch § 5a Abs. 6 UWG)

b) Form des Verschweigens (Vorenthaltung, Verheimlichung, intransparente oder verspätete Bereitstellung einer Information, § 5a Abs. 2 Satz 2 UWG)

c) Berücksichtigung räumlicher oder zeitlicher Beschränkungen des verwendeten Kommunikationsmittels, § 5a Abs. 5 UWG

4. Verschweigen von Tatsachen in geschäftlichen Handlungen gegenüber dem Allgemeinverkehr, **§ 5a Abs. 1 UWG** (vgl. auch § 5a Abs. 6 UWG)

5. Eignung des Verschweigens zur Beeinflussung der Marktentscheidung des Abnehmers

b) Irreführende Angaben und irreführendes Unterlassen
aa) Problemlage

163 Irreführung setzt voraus, dass ein Unternehmer eine Angabe macht, die falsch, missverständlich oder mehrdeutig ist oder aber vom Adressaten falsch verstanden wird. Daraus folgt, dass Irreführung immer eine **Angabe**, also ein positives Handeln, erfordert. Die Angabe mag mehrdeutig oder missverständlich sein, sie

muss aber doch vorliegen, um § 5 UWG anwenden zu können. Die Abgrenzung kann schwierig sein, wenn die Angabe unklar oder missverständlich ist. Dann mag man die Frage stellen, ob das Gesagte irreführt oder ob etwas vorenthalten wurde. Als Faustregel gilt: Wenn etwas gesagt wurde, kann man das Gesagte auslegen. Ist es irreführend, wird § 5 UWG angewendet. Wer nichts sagt, kann dagegen nur etwas vorenthalten mit der Folge, dass § 5a UWG anzuwenden ist.

> **Bsp.: OLG Hamm WRP 2010, 1275:** Wirbt ein Autohändler in einer Anzeige mit „Jahreswagen aus 1. Hand", ohne zu offenbaren, dass der Vorbesitzer ein Mietwagenunternehmen war, so liegt eine Angabe vor, die allerdings typischerweise dahingehend verstanden wird, dass der Vorbesitzer privater Nutzer war. Also wurde nichts vorenthalten, sondern es wurde positiv irregeführt. Die Irreführung ist auch relevant, denn ein Mietwagenunternehmer vermietet an viele Nutzer. Das Fahrzeug ist also wesentlich stärker beansprucht als ein Privatfahrzeug.

> **Bsp.: OLG Hamm WRP 2010, 797:** Wirbt eine Krankenkasse für eine Versicherung mit den Formulierungen „Direkt" und „Sie werden online und telefonisch beraten", teilt dabei aber nicht mit, dass eine persönliche Beratung in der Geschäftsstelle nicht mehr in Anspruch genommen werden kann, so verschweigt sie etwas. Wenn die persönliche Beratung in der Geschäftsstelle wesentliches Merkmal einer Versicherung ist, so wird Wesentliches vorenthalten.

Bereits das UWG 1909 und das UWG 2004 enthielten eine **Regelung zum irre-** **164** **führenden Unterlassen.** Auch die ältere Rechtsprechung ging davon aus, dass ein Unternehmer über geschäftliche Umstände irreführen kann, indem er nichts sagt, insbesondere über wesentliche Umstände nicht aufklärt. Es handelte sich dabei stets um ein Unterlassungsdelikt. Wie im Strafrecht und im Deliktsrecht (Verkehrspflichten) setzt ein tatbestandsmäßiges Unterlassen nach im deutschen Recht geltender Dogmatik voraus, dass der Unterlassende eine Pflicht zum Handeln hat, die danach gebotene Handlung aber nicht vornimmt. Eine solche Pflicht kann nach bürgerlich-rechtlichen Grundsätzen aus Gesetz, Vertrag oder vorangegangenem Tun (Vertrauen, Treu und Glaube) folgen: Wer nichts sagt, obwohl er etwas sagen müsste, täuscht, wenn der Verkehr aufgrund dieser fehlenden Information einem Irrtum unterliegt. Diese Doktrin wurde auch im UWG und bereits zu § 3 UWG 1909 angewendet (BGH GRUR 2000, 616, 618 – Auslaufmodelle III: unterlassene Aufklärung darüber, dass ein Elektronikgerät ein Auslaufmodell war, wurde vom BGH als irreführendes Unterlassen angesehen). Der BGH verabschiedete sich aber schrittweise von dem Dreierpaket (Gesetz, Vertrag, vorangegangenes Tun) und nahm zunehmend an, dass eine Pflicht zur Information bestand, wenn es um eine wesentliche Angabe ging, die der Adressat benötigt, um eine Marktentscheidung zu treffen. Es kommt mithin auf die Relevanz der Information für die Marktentscheidung an.

165   Dieser Gesichtspunkt liegt auch **§ 5a Abs. 1 UWG** zugrunde. Die Norm formuliert eine Informationspflicht für verkehrswesentliche und daher marktentscheidungsrelevante Umstände. Der Aufbau entspricht nur insoweit nicht der Richtlinie, als § 5a Abs. 1 UWG den Eindruck erweckt, es liege eine positive irreführende Angabe auch vor, wenn geschwiegen wird. Diese Wendung sollte die frühere Rechtsprechung zum UWG 1909 integrieren und nur für den B2B-Bereich Relevanz haben. Nötig ist diese Doppelung nicht, denn wie soeben gezeigt, liegt ein Unterlassen auch im B2B-Bereich stets vor, wenn über marktentscheidungserhebliche, also wesentliche, Umstände geschwiegen wird. Man könnte § 5a Abs. 1 UWG daher ohne Substanzverlust streichen und § 5a Abs. 2 UWG für den gesamten Rechtsverkehr anwenden. Unterschiede ergäben sich dann allenfalls insoweit, als Unternehmer möglicherweise etwas weniger Aufklärung benötigen als Verbraucher (vgl. EuGH GRUR 2015, 600 Tz. 52f. – UPC). Das jedoch könnte bei der Auslegung der Norm im Einzelfall mühelos durch die entscheidenden Gerichte bewältigt werden.

bb) Unionsrechtliche Vorgaben

166 Die Vorgaben für das „irreführende Unterlassen" folgen aus Art. 7 RL UGP. Dort werden die drei Fälle genannt, die im deutschen UWG in § 5a Abs. 4, Abs. 3 und Abs. 2 UWG umgesetzt wurden.

167 (1) Allgemeine Grundsätze

– Art. 7 Abs. 1 RL UGP enthält allgemeine Grundsätze darüber, wann das Unterlassen einer Angabe eine irreführende Geschäftspraktik (Geschäftshandlung) darstellt. Das ist der Fall, wenn die Geschäftspraktik „im konkreten Fall unter Berücksichtigung aller tatsächlichen Umstände und der Beschränkungen des Kommunikationsmediums **wesentliche Informationen vorenthält, die der durchschnittliche Verbraucher** je nach den Umständen **benötigt, um eine informierte geschäftliche Entscheidung zu treffen,** und die somit einen Durchschnittsverbraucher zu einer geschäftlichen Entscheidung veranlasst oder zu veranlassen geeignet ist, die er sonst nicht getroffen hätte". Damit wird definiert, wann eine Information wesentlich ist. Die Vorschrift entspricht § 5a Abs. 2 UWG.

– Art. 7 Abs. 3 und Abs. 4 RL UGP enthalten zwei Spezialfälle, die §§ 5a Abs. 3 und Abs. 4 UWG entsprechen.

– Art. 7 Abs. 2 RL UGP befasst sich mit der Frage, wann eine Vorenthaltung vorliegt und ergänzt, dass dies auch der Fall ist, wenn eine wesentliche Information verheimlicht, unklar bereitgestellt oder aber der Charakter der

Handlung als kommerzielle Handlung verheimlicht wird. Soweit es um die **Tarnung oder Verschleierung** von kommerziellen Handlungen geht, ist dieser Gedanke in § 5a Abs. 6 UWG umgesetzt (früher § 4 Nr. 3 UWG 2008), soweit es um eine **missverständliche, unklare oder mehrdeutige Formulierung** geht, die insgesamt dazu führt, dass die Information vorenthalten wird, entspricht dies § 5a Abs. 2 Satz 2 UWG. Systematisch gilt dies nicht für die in Abs. 3 und Abs. 4 genannten Fälle, weil dort engere Informationspflichten mit eigenen Voraussetzungen formuliert sind. Allerdings dürfte es auch bei diesen Pflichten vorkommen, dass geschuldete Angaben unklar oder mehrdeutig bereitgestellt werden, so dass man Abs. 2 ebenso wie § 5a Abs. 1 Satz 2 auf alle Informationspflichten anwenden sollte.

– Art. 7 Abs. 3 verweist darauf, dass **Restriktionen des verwendeten Mediums** (z.B. Handywerbung, Fernsehspots, Hörfunkspots) berücksichtigt werden sollen, wenn der Unternehmer die Information auf andere Weise zur Verfügung stellt (z.B. Verweisung auf Homepage oder auf Telefonhotline). Das entspricht § 5a Abs. 5 UWG. Das deutsche Recht stellt damit klarer als das Unionsrecht fest, dass die Restriktionen des verwendeten Mediums bei allen Informationspflichten zu berücksichtigen sind.

(2) Verstoß gegen explizite Informationspflichten bei Richtlinienvorgabe (§ 5a Abs. 4 UWG)

168

– Nach § 5a Abs. 4 UWG müssen diejenigen Informationspflichten erfüllt werden, die in europäischen Richtlinien (Haustürwiderruf, Fernabsatz, Elektronischer Geschäftsverkehr, Preisangaben u.v.m.) enthalten sind (Art. 7 Abs. 5 RL UGP mit Anhang II). Diese Richtlinien verlangen Informationen in den unterschiedlichsten Situationen, z.B. bereits in der Werbung, zum Teil aber auch erst bei Vorliegen einer Vertragserklärung oder nach dem Vertragsschluss.

– Der Katalog des Anhangs II der RL UGP ist mittlerweile leicht veraltet, weil einige der dort genannten Richtlinien durch die Verbraucherrechtsrichtlinie 2011/83/EU abgelöst wurden. Das betrifft die Informationspflichten für den Fernabsatz (vormals RL 97/7/EG), die Vorgaben für Allgemeine Geschäftsbedingungen (vormals RL 93/13/EWG) und für Haustürgeschäfte (vormals RL 85/577/EWG); sämtliche Informationspflichten sind in Deutschland im BGB umgesetzt, dort aber nicht mit lauterkeitsrechtlichen Unterlassungsansprüchen verbunden. Diesen Weg muss man daher über § 5a Abs. 4 UWG gehen.

– Für den elektronischen Geschäftsverkehr ist § 6 Abs. 1 des Telemediengesetzes (TMG) zu berücksichtigen. Dort sind die Informationspflichten des Art. 6 der sog E-Commerce-Richtlinie (RL 2000/31/EG) umgesetzt worden.

169 **(3) Verstoß gegen explizite Informationspflichten bei Aufforderungen zum Kauf (§ 5a Abs. 3 UWG)**

Art. 7 Abs. 4 RL UGP betrifft besondere Informationspflichten, die bei einer „Aufforderung zum Kauf" geschuldet werden. Gemeint ist eine öffentliche Ankündigung des Unternehmers („kommerzielle Kommunikation", z.B. eine Produktwerbung), die bereits so klar gefasst ist, dass sie „den Verbraucher dadurch in die Lage versetzt, einen Kauf zu tätigen" oder aber, dass der Verbraucher allein aufgrund dieser Angaben das Geschäft mit einem einfachen „Ja" abschließen könnte. Für eine solche Aufforderung **gelten folgende Informationen als „wesentlich",** gleichgültig, ob der Adressat sie auch im Einzelfall wirklich wünscht oder benötigt (§ 5a Abs. 3 Nr. 1 bis 5 UWG = Art. 7 Abs. 4 RL UGP):

- wesentliche Produktmerkmale (Nr. 1);
- Angaben zur Identifizierung und Kontaktierung des Unternehmers (Nr. 2);
- Gesamtpreis oder Art der Preisberechnung sowie Existenz und ggf. Höhe von Fracht-, Liefer- und Zustellkosten (Nr. 3);
- Zahlungs-, Lieferung- und Leistungsbedingungen sowie Beschwerdeverfahren (Nr. 4);
- Bestehen von Rücktritts- oder Widerrufsrechten (Nr. 5);

170 Der Begriff „**Aufforderung zum Kauf**" (Art. 7 Abs. 4 RL UGP), bzw. „**Angebot zum Geschäftsabschluss**" (Art. 5a Abs. 3 UWG) ist in § 5a Abs. 3 UWG näher definiert. Der deutsche Gesetzgeber wollte den unionsrechtlichen Begriff nicht direkt übernehmen, weil nicht alle Erwerbsgeschäfte dem Typus des Kaufs angehören. Andererseits wollte er keiner rein nationalen Auslegung Vorschub leisten, etwa im Sinne einer „invitatio ad offerendum". § 5a Abs. 3 UWG soll allerdings, wie in der Richtlinie, diejenigen Fälle erfassen, in denen der Verbraucher bereits aufgrund der geschäftlichen Handlung eine Erwerbsentscheidung treffen kann. Die Parallele zur „invitatio ad offerendum" des deutschen Rechts kann man dabei durchaus heranziehen, um herauszufinden, ob bereits eine „Aufforderung zum Geschäftsabschluss" oder nur eine allgemeine Werbung vorliegt. Noch keine „Aufforderung" liegt vor bei einer Image-, allgemeinen Marken- oder Produktwerbung nach dem Muster auf Seite 125.

Hier werden nur allgemeine Beschreibungen, nicht jedoch genauere Angaben gemacht, die eine Kaufentscheidung bereits ermöglichen. Insbesondere erfährt der Adressat aus der Werbung noch nicht, wo er das Produkt beziehen kann.

171 Anders ist es, **wenn das Angebot dem Käufer die Chance gibt, bereits eine Bestellung vorzunehmen,** insbesondere, wenn das Produkt eindeutig identifizierbar ist („unter Hinweis auf deren Merkmale"), ein Preis und eine direkte Erwerbsmöglichkeit, z.B. eine Bestellhotline oder eine Internetadresse angeboten wird, wie im Beispiel auf Seite 126.

Hier wird eine „Aufforderung zum Kauf" übrigens nicht dadurch ausgeschlossen, dass der Veräußerer zu erkennen gibt, dass er sich durch sein Angebot noch nicht binden will (z.B. Beschreibungen wie „freibleibend" oder „Prüfung des Angebots vorbehalten" verwendet).

§ 5a Abs. 3 UWG bringt durchaus gewichtige Änderungen. Sie können „An- **172** gebote zum Geschäftsabschluss" erheblich verkomplizieren. Wenn bei jedem Angebot, das Merkmale und Preis nennt, die wesentlichen Produktmerkmale, Kommunikationsdaten, Gesamtpreis und Zusatzkosten, sowie Geschäftskonditionen und Rücktritts/Widerrufsrechte genannt werden müssen, so bläht das die nötigen Informationen erheblich auf. Es ist noch unklar, ob diese Pflichten nunmehr für jede ausführlichere Produktwerbung gelten. Aber auch wenn sie unmittelbar vor dem Geschäftsabschluss gegeben werden müssen, so muss der Unternehmer vor jedem Erwerbsvorgang immer sicherstellen, dass der Kunde weiß, welche Ware er erwirbt (BGH GRUR 2014, 584: Typenbezeichnung eines Elektrogerätes), mit wem er es zu tun hat (einschließlich Rechtsform: BGH GRUR

60 Jahre SPIEGEL in 60 Minuten

DER SPIEGEL
60 Jahre in 60 Minuten
Das Jubiläumshörbuch

Detlef Michelers/Walter Weber

radiobremen

SPIEGEL HÖRBUCH

▶ Das informative und unterhaltsame Hörbuch zum SPIEGEL-Jubiläumsjahr 2007

▶ Die Geschichte des deutschen Nachrichten-Magazins in einem Feature von Radio Bremen

▶ Mit O-Tönen von: Angela Merkel, Gregor Gysi, Rudolf Augstein, Ralf Dahrendorf, Erich Böhme, Helmut Kohl, Otto Schily u. v. a.

Detlef Michelers/Walter Weber:
DER SPIEGEL – 60 Jahre in 60 Minuten
Das Jubiläumshörbuch
▶ Der>Audio<Verlag, 1 CD, 60 Minuten
▶ 9,99 Euro (unverbindl. Preisempfehlung)
▶ ISBN 978-3-89813-660-0

Erhältlich im Buchhandel
und bei www.spiegel.de/shop

SPIEGEL
HÖRBUCH   D>A<V
www.der-audio-verlag.de

2013, 1169 – Brandneu von der IFA; zu den Grenzen bei in der Zukunft liegenden Ballonfahrten BGH GRUR 2014, 580 – Alpenpanorama im Heißluftballon), welche Kosten und Nebenkosten entstehen, welche Vertragskonditionen bestehen und ob Rücktritts- oder Widerrufsrechte gewährt werden. Bei der mobilen Werbung (Handy-Klingeltöne) kann das zu einem komplizierten Vorgang werden. Als Hilfe für den Unternehmer verbleibt § 5a Abs. 5 UWG, der klargestellt, dass bei dem Angebot die dem Kommunikationsmittel angemessenen Umstände zu berücksichtigen sind. Das Erfordernis wird bei der Pflicht zur Produktbeschreibung aufgegriffen (in einer „dem verwendeten Kommunikationsmittel angemessenen Umfang"). Wer Waren im Geschäftslokal bereitstellt, muss nicht stets Angaben zu Identität und Anschrift machen, denn diese Angaben folgen ja bereits aus dem Umstand, dass sich der Kunde in dem von ihm aufgesuchten Geschäftslokal aufhält (§ 5a Abs. 5 Nr. 2 UWG).

(4) Informationspflichten im Übrigen (§ 5a Abs. 2 Satz 1 Nr. 1 UWG)

Soweit weder aus den Richtlinien noch aus § 5a Abs. 3 UWG konkrete Informationspflichten folgen, kommt es darauf an, ob die Angabe „wesentlich" ist. Über die Auslegung dieses Merkmals besteht noch Unklarheit. Unproblematisch ist es gegeben, wenn die Marktentscheidung mit der Angabe „steht und fällt" (MüKoUWG/*Alexander*, § 5a Rn. 180), aber auch, wenn sie erforderlich ist, um eine informierte Entscheidung zu treffen, also das Für und Wider eines Erwerbs abzuwägen (Harte/Henning/*Dreyer*, § 5a Rn. 61; GK-UWG/*Lindacher*, § 5a Rn. 26). Der BGH geht noch einen Schritt weiter und meint, „wesentlich" seien alle Angaben, die der Verbraucher nach Treu und Glauben erwarten dürfe, so etwa Angaben über die Gefahren von E-Zigaretten (BGH GRUR-RR 2014, 402, 404), also Informationen, die man möglicherweise gar nicht wissen will, um sein Gewissen ruhig zu halten. Die Rechtsprechung zum UWG 1909/2004 ging vielfach davon aus, dass „wesentlich" eine Information sei, die nach Treu und Glauben unter Berücksichtigung der Verkehrssitte aufklärungspflichtig ist. Unklar bleibt, ob Informationen nur wesentlich sind, wenn sie den Erwerb der Ware betreffen oder ob sie es auch schon sind, wenn der Verbraucher zu entscheiden hat, ob er Kontakt mit dem Unternehmer aufnimmt, ihn etwa anruft oder sein Ladenlokal aufsucht (dafür im Rahmen der irreführenden Angabe EuGH GRUR Int. 2014, 276 – Trento Sviluppo/AGCM).

Das UWG 2008 enthielt Sondernormen, die das irreführende Unterlassen betrafen. So mussten bei **Verkaufsförderaktionen** wie Preisnachlässen, Zugaben oder Geschenken die Bedingungen für deren Inanspruchnahme „klar und eindeutig" angegeben werden (§ 4 Nr. 4 UWG 2008), bei **Preisausschreibung** und Gewinnspielen mit Werbecharakter mussten die „Teilnahmebedingungen

173

174

klar und eindeutig" angegeben werden (§ 4 Nr. 5 UWG 2008). Die Koppelung von Warenerwerb und Gewinnspielteilnahme („Tolle Gewinne möglich. Teilnahmekarten in der Verpackung.") war unzulässig (§ 4 Nr. 6 UWG 2008). Bei Gesamtpreisangeboten („Bei jedem Kauf einer Waschmaschine, ein Trockner gratis dazu") durfte nicht über den tatsächlichen Wert des Gesamtangebots getäuscht werden, also waren Angaben erforderlich, die den Wert der Einzelwaren transparent machten (BGHZ 151, 84 = GRUR 2002, 976, 978 – Koppelungsangebot I). Diese Sonderregeln sind mit der Reform des Jahres 2015 entfallen. Die damalige Rechtsprechung ist aber nicht obsolet geworden, sie ist auch heute noch heranzuziehen, um zu beurteilen, ob eine Information „wesentlich" ist.

175 Zulässig sind nach der bisherigen Rechtsprechung offene **Koppelungen**, bei denen der Kunde erkennt, dass er mehrere **Waren zu einem Gesamtpreis** erhält (z.B. 7-tägige Pauschalreise mit Anfahrt, Unterkunft und Skiausrüstung, selbst wenn der Preis der Einzelleistungen nicht genannt wird, BGHZ 154, 105 = GRUR 2003, 538, 539 – Gesamtpreisangebot). Sofern mehrere Leistungen zu einem Gesamtpreis gebündelt werden, die Folgekosten erzeugen, ist allerdings über diese Folgekosten gesondert aufzuklären. So ist es, wenn ein Elektronikgerät mit einem Stromlieferungsvertrag gekoppelt wird. Dann sind Angaben über die Verbrauchskosten, Anschlusskosten und ähnliches erforderlich (BGHZ 151, 84 = GRUR 2002, 976 – Koppelungsangebot I; GRUR 202, 979 – Koppelungsangebot II). Diese Rechtsprechung spielte und spielt insbesondere bei der Einführung neuer Smartphones mit Vertragsbindung eines Rolle (BGH GRUR 2006, 164 – Aktivierungskosten II; GRUR 2009, 73 – Telefonieren für 0 Cent!).

176 Bei „**Verkaufsförderungsmaßnahmen**" (Sonderangebote, Rabatte, Zugaben zur Hauptware) ist klar und eindeutig darüber zu informieren, wie sich ein Preisnachlass berechnet (z.B. Prozentangabe oder betragsmäßige Angabe), bei welchen Waren er erfolgt (alle Waren oder nur Teilsortimente) und unter welchen Bedingungen man sie in Anspruch nehmen kann (z.B. pro Person nur 3 Stück, OLG Köln GRUR-RR 2006, 57, 58; OLG Düsseldorf BeckRS 2015, 03183: Begrenzung eines Rabattes für Hörgeräte auf gesetzlich Versicherte muss deutlich angegeben werden). Nicht mehr erforderlich ist es, bei Zugaben deren Wert anzugeben (z.B. Blumenstrauß als Geschenk bei Besuch eines Ladenlokals; zur Zulässigkeit von Geschenken BGH GRUR 2003, 804 – Foto-Aktion), allerdings gibt es Wertgrenzen in Spezialgesetzen, z.B. in § 7 Abs. 1 HWG.

> **Bsp.: BGH GRUR 2003, 624 – Kleidersack:** Angeboten wurden 20 Dosen eines Fertigarzneimittels mit einem Kleidersack als Zugabe zum Preis von 769 DM. Der Einkaufspreis der Dosen ohne Kleidersack wurde mit 834 DM, der Einzelbezugspreis des Kleidersacks mit 119 DM angegeben. Der BGH sah hierin keine verbotene Zugabe, wohl aber eine unangemessene Einwirkung auf die Entscheidungsfreiheit des Arztes (heute § 4a Abs. 1 Nr. 3

UWG), da der Kleidersack wohl nur im Privatbereich einsetzbar sei und einen beachtlichen Wert habe.

Viele Probleme in diesem Bereich befassen sich mit der Frage, ob ein in Aussicht gestellter Vorteil ausreichend kommuniziert wird. „**Klar und eindeutig**" angegeben sind Verkaufsfördermaßnahmen, wenn sie ausreichend wahrnehmbar und für den Durchschnittsverbraucher verständlich formuliert sind. Im Internet müssen Angebote zudem „leicht zugänglich", also über eine nicht übermäßig lange Kette von Links erreichbar sein (vgl. § 6 Abs. 1 Nr. 3 TMG). Zusätzlich fordert die Rechtsprechung, dass der Link auf derjenigen Seite deutlich angezeigt wird, auf welcher der Kunde sie nach der Ankündigung erwartet (OLG Stuttgart WRP 2007, 694, 697). Wer mit „weitere Informationen auf www.b.com" wirbt, der muss diese weiteren Informationen bereits auf der Eingangsseite zur Verfügung stellen. Die Information muss dort und dann zur Verfügung stehen, wo und wann der Kunde seine Entscheidung vorbereitet, also nicht erst beim Gang zur (virtuellen oder realen) Kasse. Eine eventuelle zeitliche Beschränkung der Vergünstigung muss klar verstehbar, in der Regel also nach dem Kalender bestimmbar sein. „14 Tage" allein genügt dem nicht (OLG Brandenburg GRUR-RR 2005, 227), wenn der Adressat hieraus nicht erkennen kann, wann die Aktion endet. Anzugeben ist eine eventuelle Beschränkung der Abgabemenge („pro Kunde nur 3 Stück", OLG Köln GRUR-RR 2006, 57, 58). Intransparent ist die Beschränkung auf „alle Waren ausgenommen Werbeware" (OLG Köln GRUR 2006, 196), weil der Kunde hier nicht weiß, welche Ware darunter fällt. Dagegen ist die Beschränkung auf Waren, „die noch nicht reduziert ist" transparent, denn hier sieht der Kunde am jeweiligen Preisschild, ob die Ware unter die Aktion fällt oder nicht.

Auch bei **Preisausschreiben und Gewinnspielen** mit geschäftlichem Charakter müssen die Teilnahmebedingungen klar und eindeutig angegeben werden. Die RL UGP hat hierzu drei Sonderverbote (Per-se-Verbote) erlassen, die im **Anhang zu § 3 Abs. 3 UWG** umgesetzt wurden. **Nr. 16** verbietet die Angabe, durch eine bestimmte Ware oder Dienstleistung ließen sich die Gewinnchancen bei einem Glücksspiel erhöhen, **Nr. 17** die unwahre Angabe oder das Erwecken des unzutreffenden Eindrucks, der Verbraucher habe bereits einen Preis gewonnen oder werde durch eine bestimmte Handlung einen Preis gewinnen oder einen sonstigen Vorteil erlangen, wenn es einen solchen Preis oder Vorteil tatsächlich nicht gibt, oder wenn jedenfalls die Möglichkeit, einen Preis oder sonstigen Vorteil zu erlangen, von der Zahlung eines Geldbetrags oder der Übernahme von Kosten abhängig gemacht wird. **Nr. 20** schließlich verbietet das Angebot eines Gewinnspiels oder Preisausschreibens, wenn weder die in Aussicht gestellten Preise noch ein angemessenes Äquivalent vergeben werden.

Alle drei Fälle betreffen unwahre Angaben, sei es darüber, dass es „todsichere Methoden" zum Lottogewinn gebe (Nr. 16), sei es, dass unwahr behauptet wird, der Verbraucher habe gewonnen („Ja! Sie haben gewonnen.", Nr. 17) oder ein Gewinn versprochen wird, den es tatsächlich nicht gibt (Nr. 20). § 4 Nr. 5 UWG 2008 erfasste daneben Fälle, in denen Spiel und Gewinn tatsächlich angeboten werden, allerdings die Teilnahmebedingungen unklar sind (vgl. BGH GRUR 2011, 629 – Einwilligungserklärung für Werbeanrufe im Zusammenhang mit Gewinnspiel).

179   Ein **Preisausschreiben** ist ein Spiel, bei dem der Gewinner aufgrund seiner Kenntnisse und Fertigkeiten ermittelt wird. In Abgrenzung zur Auslobung nach § 661 BGB wird der Gewinn allerdings nicht jedem Teilnehmer, sondern nur demjenigen versprochen, der durch das Preisgericht („unter mehreren richtigen Einsendungen entscheidet das Los") ermittelt wird.

180   Beim **Gewinnspiel** wird der Gewinner hingegen nicht durch Geschicklichkeit, sondern durch ein Zufallselement ermittelt („jeder 15. Einsender gewinnt"). Anders als beim Gewinnspiel muss bei dem nicht unter § 4 Nr. 5 UWG 2008 fallenden **Glücksspiel** für die bloße Teilnahme ein (in der Regel finanzieller) Einsatz erbracht werden (BGH NJW 1987, 851, 852). So ist es beim Lotto. Glücksspiele müssen behördlich genehmigt werden, sonst ist ihre Durchführung strafbar (§§ 284, 287 StGB). Unter Glücksspiele fallen in der Regel auch Sportwetten (BGH GRUR 2002, 636 – Sportwetten, vgl. zudem die Vorschriften des Glücksspielstaatsvertrages, die seit dem 1.7.2012 gelten, derzeit aber überarbeitet werden müssen, weil ihnen vorgeworfen wird, gegen Unions- und Verfassungsrecht zu verstoßen (vgl. EuGH, Urt. v. 4.2.2016 – C-336/14 BeckRS 2016, 80225; BayVerfGH BeckRS 2015, 52905; VGH Kassel NVwZ 2016, 171; hierzu *G. Kirchhof*, NVwZ 2016, 124; *St. Hertwig*, NZBau 2016, 152).

181   **Teilnahmebedingungen** sind diejenigen Voraussetzungen, die seitens des Teilnehmers vorliegen oder erbracht werden müssen, um an dem Spiel teilnehmen zu können. Das betrifft zum einen die **Teilnahmeberechtigung** (nach Alter, Wohnort, Beruf, Unternehmenszugehörigkeit), zum anderen die Frage, welche Handlungen vorgenommen werden müssen, um den in Aussicht gestellten Gewinn oder Preis zu erlangen (**Teilnahmemodalitäten**). Zu den Teilnahmemodalitäten soll auch die Angabe darüber gehören, dass es sich um ein Gewinnspiel handelt (vgl. § 6 Abs. 1 Nr. 4 TMG), wie der Gewinner ermittelt und benachrichtigt wird und welche Handlungen erforderlich sind, um den Preis entgegenzunehmen. Möglich ist es, die Teilnahme an die Übernahme von Kosten zu knüpfen. Typisch ist die Angabe von Kommunikationskosten, etwa die Angabe der Kosten einer Hotline. Lauterkeitsrechtlich ist dieses Vorgehen nicht bedenklich, wenn die Kosten zutreffend angegeben und kalkulierbar sind. Medienrechtlich gibt es allerdings mittlerweile für Gewinnspiele im Fernsehen und

bei Telemedien eine Bestimmung in § 8a RStV (seit dem 10. Änderungsstaatsvertrag), nach dessen Abs. 1 für die Teilnahme nur ein Kommunikationsentgelt von 0,50 Euro vorgesehen werden darf. Diese Vorschrift gilt nicht für Gewinnspiele im Offline-Bereich oder bei bloßen E-Commerce-Angeboten. Sie ist zudem auf Gewinnspiele beschränkt, nimmt also Glücksspiele und Preisausschreiben nicht in Bezug.

Die Teilnahmebedingungen müssen für den Durchschnittsverbraucher **klar**   182
und erkennbar sein, d.h. er muss erkennen können, unter welchen Umständen er teilnehmen kann. Die Information muss spätestens zum Zeitpunkt der Teilnahme vorliegen. Wird auf das Spiel in der Werbung lediglich hingewiesen und kann der Adressat daraufhin noch nicht teilnehmen, so muss noch nicht über sämtliche Teilnahmemodalitäten aufgeklärt werden. Sofern das Spiel keine unüblichen Teilnehmerausschlüsse hat, darf insbesondere auf eine ergänzende Informationsmöglichkeit hingewiesen werden (BGH GRUR 2008, 724 Tz. 11 – Urlaubsgewinnspiel). Wörtlich führt der BGH in seinen Leitsätzen aus:

> **BGH GRUR 2007, 724 – Urlaubsgewinnspiel:** „Kann der Verbraucher aufgrund einer Werbung noch nicht ohne Weiteres – etwa mittels einer angegebenen Rufnummer oder einer beigefügten Teilnehmerkarte – an dem Gewinnspiel teilnehmen, reicht es aus, ihm unter Berücksichtigung der räumlichen und zeitlichen Beschränkungen des verwendeten Werbemediums diejenigen Informationen zu geben, für die bei ihm nach den Besonderheiten des Einzelfalls schon zum Zeitpunkt der Werbung ein aktuelles Aufklärungsbedürfnis besteht. Bei einer Anzeigenwerbung für ein Gewinnspiel, das aus Verbrauchersicht keine unerwarteten Teilnahmebeschränkungen aufweist, reicht es grundsätzlich aus, wenn mitgeteilt wird, bis wann wie teilgenommen werden kann und wie die Gewinner ermittelt werden; gegebenenfalls ist auf besondere Beschränkungen des Teilnehmerkreises wie den Ausschluss Minderjähriger hinzuweisen."

Die **Koppelung einer Gewinnspielteilnahme mit einer Warenbestellung**   183
wurde vor Geltung des UWG 2004 als stets wettbewerbswidrig angesehen (BGH GRUR 1973, 474, 476 – Preisausschreiben; BGHZ 147, 296 = GRUR 2001, 1178, 1179 – Gewinn-Zertifikat). Dahinter steht der Gedanke, dass ein Unternehmen sich die Spielleidenschaft der Werbeadressaten nicht dergestalt zunutze machen soll, dass es dazu verleitet, Aufwendungen im Hinblick auf noch gänzlich unsichere Gewinnchancen zu tätigen. Diese Rechtsprechung wurde in § 4 Nr. 6 UWG 2004/2008 kodifiziert (RegE BT-Drucks. 15/1487 S. 18). Die RL UGP enthielt hierzu allerdings kein starres Verbot. Da diese Richtlinie im B2B-Bereich das Lauterkeitsrecht abschließend harmonisiert („Vollharmonisierung"), sind strengere nationale Verbote nicht mehr zulässig. Das hat der EuGH auf mehrere Vorlagen hin bekräftig (EuGH GRUR 2010, 244; EuGH NJW 2009, 3224 Tz. 61).

> **Anlass war u.a. BGH GRUR 2008, 807 – Millionen-Chance:** Die Bekl. (REWE) warb 2004 unter dem Hinweis „Einkaufen, Punkte sammeln, gratis Lotto spielen" für die Teilnahme an der Bonusaktion „Ihre Millionenchance". Kunden konnten im genannten Zeitraum „Bonuspunkte" sammeln; sie erhielten bei jedem Einkauf für 5 Euro Einkaufswert je einen Bonuspunkt. Ab 20 Bonuspunkten bestand die Möglichkeit, kostenlos an den Ziehungen des Deutschen Lottoblocks am 6. oder 27. 11. 2004 teilzunehmen. Hierzu mussten die Kunden auf einer in den Filialen der Bekl. erhältlichen Teilnahmekarte unter anderem die Bonuspunkte aufkleben und sechs Lottozahlen nach ihrer Wahl ankreuzen. Die Bekl. ließ die Teilnahmekarten in ihren Filialen einsammeln und leitete sie an ein Drittunternehmen weiter, das dafür sorgte, dass die entsprechenden Kunden mit den jeweils ausgewählten Zahlen an der Ziehung der Lottozahlen teilnahmen. Ein Wettbewerbsverband ging gegen die Aktion vor, weil hierin die Koppelung eines Warenabsatzes (Erwerb der Bonuspunkte) mit einem Gewinnspiel liege.

Mit dem UWG 2015 wurde daher § 4 Nr. 6 UWG 2008 gestrichen. Seither kommt es auch bei Gewinnspielteilnahmen, die mit einem Warenerwerb verkoppelt sind, nur noch darauf an, ob der Gewinn und die Teilnahme an dem Gewinnspiel ausreichend transparent erläutert werden. Problematisch sind Gewinnspiele noch, wenn sie gegenüber unerfahrenen Verbrauchern eingesetzt werden (dazu Fall 3).

(5) Das Relevanzkriterium (§ 5a Abs. 2 Satz 1 Nr. 2 UWG)

184 § 5a Abs. 2 Satz 1 Nr. UWG hält eine Vorenthaltung von Informationen nur für unlauter, wenn sie geeignet ist, „den Verbraucher zu einer geschäftlichen Entscheidung zu veranlassen, die er andernfalls nicht getroffen hätte". Die **Vorenthaltung muss also marktentscheidungsrelevant sein.** Das entspricht der Rechtslage bei der Irreführung durch Angaben nach § 5 Abs. 1 Satz 1 UWG. Beim irreführenden Unterlassen ist das Kriterium aber schwieriger anzuwenden. Man fragt sich, wann eine Information einerseits „wesentlich" sein kann, andererseits aber nicht entscheidungsrelevant sein soll (einprägsam *Bergmann*, FS Krämer, 2009, S. 163, 171: "aus welchen Gründen sollte es an der Relevanz noch fehlen können, wenn die betreffende Information doch benötigt wird, um eine informierte Entscheidung zu treffen?"). Dementsprechend ist über das Merkmal ein Streit ausgebrochen. Zum Teil wird nachvollziehbar argumentiert, die Entscheidungsrelevanz sei unwiderleglich zu vermuten, wenn wesentliche Informationen vorenthalten werden (BGH GRUR 2012, 842 Tz. 25 – neue Personenkraftwagen; GRUR 2013, 1169 Tz. 19 – Brandneu von der IFA). Dagegen wird der Wortlaut der Norm angeführt, der die Relevanz als eigenständiges Kriterium nenne (*Steinbeck*, WRP 2011, 1221, 1224). Richtig dürfte der Ansatz sein, die Relevanz wesentlicher Informationen zu vermuten, aber dem Unternehmer die Chance einzuräumen, diese Vermutung anzugreifen. Ob das gelingt, mag aber

zweifelhaft sein. Häufiger dürfte der Fall auftreten, dass der Unternehmer darauf verweisen kann, dass die Information aus den Umständen bekannt ist, z.B. aus früheren Geschäftskontakten (vgl. dann aber § 5a Abs. 5 Nr. 2 UWG). Der Fall der fehlenden Relevanz ist danach wohl eine Ausnahmekonstellation, die selten einmal vorkommt.

2. § 3a UWG i.V.m. Marktverhaltensnormen (Preisangaben)

Nach §§ 3, 3a UWG handelt unlauter, wer einer gesetzlichen Vorschrift zuwider- **185** handelt, die auch dazu bestimmt ist, im Interesse der Marktteilnehmer das Marktverhalten zu regeln. § 3a UWG (vorher § 4 Nr. 11 UWG 2008) ist im UWG eine Art „Allzweckwaffe". Er ist häufig konkurrentenschützend. Überall dort, wo über ihn verbraucherschutzrechtliche Vorschriften in das Lauterkeitsrecht transponiert werden, hat er auch eine verbraucher- und allgemeinschützende Tendenz.

Eine wichtige Fallgruppe für § 3a UWG stellte in der Vergangenheit auch die **186** Verletzung von Informationspflichten dar, die den Verbraucher über Preise unterrichten sollen. Solche Pflichten finden sich in der **Preisangabenverordnung** (PAngV), die als Rechtsverordnung aufgrund von § 1 Preisangaben- und Preisklauselgesetz vom 3.12.1984 (BGBl. I 1429) erlassen wurde. Die PAngV ist nach ständiger Rechtsprechung Marktverhaltensnorm im Sinne des § 3a UWG (BGH GRUR 2015, 1240 Tz. 19 – Der Zauber des Nordens). Sie betrifft nur Preisangaben gegenüber dem Letztverbraucher (§ 1 Abs. 1 Satz 1 PAngV).

Nach der PAngV und der RL UGP müssen Verkaufspreise und Preise je Maß- **187** einheit „unmissverständlich, klar erkennbar und gut lesbar" angegeben werden (Art. 1, 3, 4 RL UGP; § 1 Abs. 1 PAngV: „Gesamtpreise"). Ausnahmen sieht § 9 PAngV vor, die Richtlinie erlaubt solche günstigeren nationalen Bestimmungen, Art. 10 RL UGP. Grundsätzlich sind Preise nach § 1 Abs. 1 Satz 1 PAngV zu einem Gesamtpreis zusammenzufassen. Das erfordert es bei Gesamtangeboten, dass der Preis für die Hauptleistung und sämtliche weiteren Leistungen (z.B. bei TK-Verträgen ergänzende Verbindungsentgelte, Bereitstellungsgebühr) anzugeben sind. Eine Ausnahme hat der BGH zugelassen, wenn die Preise zum Teil einmalig, zum Teil laufzeitabhängig sind und eine Zusammenrechnung daher nicht möglich erscheint (BGHZ 139, 368 = GRUR 1999, 264, 267 – Handy für 0,00 DM).

§ 1 Abs. 1 Satz 1 PAngV sieht allerdings auch vor, dass „sonstige Preisbestandteile" anzugeben sind, die in die Gesamtpreiskalkulation eingehen. Hierunter fallen alle Entgelte, die in die Kalkulation des Gesamtpreises eingehen (BGH aaO. S. 267). Hierzu lässt sich § 1 Abs. 6 PAngV heranziehen, der auf die Grundsätze der Preisklarheit und Preiswahrheit verweist. Der BGH (zu einer Kombination von Gerätepreis und Laufzeitentgelt) wörtlich:

> „Für die Frage, in welcher Weise auf die im Rahmen des Netzkartenvertrages geschulde-
> ten Entgelte hinzuweisen ist, ist auf die Grundsätze des § 1 Abs. 6 Satz 2 PAngV zurückzu-
> greifen. Danach ist es notwendig, daß die Angaben über die Kosten des Netzzugangs
> räumlich eindeutig dem blickfangmäßig herausgestellten Preis für das Mobiltelefon zuge-
> ordnet sind. Dies kann auch durch einen klaren und unmißverständlichen Sternchenhin-
> weis geschehen, wenn dadurch die Zuordnung der Angaben zu dem herausgestellten
> Preis für das Mobiltelefon gewahrt bleibt (...). Die Angaben müssen gut lesbar und grund-
> sätzlich vollständig sein. (... Dabei) dürfen Informationen, die für die Einschätzung der
> mit dem Netzkartenvertrag einhergehenden wirtschaftlichen Belastungen von Bedeutung
> sind, auf keinen Fall fehlen; hierzu zählen insbesondere die Mindestlaufzeit, einmalige
> Anschlussgebühren und Mindestumsätze."

Diese Grundsätze sind seither von den Gerichten anzuwenden, um zu beurteilen, ob leicht erkennbar ist, welcher Einzelpreis und welche Zusatzentgelte auf
den Verbraucher zukommen, wenn er das Geschäft abschließt. Die Gesetzge-
bung ist in diesem Punkte mehr und mehr bemüht, genauer festzulegen, welche
Einzelpositionen angegeben werden müssen.

188   Im Zusammenhang mit Preisangaben benötigt man § 3a UWG an sich nicht
mehr. Die Gerichte wenden derzeit beide Bestimmungen, also § 5a und § 3a
UWG, nebeneinander an (BGH GRUR 2015, 1240 – Der Zauber des Nordens). Dafür besteht kein Bedürfnis. Es genügt die Prüfung anhand der §§ 5a Abs. 2 bis 4
UWG (so auch *Köhler*/Bornkamm, PAngV, Vorb Rn. 5). § 5a Abs. 4 UWG genügt
schon deshalb, weil er Unionspflichten zu wesentlichen Pflichten macht. Für
Waren gilt die Richtlinie 98/6/EG (Preisangaben-RL), für Dienstleistungen die
RL 2006/123/EG, die deutsche Preisangabenverordnung gilt für beides. Die RL
2006/123/EG wird zwar in dem Katalog des Anhangs II der RL UGP nicht genannt, doch ist der Katalog nicht abschließend. Auch im Übrigen ist der Preis
einer Ware für die Verbraucherentscheidung wesentlich, so dass auch § 5a
Abs. 2 UWG Anwendung findet. Immerhin ist aus der PAngV einiges darüber zu
entnehmen, wie eine Preisangabe zu erfolgen hat und wann sie klar und eindeutig ist. Insofern kann auf die PAngV auch im Rahmen des § 5a Abs. 2 bis 4
UWG zurückgegriffen werden.

3. Das Verbot getarnter Werbung, § 5a Abs. 6 UWG

a) System

189 Getarnte Werbung wurde im UWG 2008 an mehreren Stellen erwähnt. Nach
Nr. 11 des Anhangs zu § 3 Abs. 3 UWG ist in der Werbung gegenüber dem Ver-
braucher „der vom Unternehmer finanzierte Einsatz redaktioneller Inhalte zu
Zwecken der Verkaufsförderung, ohne dass sich dieser Zusammenhang aus dem
Inhalt oder aus der Art der optischen oder akustischen Darstellung eindeutig

ergibt" unzulässig. **§ 5a Abs. 6 UWG** erklärt es für unlauter, „den kommerziellen Zweck einer geschäftlichen Handlungen nicht kenntlich" zu machen, also zu verschleiern. Per se unlauter ist es, eine Werbemitteilung als Rechnung zu tarnen (Nr. 22 des Anhangs zu § 3 Abs. 3 UWG) oder wahrheitswidrig zu behaupten, eine geschäftliche Handlung diene karitativen oder ideellen Zwecken (Nr. 23). § 5a Abs. 6 UWG enthält ein eindeutiges Redaktionsversehen, weil die Norm nur auf die Verbraucheransprache beschränkt wird. Die Tarnung von kommerziellen Mitteilungen im B2B-Verkehr sollte entweder nach § 5a Abs. 6 UWG analog behandelt oder sie muss durch § 3 Abs. 1 UWG aufgefangen werden (vgl. zum Problem auch *Alexander*, K&R 2016, 73, 74).

Danach finden sich im UWG **zwei Gruppen getarnter Werbung**, nämlich 190 zum einen die Tarnung durch redaktionelle Inhalte, die durch Nr. 11 und § 5a Abs. 6 UWG erfasst werden, zum anderen die Tarnung durch sonstige geschäftliche Handlungen, die gleichfalls von § 5a Abs. 6 UWG und zudem von Nr. 22, 23 des Anhangs zu § 3 Abs. 3 UWG geregelt werden. Die Vorschriften des Anhangs zu § 3 Abs. 3 sind enger als § 5a Abs. 6 UWG. So muss bei redaktionell getarnten Beiträgen nachgewiesen sein, dass der geförderte Unternehmer die Aktion finanziert hat, für § 5a Abs. 6 UWG genügt die Tarnung des Werbecharakters. Nr. 22, 23 erfassen zwei enge Fallgruppen aus dem Bereich der Verschleierung des geschäftlichen Charakters.

Nr. 11 des Anhangs erfasst nur redaktionelle Inhalte, während Nr. 22, 23 im 191 Einklang mit Art. 7 Abs. 2 der RL UGP die Verschleierung des kommerziellen Charakters jeder geschäftlichen Handlung betreffen. § 5a Abs. 6 UWG ist auf beide Konstellationen anzuwenden, also auch, wenn ein Unternehmer eine Privatperson anruft und nicht offenbart, dass der Anruf der Anbahnung von Geschäftsabschlüssen dient. Ein solches Vorgehen wäre noch nicht durch Nr. 11 erfasst, denn ein vermeintlich privater Anruf ist keine redaktionelle Mitteilung.

Für die Anforderungen der Nr. 11 muss der Unternehmer die redaktionelle Mitteilung finanzieren. Auch eine Teilfinanzierung fällt wohl darunter, nicht aber lediglich die kostenlose Zurverfügungstellung von Produkten. Die von der Kommission herausgegebene Broschüre (erhältlich unter http://ec.europa.eu/consumers/cons_int/safe_shop/fair_bus_pract/ucp_de.pdf) nennt als Beispiel für Nr. 11 die Konstellation, dass der Hersteller eines Produkts einen „finanziellen Zuschuss" zu dem redaktionellen Artikel gegeben hat. Darunter fällt bei enger Auslegung nicht die kostenlose Zurverfügungstellung des Produkts, denn diese finanziert nicht den Artikel.

Redaktionell getarnte Werbung ist in vielen medienrechtlichen Vorschrif- 192 ten erfasst, zu nennen ist in erster Linie das für **Rundfunksendungen** geltende **Schleichwerbeverbot des Art. 7 Abs. 3 Satz 1, Abs. 6 RStV.** Mit Umsetzung der Richtlinie über audiovisuelle Mediendienste ist es beim Schleichwerbeverbot geblieben (Art. 10 Abs. 1 RL), doch werden „Produktplatzierungen", insbesondere sog. „Produktionsbeihilfen" europarechtlich in Sport-, Unterhaltungs- und Spielfilmsendungen erlaubt, wenn sie gekennzeichnet sind. Bislang kam es für die Zulässigkeit solcher Platzierungen darauf an, ob deren werblicher Charakter überwiegt (Aufmachung, Art und Maß der Darstellung, publizistischer oder redaktioneller Anlass, Platzierung neben den Anzeigen des Begünstigten). Der 13. Rundfunkänderungsstaatsvertrag, der am 1.4.2010 in Kraft getreten ist, hat dies in §§ 2 Nr. 8 und 11 mit § 7 Abs. 7 und §§ 15, 44 RStV gelockert.

193   Für die **Presse** gilt kein Schleichwerbeverbot im rundfunkrechtlich breiten Sinne. Doch müssen von Dritten finanzierte Inhalte, insbesondere Werbung, durch das Wort „Anzeige" gekennzeichnet werden (vgl. etwa § 10 Landespressegesetz Baden-Württemberg und dazu BGH GRUR 2012, 1056 – Good News I). Durch diese Formulierung soll die Verschleierung aufgehoben werden. Als problematisch erweisen sich Formulierungen wie „sponsored by", denn sie können zwar nach § 5a Abs. 6 UWG genügen, sie weichen aber von der eindeutigen Formulierung der Pressegesetze („Anzeige") ab. Der BGH hatte Zweifel, ob die presserechtlich engen Verbote noch zulässig sind, seit die RL UGP das irreführende Unterlassen in der Verbraucheransprache insgesamt und vollständig harmonisiert hat. Auf Vorlage des BGH entschied der EuGH, dass der Vertrieb eines gesponserten Presseartikels nicht unter den harmonisierten Bereich der Richtlinie falle, weil das Presserecht in Europa den Mitgliedstaaten überlassen sei (EuGH GRUR 2013, 1245). Der BGH entschied den Fall daraufhin nach § 3a UWG i.V.m. § 10 Abs. 1 LPG BW als Marktverhaltensregel und untersagte die Praktik (GRUR 2014, 879 – Good News II). Der Fall ist insoweit ungewöhnlich, weil ausnahmsweise § 3a UWG eine Rolle im Bereich der irreführenden Praktiken spielt. Erklärbar wird dies vor dem Hintergrund, dass § 5a Abs. 6 UWG nur die Interessen der Verbraucher vor einer Verschleierung schützt, wärend die Pressegesetze der Länder auch die Interessen der Redaktion an der Abwehr auch von mittelbaren Einflussnahmen auf ihre redaktionelle Unabhängigkeit schützt.

194   Bei **Internetangeboten**, die redaktionellen Zwecken dienen (redaktionelle Telemedien), ist zunächst § 58 Abs. 1 RStV anzuwenden, wonach Werbung als solche klar erkennbar und von redaktionellen Angeboten getrennt sein muss. Unklar ist, ob Schleichwerbung, Produkt- und Themenplatzierungen unzulässig sind. Für bundesweite Fernsehangebote sieht § 7 Abs. 7 RStV vor, dass diese Praktiken unzulässig sind. Zulässig sind sie unter bestimmten Voraussetzungen, nicht aber in Verbrauchersendungen (§ 44 RStV). Sog. „Produkt-Haul"-Videos, in denen zum Teil von Unternehmen zur Verfügung gestellte Waren mit wenig redaktioneller Zurückhaltung oder gar Ausgewogenheit angepriesen werden, wären unzulässig, wenn diese Vorschrift anzuwenden wäre (zum Problem

Bornemann in: *Peifer* u.a., Media Bias im Internet, 2015, S. 29, 38 ff.). Für **sonstige Telemedien** (E-Commerce) ist § 6 Abs. 1 Nr. 1 TMG (vgl. Art. 6a E-Commerce-Richtlinie) zu nennen, der bei elektronischen Kommunikationsdiensten die Offenlegung des kommerziellen Charakters von Angeboten verlangt (vgl. BGH GRUR 2007, 254). Das Tarnungsverbot gilt auch für Artikel auf Wikipedia, die – wenn sie Wirtschaftswerbung enthalten – diese Interessenlage offenlegen müssen (OLG München MMR 2012, 534).

b) Normzweck

Zweck aller genannten Vorschriften ist es zu verhindern, dass eine Werbe- 195 maßnahme oder eine redaktionelle Handlung so getarnt werden, dass ihr geschäftlicher Charakter dem Werbenden nicht erkennbar ist. Bei redaktionellen Inhalten kommt hinzu, dass der Adressat in seinem Vertrauen auf die Unabhängigkeit der Mitteilung nicht getäuscht werden soll (vgl. BGHZ 130, 205, 21 = GRUR 1995, 744 – Feuer, Eis & Dynamit I). Der Rundfunkstaatsvertrag will mit dem Schleichwerbeverbot des Art. 7 Abs. 7 zusätzlich die Unabhängigkeit der redaktionellen Arbeit schützen.

c) Tatbestand des § 5a Abs. 6 UWG

§ 5a Abs. 6 UWG hat zwei Tatbestandsmerkmale, die in der Fallprüfung zu un- 196 tersuchen sind. Es muss sich um eine geschäftliche Handlung (§ 2 Abs. 1 Nr. 1 UWG) handeln, was eine Abgrenzung zur reinen redaktionellen Publikation erfordert. In der Fallprüfung sind die Gerichte sehr großzügig bei der Prüfung der geschäftlichen Handlung als Anwendungsvoraussetzungen. Kritischer geprüft wird, ob der kommerzielle Zweck gegenüber dem redaktionellen Inhalt überwiegt. Dies erfordert eine Abwägung zwischen Ausgewogenheit und redaktioneller Anpreisung. Sofern die kommerzielle Anpreisung überwiegt, ist zu untersuchen, ob der kommerzielle Zweck ausreichend kenntlich gemacht oder aber verschleiert wurde.

Die Rechtsprechung hat zu dem Komplex mehrere Fallgruppen entwickelt, 197 in denen ein überwiegender kommerzieller Zweck angenommen wurde. Dazu gehören:

(1) Vortäuschen einer Freizeitveranstaltung, z.B. Durchführung von Kaffeefahrten, bei denen der Kunde im Unklaren darüber gelassen wird, dass die Aufenthaltsdauer im Wesentlichen für Verkaufsveranstaltungen genutzt wird; im Einzelfall ist allerdings zu beurteilen, ob aus den Umständen (niedriger Preis) erkennbar wird, dass der Freizeitcharakter gänzlich untergeordnet ist.

(2) Vortäuschen einer neutralen Befragung (Beispiele: BGH GRUR 1968, 648; GRUR 1972, 192 – Adresshandel; OLG Oldenburg GRUR-RR 2006, 239; OLG Köln NJOZ 2013, 692).

(3) Getarnte Werbung
- allgemein: BGH GRUR 1989, 516;
- in den Medien: OLG Hamburg GRUR-RR 2006, 15; BVerfG WRP 2003, 69 – JUVE; BGH GRUR 1997, 907 – Emil-Grünbär-Club; BGHZ 110, 271 – Boro; OLG München MMR 2012, 523 – Verschleierte Werbung auf Wikipedia; zu fingierten Bewertungen auf Internetportalen *Ahrens/Richter*, WRP 2011, 814; und generell *Sosnitza*, GRUR-Beilage 2014, 93, 98 f.
- bei redaktionellen Zeitungsartikeln: keine Kennzeichnung als Werbung mit der Bezeichnung „Anzeige" (BGH GRUR 2014, 879 – Good News II);
- Preisrätsel mit gesponserten Gewinnen (BGH GRUR 1994, 821; GRUR 1996, 804; GRUR 1997, 145; NJW-RR 2013, 817).

4. Die Abmahnung als vorprozessualer Rechtsbehelf

198 Im Ausgangsfall erhebt die Konkurrentin K keine Klage vor Gericht, sondern mahnt die vorgebliche Verletzung zunächst ab. Die „Abmahnung" ist seit langem der im Lauterkeitsrecht und auch im Immaterialgüter- und Kartellrecht gebräuchliche Rechtsbehelf, der einer gerichtlichen Klage vorausgeht. Durch die UWG-Reform 2004 wurde erstmals mit § 12 Abs. 1 UWG eine Regelung über dieses Instrument eingefügt, das zuvor von Rechtsprechung und Rechtslehre entwickelt und lediglich auf gewohnheitsrechtlicher Grundlage anerkannt war. Die gesetzliche Regelung kodifiziert diese Rechtsprechung (vgl. RegE UWG 2004 BT-Drucks. 15/1487, S. 25).

Die Gerichte gehen davon aus, dass lauterkeitsrechtliche Interessen nicht so deutlich erkennbar sind, wie das bei sonstigen deliktischen, vertrags- oder sachenrechtlich geschützten Gütern der Fall ist. Der Beklagte soll durch die Abmahnung daher zunächst darauf hingewiesen werden, dass er gegen Rechtspflichten verstoßen hat (vgl. BGH GRUR 2010, 354 Tz. 8 – Kräutertee). Er erhält so die Chance, bei berechtigter Abmahnung den Anspruch anzuerkennen. Eine Inanspruchnahme der Gerichte ist dann nicht mehr nötig. Die Abmahnung dient also auch der Ersparnis von Ressourcen. Wer ohne Abmahnung klagt, kann zwar den Prozess gewinnen (i.d.R. durch Anerkenntnisurteil, § 307 ZPO), denn § 12 Abs. 1 UWG begründet nur ein Sollenserfordernis oder eine Obliegenheit. Wenn aber sofort anerkannt wird, muss der Kläger die Kosten dafür, dass er unnötig den Gerichtsweg beschritten hat, selbst tragen (§ 93 ZPO). Klargestellt wird durch § 12 Abs. 1 UWG, dass der Verletzer allein durch die Verletzung noch keinen Anlass zur Klageerhebung im Sinne der § 93 ZPO gibt.

199 **Definiert** wird die Abmahnung in der Begründung des Regierungsentwurfes zum UWG 2004 wie folgt (BT-Drucks. 15/1487, S. 25):

„Man versteht hierunter die **Mitteilung** eines **Anspruchsberechtigten** an einen Verletzer, dass er sich durch eine **genau bezeichnete Handlung** wettbewerbswidrig verhalten habe, verbunden mit der **Aufforderung**, dieses Verhalten in Zukunft zu unterlassen und **binnen einer bestimmten Frist** eine **strafbewehrte Unterwerfungserklärung** abzugeben."

Die Abmahnung ist also nur „zulässig und begründet", wenn diejenigen Anfor- **200** derungen erfüllt sind, die auch im Falle einer Klageerhebung gefordert würden (vgl. Rn. 31–37).

Abmahnung	Klageerhebung
– Mitteilung genau bezeichneter Handlung	– Klageschrift, § 253 Abs. 2 ZPO
– Anspruchsberechtigung	– Klagebefugnis, § 8 Abs. 3 UWG
– Aufforderung zur Unterlassung	– bestimmter Antrag, § 253 ZPO

Im vorgerichtlichen Verfahren nimmt die Abgabe einer ernsthaften Unterwerfungserklärung dem Unterlassungsanspruch ein wichtiges Merkmal. Wer nämlich ernsthaft erklärt, die Handlung nicht mehr vornehmen zu wollen, der gibt zu erkennen, dass eine Wiederholungsgefahr nicht mehr besteht. Ein Unterlassungsanspruch ist jedoch nur begründet, wenn die Gefahr der Wiederholung des Verletzerverhaltens besteht. Im Lauterkeitsrecht wird diese Gefahr nur so lange vermutet, bis der Verletzer eine ernsthafte Unterwerfungserklärung abgibt. Ernsthaft ist die Erklärung, wenn sie an ein Vertragsstrafeversprechen geknüpft wird. Man spricht insoweit von der „strafbewehrten Unterlassungserklärung".

Eine Abmahnung darf auch ergehen, wenn es noch keine Verletzungshandlung gab, denn es ist anerkannt, dass in Fällen, in denen eine konkrete Erstbegehungsgefahr besteht, ein vorbeugender Unterlassungsanspruch bereits begründet ist.

Der Rechtscharakter des Abmahnschreibens ist heterogen. Die Abmahnung **201** ist

- rechtsgeschäftsähnliche Handlung, soweit sie den Verletzer auf das Verletzungsverhalten hinweist und dessen Abstellen verlangt (ähnlich § 286 Abs. 1 BGB, vgl. BGHZ 47, 352, 357);
- Angebot zum Abschluss eines Unterwerfungsvertrags, gerichtet auf die Verpflichtung zur Unterlassung mit Strafbewehrung;
- Konkretisierung des gesetzlichen Schuldverhältnisses, das durch den Wettbewerbsverstoß zwischen Gläubiger und Schuldner entstanden ist und das den Schuldner nach § 242 BGB zur Aufklärung und Antwort (= Auskunft) über die Umstände der Verletzung begründet (BGH GRUR 1987, 54, 55 – Aufklärungspflicht des Abgemahnten m. Anm. *Lindacher*).

Eine bestimmte Form ist für die Abmahnung nicht vorgeschrieben; Schriftform, ggf. per Einschreiben mit Rückschein, ist empfehlenswert. Beweismittel müssen nicht beigefügt werden, soweit aus der Darlegung das Verletzerverhalten klar ersichtlich ist. Geht man davon aus, dass die Abmahnung schon Vertragsangebot (und nicht erst invitatio ad offerendum) ist, so können aus ihr bereits Rechtsfolgen (Bindung, § 145 BGB) resultieren. Doch kann nach Meinung des BGH ein Vertreter eine solche Abmahnung auch wirksam vornehmen, wenn er keine schriftliche Vollmachtsurkunde überreicht (vgl. §§ 174, 180 BGB; BGH GRUR 2010, 1120 – Vollmachtsnachweis; anders Vorauflage). Den (fehlenden) Zugang des Abmahnschreibens muss – überraschenderweise – nicht der Gläubiger, sondern der Verletzer nachweisen, denn er hat im Prozess darzulegen, dass er keinen Anlass zur Klageerhebung gegeben hat, will er dem Gläubiger die Kosten aufbürden (BGH GRUR 2007, 629 Tz. 12f. – Zugang des Abmahnschreibens).

Viele Streitigkeiten ranken sich um Fälle missbräuchlicher Abmahnung. Hierfür gilt § 8 Abs. 4 UWG analog. Eine Abmahnung ist missbräuchlich, wenn der Abmahnende vorwiegend sachfremde Ziele, insbesondere rein wirtschaftliche Interessen (Gebührenerzielung) verfolgt. Dies nachzuweisen ist schwierig, die Gerichte behelfen sich mit Indizien, die der Abmahnende zu entkräften hat. Dazu gehören vorformulierte Erklärungen, unverhältnismäßig hohe Vertragsstrafeforderungen (BGH GRUR 2012, 730 – Bauheizgerät; GRUR 2012, 949 – Missbräuchliche Vertragsstrafe), kostentreibende Mehrfachabmahnungen (BGH GRUR 2013, 307 – Unbedenkliche Mehrfachabmahnung); identische Abmahnungen gegen eine Vielzahl von Beteiligten (OLG Nürnberg GRUR-RR 2014, 166 – Facebook-Abmahnwelle).

5. Erstattung der Abmahnkosten

202 „Soweit die Abmahnung berechtigt ist, kann der Ersatz der erforderlichen Aufwendungen verlangt werden." Mit dieser schlanken Kodifizierung in § 12 Abs. 1 Satz 2 hat das UWG 2004 eine Kostenfolge begründet, die bis zu diesem Zeitpunkt außerhalb des Gewerblichen Rechtsschutzes mit Argwohn betrachtet wurde.

War die Abmahnung erfolglos, gewinnt der Verletzte jedoch den anschließenden Prozess, so gehen die Abmahnkosten zur Hälfte in den Prozesskosten auf (Prozessvorbereitungskosten, Bestandteil der Prozessgebühr, Vorbem. 3 IV VV zu § 2 II RVG), denn die Gesamtkosten sind nach §§ 91ff. ZPO von der unterlegenen Partei zu tragen.

Bei einer erfolgreichen Abmahnung kommt es jedoch nicht zum Prozess und damit auch nicht zur Anwendung von §§ 91ff. ZPO. Die Verpflichtung zur

Erstattung der Abmahnkosten kann daher nur aufgrund materiellen Rechts erfolgen. Die einzige mögliche Anspruchsgrundlage war früher die GoA, §§ 677, 683 Satz 1, 670 BGB, wenn man – wie die h.M. und die Praxis – argumentierte, die Abmahnung sei ein Geschäft des Abgemahnten und liege in dessen objektivem Interesse (vgl. auch § 13 Abs. 5 UWG a.f., so BGHZ 52, 393, 397; 115, 210, 212; krit. *Fritzsche*, Unterlassungsanspruch und Unterlassungsklage, 2000, S. 395f.; *Oppermann*, AcP 193 (1993) 497, 516). An dieser Rechtslage wollte die UWG-Reform 2004 gleichfalls nichts ändern (Begr. RegE BT-Drucks. 14/1587, S. 25).

Unter die zur Rechtsverfolgung erforderlichen Kosten fallen grds. auch die **203** Kosten für eine Anwaltsbeauftragung. Lediglich in einfach gelagerten Fällen, bei einer eigenen Rechtsabteilung sowie in Fällen, in denen ein Verband sich hauptsächlich mit Abmahnungen beschäftigt und einfache Konstellationen abgemahnt werden, wird die Anwaltsbeauftragung nicht stets als erforderlich angesehen (BGH GRUR 2004, 789 – Selbstauftrag: Rechtsanwalt, der in eigenem Interesse einen unschwer zu erkennenden Wettbewerbsverstoß abmahnt; BGH GRUR 1984, 691, 692; GRUR 2004, 448 – Auswärtiger Rechtsanwalt IV: Wettbewerbsverband bei typischen und durchschnittlich schwer zu verfolgenden Verstößen). In solchen Fällen darf der abmahnende Gläubiger aber eine Kostenpauschale verlangen, die in der Praxis früher bei 70–80 Euro (KG WRP 1986, 384, GRUR 1987, 540: 140 bis 180 DM), heute bei bis zu 230 Euro liegt (vgl. Köhler/*Bornkamm*, § 12 Rn. 1.98: zzgl. 7% MwSt).

Es bleibt zu klären, von welchem Gegenstandswert der Prozessbevollmäch- **204** tigte ausgehen darf, wenn er seinen Gebührenanspruch beziffert. Ganz allgemein gilt für die Ermittlung des Streitgegenstands § 3 ZPO. Danach ist der Streitwert für das Klageverfahren vom Gericht nach freiem Ermessen festzusetzen. Die Gerichte orientieren sich an dem vom Verletzerverhalten beeinträchtigten Interesse des Gläubigers („Angreiferinteresseprinzip", *E. Schumann*, NJW 1982, 1257, 1262), das in der Regel wirtschaftlicher Natur ist (BGHZ 128, 85, 88 = NJW 1995, 664). Entscheidend ist, inwieweit das unlautere Wettbewerbsverhalten geeignet war, den Umsatz des Klägers potentiell zu beeinträchtigen, welchen Umsatz der Kläger auf dem betreffenden Markt erzielt, wie groß sein Unternehmen ist und welches Ausmaß die Verletzerhandlung hat.

Die Praxis der Gerichte geht im Klageverfahren oft von Regelstreitwerten in Höhe von 10.000,– bis 20.000,– Euro pro Verstoß aus (vgl. OLG Saarbrücken WRP 1996, 145, 146). Das wird kritisiert, weil das Gericht bei einem solchen Vorgehen sein Ermessen entgegen § 3 ZPO nicht mehr ausübt (Teplitzky/*Feddersen*, Wettbewerbsrechtliche Ansprüche und Verfahren, Kap. 49 Rn. 17). Angesichts der Zunahme von Streitigkeiten geringer wirtschaftlicher Bedeutung im Internet (eBay-Fälle) wird sich die Praxis künftig neu orientieren müssen. Maßstäbe dafür gibt es allerdings kaum, so dass sich für die Gerichte ein nicht unerhebliches

Dilemma auftut. Geht man von einem Betrag in Höhe von 10.000,– Euro als Regelgrenze auch für das Abmahnverfahren aus, so bemisst sich die Anwaltsgebühr hiernach. Üblich ist es, eine 1,3-fache Geschäftsgebühr nach diesem Gegenstandswert für Klageverfahren und im vorgerichtlichen Abmahnverfahren den 0,75-fachen Satz von dieser Geschäftsgebühr (§ 3 Abs. 4 RVG; *Hartung*, NJW 2004, 1409, 1415) ersetzt zu verlangen.

²⁰⁵ III. Lösungsskizze

A. Anspruch der K gegen B

I. Anspruch auf Unterlassung aus § 8 Abs. 1 Satz 1, Abs. 3 Nr. 1 i.V.m. §§ 3, 5a, 5 UWG

1. Zulässigkeit der Abmahnung

a) **Mitteilung des Verletzungssachverhaltes**
b) **Aufforderung zur Unterlassung** des genau bezeichneten Verletzerverhaltens, (§ 253 Abs. 2 Nr. 2 ZPO analog).

2. Begründetheit der Abmahnung

a) **Abmahnbefugnis (Aktivlegitimation)**
  – § 8 Abs. 3 Nr. 1 UWG analog (+), da K ebenfalls Mobilfunkverträge vertreibt und insoweit Mitbewerber der B gem. § 2 Abs. 1 Nr. 3 UWG ist; sämtliche genannten Werbehandlungen sind auch konkurrentenschützend, verletzten mithin K in ihren Rechten.
b) **Passivlegitimation** der Beklagten
  – Die Täterhaftung ist unproblematisch, weil B die Werbung verantwortet.
c) **Preisankündigung als unzulässige geschäftliche Handlung**
  aa) Eine geschäftliche Handlung im Sinne von § 2 Abs. 1 UWG Nr. 1 liegt vor.
  bb) Per-se Verbote der Blacklist sind nicht einschlägig.
  cc) In Betracht kommt eine **Irreführung nach § 5 Abs. 1 Satz 1 mit Satz 2 Nr. 1 und Nr. 2 UWG.** Das setzt voraus, dass eine unwahre oder zur Irreführung geeignete Angabe über die angebotene Dienstleistung vorliegt. Das wäre der Fall, wenn die Angabe nach dem Verständnis durch die Verbraucher mit der Wirklichkeit nicht in Einklang stünde.

(1) Die B bietet ihre Telefondienstleistungen zum Preis von 19,90 € nicht uneingeschränkt an, sondern nur für Verbindungen, mit denen keine Sonderrufnummern angerufen werden. Im Werbeflyer heißt es jedoch: „Alle Gespräche ins nationale Festnetz … sind inklusive" und „Für nur 19,90 Euro … im Monat telefonieren … Sie … so lange und wann Sie wollen" sowie „Damit haben Sie die Garantie nie mehr als 19,90 Euro im Monat zu bezahlen – ganz gleich, wie viel Sie telefonieren oder auch mit Ihrem Smartphone im Internet surfen". Diese Formulierungen lassen für den durchschnittlichen Abnehmer (§ 3 Abs. 4 Satz 1 UWG), auf den es hier ankommt, nach ihrem Wortsinn keinen Zweifel daran, dass mit dem monatlich zu zahlenden Festbetrag von 19,90 € alle Gesprächsgebühren abgegolten sein sollen.

(2) Das entspricht nicht der Wirklichkeit, denn jedenfalls für Sonderrufnummer fallen Gebühren an.

(3) Das Auseinanderfallen von Aussage und Wirklichkeit wird nicht durch einen per Sternchen angezeigten weiteren Hinweis neutralisiert bzw. klargestellt werden, da sich an den entsprechenden Formulierungen kein Sternchen befand, daher Täuschung (+)

(4) Die Kosten von Sonderrufnummern sind für den preisbewussten Abnehmer nicht unwichtig, daher ist die Täuschung auch geeignet, die Marktentscheidung hierüber zu beeinflussen (§ 5 Abs. 1 Satz 1 UWG).

(5) **Ergebnis**: Eine Irreführung durch eine zur Täuschung geeignete Angabe liegt hinsichtlich des Begriffs der All Net Flat vor, weil der Adressat die Angabe so versteht, dass neben der Flat keine weiteren Kosten, auch nicht solche für Sonderrufnummer anfallen.

dd) In Betracht kommt zudem eine **Irreführung durch Unterlassen gem. § 5a Abs. 1 Satz 2 und Satz 2 Nr. 2 UWG**, soweit Angaben über die Aktivierungsgebühr gemacht werden.

(1) Soweit mit einer All Net Flat ohne Zusatzkosten geworben wird, könnte darin auch die verdeckte Behauptung liegen, dass keine Aktivierungskosten anfallen. Der Schwerpunkt dieses Verhaltens liegt aber nicht auf einem Tun („Angabe"), sondern auf einem Unterlassen, da über Aktivierungskosten im hervorgehobenen Text keinerlei Angaben gemacht werden. Daher liegt im Ergebnis ein Fall des § 5a, nicht des § 5 vor.

(2) Informationspflichten über Aktivierungskosten sieht das Unionsrecht nicht vor, so dass ein Verstoß gegen § 5a Abs. 4 UWG nicht in Betracht kommt.

(3) Die Werbung ist noch keine Aufforderung zum Erwerb im Sinne des § 5a Abs. 3 UWG, da der Interessent das Angebot noch nicht durch eine einfache Erklärung annehmen kann.

(4) Nach § 5a Abs. 2 UWG ist über alle wesentlichen Eigenschaften von Waren oder Dienstleistungen, die für eine Marktentscheidung nötig sind, aufzuklären. Die Werbung wendet sich an den an Kostenbegrenzung interessierte Abnehmer. Daher ist auch über Einmalkosten des Angebots aufzuklären. Die Aktivierungsgebühr, die zudem nicht ganz unbeträchtlich ist und zu Beginn der Vertragslaufzeit anfällt, betrifft daher eine „wesentliche Angabe im Sinne des § 5a Abs. 2 UWG.

(5) Fraglich ist, ob die Angabe vorenthalten wird. Das ist nach § 5a Abs. 2 Satz 2 Nr. 2 UWG auch der Fall, wenn die Angabe in unklarer Weise erfolgt.

Der Preis für die „All Net Flat", ohne Angabe der Aktivierungsgebühr von 29,90 €, wurde blickfangmäßig herausgestellt. Die wegen der Aktivierungsgebühr zunächst unwahre Blickfang-Angabe kann durch einen klaren und unmissverständlichen Hinweis, der selbst am Blickfang teilhat, richtiggestellt werden und wäre dann auch nicht mehr irreführend (BGH GRUR 2016, 207 – All Net Flat). Hier erfolgt zwar ein Sternchenhinweis, doch war der zugehörige Text in einer schwer lesbaren Schriftgröße abgefasst. Auch klärt der diesbezügliche Text nicht ausdrücklich darüber auf, dass die Aktivierungskosten dem Angebotspreis von 19,90 €/Monat hinzuzurechnen sind. Gegen dieses Ergebnis spricht auch nicht, dass das Kommunikationsmittel räumlich beschränkt war. Es handelte sich vielmehr um eine Printwerbung mit zahlreichen Angaben. Der Hinweis über Einmalkosten musste daher in unmittelbarer Nähe zu der Hauptangabe über den Preis erfolgen, durfte aber nicht auf der Rückseite der Werbung, also an anderer Stelle, versteckt werden (vgl. BGH GRUR 2015, 698 – Schlafzimmer komplett). Daher sind der Sternchenhinweis und seine versteckte Auflösung nicht geeignet, die Information über die Einmalkosten zu vermitteln.

(6) Die Angabe war beim preisbewussten Abnehmer geeignet, die Marktentscheidung zu beeinflussen, denn die Einmalgebühr belastet die Vertragskosten nicht unerheblich.

(7) **Ergebnis:** Die Werbung ist auch nach § 5a Abs. 2 Satz 1 und Satz 2 Nr. 2 UWG unlauter.

ee) In Betracht kommt überdies eine Unlauterkeit nach § 3a UWG i.V.m. PAngV.

(1) Die PAngV ist Marktverhaltensregelung im Sinne von § 3a UWG (so bereits zu § 4 Nr. 11 UWG 2008 BGH GRUR 2008, 84 Tz. 25 – Versandkosten; ebenso BGH BeckRS 2016, 04745).

(2) Kein Verstoß gegen § 1 Abs. 1 Satz 1 PAngV, obwohl kein einheitlicher Gesamtpreis angegeben war, da sich der Gesamtpreis aus untereinander nicht vergleichbaren Einmalgebühren und periodischen Preisen zusammensetzt.

(3) Allerdings kommt ein Verstoß gegen § 1 Abs. 1 Satz 1 mit Abs. 6 Satz 2 PAngV in Betracht, weil die Kosten für das Gerät und die zusätzlichen Entgelte nicht „leicht erkennbar und deutlich lesbar" waren.

(4) Da die Anzeige dem Schutzzweck der PAngV, Preisklarheit und Preiswahrheit, ersichtlich zuwiderläuft, liegt auch eine Eignung zur spürbaren Beeinträchtigung der Verbraucherinteressen vor.

(5) Allerdings ist § 5a Abs. 2 UWG als Umsetzung des Art. 7 RL UGP die speziellere Regel und daher vorrangig anzuwenden; § 3a UWG spielt daher allenfalls noch eine Rolle, soweit es um den B2B-Bereich geht, im Übrigen verdrängt § 5a die Anwendung des § 3a UWG (so die h.L. *Ohly*/Sosnitza, § 4 Rn. 11/8a; MüKoUWG/*Alexander*, § 5a Rn. 69; *Köhler*/Bornkamm, § 3a Rn. 1.19; für ein Nebeneinander der Vorschriften und im Rahmen des UWG 2008 noch BGH WRP 2015, 1464 Tz. 29, 30 – Der Zauber des Nordens).

(6) § 3a UWG scheidet daher als Verbotsvorschrift aus.

d) Wiederholungsgefahr

– folgt aus der Verletzungshandlung zu c) und soll durch die Abmahnung ausgeräumt werden, erfordert also eine strafbewehrte Unterwerfungserklärung, die hier fehlt.

3. Gesamtergebnis: Der Unterlassungsanspruch ist begründet, soweit in dem Angebot blickfangmäßig mit einer All Net Flat geworben wird, ohne klarzustellen, dass für die Inanspruchnahme von Sonderrufnummern gleichwohl noch Kosten anfallen. Er ist überdies begründet, soweit Angaben über eine Aktivierungsgebühr durch unklare Erläuterungstexte auf der Rückseite der zweiseitigen Werbung vorenthalten werden.

206 B. Anspruch der K gegen B auf Erstattung der Anwaltskosten aus § 12 Abs. 1 Satz 2 UWG

I. Begründete und befugte (§ 8 Abs. 3 UWG) Abmahnung

II. Erforderlichkeit der Beauftragung des Anwalts

– Vorliegend ist nicht erkennbar, dass der Fall einfach war und die Klägerin eine eigene Rechtsabteilung unterhielt, daher durfte sie einen Rechtsanwalt beauftragen.

III. Höhe der Abmahngebühr

– Die Abmahngebühr ist an dem wirtschaftlichen Interesse des Klägers (= Umsatz) zu orientieren. Hier fehlen Angaben; als Ansatzpunkt kann von einem Interesse in Höhe von 10.000 Euro ausgegangen werden.
– Jede einzelne Verletzungshandlung kann das Interesse des Klägers beeinträchtigen; vorliegend sind 2 Handlungen, bzw. eine Handlung und eine Unterlassung, bezeichnet, daher ist die Anzahl dieser Handlungen mit dem Regelinteresse von 10.000,– Euro zu multiplizieren, das ergibt einen Gegenstandswert in Höhe von 20.000, hiervon kann der Anwalt eine 0,75fache Gebühr nach dem RVG berechnen; hinzu kommen eine Portopauschale und die gesetzliche Mehrwertsteuer von 7%.

Ergebnis: K hat einen Anspruch auf Erstattung der Anwaltskosten, jedoch nur berechnet auf Basis eines Streitwerts von 20.000€.

§ 6: Unzumutbare Belästigung: Ansprechen in der Öffentlichkeit, Telefonwerbung und elektronische Werbung

Fall Nr. 6: „Kontakte sind alles!"

(BGH GRUR 2000, 818 – Telefonwerbung VI; GRUR 2004, 520 – Telefonwerbung für Zusatzeintrag; GRUR 2005, 443 – Ansprechen in der Öffentlichkeit II; GRUR 2008, 189 – Suchmaschineneintrag; GRUR 2008, 923 – Faxanfrage im Autohandel; GRUR 2008, 925 – FC Troschenreuth; GRUR 2008, 1010 – Payback)

I. Sachverhalt

Bertram (B) betreibt ein kleines Unternehmen, das Internetdienstleistungen, ins- *besondere Aufbau und Pflege von Homepages und Suchmaschinenoptimierung, für Gewerbetreibende und Private anbietet. Aufwändige TV- oder Zeitschriftenwerbung kann B sich nicht leisten. Um gleichwohl potentielle Kunden auf seine Leistungen aufmerksam zu machen, wählt er mehrere Strategien:*

- *In der Fußgängerzone der Kreisstadt K errichtet er einen Informationsstand. Er setzt dort Studierende ein, die gezielt jüngere Passanten ansprechen und auf die Möglichkeit einer professionellen Gestaltung von Homepages hinweisen sollen.*
- *Ein anderes Studierendenteam bittet er, in den „Gelben Seiten" gezielt kleinere Anwaltskanzleien und Steuerberaterbüros herauszusuchen, deren Faxnummern zu notieren und anschließend an diese Adressaten Faxbriefe zu versenden, in denen die Angebote von B erläutert werden. Um ganz sicher zu gehen, ruft B auch einige dieser Anwaltskanzleien persönlich an.*
- *Auf der Seite des Fußballverbandes F e.V. findet er Mail-Adressen von Amateurvereinen, die über eine eigene Homepage verfügen. Auch diese Adressen notiert B und versorgt die Betreiber anschließend mit elektronischen Werbebriefen.*
- *Schließlich macht sich der kommunikationsgewandte B an einem Samstagnachmittag in seinem eigenen Viertel auf den Weg, um „Klinken zu putzen". Er klingelt bei mehreren Dutzend Familien auf gut Glück an, und überreicht den Hausbewohnern, sofern sie öffnen, ein Werbeblatt. In den Häusern, in denen niemand öffnet, steckt er das Werbeblatt in den Hausbriefkasten. Zwar findet sich auf einigen dieser Briefkästen der Hinweis „Bitte keine Werbung"*

oder eine ähnliche Formulierung, doch empfindet B den von ihm angebotenen Service als so wichtig, dass er der festen Überzeugung ist, die Hausbewohner würden schon Verständnis dafür haben.

Der gesamte Vorgang kommt zur Kenntnis des Geschäftsführers des Verbandes der Internetunternehmen VDI e.V. Zu seinen Mitgliedern gehören 150 kleine und mittlere Internetservicedienstleister, darunter auch etwa 30 Unternehmen, die sich mit der Pflege von Homepages befassen. Zu den satzungsmäßigen Zielen des Verbandes gehört u.a. die Pflege der guten Sitten im Wettbewerb. Der Geschäftsführer G notiert den gesamten Vorgang und sammelt Beweismaterial. Währenddessen führt B seine Aktion „auf allen Kanälen" fort. Nach etwa vier Wochen geht G die Geduld aus. Er klagt auf Unterlassung beim örtlich zuständigen Landgericht.

Wird das Landgericht der Klage stattgeben?

II. Schwerpunkte des Falles

1. Ausgangsproblematik

208 Werbung bringt stets ein gewisses Maß an Aufdringlichkeit und Belästigung mit sich. Bereits vor der Novellierung des UWG im Jahr 2004 war anerkannt, dass Werbestrategien nicht unzumutbar belästigend sein dürfen. Belästigend ist Werbung, wenn ein Unternehmer in die **Privatsphäre des Verbrauchers** (z.B. durch Telefonanrufe) eindringt oder die **geschäftlichen Einrichtungen eines Unternehmers** (Telefon, Fax, E-Mail-Account) ungebeten in Anspruch nimmt. § 7 UWG schützt das Interesse an der Abwehr solcher Eingriffe. Den öffentlichen (Straßen-)Raum darf der Unternehmer dagegen grundsätzlich für Kundenansprachen nutzen. Die Möglichkeiten der geschäftlichen Ansprache sind im digitalen Zeitalter vielfältiger geworden. So stellt z.B. die sog. „Tell-a-Friend"-Option oder die „Like"-Funktion in sozialen Medien ebenso wie der standardmäßige Einsatz von „Signaturen" („sent from my x-phone") die Rechtsprechung vor neue Probleme. Gleichzeitig sind aber weiterhin auch traditionellere Werbemodelle, insbesondere z.B. das telefonische Direktmarketing, trotz Internet, E-Mail etc. von erheblicher Bedeutung für die Unternehmen.

§ 7 UWG normiert die Anforderungen, denen eine Werbung genügen muss, um lauterkeitsrechtlich zulässig zu sein. Im Rahmen der UWG-Reform 2015 ist § 7 UWG nicht angetastet worden, obgleich Teile der Norm zu den aggressiven Praktiken gegenüber Verbrauchern gehören und diese Praktiken im Übrigen in § 4a UWG 2015 neu geregelt werden.

In **§ 4a UWG** ist die „Belästigung" als Einwirkungsmittel ausdrücklich ge- 209
nannt. Belästigung dort meint aber nicht notwendig, was Belästigung in § 7
UWG bezeichnet, denn § 4a UWG verwendet einen Begriff aus der RL UGP, § 7
UWG entstammt dem deutschen Recht.

Belästigend im Sinne des § 7 UWG sind geschäftliche Handlungen, die den
privaten Kunden in seiner **Individualsphäre** und/oder den gewerblichen Kunden in seiner **betrieblichen Sphäre** beeinträchtigen. Mit der Belästigung einher
geht in der Regel ein Einbruch in die private, oft auch die häusliche Sphäre (unerwünschte Telefonanrufe, Briefkastenwerbung) oder in die betrieblichen Einrichtungen (Blockade der geschäftlichen Kommunikation mit unerwünschten
Faxen oder E-Mails). Unter § 4a Abs. 1 Satz 2 Nr. 1 UWG fällt jede belästigende
Einwirkung, auch eine solche, die nicht in der Öffentlichkeit stattfindet, allerdings nur unter der zusätzlichen Bedingung, dass sie sich auch auf eine konkrete Marktentscheidung des Adressaten auswirkt oder auf sie auswirken kann
(§ 4a Abs. 1 Satz 1 UWG). Bei § 7 UWG kommt es auf diese Entscheidungsrelevanz nicht an.

§ 7 UWG erfasst bestimmte Fälle des Direktmarketing schon und allein wegen der darin liegenden Belästigung. § 7 UWG schützt vor geschäftlichen Handlungen im Vorfeld einer Entscheidungsbildung. Er soll **verhindern, dass der
Kunde sich überhaupt dem belästigenden Einfluss aussetzen muss**. Der
Einbruch in die Privat- und Individualsphäre wird also unabhängig von der
Kommunikation als belästigend empfunden. Geht die Beeinträchtigung über
das hinaus, was man als sozialübliche Beeinträchtigungen im öffentlichen und
privaten Raum (Werbeunterbrechungen im Fernsehen, Plakatwerbung auf der
Straße) hinnehmen muss, so spricht man gar von einer Verletzung eines Ver-
braucherpersönlichkeitsrechts.[1]

Fälle solcher Belästigung lassen sich untergliedern in Fallgruppen, denen 210
gemeinsam ist, dass die jeweilige Ansprache unaufgefordert, also ohne Zutun
des Kunden erfolgt. Dazu gehören

- Ansprechen von Kunden in der Öffentlichkeit (sog. „Anreißen")
- Zusendung unbestellter Waren (vgl. § 241a BGB)
- Ansprechen von Kunden in Situationen der Hilflosigkeit oder Not (insbe-
  sondere Werbung durch Krankenhausbesuche, Besuch bei Trauernden)
- Telefon- und Telefaxwerbung
- E-Mail-Werbung (Spamming)

---

1 Vgl. hierzu *Krüger-Nieland*, GRUR 1974, 561; *Hefermehl*, GRUR 1980, 622; *Ehlers*, WRP 1983,
187; *Freund*, Das Persönlichkeitsrecht des Umworbenen, 1983; *M. Lehmann*, FS Hubmann 1985,
S. 255. Von einem Eingriff in das „allgemeine Persönlichkeitsrecht" spricht BGH NJW 2016, 870
(unerwünschte E-Mails).

– SMS-Werbung, MMS-Werbung und sonstige Formen der elektronischen Werbung.

Die Anordnung der Fallgruppen in § 7 UWG zeigt, dass die unaufgeforderte Ansprache von Kunden **verschiedene Belästigungsgrade** anspricht. Zu unterscheiden ist danach, ob Privatpersonen oder Gewerbetreibende angesprochen werden. Als Faustformel gilt, dass die Freiheiten der Werbenden gegenüber Gewerbetreibenden größer sind, weil Gewerbetreibende in ihrem Tätigkeitsbereich eine Privatsphäre im eigentlichen Sinne nicht haben. Man vermutet bei ihnen vielmehr, dass sie gegenüber geschäftlichen Kontakten und Werbeansprachen grundsätzlich offen sind, solange sie nichts Gegenteiliges zu erkennen geben („opt-out"). Bei Privatleuten vermutet man hingegen, dass sie jedenfalls bestimmte Formen der Werbung (Telefon, Telefax, E-Mail) grundsätzlich nicht wünschen, es sei denn, sie geben zu erkennen, dass sie hierfür offen sind („opt-in").

2. Unionsrecht

211 Im Unionsrecht befassen sich mehrere Richtlinien mit der Zulässigkeit unaufgeforderter geschäftlicher Handlungen. Ursprünglich enthielt nur Art. 7 der E-Commerce-Richtlinie eine Vorschrift, die unaufgeforderte Kommunikationen verhindern soll. Art. 7 Abs. 1 der E-Commerce-Richtlinie verlangt, dass kommerzielle Kommunikation eines Diensteanbieters „bei Eingang beim Nutzer **klar und unzweideutig als solche erkennbar** sind". Dieses Gebot ist in § 5a Abs. 6 UWG, ferner in § 6 Abs. 1 des Telemediengesetzes (TMG) umgesetzt. Man rechnet es zu den irreführenden, nicht zu den belästigenden Praktiken.

212 Die **Zusendung „unerbetener Nachrichten"** ist nicht in der Richtlinie über unlautere Geschäftspraktiken, sondern in der Datenschutzrichtlinie über Elektronische Kommunikation geregelt (RL 2002/58/EG i.d.F. der RL 2009/136/EG v. 25.11.2009, EU-ABl. L 337/11). Dort heißt es in Art. 13 (Unerbetene Nachrichten), auf dem § 7 UWG im Wesentlichen beruht:

(1) Die Verwendung von automatischen Anruf- und Kommunikationssystemen ohne menschlichen Eingriff (automatische Anrufmaschinen), Faxgeräten oder elektronischer Post für die Zwecke der Direktwerbung darf nur bei vorheriger Einwilligung der Teilnehmer oder Nutzer gestattet werden. (**Anm.:** Umgesetzt in § 7 Abs. 2 Nr. 3 UWG).

(2) Ungeachtet des Absatzes 1 kann eine natürliche oder juristische Person, wenn sie von ihren Kunden im Zusammenhang mit dem Verkauf eines Produkts oder einer Dienstleistung gemäß der Richtlinie 95/46/EG deren elektronische Kontaktinformationen für elektronische Post erhalten hat, diese zur Direktwerbung für eigene ähnliche Produkte

oder Dienstleistungen verwenden, sofern die Kunden klar und deutlich die Möglichkeit erhalten, eine solche Nutzung ihrer elektronischen Kontaktinformationen zum Zeitpunkt ihrer Erhebung und bei jeder Übertragung gebührenfrei und problemlos abzulehnen, wenn der Kunde diese Nutzung nicht von vornherein abgelehnt hat. (**Anm.**: Umgesetzt in § 7 Abs. 3 Nr. 1 UWG).

(3) Die Mitgliedstaaten ergreifen geeignete Maßnahmen, um sicherzustellen, dass außer in den in den Absätzen 1 und 2 genannten Fällen unerbetene Nachrichten zum Zwecke der Direktwerbung, die entweder ohne die Einwilligung der betreffenden Teilnehmer oder Nutzer erfolgen oder an Teilnehmer oder Nutzer gerichtet sind, die keine solchen Nachrichten erhalten möchten, nicht gestattet sind; welche dieser Optionen gewählt wird, wird im innerstaatlichen Recht geregelt, wobei berücksichtigt wird, dass beide Optionen für den Teilnehmer oder Nutzer gebührenfrei sein müssen. (**Anm.**: Umgesetzt in § 7 Abs. 2 Nr. 1 UWG).

(4) Auf jeden Fall verboten ist die Praxis des Versendens elektronischer Nachrichten zu Zwecken der Direktwerbung, bei der die Identität des Absenders, in dessen Auftrag die Nachricht übermittelt wird, verschleiert oder verheimlicht wird, bei der gegen Artikel 6 der Richtlinie 2000/31/EG verstoßen wird oder bei der keine gültige Adresse vorhanden ist, an die der Empfänger eine Aufforderung zur Einstellung solcher Nachrichten richten kann, oder in denen der Empfänger aufgefordert wird, Websites zu besuchen, die gegen den genannten Artikel verstoßen. (**Anm.**: Umgesetzt in § 7 Abs. 2 Nr. 4 UWG)

(5) Die Absätze 1 und 3 gelten für Teilnehmer, die natürliche Personen sind. Die Mitgliedstaaten stellen im Rahmen des Gemeinschaftsrechts und der geltenden nationalen Rechtsvorschriften außerdem sicher, dass die berechtigten Interessen anderer Teilnehmer als natürlicher Personen in Bezug auf unerbetene Nachrichten ausreichend geschützt werden. (**Anm.**: Umgesetzt in § 7 Abs. 2 Nr. 2 UWG, soweit es dort um „sonstige Marktteilnehmer" geht.)

(6) Unbeschadet etwaiger Verwaltungsvorschriften, die unter anderem gemäß Artikel 15a Absatz 2 erlassen werden können, stellen die Mitgliedstaaten sicher, dass natürliche oder juristische Personen, die durch Verstöße gegen die aufgrund dieses Artikels erlassenen nationalen Vorschriften beeinträchtigt werden und ein berechtigtes Interesse an der Einstellung oder dem Verbot solcher Verstöße haben, einschließlich der Anbieter elektronischer Kommunikationsdienste, die ihre berechtigten Geschäftsinteressen schützen wollen, gegen solche Verstöße gerichtlich vorgehen können. Die Mitgliedstaaten können auch spezifische Vorschriften über Sanktionen festlegen, die gegen Betreiber elektronischer Kommunikationsdienste zu verhängen sind, die durch Fahrlässigkeit zu Verstößen gegen die aufgrund dieses Artikels erlassenen nationalen Vorschriften beitragen." (**Anm.**: Umgesetzt in §§ 8 Abs. 3, 20 UWG, siehe noch unten).

Darüberhinaus findet sich im Unionsrecht eine Vorschrift, die sich mit einer 213 Form der belästigenden geschäftlichen Kommunikation, nämlich der Zusendung unbestellter Waren befasst. Die **Verbraucherrechterichtlinie** (2011/73/EU, EU-ABl. L 304/64) sieht in ihrem Art. 27 vor, dass ein Verbraucher, dem **unbestellt Waren oder Dienstleistungen** geliefert werden, hierdurch keine Gegenleistungspflichten übernimmt. Unbestellte Produkte müssen also nicht bezahlt werden, Verträge kommen hierdurch nicht zustande. Der deutsche Gesetzgeber hat dies in § 241a BGB umgesetzt. Flankierend zu dieser nur auf das Schuldrecht zielenden Vorschrift hat die RL UGP in Art. 29 unaufgeforderte Bestellungen oder deren Rückforderung als unzulässige geschäftliche Praktik eingestuft (umgesetzt in Nr. 29 des Anhangs zu § 3 Abs. 3 UWG).

214   Die **Richtlinie über unlautere Geschäftspraktiken** (RL UGP) hat den belästigenden Praktiken mit Art. 8 und 9 sowie den Nr. 25, 26 und 29 einen Rahmen gegeben und diese Praktiken „aggressiv" genannt. Mit unaufgeforderten Bestellungen und unerbetener Werbekommunikation befassen sich die Nr. 25, 26 der sog. Blacklist. Keine Regelung trifft die Richtlinie im Hinblick auf die Direktansprache im öffentlichen Raum. Das Ansprechen von Personen an öffentlichen Plätzen darf von den Mitgliedstaaten aber geregelt werden, denn die UGP-Richtlinie führt in Erwägungsgrund Nr. 7 aus, dass „Fragen des Anstands und der guten Sitten" zum Anlass für lauterkeitsrechtliche Regeln genommen werden dürfen. Als Beispiel für solche Konstellationen nennt der Erwägungsgrund ausdrücklich „das Ansprechen von Personen auf der Straße zu Verkaufszwecken".

3. Der Tatbestand des § 7 UWG

a) Das System des deutschen Belästigungsschutzes

215 Die belästigende Werbung ist in § 7 UWG als eine Form der unzulässigen Praktiken neben den unlauteren Praktiken in § 3 UWG geregelt. Eine Einbeziehung des § 3 Abs. 1 UWG ist dabei nicht erforderlich, der Unterlassungsanspruch ist direkt auf §§ 8 Abs. 1, 7 UWG zu stützen. Ein Verstoß gegen § 7 UWG ist stets unzulässig (vgl. bereits BGH GRUR 2007, 607 Tz. 23 – Telefonwerbung für „Individualverträge"; GRUR 2008, 189 Tz. 23 – Suchmaschineneintrag). Wichtig ist das für die genauer gefassten Fallgruppen in § 7 Abs. 2 UWG, die recht scharfe Verbote enthalten. Bei § 7 Abs. 1 UWG besteht hingegen ein gewisser Auslegungsspielraum, weil zu klären ist, ob eine Handlung „unzumutbar" belästigt. § 7 UWG wird auch als „kleine Generalklausel" bezeichnet (*Köhler*/Bornkamm, § 7 Rn. 4).

Hieran lässt sich ablesen, dass dem Verbraucherschutz im UWG eine hohe Priorität zukommt. Doch bleibt immer zu beachten, dass der Verbraucher selbst keine Möglichkeit hat, UWG-Verstöße zu rügen. Dies ist allein den in § 8 Abs. 3 UWG Genannten vorbehalten. Im Falle einer belästigenden Werbung kann der Verbraucher aber Unterlassung über §§ 1004 Abs. 1 Satz 2 analog, 823 Abs. 1 BGB verlangen, weil das unerwünschte Eindringen in seine häusliche Sphäre als rechtswidriger Eingriff in sein Allgemeines Persönlichkeitsrecht (Privatsphäre) angesehen wird (BGH NJW 2016, 870). Unternehmer, die keine Mitbewerber des Täters sind, können sich nach § 1004 Abs. 1 Satz 2 BGB analog auf eine Verletzung des Rechts am eingerichteten und ausgeübten Gewerbebetrieb (sonstiges Recht i.S.v. § 823 Abs. 1 BGB) berufen. Dagegen kann § 7 UWG nicht als Schutzgesetz iSd § 823 Abs. 2 BGB geltend gemacht werden, da § 8 Abs. 3 UWG als lex specialis abschließend ist.

b) Aufbau des § 7 UWG

§ 7 UWG erfasst sowohl die elektronische Kommunikation (Elektronische Nach- **216** richten, E-Mails, Telefon- und Faxwerbung; § 7 Abs. 2 Nr. 2–4 UWG) als auch die postalische (§ 7 Abs. 2 Nr. 1 UWG) und persönliche Ansprachen (§ 7 Abs. 1 UWG). Im Einzelnen fallen darunter

(1) **Anonyme elektronische Nachrichten** (vgl. § 2 Abs. 1 Nr. 4 UWG) durch SMS, E-Mails oder Webangebote mit verschleierter Werbung oder ohne Anbieterkennung (§ 7 Abs. 2 Nr. 4 UWG).

(2) Automatisierte Telefonwerbung sowie **Fax- oder E-Mail-Werbung** (§ 7 Abs. 2 Nr. 3 UWG).

(3) **Telefonwerbung** gegenüber Privatpersonen (§ 7 Abs. 2 Nr. 2 UWG);

(4) **Postalisches Direkt-Mailing** (Werbeflyer u. Ä. gegenüber Privaten und Zusendung unbestellter Ware) (§ 7 Abs. 1 UWG; vgl. auch § 3 Abs. 3 UWG mit Nr. 29);

(5) **Gezieltes Ansprechen** von Privatpersonen in der Öffentlichkeit (§ 7 Abs. 1 UWG);

(6) **Gezieltes Aufsuchen** von Privatpersonen in ihren Privaträumen oder am Arbeitsplatz (§ 7 Abs. 1 UWG).

§ 7 Abs. 1 UWG erfasst alle geschäftlichen Handlungen, also die Vertrags- oder Serviceabwicklung, § 7 Abs. 2 UWG ist dagegen auf Werbung beschränkt.

c) Unaufgeforderte Werbung über elektronische Kommunikationsmittel, § 7 Abs. 2 UWG

§ 7 Abs. 2 UWG ist von hinten nach vorn zu lesen. Das zeigt § 7 Abs. 2 Nr. 1 UWG, **217** der die hartnäckige Ansprache von Verbrauchern durch andere als die in Nr. 2 (Telefon), Nr. 3 (Anrufmaschine, Fax, E-Mail) und Nr. 4 (anonyme Nachrichten) aufgeführten Kommunikationsmittel betrifft. Jeweils muss es um Werbung gehen.

aa) Gemeinsame Voraussetzungen

(1) Der **Begriff der Werbung** ist im UWG zugunsten der „geschäftlichen Hand- **218** lung" eliminiert worden. Werbung wird im deutschen Recht nicht gesetzlich definiert. Üblicherweise greift man entweder auf die in der Marketing-Literatur verwendeten Definitionen zurück oder aber auf die aus dem Jahr 1984 stam-

mende Richtlinie über irreführende Werbung (RL 84/450/EWG, EG-ABl. L 250/ 17, jetzt Richtlinie 2006/114/EG). Dort wird in Art. 2 lit. a **Werbung** definiert als

> „**jede Äußerung** bei der Ausübung eines Handels, Gewerbes, Handwerks oder freien Berufs **mit dem Ziel, den Absatz** von Waren oder die Erbringung von Dienstleistungen, einschließlich unbeweglicher Sachen, Rechte und Verpflichtungen **zu fördern**".

Daher bleiben Äußerungen im Rahmen des konkreten Vertragsabschlusses (nicht der Vertragsanbahnung), der Vertragsabwicklung und dem nachvertraglichen Servicegeschäft ausgenommen. Ein Versicherungsmitarbeiter, der einen Kunden (unaufgefordert) anruft, um ihn aggressiv dazu aufzufordern, die Versicherungsprämie zu bezahlen, verstößt daher nicht gegen § 7 Abs. 2 Nr. 2 UWG, sondern allenfalls gegen § 4a Abs. 1 Satz 2 UWG.

219 (2) In allen Fällen des Abs. 2 geht es um die Kontaktaufnahme über ein **Fernkommunikationsmittel** (FKM, vgl. § 312c Abs. 2 BGB). Das Gesetz unterscheidet elektronische FKM (Nr. 2–4) und sonstige (insbesondere Briefe, Nr. 1). Es führt eine abgestufte Regelung ein, die einerseits berücksichtigt, ob die Identität des Anrufers offenbart wird und welches Maß an Belästigung und Ausweichmöglichkeiten aus Sicht des Kunden besteht, und andererseits danach unterscheidet, ob die FKM eine unmittelbare Reaktion des Adressaten zulassen (Telefon, Nr. 2) oder ob der Adressat die Botschaft ohne jede Reaktion entgegennehmen muss (Telefax, E-Mail, SMS, Nr. 3 und Nr. 4).

bb) Anonyme elektronische Werbung, § 7 Abs. 2 Nr. 4 UWG

220 Anonyme elektronische Werbekommunikationen durch Telefon, Fax oder E-Mail sind stets unzulässig (vgl. Art. 13 Abs. 4 DatenschutzRL). Das Verbot greift eine seit den 1990er Jahren zunehmende Form des Missbrauchs auf. Privat- und Geschäftsleute wurden häufig von automatisierten Faxdiensten mit Werbebotschaften „zugemüllt" oder aber zu Meinungsäußerungen aufgefordert, die zumeist durch Kontaktaufnahme mit einer gebührenpflichtigen Telefonnummer abzugeben waren. Auch wer die Werbeflut eindämmen wollte, musste eine solche Nummer anrufen. Die Hinweispflichten des Zivilrechts, etwa in §§ 312a, 312d BGB mit Art. 246, 246a §§ 1, 2 EGBGB, müssen erst vor einem Vertragsschluss, nicht aber bereits in der Publikumswerbung erfüllt werden. Problematisch ist, dass die Durchsetzung des Verbots gegenüber einem anonymen Absender ohne Hilfe der Strafverfolgungsbehörden kaum erfolgversprechend ist.

Anonym ist die Kommunikation, wenn der Werbeadressat keine Möglichkeit zur Adressierung einer Antwort hat. Solche Werbung ist auch unzulässig, wenn der Adressat ausdrücklich in sie eingewilligt hat (vgl. § 183 Satz 1 BGB), denn die Einwilligung wird in Nr. 4 nicht erwähnt (vgl. Begr. RegE, BT-Drucks. 15/1487, S. 21). Nr. 4 erfasst E-Mails wie auch Faxe.[2] Auch § 6 Abs. 2 TMG verbietet es Unternehmen, mit elektronischer Post zu werben, ohne in Kopf- oder Betreffzeile Absender und kommerziellen Charakter der Post anzugeben.

Die Identität des Werbenden ist aus zwei Gründen von Bedeutung: Zum einen soll der Adressat die Möglichkeit haben, Ansprüche gegen den Werbenden geltend zu machen, zum anderen soll er eine Chance erhalten, die Einstellung solcher Werbung zu verlangen und diese Chance auch wahrnehmen können. § 7 Abs. 2 Nr. 4 UWG ist daher bereits erfüllt, wenn eine kostenpflichtige Mehrwertrufnummer angerufen werden muss, um Kontakt mit dem Werbenden aufzunehmen. Art. 13 Abs. 3 der DatenschutzRL verlangt hierzu eine „gebührenfreie" Möglichkeit der Kontaktaufnahme. Auch Erwägungsgrund Nr. 30 der E-Commerce RL schreibt vor, dass unerbetene Werbung für den Verbraucher keine zusätzlichen Kosten verursachen darf. Das schließt sogar die Angabe von Rufnummern aus, die ein Basisentgelt verursachen.

cc) Elektronische Werbekommunikationen außerhalb der Telefonansprache (§ 7 Abs. 2 Nr. 3, Abs. 3 UWG)

Anders als bei unerwünschten Telefonanrufen wird dem Adressaten bei unerwünschter **Fax-, E-Mail- und SMS-Werbung (spamming)** zwar keine positive Reaktion abverlangt, doch beanspruchen diese Kommunikationen sein Eigentum oder Vermögen durch die Belastung mit Toner-, Papier-, Speicher- und Zeitkapazitäten (Löschungsaufwand, vgl. zur Faxwerbung BGH GRUR 1996, 208 – Telefax-Werbung; OLG Hamm GRUR 1990, 689). Der Umstand, dass Faxe zunehmend auf Computersysteme umgeleitet werden, also nicht mehr ausgedruckt werden müssen, ändert an dieser Betrachtung nichts (BGH GRUR 2007, 164 – Telefax-Werbung II). In der Frühzeit dieser Werbeformen konnten sie Unternehmensressourcen lahmlegen, indem sie Papiervorräte aufbrauchten oder Verbindungskosten erzeugten (z.B. bei Internet-Modemverbindungen, die durch Einzelwahl angerufen werden mussten). Die Gerichtsentscheidungen aus den 1990er Jahren sind auch vor diesem Hintergrund zu lesen. E-Mail-Spamwerbung belastet anerkanntermaßen in erheblichem und kostenträchtigem Maße die elektronischen Kommunikationswege (vgl. BGH NJW 2004, 1655; *Groh*, GRUR 2015, 551 und *ders.*, BAN SPAM – Der Schutz vor unerwünschten E-Mails im Rechtsvergleich zwischen Deutschland und Australien, 2015).

221

---

2 So klarstellend Gegenäußerung der Bundesregierung, BegrRegE, BT-Drucks. 15/1487, S. 42; zweifelnd der Bundesrat, der eine ausdrückliche Klarstellung in einer neuen Nr. 3a vorschlug, aaO. S. 32.

222   § 7 Abs. 2 Nr. 3 UWG verbietet solche Werbung sowohl gegenüber dem Verbraucher als auch gegenüber dem Unternehmer, es sei denn, der Adressat hat ihr ausdrücklich zugestimmt (opt-in-System). Das europäische Recht hat diese starre Lösung nur im Verhältnis zu natürlichen Personen erzwungen (Art. 13 Abs. 5 DatenschutzRL), der deutsche Gesetzgeber hat das opt-in-Modell allerdings wegen der starken Belastung auch des geschäftlichen Verkehrs mit dieser Werbeform generell vorgesehen (Begr. RegE, BT-Drucks. 15/1487, S. 21). Demgegenüber war die Rechtsprechung vor 2004 liberaler: Gegenüber Unternehmen waren die genannten Formen auch zulässig, wenn eine mutmaßliche Einwilligung bestand (BGH GRUR 1996, 208 – Telefax-Werbung I; GRUR 2007, 164 Tz. 8 – Telefax-Werbung II). Nunmehr ist eine ausdrückliche Einwilligung erforderlich.

Nicht ganz unumstritten sind betriebliche Filterprogramme, die Werbe-Mails unterdrücken. Im Schrifttum wird argumentiert, solche Filterprogramme stellten einen Eingriff in das Fernmeldegeheimnis durch Unterdrückung von Nachrichten dar, da das Ablegen auf dem Server des Arbeitgebers auch bereits ein „Anvertrauen" darstelle und die Verhinderung der Ankunft beim angepeilten Ziel ein Unterdrücken bedeute (§ 206 Abs. 2 StGB: allerdings nur, sofern auch private Mails betroffen; Parallele: Der Postbote entsorgt Werbebriefe ohne Kenntnis und Zustimmung ihres Empfängers). Auch ein strafbares Löschen von Daten (§ 303a StGB) kommt in Betracht. Empfohlen wird daher die Einholung einer Einwilligung der Mitarbeiter zur Löschung von Werbe-Mails oder eine Quarantänelösung (*Heidrich/Tschoepe*, Strafbares Filtern – Juristische Fallstricke für Antispam-Software, c't 2003 Heft 26, S. 186).

Nicht per se verboten sind Pop-Up-Werbefenster in Telemedien. § 6 Abs. 2 TMG erfasst nur E-Mails, § 7 Abs. 2 Nr. 3 UWG erfasst, wie die dortigen Beispiele zeigen, nur individuell adressierte FKM, nicht jedoch Telemedien, die sich an eine unbestimmte Allgemeinheit richten. Insoweit sind Telemedien auch keine Fernabsatzmittel, fallen also nicht unter § 7 Abs. 2 UWG, sondern allenfalls unter § 7 Abs. 1 UWG. Als unzumutbare Belästigung der Aufmerksamkeit des Rezipienten werden sie zum Teil angesehen, wenn sie sich nicht auf bequeme Art schließen lassen (vgl. *Leupold/Bräutigam/Pfeiffer*, WRP 2000, 575, 591). Im Übrigen können sie gegen § 7 Abs. 2 Nr. 4 UWG verstoßen, wenn ihr Absender nicht erkennbar ist.

§ 67 Abs. 1 TKG erlaubt es der Bundesnetzagentur im Ergebnis, eine Rufnummer zu entziehen, wenn diese Nummer zu gesetzwidrigen Zwecken (z.B. zur Weiterleitung von Faxspamming oder zu unerlaubten Werbeanrufen) benutzt wird. Auch Fangschaltungen sind nach § 101 TKG in solchen Fällen möglich.

223   Zulässig sind die genannten Werbeformen, wenn der Empfänger ihrer Entgegennahme vorher ausdrücklich zugestimmt hat („**vorherige ausdrückliche**

Einwilligung"). Nach den Grundsätzen der deutschen Zivilrechtsdogmatik genügt daher weder eine mutmaßliche noch eine konkludente Einwilligung. Allerdings wird im Schrifttum geltend gemacht, dass die deutsche Norm richtlinienkonform, d.h. im Hinblick auf die Datenschutzrichtlinie 2002/58/EG, auszulegen sei. Dort wird der Begriff der Einwilligung in Art. 2 Satz 2 lit. f angesprochen, indem auf die Definition in der allgemeinen Datenschutzrichtlinie 95/46/EG verwiesen wird. Hier wird „Einwilligung" in Art. 2 lit. h wie folgt definiert:

> „jede Willensbekundung, die ohne Zwang, für den konkreten Fall und in Kenntnis der Sachlage erfolgt und mit der die betroffene Person akzeptiert, dass personenbezogene Daten, die sie betreffen, verarbeitet werden."

Erwägungsgrund Nr. 17 der Richtlinie 2002/58/EG stellt klar, dass die „Einwilligung (...) in jeder geeigneten Weise gegeben werden (kann), wodurch der Wunsch des Nutzers in einer spezifischen Angabe zum Ausdruck kommt, die sachkundig und in freier Entscheidung erfolgt; hierzu zählt auch das Markieren eines Feldes auf einer Internet-Website." Damit ist eine konkludente Einwilligung nicht ausgeschlossen (so BGH GRUR 2008, 923 Tz. 16). Daher genügt zwar die **mutmaßliche Einwilligung nicht**, weil es bei ihr an einer „spezifischen Angabe" fehlt, **wohl aber die konkludente Einwilligung**.

Der BGH hatte bereits mehrfach Gelegenheit, sich zu dieser Voraussetzung zu äußern: 224

BGH GRUR 2008, 923 – Faxanfrage im Autohandel: Die Klägerin betreibt einen Autovertragshandel für einen japanischen Hersteller, in dem auch Gebrauchtwagen angeboten werden. Sie hat in einem Fernmeldeverzeichnis ihre Adressangaben und ihre Faxnummer veröffentlicht. Der beklagte Gebrauchtwagenhändler versendet an die Klägerin und weitere Unternehmen einen Faxbrief, in dem er erklärt, ständig Gebrauchtwagen bestimmter Marken (darunter auch die von der Kl. vertriebene Marke) zu suchen. Die Klägerin beanstandet diese unaufgeforderte Werbung und verlangt Unterlassung. Der BGH hat den Anspruch für unbegründet gehalten, da der Beklagte nicht irgendwelche Leistungen, sondern gerade diejenigen nachgefragt hat, welche die Klägerin auch anbietet. Der BGH wörtlich (Tz. 17): „Ein Unternehmen erklärt durch die Installation eines Telefaxgerätes zwar nicht sein Einverständnis damit, von jedwedem Gewerbetreibenden mittels Telefax zu Werbezwecken angesprochen zu werden. Die Angabe der Telefaxnummer in einer Werbeanzeige bringt aber das konkludente Einverständnis des Unternehmens zum Ausdruck, Anfragen potenzieller Kunden auf diesem Gerät zu empfangen." Und (Tz. 18): „Der Telefaxanschluss eines Unternehmens dient seiner geschäftlichen Kommunikation. Wird die Anschlussnummer von dem Unternehmen in allgemein zugänglichen Verzeichnissen veröffentlicht, so erklärt es damit sein konkludentes Einverständnis, dass potenzielle Kunden seinen Telefaxanschluss bestimmungsgemäß nutzen und ihm auf diesem Wege insbesondere Kaufanfragen im Rahmen seiner üblichen Verkaufstätigkeit übermitteln können. (...) Es ist die freie Entscheidung eines Unternehmens, ob es seine Telefaxnummer in allgemein zugänglichen Verzeichnissen veröffentlicht. **Die Einwilligung bezieht sich konkret auf Anfragen zu dem üblichen Warenangebot des Unternehmens.**"

BGH GRUR 2008, 1010 – Payback: Hier ging es um die von dem Rabattdienstleister Payback verwendet Einwilligungserklärung für die Speicherung von Kundendaten. Die Bestimmung formulierte wie folgt: „Mit meiner Unterschrift erkläre ich mich einverstanden, dass die von mir oben angegebenen Daten sowie die Rabattdaten (Waren/Dienstleistungen, Preis, Rabattbetrag, Ort und Datum des Vorgangs) **für an mich gerichtete Werbung** (z.b. Informationen über Sonderangebote, Rabattaktionen) per Post und **mittels gegebenenfalls von mir beantragter Services (SMS oder E-Mail-Newsletter)** sowie zu Zwecken der Marktforschung ausschließlich von der L-GmbH und den Partnerunternehmen gemäß Nr. 2 der beiliegenden Hinweise zum Datenschutz gespeichert und **genutzt werden.**" Falls der Kunde dies nicht wünschte, musste ein Kästchen angekreuzt werden. Die Frage, ob hierin eine konkludente Einwilligung in die Entgegennahme von Werbe-Mails gesehen werden konnte, verneinte der BGH (Tz. 29): „Dem (Erfordernis einer spezifischen Angabe im Sinne der DatenschutzRL) werden AGB nicht gerecht, wenn die Einwilligung in Textpassagen enthalten ist, die auch andere Erklärungen oder Hinweise enthalten. Es fehlt bei derart vorformulierten Erklärungen an der geforderten spezifischen Einwilligungserklärung, wenn der Kunde weder ein bestimmtes Kästchen anzukreuzen hat noch sonst eine vergleichbar eindeutige Erklärung seiner Zustimmung abzugeben braucht. Eine solche Erklärung liegt insbesondere nicht allein schon in der Unterschrift, mit der der Kunde das auf Rabattgewährung gerichtete Vertragsangebot annimmt. Die geforderte spezifische Angabe verlangt vielmehr eine gesonderte Erklärung durch zusätzliche Unterschrift oder individuelles Markieren eines entsprechenden Feldes („Opt-in"-Erklärung)."

Interessanterweise wird damit das UWG sogar strenger als das Datenschutzrecht. § 4a BDSG sieht nämlich bei solchen Einwilligungserklärungen nur vor, dass die Einwilligung im Rahmen einer Gesamterklärung, also zusammen mit weiteren Erklärungen, erteilt wird. Eine gesonderte Unterschrift oder ein gesondertes Ankreuzen des betreffenden Einwilligungsfeldes ist danach (neben und zusätzlich zu der Unterschrift unter das Gesamtdokument) nicht erforderlich.

BGH GRUR 2008, 925 – FC Troschenreuth: Der Beklagte betreibt ein Internetforum mit einem Onlinefußballspiel. Er schreibt einen Amateurfußballverein per E-Mail an und bittet um Anbringung eines aufgrund der Anzahl von Nutzerclicks zu vergütenden Werbehinweises auf der Homepage dieses Vereins. Ein Wettbewerbsverband mahnt das Verhalten ab und verlangt Unterlassung. Auch Nachfragewerbung (die Bekl. wirbt nicht für ihre Leistungen, sondern fragt die Leistung des Vereins als Werbeträger nach) ist Werbung im Sinne des § 7 Abs. 2 UWG; die Angabe einer E-Mail-Adresse auf der Homepage genügt aber nicht als konkludente Einwilligung, denn der Verein ist nicht gewerblich tätig und bringt insoweit nicht durch spezifische Erklärung zum Ausdruck, dass er am Verkauf von Werberaum interessiert sei. (Tz. 24): „Mit der Einrichtung einer E-Mail-Adresse will der Verein an der Vereinsarbeit interessierten Personen eine einfache Kontaktaufnahme ermöglichen. Anders als im Falle der Telefaxnummer oder E-Mail-Adresse eines Einzelhandelsunternehmens kann aber nicht davon ausgegangen werden, dass die zur Kontaktaufnahme eingerichtete E-Mail-Adresse eines Sportvereins der hier in Rede stehenden Art bestimmungsgemäß dazu dient, kommerzielle Anfragen nach außerhalb des eigentlichen Vereinszwecks liegenden Dienstleistungen des Vereins zu ermöglichen."

Hieraus lassen sich folgende **Grundsätze für das Erfordernis der Einwilligung** ermitteln: 225

– Eine Einwilligung nach § 7 Abs. 2 Nr. 3 UWG kann nicht gemutmaßt, sie muss zumindest konkludent erteilt werden.
– Ein Unternehmen, das seine Kommunikationsdaten öffentlich zur Verfügung stellt, erklärt sich konkludent mit der Entgegennahme von Kundenangeboten im Bereich derjenigen Produkte einverstanden, die es selbst vertreibt. Eine generelle Einwilligung in andere werbliche Kontakte liegt darin nicht.
– Ein Verein (oder ein Privatmann), der seine Kommunikationsdaten öffentlich macht, gibt damit nicht konkludent sein Einverständnis ab, Werbenachrichten entgegennehmen zu wollen.
– Eine Privatperson gibt eine konkludente Einwilligung in die Entgegennahme von Werbenachrichten nur hinreichend spezifisch ab, wenn die Einwilligungserklärung gesondert und konkret für den Fall von Werbenachrichten abgegeben wird. An die Voraussetzungen einer Einwilligung sind daher strenge Anforderungen zu stellen.

Für E-Mail-Werbung enthält **§ 7 Abs. 3 UWG eine Ausnahmebestimmung**, 226 welche diese Form der Werbung auch **ohne konkrete Einwilligung** erlaubt. Sie erfordert, dass

– der Unternehmer die elektronische Anschrift im Rahmen einer vorhandenen Kundenbeziehung erlangt hat (bereits vorhandener Vertrag, nicht bei bloßen Werbekontakten, nicht bei gescheitertem Vertrag (so die h.M. vgl. *Köhler*/Bornkamm, § 7 Rn. 203 m.w.N.; a.A. *Ohlenburg*, MMR 2003, 82, 84, Adresserlangung z.B. aufgrund Bestellung direkt vom Kunden),
– die Adresse für die Direktwerbung für eigene **ähnliche** Produkte verwendet wird (keine Verwendung für Werbezwecke sonstiger Unternehmen, kein Verkauf der Adresse; ähnliche Produkt sind funktionell gleichartige Produkte und Zubehör),
– der Kunde dem nicht ausdrücklich widersprochen hat („opt-out") **und**
– der Kunde bei Adresserhebung klar und deutlich darauf hingewiesen wurde, dass er jederzeit widersprechen kann und ihm hierzu eine Kommunikationsform angeboten wird, die allenfalls Basiskosten erzeugt. (Die Angabe muss eindeutig formuliert und es muss eine Adresse angeben sein, an die der Widerspruch gerichtet werden kann. Typischerweise wird man eine E-Mail-Adresse angeben).

227 Einwilligungen gegenüber Internet-Diensten erfolgen nur ausdrücklich, wenn der Nutzer die Erklärung anklicken kann, das Entfernen eines bereits vorher vorhandenen Häkchens ist dagegen kein „opt-in". Die Angabe einer E-Mail-Adresse genügt grundsätzlich noch nicht, um auch in die Übersendung von Werbemitteilungen einzuwilligen. Unternehmen nutzen gelegentlich die E-Mail-Adresse, die der Nutzer auf der Homepage des Werbenden angegeben hat, um eine Bestätigungsmail zu versenden, welche die Übersendung eines Newsletters aktiviert. Diese weitere Betätigungs-Mail firmiert als **„Double-opt-in"-Verfahren**, das grundsätzlich vom BGH für zulässig gehalten wird (BGH NJW 2011, 2657). Das OLG München hält die Zusendung des Bestätigungslinks dagegen für unzulässig, weil er bereits Werbung darstelle, für die eine vorherige Einwilligung erforderlich sei (NJOZ 2013, 864). Das ist zweifelhaft (OLG Celle MMR 2014, 611; zum Themenkomplex *St. Ernst*, NJW 2013, 2637, 2639).

228 In Sozialen Netzwerken ist die sog. **„virale Werbung"** über andere Nutzer üblich geworden. Hier werden (private) Nutzer eingesetzt, um kommerzielle Botschaften an deren Kommunikationspartner weiterzuleiten („virale Werbung"). So können Unternehmer auf ihrer Homepage Besuchern die Möglichkeit verschaffen, Freunde auf diese Homepage aufmerksam zu machen. Dazu bedarf es der Eingabe einer E-Mail-Anschrift durch den Privaten. Das als **„Tell a friend"** bekannte Verfahren enthält Elemente der Laienwerbung (vgl. Rn. 55), ist aber auch unter dem Gesichtspunkt der belästigenden Werbung zu prüfen. Da der Versand der Empfehlungs-E-Mail auf dem Willen eines vom Unternehmer unabhängigen Privaten beruht, ist fraglich, ob es sich bei den E-Mails überhaupt um Werbung des Unternehmers handelt. Der BGH (GRUR 2013, 1259) hat dies bejaht und dafür nicht auf den E-Mail-Versand, sondern das Anbieten der Empfehlungsfunktion auf der Homepage selbst abgestellt. Diese Funktion habe bereits den Zweck, mittelbar über das eigene Unternehmen und seine Produkte zu informieren, und stelle deshalb eine Werbung des die Funktion schaltenden Unternehmers dar. Dass die E-Mail-Adresse von einem Dritten eingegeben wurde, ändere an diesem Ergebnis nichts (krit. *Dehißelles*, K&R 2014, 7). Auch der sog. **„Facebook-Friendfinder"** ist unzulässig. Bei dieser Funktion ermöglichen neu registrierte Mitglieder des Netzwerks den Zugriff auf ihr E-Mail-Konto nebst der Liste von Kontakten. So kann der Netzwerkbetreiber überprüfen, welche Kontakte des Anmelders ebenfalls angemeldet sind. An noch nicht angemeldete Kontakte kann eine Einladung zum Beitritt zu Facebook versendet werden. Die Versendung dieser Einladungsmail ist unerbetene Werbung und damit ohne vorherige Einwilligung des Eingeladenen unzulässig (KG K&R 2014, 280; BGH, Urt. v. 14.1.2016 – I ZR 65/14 – Freunde finden).

229 Unerbetene elektronische Nachrichten erzeugt auch die sog. **„Like-Funktion"** von Sozialen Netzwerken wie **Facebook** („Gefällt mir-Button"). Hier lässt sich über die Frage streiten, ob das Einbinden dieser Funktion auf den Webseiten von Unternehmen gegen § 7 Abs. 2 Nr. 3 UWG verstößt. Der Like-Button bewirkt, dass die Daten eines Besuchs auf der betreffenden Homepage (Datum, Uhrzeit, IP-Adresse, Betriebssystem) an Facebook weitergeleitet werden, also einen Datenaustausch mit dem Sozialen Netzwerkbetreibern erzeugen. Dieser Datenaustausch hat zur Folge, dass Facebook dem betreffenden Nutzer kontextbezogene Mitteilungen macht, darunter auch Werbung. Zwar wird dieser Datenstrom durch den Nutzer selbst initiiert, doch war das KG der Meinung, dass die Einbindung des Buttons diese Kontextbindung erleichtere, also Belästigungen durch unerbetene kommerzielle Mitteilungen ermögliche (KG GRUR-RR 2012, 19), ein Verstoß gegen § 7 Abs. 2 Nr. 3 UWG wurde allerdings nur in Bezug auf Nutzer bejaht, die nicht gleichzeitig bei Facebook eingeloggt sind, für die übrigen sollte eine Einwilligung in die kontextbezogenen Mitteilungen vorliegen. Diese Unterscheidung ist zweifelhaft, aber vermutlich eine zeitgemäße Liberalisierung des § 7 Abs. 2 Nr. 3 UWG.

Zudem sah das Gericht einen Verstoß gegen datenschutzrechtliche Vorschriften (§ 13 TMG) darin, dass der eine Unternehmensseite besuchende Nutzer über die Aktivierung dieses Datenstromes zu Facebook nicht aufgeklärt wurde, also auch keine wirksame Einwilligung in die Übermittlung von personenbezogenen Metadaten (s.o.) erteilen konnte. Dieser Verstoß betrifft § 3a UWG. Gestritten wird noch darüber, ob der Verstoß auch durch Konkurrenten oder nur durch Verbraucherschutzverbände (§ 8 Abs. 3 Nr. 3 UWG) gerügt werden kann (für ersteres zu Recht: OLG Hamburg GRUR-RR 2013, 482; OLG Köln CR 2011, 680; für letzteres: KG GRUR-RR 2012, 19). Der Like-Button ist nicht nur unverbindliche Gefallensäußerung (so aber LG Hamburg MMR 2013, 250), sondern geschäftliche Handlung (OLG Frankfurt MMR 2013, 743; zum Problembereich insgesamt *Draheim/Lehmann*, GRUR-Prax 2014, 401).

Als belästigende elektronische Werbung werden auch **automatische elekt-** 230 **ronische Antwortfunktionen** angesehen. Der Betroffene kündigte seinen Versicherungsvertrag durch E-Mail und erhielt darauf hin eine Bestätigungsmail, die in der Fußzeile folgende Nachricht enthielt „Übrigens: Unwetterwarnungen per SMS kostenlos auf Ihr Handy. Ein exklusiver Service nur für (…) und Anmeldung unter (…)", ferner „Neu für iPhone Nutzer: die App (…) inkl. Push Benachrichtigungen für (…) und vielen weiteren nützlichen Features rund um (…) ✱✱✱ Diese E-Mail wird automatisch vom System generiert. Bitte antworten Sie nicht darauf". Als der Kunde den Datenschutzbeauftragten des Unternehmens anschrieb, erhielt er wiederum eine automatische Nachricht mit dieser Unterzeile. Daraufhin klagte er auf Unterlassung. Amtsgericht und Landgericht wiesen die Klage ab, der BGH gab ihr statt und stellte klar, dass Autoreply-Mitteilungen keine Werbung enthalten dürften (BGH NJW 2016, 870; vgl. auch LG Stuttgart,

MMR 2015, 455 m. Anm. *Dörre* GRUR-Prax 2015, 212). Die Klage wurde über § 823 Abs. 1, 1004 Abs. 1 Satz 2 BGB geführt (vgl. oben Rn. 215). Sie lässt vermuten, dass auch die automatische Signaturzeile von Smartphones und Tablets („sent from my x-phone") problematisch ist.

dd) Unaufgeforderte Werbetelefonate, § 7 Abs. 2 Nr. 2 UWG
(1) Telefonwerbung gegenüber Privaten

231 Unaufgeforderte Telefonwerbung gegenüber Privaten wurde bereits im UWG 1909 als sittenwidrig (Verstoß gegen § 1 UWG 1909) angesehen (BGH GRUR 1970, 523 – Telefonwerbung I; GRUR 1989, 753 – Telefonwerbung II; GRUR 1990, 280 – Telefonwerbung III; BGHZ 113, 282 = GRUR 1991, 764 – Telefonwerbung IV; GRUR 1994, 380 – Lexikothek; GRUR 1995, 492 – Telefonwerbung V; Baumbach/*Hefermehl*, UWG, § 1 UWG, Rn. 67ff.). Als Begründung wurde angeführt, dass das Eindringen in die Privatsphäre des Anschlussinhabers das entscheidende, die Sittenwidrigkeit begründende Umstandsmoment darstellte. Dabei spielt eine Rolle, dass der Anschlussinhaber sich dem Kontakt nicht entziehen kann. Diese Begründung hat zu der heutigen engen Regelung in § 7 Abs. 2 Nr. 2 UWG geführt. Anrufe gegenüber Privatleuten sind daher nur zulässig, wenn der Betroffene ausdrücklich vorher in diese Form der Ansprache eingewilligt hat.

232 Das damit auch für die Telefonwerbung kodifizierte **opt-in-Prinzip** ist von Wirtschaftsverbänden, die eine (vom europäischen Recht nicht gehinderte) liberalere Regelung gewünscht hätten, scharf kritisiert worden. Auch der Bundesrat hatte das „wirtschaftsfreundlichere und liberalere" opt-out-Modell („gegen den Willen") vorgeschlagen, um Wettbewerbsnachteile der deutschen Direktvermarkter zu vermeiden. Die Bundesregierung ist dem nicht gefolgt. Sie hat ihr Vorgehen damit begründet, dass die getroffene Regelung der bisherigen Rechtsprechung entspreche (BGHZ 54, 188 = GRUR 1970, 523 – Telefonwerbung I) und erforderlich sei, um die Privatsphäre der Verbraucher zu schützen (BegrRegE, BT-Drucks. 15/1487, S. 31 – Bundesrat, S. 41f. – Bundesregierung).

233 Oft stellt sich die **Frage, wann der Kunde konkret in Telefonwerbung eingewilligt hat.** Eine mutmaßliche – also nur vermutete – Einwilligung genügt nicht. Die Angabe von Telefonnummern auf Briefköpfen, Informationsschreiben oder Vertragsentwürfen ist daher keine konkrete Einwilligung in Werbeanrufe (vgl. hierzu bereits OLG Frankfurt NJW-RR 1990, 1137), ebenso wenig genügt der Eintrag im Telefonbuch (BGH GRUR 1989, 753, 754 – Telefonwerbung II) oder das Einverständnis gegenüber einem Unternehmen, das in derselben Branche tätig ist wie ein bereits vorhandener Vertragspartner (BGH WRP 1994, 262 – Lexikothek). Auch das bloße Schweigen auf die schriftliche Ankün-

digung eines Anrufs begründet keine Einwilligung (BGH GRUR 1989, 753, 754 – Telefonwerbung II). Im Vertragsrecht hat der BGH (VIII. Senat) geurteilt, dass es unzulässig sei, dem Bankkunden anlässlich einer Kontoeröffnung die gesonderte Erklärung abzuverlangen, mit Anrufen durch Kooperationspartner der Bank einverstanden zu sein (BGHZ 141, 124 = NJW 1999, 1864). Der (für das Lauterkeitsrecht zuständige) I. Zivilsenat ist von dieser strengen Haltung etwas abgerückt und hat es jedenfalls für zulässig gehalten, eine solche Erklärung abzugeben, wenn das Einverständnis in einer gesonderten, hervorgehobenen und gesondert unterschriebenen Erklärung erfolgt (vgl. BGH GRUR 2008, 1010 – Payback). Eine in Versicherungsverträgen vorformulierte Klausel dahingehend, dass der Versicherungskunde erklärt, mit Anrufen auch außerhalb der konkreten Versicherungsbeziehung einverstanden zu sein, wurde als nicht genügend für eine Einwilligung in Werbeanrufe angesehen (BGH GRUR 2000, 818, 820 – Telefonwerbung VI, dazu unten). Auch die Begründung zum Regierungsentwurf verlangt eine ausdrückliche und eindeutige Erklärung (BT-Drucks. 15/1487, S. 21). Nicht genügend ist es, den Kunden zu Beginn eines Werbeanrufs um seine Einwilligung zu bitten, denn eine vorherige Einwilligung ist nicht mehr möglich, wenn die Werbeansprache schon begonnen hat (BGH NJW 2013, 2683).

Umstritten war, ob eine vorherige **Einwilligung** auch **in vorformulierten Vertragsunterlagen** erteilt werden kann. Der BGH hat das zunächst bezweifelt:

BGH GRUR 2000, 818 – Telefonwerbung VI: Die Beklagte, eine Bank, verwendete in ihren Vertragsunterlagen zur Eröffnung von Sparkonten eine Formulierung, mit welcher der unterzeichnende Kunde erklärte, „mit der persönlichen und telefonischen Beratung in Geldangelegenheiten durch die Bank einverstanden" zu sein. Um die Erklärung zu aktivieren, musste der Kunde das Feld „einverstanden" ankreuzen. Ein Jahr nach der Unterschrift rief ein Mitarbeiter der Bank beim Kunden an und vereinbarte einen Besuchstermin „wegen einer Steuerersparnissache". Im daraufhin zustande gekommenen Gespräch bot er dem Kunden den Abschluss eines Kapitallebensversicherungsvertrages an. Der BGH verneinte in dieser Entscheidung eine wirksame Einwilligung. Er hielt es für „**unangemessen, wenn Kontoeröffnungsanträge von Banken eine vorformulierte Einverständniserklärung des Kunden enthalten, die eine telefonische Werbung, der Bank für Vertragsabschlüsse in anderweitigen Geldangelegenheiten ermöglichen soll**, die über das Vertragsverhältnis mit der Bank, mit dem die Abgabe der Einverständniserklärung in Zusammenhang steht, hinausgehen."

In einer Entscheidung aus dem Jahr 2013 hat der BGH diese Rechtsprechung etwas eingeschränkt und gemeint, Einwilligungserklärungen durch vorformulierte Erklärungen in AGB seien grundsätzlich zulässig (BGH NJW 2013, 2683 Tz. 21 – Einwilligung in Werbeanrufe II). Allerdings unterliegen die Klauseln einer Kontrolle nach §§ 305 ff. BGB. Damit der Verbraucher informiert entscheiden kann, die in den AGB abgegebene Erklärung also wirksam ist, muss er bereits in den AGB hingewiesen werden auf

- die konkrete Möglichkeit von Werbeanrufen,
- die Art der dabei anzupreisenden Produkte und
- das oder die Unternehmen, das die Werbeansprache vornehmen wird.

Generaleinwilligungen in sämtliche Werbeanrufe werden typischerweise an der ersten Voraussetzung scheitern. Anrufe durch ein Call-Center bleiben möglich, wenn der Call-Center-Mitarbeiter zu Beginn des Telefonats deutlich macht, in wessen Auftrag der Anruf erfolgt und wenn dieses Unternehmen in den AGB genannt worden ist. Die Einwilligung des Verbrauchers ist vom Unternehmen zu beweisen und auch zu dokumentieren (BGH NJW 2011, 2657).

(2) Durchsetzung des Verbraucherschutzes gegenüber Telefonwerbung

234 Gem. § 20 Abs. 1 UWG sind vorsätzliche oder fahrlässige Verstöße gegen § 7 Abs. 2 Nr. 2 und Nr. 3 mit Bußgeld bewehrt. Durch das Gesetz gegen unseriöse Geschäftspraktiken (in Kraft seit 9.10.2013) wurde § 20 UWG verschärft, so dass die Geldbuße in § 20 Abs. 2 UWG von 50.000 € auf 300.000 € erhöht wurde. Zuständige Behörde ist die Bundesnetzagentur (§ 20 Abs. 3 UWG).

Gleichwohl kommt es immer häufiger zu einer Missachtung dieser Regeln. Sofern Verbraucher Anrufe entgegennehmen und das Verhalten nicht gegenüber den Verbraucherzentralen unter Namhaftmachung der Anrufer melden können, bleiben die Instrumente des Lauterkeitsrechts stumpf. Hinzu kommt, dass Verträge, die aufgrund unerbetener Anrufe geschlossen werden, nach bisheriger Rechtslage zivilrechtlich wirksam sind. Zwar muss der Anrufer nach § 312a Abs. 1 BGB zu Beginn des Gesprächs den geschäftlichen Zweck des Anrufs und seine Identität offenbaren. Geschieht dies nicht, so hat das auf die Wirksamkeit eines etwa geschlossenen Vertrages jedoch keinen Einfluss. Zwar besteht bei solchen Fernabsatzgeschäften ein Widerrufsrecht des Verbrauchers (§§ 312g, 355 BGB), der Folgevertrag ist aber zivilrechtlich wirksam (vorbehaltlich der allgemeinen Anfechtungsmöglichkeiten der §§ 119, 123 BGB), selbst wenn er mündlich geschlossen wurde. Unterlässt der Verbraucher den Widerruf, so bleibt es bei dieser Wirksamkeit. Einige Verträge können nicht einmal widerrufen werden, wenn der Verbraucher es möchte (vgl. § 312g Abs. 2 BGB). Kein Widerrufsrecht gab es früher auch bei Wett- und Lotterieleistungen sowie Zeitungs- und Zeitschriftenbezugsverträgen. § 312g Abs. 2 Nr. 12 BGB schließt heute das Widerrufsrecht bei Wetten, Lotterien, Zeitungsbezugsverträgen und Finanzdienstleistungen nur aus, wenn der darauf gerichtete Vertrag **nicht** telefonisch zustande gekommen (also schriftlich, insbesondere brieflich, geschlossen worden) ist.

Verbraucherschützer verlangen oft mehr, nämlich dass telefonisch geschlossene Verträge generell unwirksam sind, solange sie nicht schriftlich zumindest bestätigt werden. Diese Lösung ist aber nur bei den Wett-, Lotterie-,
Zeitungs- und Finanzdienstleistungsverträgen, und auch dort nur ansatzweise
umgesetzt worden.

Zu beachten bleibt, dass der individuell belästigte Verbraucher gegen belästigende geschäftliche Ansprachen über §§ 823 Abs. 1, 1004 Abs. 1 Satz 2 analog
BGB vorgehen kann (s.o. Rn. 215).

(3) Telefonwerbung gegenüber Gewerbetreibenden

Im **geschäftlichen/gewerblichen Bereich** gibt es regelmäßig keine Privat-   235
sphäre, solange mit der Geschäftsperson im Geschäftsraum und während der
üblichen Öffnungszeiten telefonisch Kontakt aufgenommen wird. Ein Gewerbe-
treibender rechnet mit Anrufen von anderen Unternehmen, auch zum Zwecke
der Geschäftsanbahnung. Daher muss der Gewerbetreibende nicht ausdrücklich
oder konkludent in solche Anrufe einwilligen, hier genügt die mutmaßliche
Einwilligung (§ 7 Abs. 2 Nr. 2 UWG). Doch hat der BGH stets betont, dass bei Gewerbetreibenden nicht schlechthin damit gerechnet werden kann, dass diese
mit Werbeanrufen jeder Art einverstanden sind. Die **mutmaßliche Einwilligung** bezieht sich auch hier nur auf solche Angebote, die zum Sortiment des
Gewerbetreibenden gehören. Die Rechtfertigung für diese Haltung betrifft die
Gefahr einer übermäßigen Blockade der Geschäftseinrichtungen (Telefonleitun-
gen, Arbeitszeit der Beschäftigten). Erforderlich ist daher eine Abwägung der
beiderseitigen Interessen. Das Interesse des Werbenden setzt sich nach Ansicht
der Gerichte nur durch, wenn es für den Anruf einen konkreten, aus dem Inte-
ressenbereich des Angerufenen herzuleitenden Anlass gibt (BGH WRP 2004,
603: sachliches Interesse des Anzurufenden an einer Kontaktaufnahme gerade
per Telefon; BGH GRUR 1991, 764 – Telefonwerbung IV; für das UWG 2004
ebenso OLG Frankfurt/M. WRP 2004, 1188 = GRUR-RR 2004, 254).

Den Stand der Rechtsprechung gibt folgende Entscheidung wieder: 236

BGH GRUR 2004, 520 – Telefonwerbung für Zusatzeintrag: Die Beklagte gab gemeinsam mit einer Tochtergesellschaft der Telekom die „Gelben Seiten" heraus. Aufgrund von
Vereinbarungen zwischen den Unternehmen konnten auch andere als Telekom-Kunden
in den Gelben Seiten aufgenommen werden. Für Zusatzeinträge musste gesondert bezahlt
werden. Die Beklagte rief Telekom-Kunden an, um solche Zusatzeinträge zu bewerben.
Der BGH ging davon aus, dass hierfür eine mutmaßliche Einwilligung vorlag:
  (S. 521): „(...) [A]uch im gewerblichen Bereich [können] telefonische Werbemaßnahmen wettbewerbsrechtlich unzulässig sein, weil sie zu belästigenden oder sonst unerwünschten Störungen der beruflichen Tätigkeit des Angerufenen führen können. Wer ei-

nen Telefonanschluss zu gewerblichen Zwecken unterhält, rechnet allerdings mit Anrufen potenzieller Geschäftspartner und solcher Personen, die zu ihm mit Blick auf seine Geschäftstätigkeit auch in deren eigenem Interesse in Verbindung zu treten wünschen. Anders als im privaten Bereich ist telefonische Werbung im geschäftlichen Bereich daher nicht nur zulässig, wenn der Angerufene zuvor ausdrücklich oder konkludent sein Einverständnis erklärt hat, sondern sie ist auch dann als wettbewerbsgemäß anzusehen, wenn auf Grund konkreter tatsächlicher Umstände ein **sachliches Interesse des Anzurufenden** daran vermutet werden kann. Ein ausreichend großes Interesse des anzurufenden Gewerbetreibenden, das die Annahme rechtfertigt, er werde den Anruf erwarten oder ihm jedenfalls positiv gegenüberstehen, kann insbesondere gegeben sein, **wenn die telefonische Werbemaßnahme in einem sachlichen Zusammenhang mit einer bereits bestehenden Geschäftsverbindung steht.**"

237 Ein mutmaßliches Einverständnis besteht danach jedenfalls, wenn es bereits eine Geschäftsverbindung gibt und der Anruf im sachlichen Zusammenhang mit dieser Verbindung steht. Der BGH hat in der Folgezeit mehrfach Gelegenheit gehabt, diesen Punkt zu präzisieren:

> **BGH GRUR 2007, 607 – Telefonwerbung für „Individualverträge":** Die Beklagte vermittelt Bauaufträge an Handwerker. Um Vermittlungsleistungen zu erhalten, muss der Handwerker jedoch zuvor einen „Individualvertrag" mit der Beklagten abschließen. Diese rief unaufgefordert einen Tischler an und vereinbarte mit ihm einen Termin, in dem sie einen solchen „Individualvertrag" schließen wollte. Ein Wettbewerbsverband sah darin eine belästigende Telefonwerbung, in welche der Gewerbetreibende nicht mutmaßlich eingewilligt habe. Der BGH sah dies ebenso und führte aus:
> (Tz. 20): „Die Bekl. hatte (...) keinen berechtigten Grund anzunehmen, das von ihr telefonisch kontaktierte Handwerksunternehmen sei mutmaßlich damit einverstanden, dass sie ihm auf diesem Wege ein Angebot zum Abschluss eines „Individualvertrags" machte oder zumindest die Möglichkeit eines solchen Vertragsschlusses vorstellte. Namentlich rechtfertigte der Umstand, dass das angerufene Handwerksunternehmen die in der „Individualvereinbarung" zu vermittelnden Handwerksleistungen seinerseits anbietet, eine solche Annahme nicht. **Entscheidend ist, dass die Bekl. nicht lediglich Dienstleistungen des angerufenen Unternehmens nachgefragt hat.** Nach den getroffenen Feststellungen ging es ihr bei dem fraglichen Anruf vielmehr um die **Werbung für eine hinsichtlich ihres Inhalts und Umfangs nicht näher bestimmte Vermittlungsleistung, die durch eine nicht unbeträchtliche und zudem im Voraus zu erbringende Gegenleistung entgolten werden sollte.** Der allgemeine Sachbezug mit den von dem angerufenen Unternehmen angebotenen Dienstleistungen reichte für die Annahme einer mutmaßlichen Einwilligung nicht aus. Anderenfalls wäre Telefonwerbung gegenüber Gewerbetreibenden mit seinen belästigenden und deshalb nicht generell hinnehmbaren Folgen nahezu unbeschränkt zulässig." (Tz. 21): „Bei der Beurteilung der Frage, ob bei einer Telefonwerbung im gewerblichen Bereich von einer mutmaßlichen Einwilligung des Anzurufenden ausgegangen werden kann, ist auf die Umstände vor dem Anruf sowie auf die Art und den Inhalt der Werbung abzustellen (...). Aus Rechtsgründen nicht zu beanstanden ist daher die Auffassung des Berufungsgerichts, ein objektiv ungünstiges Angebot könne ein Indiz für das Fehlen der mutmaßlichen Einwilligung sein."

BGH GRUR 2008, 189 – **Suchmaschineneintrag**: Die Beklagte nimmt gegen Entgelt Werbetreibende in ein Suchmaschinenverzeichnis auf. Der Kläger hatte durch einen Link auf die Suchmaschine der Beklagten erreicht, dass er hierüber gleichfalls (allerdings kostenfrei) auffindbar ist. Die Beklagte, die diese Verlinkung bemerkte, rief daraufhin beim Kläger an und bot einen kostenpflichtigen Suchmaschineneintrag an. Zu klären war, ob die Verlinkung eine mutmaßliche Einwilligung in einen solchen Werbeanruf begründete. Der BGH hat die „schwache Geschäftsverbindung", die aufgrund der Verlinkung zustande gekommen ist, nicht für ausreichend gehalten, um eine mutmaßliche Einwilligung in den Anruf zu vermuten (Tz. 19 f.). Der Suchmaschineneintrag diene eher der Selbstdarstellung des Unternehmens, sei aber bei weitem nicht so bedeutsam wie die Eintragung in einem Telefonbuch, die nach der Entscheidung aus dem Jahr 2004 bereits eine Geschäftsverbindung begründe.

Telefonwerbung gegenüber Unternehmen kann nicht nur wettbewerbsrechtlich unlauter sein. Sie stellt auch regelmäßig einen Eingriff in das Recht am eingerichteten und ausgeübten Gewerbebetrieb dar. Der Unterlassungsanspruch kann daher auch auf §§ 823 Abs. 1, 1004 Abs. 1 Satz 2 analog BGB gestützt werden (LG München I GRUR-RR 2007, 59; a.A. *Böhm*, MMR 1999, 643, 644).

Zusammenfassend:
– Telefonwerbung gegenüber Unternehmen ist unter etwas erleichterten Vor- **238** aussetzungen zulässig. Insbesondere genügt eine mutmaßliche Einwilligung. Diese Einwilligung muss sich auch auf die telefonische Kontaktaufnahme beziehen.
– Die mutmaßliche Einwilligung kann vermutet werden, wenn es eine bestehende Geschäftsbeziehung zwischen dem werbenden und dem angesprochenen Unternehmen gibt und der Telefonanruf im sachlichen Zusammenhang mit den bisherigen Geschäften steht.
– Die mutmaßliche Einwilligung kann ferner vermutet werden, wenn der Anrufer diejenigen Waren nachfragt, die der Angesprochene anbietet.
– Gegen eine mutmaßliche Einwilligung spricht der Umstand, dass eine vom Werbenden angebotene Dienstleistung zu objektiv ungünstigen Konditionen angeboten wird (z.B. die Umwandlung einer bisher kostenfreien in eine kostenpflichtige Leistung).
– Gegen eine mutmaßliche Einwilligung spricht zudem der Umstand, dass der Werbende eine noch unspezifische Leistung anbietet und das Telefon der Anbahnung einer erst in diesem Gespräch näher zu erläuternden Vertragsbeziehung gilt.

ee) Direktwerbung per Post (§ 7 Abs. 2 Nr. 1 UWG)
Postalische Werbung ist im Grundsatz erlaubt, es sei denn (1) der Verbraucher **239** wird „hartnäckig angesprochen" (2) und es ist erkennbar, dass er diese Wer-

bung nicht wünscht. Der Empfänger erkennt bei Werbepost bereits an der äußerlichen Aufmachung, dass es sich um Werbung handelt und muss sich daher keiner weiteren Mühe unterziehen, um die „Belästigung" zu entsorgen (BGH GRUR 1973, 552 – Briefwerbung; GRUR 1989, 225 – Handzettel-Wurfsendung). Werbewurfsendungen sind also grundsätzlich hinzunehmen, weil ein Interesse weiter Teile der Bevölkerung an dieser Form der Werbung besteht, zudem kein Eindringen in die Individualsphäre des Adressaten erfolgt. Problematisch sind als Privatbriefe getarnte Werbesendungen (BGHZ 106, 229 = GRUR 1992, 622 – Verdeckte Laienwerbung), die allerdings auch noch grundsätzlich als zulässig angesehen werden, weil der Belästigungseffekt überschaubar ist.

240   Briefwerbung unterliegt aber dem „opt-out-Prinzip", d.h. der Adressat kann sich der Belästigung entziehen, indem er erkennbar macht, dass er keine Werbepost wünscht. Das geschieht etwa dadurch, dass am Briefkasten ein Aufkleber „Keine Werbung" oder „Werbung unerwünscht" aufgeklebt wird. Die Missachtung des ausdrücklich geäußerten Willens des Adressaten, keine Werbung zu wünschen (Briefkastenaufkleber), stellt bei Privatleuten eine Persönlichkeitsrechtsverletzung dar (BGHZ 60, 296, 299 = GRUR 1973, 552, 553 – Briefwerbung; daneben Eigentums- und Besitzstörung), bei Unternehmern einen Eingriff in das Recht am eingerichteten und ausgeübten Gewerbebetrieb. Im UWG muss die Belästigung eine gewisse Schwelle überschreiten. Die nur gelegentliche Missachtung eines ablehnenden Briefkastenhinweises wird noch nicht als spürbare Verletzung angesehen (BGH GRUR 1992, 617 – Briefkastenwerbung).

241   Der Hinweis auf dem Briefkasten muss zudem eindeutig formuliert sein. „Keine Werbung" bedeutet noch nicht, dass auch Anzeigenblätter mit einem geringen redaktionellen Teil unerwünscht sind (BGH GRUR-RR 2012, 495). Eine postalische Aufforderung an den Werbenden, keine Werbepost zu versenden, genügt ebenso wie eine E-Mail. Dies führt dazu, dass auch Werbepost, die „an die Bewohner des Hauses Nr. xx in der y-Straße" versendet wird, unzumutbare Belästigung bleibt, und zwar auch wenn der „Keine Werbung-Aufkleber" am Briefkasten fehlt (OLG München GRUR-RR 2014, 162). Bei der postalischen Versendung einer in eine Folie eingeschweißten Gratiszeitung mit beiliegender Werbung oder beim Einwurf von Gratiszeitungen ist die Anwendung des § 7 Abs. 2 Nr. 1 UWG problematisch. Sofern der Werbung redaktionelle Informationen beiliegen, handelt es sich nicht um pure Werbung. Einer extensiven Anwendung des § 7 Abs. 2 Nr. 1 UWG steht die grundgesetzlich geschützte Pressefreiheit (Art. 5 Abs. 1 Satz 2 GG) entgegen. Sie schützt Presse auf allen Vertriebswegen, also auch die Gratiszusendung und den Gratisvertrieb (BGH AfP 2012, 377; OLG Hamm GRUR-RR 2011, 469). Allerdings kann sich der Adressat durch einen erweiterten Aufkleber zur Wehr setzen („Keine Werbeprospekte

und keine Anzeigenblätter mit einliegendem Werbeprospekt"), denn auch Presseerzeugnisse muss er sich nicht aufdrängen lassen.

ff) Sonstige Fälle der unzumutbaren Belästigung (§ 7 Abs. 1 UWG)

Außerhalb der Distanzwerbung ist die Direktansprache von Kunden nicht ohne **242** Weiteres verboten, sondern erst, wenn die dadurch eintretende Belästigung nach Abwägung mit den Freiheiten des Werbetreibenden für den Adressaten „unzumutbar" ist. „Erfasst werden sollen die Fälle, in denen sich die Belästigung zu einer solchen Intensität verdichtet hat, dass sie von einem großen Teil der Verbraucher als unerträglich empfunden wird" (Begr. RegE, BT-Drucks. 15/1487, S. 21).

Die Belästigung muss in der Art und Weise der Annäherung an den Kunden liegen, allein wegen ihres Inhaltes kann eine Kundenansprache nicht belästigend sein (z.B. Angebot pornographischer Literatur). Eine Ausnahme betrifft noch die Werbung auf Friedhöfen, die zum Teil von den Gerichten als „pietätlos" und damit wegen ihres Inhaltes als unlauter angesehen wird (vgl. Fall 1; hierzu OLG München GRUR-RR 2003, 117: Aufstellen von Containern auf Friedhof mit deutlich herausgestelltem Firmenschlagwort; zurückhaltender BGH GRUR 2010, 1113 – Grabmalwerbung; OLG München WRP 2008, 380, 382 mit Bspr. *Haslinger*, WRP 2008, 1052; krit. *Köhler*/Bornkamm, § 7 Rn. 19).

Im Übrigen sind die nachfolgenden Konstellationen zu beachten, die zum **243** Teil noch an frühere Rechtsprechungsregeln anknüpfen.

(1) Ansprache von Kunden in der Öffentlichkeit

Die Direktansprache von Kunden wurde früher streng beurteilt. Grundsätzlich sollte der Unternehmer darauf warten, dass der Kunde sich an ihn wendet. Hatte der Kunde das Ladengeschäft betreten, durfte er angesprochen werden („Kann ich Ihnen helfen?"). Vor dem Geschäft war dies jedoch bereits heikel (klassisch: BGH GRUR 1960, 431, 432 – Kfz-Nummernschilder: Hersteller von Kfz-Schildern spricht Kunden, die aus der Zulassungsbehörde kommen, gezielt an und bietet seine Leistungen feil). Das zeigt ein Fall aus dem Jahr 2004:

> **BGH GRUR 2004, 699 – Ansprechen in der Öffentlichkeit I:** Die als solche nicht erkennbaren Mitarbeiter eines Anbieters von Preselection-Telefondienstleistungsverträgen gingen in der Fußgängerzone aktiv auf Passanten zu und versuchten, ihnen die Leistungen des Unternehmens anzubieten. Der BGH hielt dies für wettbewerbswidrig und formulierte folgenden Leitsatz: „Das **gezielte individuelle Ansprechen von Passanten im öffentlichen Verkehrsraum zu Werbezwecken** stellt sich **grundsätzlich**, insbesondere wenn der Werbende als solcher nicht erkennbar ist, als **wettbewerbswidrig** dar." Der

BGH begründete dies damit, dass ein solches Vorgehen ein belästigender „Eingriff in die Individualsphäre des Umworbenen und in dessen Recht, auch im öffentlichen Raum weitestgehend ungestört zu bleiben", sei (S. 701). Allerdings resultiere die Wettbewerbswidrigkeit nicht allein aus der individuellen Belästigung, sondern aus der Gefahr der Nachahmung dieses Verhaltens durch andere Unternehmer. Noch ein weiterer Gesichtspunkt wurde genannt (S. 701): „Der Werbende, der sich, ohne als solcher erkennbar zu sein, einem Passanten nähert, macht sich den Umstand zu Nutze, dass es einem Gebot der Höflichkeit unter zivilisierten Menschen entspricht, einer fremden Person, die sich beispielsweise nach dem Weg erkundigen möchte, nicht von vornherein abweisend und ablehnend gegenüberzutreten."

Der BGH hatte mit dieser Entscheidung bereits zu erkennen gegeben, „dass die beteiligten Verkehrskreise heute stärker als früher auf die Wahrung eigener Interessen und weniger auf die Einhaltung bestimmter Umgangsformen bedacht sind. Mit der Gefahr einer Verstrickung oder Überrumpelung des Verbrauchers lässt sich die Unlauterkeit der in Rede stehenden Werbemethode nicht mehr begründen. Für den mündigen Verbraucher besteht in der Regel nicht die Gefahr, dass er sich hierdurch zu einem ihm an sich unerwünschten Vertragsschluss bewegen lässt" (S. 700).

244 Mit einer **neueren Entscheidung** hat das Gericht sodann **entscheidend auf den Umstand abgestellt, ob der Werbende als solcher erkennbar ist oder nicht.** Nur im letzteren Fall soll das Vorgehen noch unlauter sein, ferner dann, wenn der Werbende den Kunden so bedrängt, dass dieser der Ansprache nicht entgehen kann.

BGH GRUR 2005, 443, 445 – Ansprechen in der Öffentlichkeit II: „Die gezielte Direktansprache von Passanten auf öffentlichen Straßen oder Plätzen zu Werbezwecken kann (...) **nicht ohne weiteres** als **unzumutbare Belästigung** (§ 7 Abs. 1 UWG) des Angesprochenen angesehen werden, **wenn der Werbende von vornherein als solcher eindeutig erkennbar ist.** Die Kontaktaufnahme zu Werbezwecken ist für den Passanten in solchen Fällen in aller Regel nicht überraschend und unvorhergesehen. Er hat (...) fast immer die Möglichkeit, sich einem Gespräch ohne große Mühe durch Nichtbeachtung des Werbenden oder eine kurze abweisende Bemerkung oder Geste zu entziehen. Anders liegt es aber, wenn dies nach den gegebenen Verhältnissen (z.B. in einer engen Straße) nicht möglich ist **oder wenn der Werbende einen erkennbar entgegenstehenden Willen des Angesprochenen missachtet, etwa indem er diesen am Weitergehen hindert oder ihm folgt.** In solchen Fällen ist die Anwendung des § 7 UWG auch dann geboten, wenn sich der Werbende von vornherein als solcher zu erkennen gegeben hat."

(2) Zusendung unbestellter Waren

245 Die Zusendung unbestellter Waren ist nicht stets unlauter (verneint bei Zusendung einer Kreditkarte BGH NJW 2011, 3159), erzeugt aber weder Vertragsansprüche noch gesetzliche Herausgabeansprüche (§ 241a BGB). Unlauter wird die

Praxis, wenn der Unternehmer den Kunden zur Bezahlung oder Rücksendung auffordert. Dann greift das Per-se-Verbot von Nr. 29 des Anhangs zu § 3 Abs. 3 UWG (BGH GRUR 2012, 82 – Auftragsbestätigung). Grund für dieses Verbot sind die häufig zu beobachtende Trägheit des Verbrauchers (Bezahlen ist leichter als Zurücksenden) und seine mögliche Befürchtung, in Unannehmlichkeiten zu geraten, wenn er die Ware nicht abnimmt. Der Unternehmer kann dem Verbot der Nr. 29 entgehen, indem er ausdrücklich darauf hinweist, dass die Ware nicht zurückgesendet werden muss (so bereits BGH GRUR 1959, 277 – Künstlerpostkarten).

(3) Ansprechen von Kunden in Situationen der Hilflosigkeit oder Not

Zu den klassischen Fällen einer Belästigung gehört das Ansprechen von Opfern 246 eines Verkehrsunfalls noch am Unfallort (BGHZ 75, 264 und 266 – Werbung am Unfallort I/II; BGH GRUR 1980, 790 = NJW 1980, 1690; GRUR 2000, 235 – Werbung am Unfallort III, IV), das Aufsuchen dieser Opfer im Krankenhaus („ambulance chasing") oder die Ansprache von Trauernden in geringem zeitlichen Abstand zu dem Trauerfall. Der BGH befand 1971, dass unaufgeforderte Vertreterbesuche zur Erlangung von Aufträgen für den Erwerb eines Grabsteins auch nach Ablauf einer angemessenen Abstandsfrist zu dem Trauerereignis eine unzumutbare Belästigung darstellten. Das tragende Argument dabei ist die Erwägung, dass „der Schutz der Individualsphäre der Hinterbliebenen Vorrang vor wirtschaftlichem Gewinnstreben" habe (BGH GRUR 1971, 317, 318). Das BVerfG hat das bislang mit folgenden Worten gebilligt: „Der Grundgedanke des BGH, wonach der Schutz der Intimsphäre des Einzelnen Vorrang vor dem wirtschaftlichen Gewinnstreben hat und wirtschaftliche Werbung in diesem Bereich deshalb mit Zurückhaltung geübt werden muss, stimmt (...) mit den Wertvorstellungen des Grundgesetzes, insbesondere mit Art. 12 Abs. 1, überein. (...) Dem Beschwerdeführer, dessen Unternehmensführung allein von wirtschaftlichen Erwägungen bestimmt wird, steht (...) kein (...) spezielles Grundrecht zur Seite, das seinem Verhalten den Makel des Sittenwidrigen nehmen könnte." (BVerfG GRUR 1973, 358, 360).

Von § 4a UWG (Belästigung mit der Eignung zur Beeinflussung der Entscheidungsfreiheit) ist die unter § 7 UWG fallende Belästigung dadurch abzugrenzen, dass die direkte Ansprache des Trauernden in seiner Privatsphäre unter § 7 UWG fällt, die postalische Ansprache kann dagegen nach § 7 UWG noch zulässig, aber nach § 4a Abs. 1 Satz 2 Nr. 1 UWG unzulässig sein, wenn kurz nach dem Trauerfall Entscheidungsdruck aufgebaut wird (vgl. hierzu Fall 3).

(4) Haustürwerbung und Ansprachen am Arbeitsplatz

247   Anders als im Bereich der Telefonansprache werden Vertreterbesuche an der Haustür von der wettbewerbsrechtlichen Judikatur bis heute im Grundsatz geduldet (außer im Bereich der Bestattungswerbung, siehe Rn. 242), es sei denn, der Verbraucher gibt zu erkennen, dass er diese Ansprache nicht wünscht („Keine Vertreterbesuche", „Betteln und Hausieren verboten"; vgl. BGH GRUR 1994, 380, 382 – Lexikothek; GRUR 1994, 818, 819 – Schriftliche Voranmeldung). Begrenzt wird diese Form der Ansprache durch das Verbot, den Kunden zu nötigen oder zu bedrängen oder ein Einverständnis zum Hausbesuch durch vorformulierte AGB oder andere Techniken zu provozieren. Zu beachten ist überdies Nr. 26 des Anhangs zu § 3 Abs. 3 UWG (Rn. 57).

248   **Direktansprachen am Arbeitsplatz** werden von den Gerichten häufig nicht als unzumutbare Belästigung nach § 7 UWG behandelt, weil hier weniger die Privatsphäre des Mitarbeiters, sondern die betriebliche Sphäre des Unternehmers berührt ist, dessen Mitarbeiter von der Arbeit abgehalten oder gar abgeworben werden sollen. Die Gerichte wenden auf solche Fälle daher die Generalklausel des § 3 Abs. 1 UWG an, weil hierdurch „die rechtlich geschützten Interessen aller Beteiligten bei der Entscheidung abgewogen werden können" (BGH GRUR 2006, 426 – Direktansprache am Arbeitsplatz II). Abwägungskriterien können nicht nur aus den Grundsätzen zu § 7 UWG, sondern auch aus dem Verbot gezielter Behinderung von Konkurrenten aus § 4 Nr. 4 UWG gewonnen werden (BGH aaO.). So hat der BGH es als unlauter angesehen, wenn ein Unternehmer den Mitarbeiter eines anderen Unternehmers direkt an seinem Arbeitsplatz anruft, um ihn abzuwerben, sofern dieser Anruf „über eine erste Kontaktaufnahme hinausgeht" (BGH GRUR 2008, 262 – Direktansprache am Arbeitsplatz III). Danach ist es zulässig, die Mitarbeiter fremder Unternehmen telefonisch zu kontaktieren. Doch muss sich das dabei geführte Gespräch auf den Austausch von Kontaktdaten beschränken und das Abwerbegespräch selbst außerhalb der Sphäre des bisherigen Arbeitgebers geführt werden.

III. Lösungsskizze

Anspruch des V gegen B

Anspruch auf Unterlassung aus § 8 Abs. 1 Satz 1, Abs. 3 Nr. 2 i.V.m. § 7 UWG

1. Zulässigkeit der Klage

a) Gerichtliche Zuständigkeit
   aa) Sachliche Zuständigkeit, § 13 Abs. 1 UWG: Landgericht/KfH
   bb) Örtliche Zuständigkeit, § 14 UWG: Klage am Sitz von B (nicht zulässig ist eine Klage am Erfolgsort des Delikts, vgl. § 14 Abs. 2 UWG)
b) Bestimmtheit des Klageantrags, § 253 Abs. 2 Nr. 2 ZPO: Beschreibung der Verletzungshandlung durch Bezugnahme auf jede der einzelnen Werbehandlungen

2. Begründetheit der Klage

a) Klagebefugnis (Aktivlegitimation)
   § 8 Abs. 3 Nr. 2 UWG, Voraussetzungen:
   – V ist ein rechtsfähiger Verband („e.V.").
   – Zu seinen satzungsgemäßen Zielen gehören unter anderem die Förderung der Lauterkeit des Wettbewerbs und damit die Förderung gewerblicher Interessen.
   – Zu seinen Mitgliedern gehören mehrere dutzend Konkurrenten des B; deren Interessen werden durch Praktiken der Direktansprache mittelbar auch dann berührt, wenn die Belästigung vornehmlich Privatpersonen betrifft; denn jedenfalls besteht die Gefahr der Nachahmung des Verhaltens;
   – Dass B über ausreichende personelle, sachliche und finanzielle Ausstattung verfügt, darf für Prüfungszwecke vermutet werden.
   – Anhaltspunkte für eine missbräuchliche Geltendmachung der Klagebefugnis (§ 8 Abs. 4 UWG) sind dem Sachverhalt nicht zu entnehmen.
   Ergebnis: V ist befugt, den Unterlassungsanspruch geltend zu machen
b) Passivlegitimation der Beklagten
   B haftet als Täter, weil er die Handlungen selbst oder durch Beauftragte (§ 8 Abs. 2 UWG) vorgenommen hat.
c) Allgemeine Anwendungsvoraussetzungen, § 3 UWG ist hier nicht zu erörtern, da § 7 UWG eine eigenständige Anspruchsgrundlage darstellt.

d) Zulässigkeit der Direktansprache in der Fußgängerzone gem. § 7 Abs. 1 UWG

aa) Eine geschäftliche Handlung in Form von Werbung nach § 7 Abs. 1 UWG liegt vor.

bb) Keine Anhaltspunkte bestehen für eine unzumutbare Belästigung nach § 7 Abs. 1 Satz 2 UWG, da nicht erkennbar ist, dass ein im Einzelfall angesprochener Teilnehmer diese Werbung nicht wünschte und trotzdem angesprochen wurde.

cc) In Betracht kommt eine unzumutbare Belästigung nach der Abwägungsklausel des § 7 Abs. 1 Satz 1 UWG; hierzu sind die Grundsätze der Rechtsprechung zur Direktansprache zu beachten. Der BGH hält die Direktansprache in der Regel für zulässig, es sei denn, der Werbende ist als solcher nicht erkennbar oder er belästigt oder nötigt den Adressaten; beides ist hier nicht zu vermuten.

Ergebnis: Die Werbeaktion in der Fußgängerzone ist zulässig.

e) Zulässigkeit der Faxwerbung an Anwaltskanzleien

aa) Faxwerbeschreiben fallen als Werbung mit Fernkommunikationsmitteln unter § 7 Abs. 2 Nr. 3 UWG.

bb) Ihre Zulässigkeit erfordert eine vorherige Einwilligung, wobei auch eine konkludente Einwilligung genügt, solange eine spezifische Erklärung dahingehend vorliegt, dass die Adressaten mit dieser Art der Kontaktaufnahme einverstanden sind. An dieser Erklärung fehlt es aber. Allein die Tatsache, dass die Adressaten ihre Faxnummer in öffentlichen Verzeichnissen veröffentlicht haben, bedeutet kein Einverständnis mit Faxwerbung.

cc) Die Ausnahmen des § 7 Abs. 3 UWG liegen nicht vor.

Ergebnis: Die Faxwerbeaktion ist unlauter nach § 7 Abs. 2 Nr. 3 UWG.

f) Zulässigkeit der Telefonanrufe bei Anwaltskanzleien

aa) Telefonwerbung fällt unter § 7 Abs. 2 Nr. 2 UWG.

bb) Da sich die Werbung an Gewerbetreibende richtet, bedarf es nicht der konkreten Einwilligung, es genügt die mutmaßliche Einwilligung. Bei unaufgeforderten Anrufen kann diese aber nur vermutet werden, wenn der Anruf erfolgt, um die Leistungen des Adressaten in Anspruch zu nehmen oder wenn der Anruf im Rahmen einer bereits bestehenden Geschäftsverbindung erfolgt (BGH GRUR 2004, 520, 521 – Telefonwerbung für Zusatzeintrag). Im Übrigen müsste dargelegt werden, dass der Angerufene ein sachliches Interesse an dem Anruf hat. Das kann bei dem Angebot von IT-Dienstleistungen nicht ohne Weiteres vermutet werden. Hier muss der Werbende den für die Adressaten weniger belastenden Weg der Briefwerbung nutzen.

cc) Die Ausnahmen in § 7 Abs. 3 UWG sind auf Fälle der Telefonwerbung von vornherein unanwendbar.

Ergebnis: Die Telefonwerbung bei Anwaltskanzleien ist unlauter nach § 7 Abs. 2 Nr. 2 UWG.

g) Zulässigkeit der E-Mail-Werbung an Fußballvereine

aa) Die Zulässigkeit unaufgeforderter E-Mail-Werbung ist nach § 7 Abs. 2 Nr. 3 UWG zu beurteilen.

bb) Eine konkrete Einwilligung in diese Form der Werbung liegt nicht vor. Die Angabe der E-Mail-Adresse auf der Homepage stellt keine solche Einwilligung dar (BGH GRUR 2008, 925 – FC Troschenreuth Tz. 24).

cc) Die Fälle des § 7 Abs. 3 UWG liegen nicht vor. Insbesondere hat B die E-Mail-Adresse aus einem öffentlichen Verzeichnis und nicht „im Zusammenhang mit dem Verkauf einer Ware oder Dienstleistung" an die adressierten Vereine erhalten.

Ergebnis: Die E-Mail-Werbeaktion ist unlauter nach § 7 Abs. 2 Nr. 3 UWG.

h) Zulässigkeit der Haustürwerbung

Die Haustürwerbung ist zulässig nach § 7 Abs. 1 Satz 1 UWG, sofern B nicht auch solche Personen anspricht, die durch Hinweise an ihrer Haustür zu erkennen geben, dass sie diese Art der Ansprache nicht wünschen, und sofern die Aktion nicht mit Belästigungen, z.B. der in Nr. 26 des Anhangs zu § 3 Abs. 3 UWG verbotenen Art, verbunden ist. Hierfür bestehen keine Anhaltspunkte. Daher liegt ein Verstoß gegen § 7 Abs. 1 Satz 1 UWG nicht vor.

i) Zulässigkeit der Briefwerbung

Auch die Briefwerbung ist grundsätzlich zulässig nach § 7 Abs. 2 Nr. 1 UWG, allerdings nicht, soweit B auch diejenigen Briefkästen bedient, die einen Werbung ablehnenden Aufkleber oder Aufdruck tragen. Soweit B diese Aufkleber systematisch (und nicht nur vereinzelt oder fahrlässig) ignoriert, liegt ein Verstoß gegen § 7 Abs. 2 Nr. 1 vor. Im Unterlassungsprozess müsste V hierzu allerdings konkrete Verletzungshandlungen vortragen. Dem Sachverhalt ist hier aber zu entnehmen, dass B die Briefkastenaufkleber stets ignoriert. Daher verstößt er gegen § 7 Abs. 2 Nr. 1 UWG.

Gesamtergebnis: Der Unterlassungsanspruch ist begründet,

- soweit B unaufgefordert und ohne die erklärte Einwilligung der Betroffenen Faxwerbung an Anwaltskanzleien versendet, deren Faxnummer in einem öffentlichen Telefonverzeichnis enthalten ist;

- soweit B unaufgefordert und ohne die erklärte Einwilligung der Betroffenen E-Mail-Werbung an Fußballvereine versendet, die ihre E-Mail-Adresse auf ihrer Homepage veröffentlicht haben;

- soweit B unaufgefordert Anwaltskanzleien telefonisch kontaktiert, um ihnen seine Unternehmensleistungen anzubieten, wenn mit diesen Kanzleien bislang keine geschäftlichen Beziehungen bestanden und die Inhaber der Kanzleien die Kontaktaufnahme nicht angefordert haben;
- soweit „Keine Werbung"-Aufkleber systematisch ignoriert werden.

Im Übrigen sind die von B durchgeführten Werbemaßnahmen lauterkeitsrechtlich nicht zu beanstanden.

§ 7: Behinderung: Vergleichende Werbung, Unternehmenskritik, Rufbeeinträchtigung, einstweilige Verfügung im Lauterkeitsrecht

Fall Nr. 7: „Vergleichen Sie doch einmal Äpfel mit Birnen"

(BGH GRUR 2002, 72 – Preisgegenüberstellung im Schaufenster; BGH GRUR 2007, 605 – Umsatzzuwachs; OLG Hamburg GRUR-RR 2002, 112 – Verlierer; BVerfG GRUR 2008, 81 – Pharmakartell)

I. Sachverhalt

Die Birne AG (B) ist Herstellerin von Computern und Zubehör, u.a. auch Tablets. 250
Sie beobachtet mit Entsetzen, wie ihre Konkurrentin, die Apfel AG (A), ein bedienungsfreundliches und vom Design her neuartiges Tablet mit großem Werbeaufwand auf den Markt bringt, das sich verkauft wie die sprichwörtlichen warmen Semmeln. B beschließt, „auf der Marketingschiene" zu reagieren.

In den Schaufenstern ihrer Filialen lässt sie große Werbetafeln aufstellen, die einen Pressebericht zum Erscheinen des neuen Produktes von A mit Angabe des aktuell dazu geforderten Preises darstellen. Daneben bildet sie das Spitzengerät ihrer eigenen Klasse ab und setzt darüber den inhaltlich zutreffenden Text: „Vergleichen Sie doch einmal. Für den Preis können Sie bei uns zwei Geräte erwerben".

In einem Fachblatt, das sich ausschließlich an Einzelfachhändler der Elektronikbranche (Unterhaltungsmärkte und kleine Elektronikgeschäfte) wendet, veröffentlicht sie eine ganzseitige Werbeanzeige, in der sie auf die Umsatzentwicklungen der von A und B hergestellten Computer hinweist. Im typischen Werbedesign wird darauf hingewiesen, dass der Computerverkauf von B „überdurchschnittliche Wachstumsraten" zeigt. Dazu weist der Text drei Umsatzsäulen auf, die bei B einen Zuwachs von 7%, bei A einen Zuwachs von 2% und einen Gesamtmarktzuwachs von 3% angibt. Darunter befindet sich die Aussage, dass mehr als 50% des Marktwachstums auf B entfielen. Diese Aussage trifft zu. Allerdings gibt B keinerlei Hinweise auf den Ursprung der genannten Zahlen.

In demselben Fachjournal schreibt der Journalist J einen journalistisch-redaktionellen Artikel zu dem neuen Tablet von A. In dem Artikel werden die Geräte des B mit denen des A umfangreich miteinander verglichen. Der Artikel hat die Überschrift „Neues Tablet von A verliert im Kopf-an-Kopf-Rennen mit Geräten von B".

Er endet mit der Zeile: „Im Ergebnis bleibt die Marktneuheit von A teuer, zu teuer. Hier gibt es viel Wind um wenig Vorsprung in der Technik. So gesehen, ist das Gerät ein Flop." Der Marketingchef von B ist begeistert. Er stellt den Artikel sofort auf die eigene Homepage mit dem Satz: „Vergleichen Sie selbst. Das neue Tablet von A verliert gegen unsere Produkte. Für diesen Artikel haben wir nicht bezahlt."*

Der Leiter der Rechtsabteilung von A beschließt zu handeln. Er beauftragt die Anwaltskanzlei, die A ständig vertritt, B im Wege der einstweiligen Verfügung untersagen zu lassen, mit Werbetafeln in ihren Schaufenstern wie oben angesprochen zu werben und den Presseartikel von J auf ihrer Homepage zu veröffentlichen. Zudem soll B untersagt werden, mit Umsatztabellen, wie oben gezeigt, zu werben. Die Umsatzzahlen könne weder A noch der Adressat der Werbung nachprüfen, weil nicht ersichtlich sei, wie B diese Zahlen ermittelt habe. Rechtsanwalt Dr. R fertigt einen umfangreichen Schriftsatz, den er drei Wochen nach Erscheinen der Werbung beim zuständigen Landgericht einreicht. Wird das Landgericht die einstweilige Verfügung erlassen?

II. Schwerpunkte des Falles

1. Die Fallgruppe Behinderung – Charakterisierung

251 Das UWG verfolgte ursprünglich allein den Zweck, Unternehmen untereinander gegen unlautere Behinderungen durch unfaire Handlungen zu schützen. Der Wettbewerb sollte mit Mitteln des Leistungswettbewerbs (Preis, Qualität, Service) und nicht mit Nichtleistungsmitteln (Intransparenz, Irreführung, Ausbeutung, Kundenabwerbung) geführt werden. Nichtleistungswettbewerb galt zwar nicht als stets unlauter, doch mussten solche Mittel besonders gerechtfertigt werden (oben Rn. 43).

Der Schutz der Abnehmer und der Allgemeinheit durch das UWG wurde erst im Lauf der Entwicklung des Lauterkeitsrechts anerkannt und in eigenen Fallgruppen erfasst. Der konkurrentenbezogene Ansatz des UWG geriet dadurch ein wenig in Vergessenheit. Der Satz, dass behindernde Konkurrenz nicht wettbewerbsfremd ist, sondern zum Wesen des Wettbewerbs gehört, wurde häufiger geäußert. Auch heute wird betont, dass das Wettbewerbsrecht nicht die Aufgabe hat, das Überflügeln des schwächeren Konkurrenten zu verhindern. „Freie Bahn dem Tüchtigen" bedeutet auch, dass der originell und humorvoll Werbende zu Recht den Lohn besserer Aufmerksamkeit erlangt (gutes Beispiel: BGH GRUR 2010, 161 – Gib' mal Zeitung). Wer dagegen langsam (und langweilig) ist, muss damit rechnen, (zu Recht) aus dem Marktgeschehen auszuscheiden. Leitbild des UWG bleibt insoweit der Leistungswettbewerb, auch und gerade wenn er dazu führt, dass weniger leistungsfähige Konkurrenten Marktanteile verlieren oder vom Markt verschwinden.

Die Fallgruppe „Behinderung" ist unter Druck geraten, seit moderne Werbeformen und Marktauftritte seltener als leistungsfeindlich, sondern als innovativ und bereits damit wettbewerbsimmanent gelten. Das betrifft neue Methoden der Kundengewinnung, wie etwa die Platzierung von Werbung um Suchbegriffe durch Suchmaschinenbetreiber (vgl. BGH MMR 2015, 446 – Uhrenankauf im Internet), das automatische Einlesen („screen scraping") von frei im Internet verfügbaren Flugpreisangeboten, um auf Basis dieser Preise eigene Angebote zu unterbreiten (BGH GRUR 2014, 785 – Flugvermittlung im Internet) oder das Angebot von Softwarewerkzeugen zur Unterdrückung von Werbung, die im Umfeld von freien Netzangeboten platziert wird (LG München I K&R 2015, 521: zum Werbeblocker Adblock-Plus; dazu *Peifer*, AfP 2016, 5).

An der Spitze der Regelungen zur Bekämpfung unlauterer Behinderungen 252 steht eine **Generalklausel**, die in § 4 Nr. 4 UWG (vorher § 4 Nr. 10 UWG 2008) ein Verbot gezielter Behinderungen aufstellt. Zum **unlauteren Behinderungswettbewerb** gehören Feindseligkeiten, die nicht mehr das eigene Unternehmen fördern, sondern final (auch subjektiv) darauf gerichtet sind, den Wettbewerber daran zu hindern, seine Leistung zur Geltung zu bringen. Dazu gehört die gezielte Anmeldung von Domains in einer durch typische Tippfehler zustandegekommenen Weise („wetteronlin.de"), um vom Domaininhaber („wetteronline. de") Aufmerksamkeit abzuleiten oder ihn gar zur Zahlung eines „Lösegeldes" zu bewegen (vgl. BGH NJW 2014, 1534). Steht das Ziel der Behinderung eines konkreten Konkurrenten im Vordergrund des Handelns, so ist die Maßnahme schon wegen dieser feindseligen Zielrichtung unlauter (vgl. § 826 BGB). Ist die Behinderung dagegen nur begleitendes und notwendiges Motiv, um die eigene Leistung zu positionieren, so ist eine Abwägung zwischen den Interessen des Handelnden und denen des Betroffenen erforderlich. Hierbei geht es um die verhältnismäßige Abwägung zweier Freiheitsinteressen unter Berücksichtigung derjenigen Regeln, die zur Funktionsfähigkeit des Marktgeschehens erforderlich sind (so st. Rspr. BGH GRUR 2011, 1018 Tz. 65 – Automobil-Onlinebörse). Dadurch sollen legitime von illegitimen Wettbewerbspraktiken unterschieden, aber auch die Interessen der Abnehmer an neuen Angeboten (z.B. von Werbeblockern) gewichtet werden. Hierzu hat die Rechtsprechung eine ganze Reihe von Fallgruppen bereits zu § 1 UWG 1909 entworfen, die zum Teil noch heute anwendbar sind.

Vorerst mag ein Fall genügen, um die Tendenz der Fallgruppe „Behinde- 253 rung" zu charakterisieren. Es handelt sich gewissermaßen um die Grundkonstellation der Behinderung, die geradezu kennzeichnend dafür wurde, dass der freie Wettbewerb nicht nur positive Verdrängungseffekte nach sich zieht.

Bsp.: RGZ 134, 342 – Benrather Tankstellenfall (gezielte Preisunterbietung):
Der Fall ist in den 1920er Jahren angesiedelt, als es in Deutschland noch kein Kartellverbot gab. Die Mineralölfirmen teilten Deutschland in fünf Preiszonen ein und verständigten sich darüber, dass es in diesen Zonen einheitliche Tankstellenpreise geben sollte. Die Preise wurden den Abnehmern allerdings nicht im Wege einer Preisbindung vorgeschrieben. In Düsseldorf-Benrath bezog der spätere Kläger, ein Tankstellenpächter, aufgrund langjährigen Bezugsvertrages von einer der Ölzulieferfirmen ständig Benzin. Der Verkaufspreis für diese Lieferzone wurde zum Zeitpunkt des Liefervertragsschlusses auf 0,29 Reichsmark (RM) festgesetzt. Danach beschlossen die Zulieferfirmen für die betreffende Zone eine Preiserhöhung auf 0,33 RM, die der Kläger nicht an seine Kunden weitergab. Aufgrund seiner Kostenstruktur gelang es ihm vielmehr, den Preis bei 0,29 RM zu halten und dadurch den Umsatz zu steigern.

Die Zulieferfirmen setzten darauf den Kartellpreis nur für Benrath auf 0,28 RM fest, der Kläger ging in der Folgezeit auf 0,26 RM, das Kartell auf 0,25 usf., so dass die Konkurrenztankstellen auf Anweisung des Kartells immer 0,01 RM unter dem Kläger lagen. Der Betroffene klagte auf lauterkeitsrechtlicher Grundlage gegen diese gezielte Preisunterbietung und führte an, dass diese Praktik nicht auf Leistungsfähigkeit, sondern auf Verdrängungsmacht des Kartells beruhte, also unlauter sei.

Das Reichsgericht gab der Klage im Ergebnis statt. Zwar sah es Preiswettbewerb als Leistungswettbewerb an. Doch dürfe auch ein Mittel des Leistungswettbewerbs nicht eingesetzt werden, um einen unlauteren Zweck, nämlich die Verdrängung eines einzelnen Kartellausbrechers, zu verfolgen (RGZ 132, 341, 351; weiteres Beispiel BGH GRUR 1985, 883, 885 – Abwehrblatt I: Die drei Tageszeitungen einer Region gründen gemeinsam ein Anzeigenblatt, um das entsprechende Blatt eines auswärtigen Konkurrenten durch niedrige Anzeigenpreise auf Dauer zu verdrängen; vgl. auch BGHZ 96, 337, 347 – Anzeigenblatt II).

254 Unter die unlautere Behinderung fallen Mittel, die sich gegen einen bestimmen Mitbewerber persönlich oder sein Unternehmen richten und die einen feindseligen Einschlag haben: Musterfälle sind die Ausübung von Zwang, der Boykott oder die Aufforderung hierzu, ferner die konkrete Behinderung der Absatz-, Bezugs- oder Werbetätigkeit des Mitbewerbers. Doch sind die Methoden heute subtil geworden. Behinderungen können in die Gestalt von Werbevergleichen („Wir sind besser") gekleidet werden. Auch die (abwertende) Äußerung über Konkurrenten oder die gezielte Anlehnung an den guten Ruf eines Konkurrenten mag diesen behindern.

Die Spezialtatbestände sind Gegenstand der verschiedenen Facetten des Ausgangsfalls. Die **Fallgruppe Behinderung erfasst heute folgende Tatbestände:**

(1) § 4 Nr. 4 UWG: **Gezielte Behinderung.** Die **Generalklausel** erfasst die physische Behinderung, die Diskriminierung, den Boykott und entsprechende Verhaltensweisen, die sich gezielt gegen einen bestimmten Mitbewerber richten. Der Grundtatbestand der Behinderung ist subsidiär gegenüber den Sondertatbeständen. Er erfasst:

aa) Absatz-, Bezugs- und Werbebehinderung, sofern diese nicht wettbewerbsimmanent sind, sondern dem Konkurrenten die Möglichkeit ver-
sperren, seine Angebote am Markt noch angemessen zu platzieren (Bsp.
OLG Hamburg GRUR-RR 2015, 110: Vertrieb von hochwirksamen technischen Werkzeugen („Bots"), die bei Online-Spielen gegen wirkliche
Spieler antreten und eine scheinbare Konkurrenz durch andere Spieler
simulieren);

bb) Betriebsstörung und unberechtigte Schutzrechtsverwarnung (Bsp.:
Abmahnung eines Konkurrenten aufgrund eines nicht oder nicht mehr
geschützten Patents),

cc) Boykott (z.B. die Aufforderung eines Bankeninformationsdienstes gegenüber Kunden, die Geschäftsbeziehung mit einem bestimmten Institut als „Schmuddelkind" der Branche zu beenden bzw. nicht aufzunehmen, OLG Frankfurt/M. GRUR-RR 2016, 14),

dd) Diskriminierung (z.B. grundlose Liefer- oder Abnahmeverweige-
rung),

ee) Vernichtungswettbewerb (Benrather Tankstellenfall),

ff) Ausspähen von Geheimnissen (hierzu auch §§ 17, 18 UWG).

(2) § 4 Nr. 1 UWG (§ 4 Nr. 7 UWG 2008): **Verletzung der Geschäftsehre durch
Werturteile** (Schmähkritik); Formen: Anschwärzung, Rufbeeinträchtigung,
Warenkritik.

(3) § 4 Nr. 2 UWG (§ 4 Nr. 8 UWG 2008): **Kreditschädigung** durch unwahre
herabsetzende Tatsachenbehauptungen (früher § 14 UWG 1909).

(4) **Vergleichende Werbung**, darunter fällt auch der Werbevergleich durch
herabsetzende Werturteile (§ 6 Abs. 2 Nr. 4 und Nr. 5 UWG).

2. Die vergleichende Werbung, § 6 UWG

Das Recht der vergleichenden Werbung hat sich in Deutschland von einer ein- 255
zelnen Fallgruppe innerhalb des UWG 1909 zu einer eigenständigen Norm entwickelt. Verantwortlich dafür ist die europäische Entwicklung. Sie hat zu einer
Liberalisierung gegenüber dem früheren deutschen Recht, aber auch zu einer
erheblichen Verkomplizierung mit vielen Konkurrenzproblemen innerhalb und
außerhalb des UWG geführt. Heute überwiegt die Meinung, dass Vergleiche
dem Kunden helfen, ein Angebot besser in das Gesamtangebot des Marktes ein-
ordnen zu können. Vergleiche sind andererseits aber auch ein Mittel, um den
Mitbewerber herabzusetzen, Produkteigenschaften unzureichend oder fehlerhaft in den Vordergrund zu schieben oder sich an die Reputation des Konkurrenten anzulehnen. Die Schwierigkeiten der Regelung beginnen bereits bei der

Frage, ob ein direkter Vergleich erforderlich ist, um zulässig werben zu dürfen (dazu unten Rn. 268).

a) Entwicklung des Rechts der vergleichenden (bezugnehmenden) Werbung in Deutschland

256 Die Rechtsprechung zum UWG 1909 hat vergleichende Werbung im Grundsatz für unzulässig gehalten. Das betraf vor allem die **kritisierende vergleichende Werbung** („Unser Produkte sind billiger als die von X", BGH GRUR 1989, 668 – Generikum-Preisvergleich) und die **persönliche vergleichende Werbung** („Unsere Mitarbeiter sind besser ausgebildet"). Es galt aber auch für die **anlehnende vergleichende Werbung** (RG RGZ 116, 227 – Hellegold), bei der Waren ohne Wertung einander gegenübergestellt werden.

Kritisierend vergleichend wirbt, wer die eigene Leistung dadurch herausstellt, dass er sie als besser als die eines benannten oder erkennbaren Mitbewerbers darstellt (Bsp.: „Bei unserer Fluglinie haben Sie 20 cm mehr Beinfreiheit als bei X"). Bei der **anlehnenden vergleichenden Werbung** erweckt der Werbende dagegen den Eindruck, dass sein Produkt gleichwertig mit dem (oft berühmteren) eines Mitbewerbers sei (Bsp.: „Unser Duft riecht wie Chanel No. 5, ist aber viel preiswerter"). **Persönlich bezugnehmend** wirbt, wer nicht Leistungen, sondern Eigenschaften des Konkurrenten kritisiert und sich dadurch in ein besseres Licht stellt („Unsere Mitarbeiter haben die besseren Examina als die Mitarbeiter von X"; zur früheren Systematik lesenswert *Droste*, GRUR 1951, 140).

Als entscheidendes Unlauterkeitskriterium wurde angesehen, dass sich der Werbende mit „fremden Federn schmückt", „erntet, wo er nicht gesät hat" oder „mit dem fremden Kalbe pflügt". Diese Form des Schmarotzens galt als unzulässig (grundlegend *Lobe*, Markenschutz und Wettbewerb Band XVI, S. 129 zu RGZ 86, 123 – Garlock). Bei der kritisierenden vergleichenden Werbung sah das Reichsgericht den entscheidenden Vorwurf darin, dass der Mitbewerber sich ein Urteil über fremde Waren oder Leistungen anmaßt, obwohl er als Konkurrent stets parteiisch ist und sein einseitiges Urteil dem Abnehmer nicht hilft (RG GRUR 1931, 1299, 1301 – Hellegold). Auch die persönliche vergleichende Werbung galt vor diesem Hintergrund als sittenwidrig (vgl. RG GRUR 1935, 445, 447 – Plakatanschlagwesen). Wettbewerber sollten einander überhaupt nicht kritisieren.

257 Nachdem das grundsätzliche Verbot gefunden war, galt die Auseinandersetzung in den Folgejahren der Frage, ob es **Ausnahmen von diesem Verbot** gebe. Für die persönliche vergleichende Werbung wurden solche Ausnahmen nur anerkannt, wenn die Herabsetzung des Konkurrenten ein berechtigtes In-

formationsinteresse der Öffentlichkeit befriedigt (OLG Hamm GRUR 1980, 311 – Presseartikel in eigener Sache).

Die anlehnende vergleichende Werbung wurde als ausnahmsweise zulässig angesehen, wenn die Bezugnahme zu bestimmten Zwecken erforderlich war, etwa um Zubehör- oder Ersatzteile zu beschreiben. Jede übermäßige Herausstellung der Bezugnahme in der Werbung führte allerdings zum Verbot (vgl. noch BGH GRUR 1992, 625 – Therapeutische Äquivalenz).

Für die kritisierende vergleichende Werbung hatte das RG mehrere Ausnahmen vom Verbot zugelassen, die der BGH später ebenfalls akzeptierte. Danach war der Vergleich ausnahmsweise erlaubt, wenn es einen Anlass für ihn gab und der Vergleich inhaltlich sachlich, richtig und geboten war. Einen **Vergleichsanlass** sahen die Gerichte in den folgenden vier Fällen für gegeben:

(1) **Systemvergleich** (= allgemein gehaltener, nicht auf individuelle Mitbewerber abzielender Vergleich von Warensystemen, z.B. Vergleich von luft- und wassergekühlten Motorsystemen, vgl. BGH GRUR 1952, 416, 417 – Dauerdose: Vergleich von Aluminium- mit Blechdosen; in der älteren Rechtsprechung RG GRUR 1932, 316 – Barverkauf; RG GRUR 1932, 468 – Zugabewesen; RG GRUR 1934, 748 – Holzbleistifte).

(2) **Abwehrvergleich** (Wettbewerber wird durch Konkurrenten angegriffen und verteidigt sein Produkt durch Vergleich mit dem angreifenden Produkt; Bsp. BGH GRUR 1962, 45, 48: Bekl. verteidigt ein von ihm hergestelltes Betonzusatzmittel gegen ein Konkurrenzprodukt, dem in einem Gutachten eingeschränkte Härtungseigenschaften zugeschrieben wurden. Gegen das Gutachten hatte der Kl. und Hersteller dieses Mittels einen Fachartikel verfasst. In der älteren Rechtsprechung: RG JW 1908, 133; RG JW 1928, 1572, Nr. 18 – Buchgemeinschaft; RG GRUR 1935, 55 – Abdampfvorwärmer).

(3) **Auskunftsvergleich** (Wettbewerber äußert sich zu Waren des Mitbewerbers, nachdem er vom Kunden ausdrücklich zu einem Vergleich aufgefordert wurde; RG GRUR 1936, 813, 816 – Holzimprägnierung; RG GRUR 1942, 364, 366 – Förderanlagen).

(4) **Fortschrittsvergleich** (Aufklärungsvergleich): Vergleich mit Konkurrenzwaren, die zur Verdeutlichung eines wettbewerblichen Fortschritts erforderlich ist (vgl. BGH GRUR 1967, 596, 598 – Kuppelmuffenverbindung, dort als besonderer Fall des Systemvergleichs bezeichnet).

In allen Fällen wurde die **Zulässigkeit daran geknüpft, dass** der **Vergleich sachlich, richtig und geboten** war (vgl. BGH GRUR 1962, 45, 48 – Betonzusatzmittel; BGHZ 49, 325, 329 = GRUR 1968, 443, 445 – 40% können Sie sparen: „Einen Vergleich der eigenen Ware oder Leistung mit derjenigen eines Mitbewerbers sieht die Rechtsprechung des BGH im Allgemeinen als erlaubt an, wenn hinreichend Anlass dazu besteht und wenn die Angaben sich nach Art und Maß in den Grenzen des Erforderlichen und der wahrheitsgemäßen sachlichen Erörterung halten.").

258   Sukzessive ist daraus die Überzeugung gereift, dass vergleichende Werbung nicht grundsätzlich verboten, sondern grundsätzlich zulässig und nur ausnahmsweise unlauter ist, wenn die vorgenannten Kriterien nicht erfüllt sind. Der Rechtsprechungswandel vollzog sich langsam. Er wurde aber befördert durch die Überzeugung davon, dass Werbeäußerungen an dem Grundrecht der Meinungsfreiheit (Art. 5 Abs. 1 GG) teilhaben, daher nur verboten werden dürften, wenn eine konkrete Gefährdung der Grundsätze des Leistungswettbewerbs bestand und dargelegt werden konnte. Diese Wendung wurde durch die Entscheidung „Therapeutische Äquivalenz" des BVerfG aus dem Jahr 2001 vollzogen.

> **BVerfG GRUR 2001, 1058 – Therapeutische Äquivalenz:** Die Entscheidung betraf die gleichnamige Entscheidung des BGH (GRUR 1992, 625). Es ging um den werbemäßigen Hinweis in einer Anzeige für ein Arzneimittelgenerikum, wonach die „therapeutische Äquivalenz (dieses Mittels mit einem Konkurrenzmittel) bewiesen" sei. Der Hinweis war richtig, er wurde in der Werbung wie folgt besonders herausgestellt.

Die Klägerin, die das Originalarzneimittel herstellte, sah darin eine unlautere bezugnehmende Werbung, für die es keinen Anlass gegeben habe. Der BGH hatte der Klage zunächst stattgegeben. Das BVerfG hob die Entscheidung auf wegen Verstoßes gegen Art. 5 Abs. 1 GG. Das Gericht begründete dies (S. 1060) wie folgt: „Die Fachgerichte subsumieren den Sachverhalt unter die Merkmale der anlehnenden bezugnehmenden Werbung und prüfen anschließend, ob der Vorwurf der Sittenwidrigkeit ausnahmsweise entfällt, weil die Äußerung die

Grenzen des Erforderlichen und der wahrheitsgemäßen sachlich zutreffenden Erörterung einhält. Dies verneinen sie und stellen schwerpunktmäßig auf die von der Bf. gewählte Form der Anzeige ab, die mit ihrer übertriebenen, schlagwortartigen Hervorhebung der verkürzend als ‚bewiesen' bezeichneten therapeutischen Äquivalenz die Grenzen des zur Werbung Erforderlichen überschreite. Damit aber kommen die Gerichte zu einer Bewertung der Äußerung als zum Zwecke des Wettbewerbs nicht erforderlich, ohne zuvor eine Beeinträchtigung des gesetzlichen Schutzguts unter Berücksichtigung auch des Art. 5 Abs. 1 Satz 1 GG festgestellt zu haben." Daher sei das Verbot unverhältnismäßig.

Damit waren die Weichen für die weitere Entwicklung gestellt. Das Verbot **259** hätte sich von hier aus zu einer reinen Missbrauchskontrolle entwickeln können. Im Jahr der Entscheidung des BVerfG wurde jedoch auch die EG-Richtlinie 97/55/EG über vergleichende Werbung verabschiedet. Diese Richtlinie verfolgte nach langem Ringen unter den Mitgliedstaaten gleichfalls den Ansatz, vergleichende Werbung zu ermöglichen. **Vergleichende Werbung sollte zulässig sein, wenn sieben** abschließende **Voraussetzungen kumulativ gegeben** sind. Diese Voraussetzungen sind in der mittlerweile neu kodifizierten Fassung der Richtlinie 2006/114/EG (im Folgenden: Irreführungsrichtlinie) wie folgt formuliert (Art. 4):

> „**Vergleichende Werbung gilt**, was den Vergleich anbelangt, **als zulässig, sofern** folgende Bedingungen erfüllt sind:
> a) Sie ist **nicht irreführend** im Sinne der Artikel 2 Buchstabe b, Artikel 3 und Artikel 8 Absatz 1 der vorliegenden Richtlinie oder im Sinne der Artikel 6 und 7 der Richtlinie 2005/29/EG des Europäischen Parlaments und des Rates vom 11. Mai 2005 über unlautere Geschäftspraktiken im binnenmarktinternen Geschäftsverkehr zwischen Unternehmen und Verbrauchern (Richtlinie über unlautere Geschäftspraktiken);
> b) sie vergleicht **Waren oder Dienstleistungen für den gleichen Bedarf** oder dieselbe Zweckbestimmung;
> c) sie vergleicht **objektiv eine oder mehrere wesentliche, relevante, nachprüfbare und typische Eigenschaften** dieser Waren und Dienstleistungen, zu denen **auch** der **Preis** gehören kann;
> d) **durch sie werden weder** die Marken, die Handelsnamen oder andere **Unterscheidungszeichen noch die** Waren, die Dienstleistungen, die Tätigkeiten oder die **Verhältnisse eines Mitbewerbers herabgesetzt oder verunglimpft**;
> e) bei Waren mit Ursprungsbezeichnung bezieht sie sich in jedem Fall auf Waren mit der gleichen Bezeichnung;
> f) sie **nutzt den Ruf** einer Marke, eines Handelsnamens oder anderer **Unterscheidungszeichen** eines Mitbewerbers oder der Ursprungsbezeichnung von Konkurrenzerzeugnissen **nicht in unlauterer Weise aus**;
> g) sie **stellt nicht eine Ware oder eine Dienstleistung als Imitation** oder Nachahmung einer Ware oder Dienstleistung mit geschützter Marke oder geschütztem Handelsnamen **dar**;

h) sie **begründet keine Verwechslungsgefahr** bei den Gewerbetreibenden, **zwischen dem Werbenden und einem Mitbewerber** oder zwischen den Warenzeichen, Warennamen, sonstigen Kennzeichen, Waren oder Dienstleistungen des Werbenden und denen eines Mitbewerbers."

260 **Definiert** ist vergleichende Werbung in Art. 2 lit. c der Irreführungsrichtlinie 2006/114/EG wie folgt:

„jede Werbung, die unmittelbar oder mittelbar einen Mitbewerber oder die Erzeugnisse oder Dienstleistungen, die von einem Mitbewerber angeboten werden, erkennbar macht."

Die Richtlinie ist, was die Anforderungen an Werbevergleiche angeht, abschließend. Sie gilt ausdrücklich im sog. B2B-Verkehr (= an Unternehmer gerichtete Werbung). In der Verbraucherwerbung stellt mittlerweile die Richtlinie gegen unlautere Geschäftspraktiken (2005/29/EG) klar, dass Irreführungen in Werbevergleichen unzulässig sind (Art. 6 Abs. 2 lit. a, 1. Hs.). Damit ist die irreführende vergleichende Werbung in zwei europäischen Regelwerken erfasst. Beide Standards sind abschließend und dürfen durch nationale Regelungen nicht unter- oder überschritten werden. Sämtliche Zulässigkeitsvoraussetzungen für die vergleichende Werbung sind mithin an europäischen Maßstäben zu messen (Einzelheiten noch umstritten). Die Auslegungshoheit hierüber hat der EuGH.

b) Das Recht der Vergleichenden Werbung in Deutschland nach Umsetzung der Richtlinie
aa) Überblick und Reichweite

261 **Umgesetzt ist die Irreführungsrichtlinie 2006/114/EG in Deutschland** in § 5 Abs. 3 1. Halbsatz UWG (entspricht Art. 6 lit. a der RL UGP) und in § 6 UWG. Nicht in § 6 UWG umgesetzt wurde Art. 4 Buchstabe a) der Richtlinie, da das Irreführungsverbot bereits in § 5 Abs. 3 1. Hs. UWG verankert ist. Im Unionsrecht ist dagegen zu berücksichtigen, dass die RL UGP und die Irreführungsrichtlinie nicht denselben Anwendungsbereich haben (Verbraucherwerbung einerseits, Werbung insgesamt andererseits, vgl. dazu EuGH GRUR 2014, 493 – Posteshop). Irreführung ist in der Verbraucherwerbung strenger und genauer geregelt als in der Irreführungsrichtlinie.

262 **Nicht umgesetzt** wurde zudem Art. 4 Buchstabe e der Irreführungsrichtlinie, die sog. „**Champagnerklausel**". Deren Umsetzung hielt der deutsche Gesetzgeber nicht für nötig, weil es bereits ein diesen Fall erfassendes Verbot in einer europäischen Verordnung (VO 510/2006 über Ursprungs- und geographische Herkunftsangaben) gibt (umstr. a.A. Harte/Henning/*Sack*, § 6 Rn. 163). Die Bedeutung der Klausel erläutern zwei Entscheidungen, welche u.a. die Genos-

senschaft der französischen Champagnerwinzer (CIVC – Comité Interprofessionnel du Vin de Champagne) angestrengt haben.

> **EuGH GRUR 2007, 511 Tz. 57–72 – de Landtsheer/CIVC:** Belgische Bierbrauer bezeichneten ihr Produkt als „Champagner-Bier". Die Genossenschaft ging hiergegen vor und hielt dies für unzulässige vergleichende Werbung. Der EuGH stimmte zu, dass es sich um vergleichende Werbung auch dann handele, wenn zwar nicht ein Unternehmen, wohl aber das von ihm verantwortete Produkt durch eine Ursprungsbezeichnung wie Champagner erkennbar werde. Allerdings sei der Werbehinweis nicht stets unzulässig (Tz. 72). Insbesondere könne er zulässig sein, wenn das mit der Werbung verfolgte Ziel nur darin bestehe, die Waren des Werbenden von denen seines Mitbewerbers zu unterscheiden und so die Unterschiede objektiv herauszustellen (Tz. 63). Dazu dürfe auch die Ursprungsbezeichnung genannt werden. Daher muss es der belgische Bierbrauer nur unterlassen, gezielt den Ruf des Schaumweins auszunutzen oder Verwechslungen hervorzurufen. Verwechselungsgefahr besteht kaum, die Rufausnutzung ist dagegen weniger klar (insoweit musste der EuGH nicht selbst entscheiden). Hierzu gibt es eine deutsche Entscheidung.

> **BGH GRUR 1988, 453 – Ein Champagner unter den Mineralwässern:** Die Mineralwassermarke warb mit dem zitierten Slogan für ihre Erzeugnisse in Deutschland. Die französische Champagnergenossenschaft klagte hiergegen unter Hinweis auf die geschützte geographische Herkunftsangabe „Champagner". Der BGH gestand zu, dass es sich um eine berühmte Angabe nach § 5 UWG handelte. Die millionenfache Nennung auf den Mineralwasserflaschen sei geeignet, den Begriff Champagner auch in seiner Besonderheit zu entwerten. Der BGH sprach insofern von einer die Unlauterkeit begründenden realen Beeinträchtigungsgefahr.

Die BGH-Entscheidung zeigt, dass das deutsche Recht den Begriff „Champagner" als Unterscheidungszeichen mit einem besonderen Ruf ansieht. Damit werden die meisten Konstellationen der unnötigen Rufausnutzung erfasst. Schwieriger wird die Rechtslage, wenn eine Ursprungsbezeichnung ohne besonderen Ruf verwendet wird, um einen Warenvergleich zu begleiten („Unser neues Putzmittel – sorgt für Böden, so klar wie Schwarzwald-Sprudel"; unterstellt, dass dieser Begriff auf eine Herkunftsbezeichnung anspielt und dass man ferner mit Sprudel auch putzen kann, mag man mit Phantasie hierin einen Anwendungsfall für lit. e sehen).

Auffällig ist, dass der deutsche § 6 UWG anders formuliert als Art. 4 der 263 Richtlinie. Die **Richtlinie** formuliert „**Vergleichende Werbung gilt ... als zulässig**", **§ 6 Abs. 2 UWG** formuliert dagegen umgekehrt „**Unlauter handelt, wer vergleichend wirbt, wenn ...**". Die Richtlinie geht mithin davon aus, dass vergleichende Werbung nur unter den in der Richtlinie genannten Voraussetzungen zulässig ist. Das deutsche Recht formuliert umgekehrt, dass vergleichende Werbung grundsätzlich zulässig ist, es sei denn, einer der in Nr. 1 bis 6 genannten Fälle oder § 5 Abs. 3 1. Hs. UWG (Irreführung) liegt vor. Dieser Unterschied scheint klein, er ist aber bedeutsam für alle Fälle, die vom Wortlaut der Richtlinie nicht erfasst sind. Dazu gehört die **persönliche oder unternehmensbezogene vergleichende Werbung**. Sie vergleicht keine konkreten Waren oder Leistungen für den gleichen Bedarf (vgl. § 6 Abs. 2 Nr. 1 UWG), sondern nimmt in negativer Weise Bezug auf Eigenschaften und Verhältnisse des Mitbewerbers.

> **Bsp.:** „Unser Unternehmen hat im vergangenen Jahr mehr Mitarbeiter eingestellt als unsere Konkurrenten A und B." oder
> „Ich verfüge über das beste Juraexamen unter den Anwälten in unserer Kleinstadt."

Im ersten Fall handelt es sich um eine unternehmensbezogene, im zweiten Fall um eine persönliche Werbung. Ein Werbevergleich im Sinne der Richtlinie bzw. des § 6 Abs. 1 UWG liegt im ersten Fall vor, weil Mitbewerber benannt werden, im zweiten Fall, weil Mitbewerber in einer Kleinstadt zwar nicht namentlich genannt, aber leicht identifizierbar sind. Unterstellt, beide Angaben sind sachlich richtig, so würde man im deutschen Recht annehmen, dass die vergleichende Werbung insgesamt zulässig ist, denn keiner der Unlauterkeitsfälle in § 6 Abs. 2 oder in § 5 Abs. 3 UWG ist berührt. Insbesondere ist das Verhalten von der Äußerungsfreiheit gedeckt.

264 Dieses Ergebnis ist aber nicht selbstverständlich, wenn man die Richtlinienbestimmung anwendet. Hiernach ist der Werbevergleich nur zulässig, wenn er die sieben kumulativen Bedingungen der Richtlinie erfüllt. Da die persönliche oder unternehmensbezogene Werbung weder Wareneigenschaften noch Waren für den gleichen Bedarf vergleicht, scheitert die Zulässigkeit bereits an lit. b) und lit. c). Der Vergleich wäre danach unzulässig, selbst wenn die Angaben zutreffen. Dieses Ergebnis wäre mit dem deutschen Verfassungsrecht nicht vereinbar, denn die Äußerungsfreiheit ist nur durch die Rechte anderer begrenzt. Da europäische Normen jedoch nicht nur am Maßstab der deutschen Grundrechte zu prüfen sind (BVerfGE 73, 339, 387 – Solange II; 125, 260 Tz. 181), müsste festgestellt werden, dass ein Verbot auch gegen Unionsgrundrechte verstößt. Mit Art. 10 der Europäischen Menschenrechtskonvention (EMRK) und Art. 11 Abs. 1 der EU-Grundrechtecharta existieren zwei Normen, die Art. 5 Abs. 1 GG vergleichbar sind. Deren Schutz erfasst auch Wirtschaftswerbung (vgl. zur EMRK: EGMR EuGRZ 1996, 202 – markt intern; zur GrRCh: EuGH, Urt. v. 17.12. 2015 – C-157/14, Tz. 65 – Neptune). Wie weit deren Schutz reicht, ist eine noch neue Frage, die jedoch auch durch den EuGH zu klären ist. Wenn sich herausstellt, dass der EuGH einen dem deutschen Verfassungsrecht gleichwertigen Grundrechtsschutz nicht bereitstellt, wäre auch das BVerfG wieder am Zuge. Wie es entscheiden würde, zeigt das Urteil Pharmakartell, in dem das Gericht –

erstaunlicherweise – kein Wort dazu verloren hat, ob deutsches Verfassungsrecht in Fällen vergleichender Werbung noch anwendbar ist.

BVerfG GRUR 2008, 81, 82 – Pharmakartell: Ein Mediziner wendet sich in Broschüren
und Vortragsveranstaltungen gegen einen von ihm behaupteten Versuch der Pharmaindustrie, den Vertrieb von Vitaminpräparaten einzuschränken. Er benutzte dabei harte
Worte, insbesondere den Ausdruck „Stoppt das Pharmakartell" und sprach von einem
„Milliardenmarkt unnützer Präparate", der geschützt werden solle. Einigen Unternehmen
der Pharmaindustrie warf er vor, Politiker und Regierungen zu bestechen. Da Mitbewerber
erkennbar waren, behandelten die Vordergerichte den Fall als einen solchen der vergleichenden Werbung, der die Erzeugnisse von Mitbewerbern auf dem Markt bestimmter Präparate unnötig und pauschal herabsetze (jetzt § 6 Abs. 2 Nr. 5 UWG). Das BVerfG hob die
Verurteilung auf, weil sie mit den Maßstäben des deutschen Verfassungsrechts nicht vereinbar sei. Insbesondere hätten die Vordergerichte die Reichweite der Meinungsfreiheit
verkannt. Der Mediziner hätte durchaus ein berechtigtes Interesse daran, die von ihm behaupteten Missstände darzustellen und dies auch mit deutlichen Worten zu tun. Eine
pauschale Herabsetzung ohne sachlichen Bezug könne darin nicht gesehen werden. Zwar
sei die Meinungsfreiheit eingeschränkt, wenn Äußerungen irreführend oder übermäßig
geschäftsehrverletzend seien, doch seien in dem Urteil weder Irreführungen dargestellt
noch das berechtigte Anliegen des Mediziners überhaupt gewichtet worden. Damit sei die
Abwägung fehlerhaft.

Man kann diesem Urteil entnehmen, dass der Fall der persönlichen und unter-
nehmensbezogenen vergleichenden Werbung mit grundrechtlichen Freiheiten
nur kollidiert, wenn eine Äußerung „die Grundlage der Funktionsfähigkeit des
Leistungswettbewerbs" beeinträchtigt, insbesondere Interessen der Wettbewerber und sonstigen Marktbeteiligten konkret verletzt (vgl. BVerfG aaO. S. 82f.).
Bei wahren Aussagen ist dies schwer vorstellbar. Ein Verbot der Äußerung wäre
mithin nach deutschem Recht verfassungswidrig. Die Frage müsste allerdings
zunächst dem EuGH vorgelegt werden.

bb) Allgemeine Anwendungsvoraussetzungen, § 6 Abs. 1 UWG

Unterstellt man, dass die Richtlinie über vergleichende Werbung in ihrem An-   265
wendungsbereich abschließend ist, so ist zunächst dieser Anwendungsbereich
zu bestimmen. § 6 Abs. 1 UWG übernimmt die Definition in Art. 2 lit. c Irreführungsrichtlinie. Danach sind zwei Voraussetzungen nötig:

– **Werbung**
– unmittelbare oder mittelbare **Erkennbarkeit** des Mitbewerbers oder seiner
   Waren oder Dienstleistungen

Werbung ist jede absatzfördernde Äußerung, die außerhalb des Vertragsschlus-   266
ses bzw. der Vertragsabwicklung erfolgt (vgl. Rn. 218). Darunter fällt nicht die

Berichterstattung über Produkte in der Form von Warentests, solange diese von neutralen Institutionen, z.B. der „Stiftung Warentest" vorgenommen werden (BGHZ 65, 325 = GRUR 1976, 268, 270 – Warentest II m. Anm. *Schricker*). Warentests, die schmähend sind oder mit unrichtigen Tatsachen operieren, lassen sich daher gegenüber dem Testunternehmen nicht lauterkeitsrechtlich, sondern nur deliktsrechtlich, d.h. nach §§ 823 Abs. 1, 824, 826 BGB bekämpfen (vgl. BGH GRUR 1976, 268, 269 – Warentest II; GRUR 1986, 330, 331 – Warentest III; GRUR 1987, 468, 469 – Warentest IV).

Anders ist es, wenn ein neutraler Warentest von einem Unternehmen in der Werbung verwendet wird (**Werbung mit Testergebnissen**). Dann macht sich das Unternehmen diesen Test zu Absatzförderungszwecken zu eigen, so dass der Anwendungsbereich des UWG eröffnet ist (vgl. OLG Saarbrücken GRUR-RR 2008, 312, 313: Testergebnis ohne Angabe der Fundstelle). Für die Werbung mit Untersuchungsergebnissen der Stiftung Warentest hat die Stiftung Richtlinien herausgegeben. Seit 1.7.2013 bietet die Stiftung hierzu ein Logo an, dessen Nutzung davon abhängig ist, dass Unternehmen einen Lizenzvertrag abschließen (http://www.test.de/unternehmen/werbung/nutzungsbedingungen/, abgedruckt auch bei Köhler/Bornkamm, § 6 Rn. 213). Die Bedingungen sind keine Verhaltenskodizes im Sinne des § 2 Abs. 1 Nr. 5 UWG (*Koppe/Zagouras*, WRP 2008, 1035, 1044), aber bei der Bewertung der Lauterkeit einer Werbung mit Testergebnissen zu berücksichtigen (BGH GRUR 1991, 679 – Fundstellenangabe).

267   **Erkennbar** wird der Mitbewerber, wenn ein Durchschnittsadressat der Werbung den Mitbewerber aufgrund der Werbung benennen kann. Unmittelbar erkennbar wird ein Mitbewerber, wenn er genannt, seine Marken oder Unterscheidungszeichen gezeigt werden. Mittelbar erkennbar wird er, wenn der Konkurrent vom Adressaten identifiziert werden kann. Die Gerichte sind hier recht großzügig. Beispielhaft ist der Cola-Test-Fall:

BGH WRP 1987, 166: Pepsi-Cola wirbt in einer Rundfunkwerbung mit einer gestellten Probierszene; einem Verbraucher werden drei anonyme Cola-Getränke gereicht, von denen das bestschmeckende auszuwählen ist. Nach der Werbung gewinnt Pepsi in der gestellten Szene. Die Werbung wird begleitet von dem Werbespruch: „Pepsi gewinnt nicht immer, aber um herauszufinden, wie gut es ist: Mach den Pepsi-Test". Da Coca Cola zu diesem Zeitpunkt der Marktführer bei Cola-Getränken mit 75% Marktanteil war, war aus Sicht des Adressaten der Werbung klar, dass indirekt auch auf diese Marke Bezug genommen wurde. Der BGH hielt die Werbung gleichwohl im Ergebnis für zulässig, da sie keine Coca Cola herabsetzende Aussagen enthielt. Nach der heutigen Rechtslage ist die Situation nicht mehr so eindeutig, denn der Vergleich bezieht sich auf ein Geschmackserlebnis, nicht jedoch „objektiv auf eine oder mehrere wesentliche, relevante, nachprüfbare und typische Eigenschaften" einer Ware.

     Weiteres Beispiel zur Erkennbarkeit: Audi sendete Ende der 1990er Jahre einen TV-Werbespot, in dem folgende Filmszene gezeigt wurde: Der Sprecher kündigt an, dass es einen Empfang für Botschafter bei einem indischen Würdenträger gebe. Man sieht im Bild katastrophenartige Regenfälle. Der Gast steigt in einen Audi. Der Zuschauer sieht in wechselnden Bildern die Fahrt mit dem Audi durch den Regen und einen am Telefon Anrufe entgegennehmenden Mitarbeiter des Würdenträgers. Die Telefonszenen zeigen, dass nacheinander mehrere Botschafter absagen, u.a. der schwedische und der britische, weil sie mit ihren Autos im Regen steckenbleiben oder verunglücken. Der deutsche Botschafter fährt Audi und kommt durch, er bringt sogar noch den japanischen Botschafter mit. Durch die indirekte Bezugnahme auf überwiegend nationalstämmige Konkurrenzmarken, insb. (damals) Volvo, Rover, Jaguar, Rolls Royce und alle japanischen Marken werden die Mitbewerber erkennbar. Der Fall wurde nicht vor die Gerichte gebracht. Dort hätte sich die Frage gestellt, ob objektiv nachprüfbare Eigenschaften (Regenbeständigkeit?) verglichen werden.

Liegt eine Werbung vor und ist der Mitbewerber erkennbar, so stellt sich die **268** **Frage, ob § 6 UWG nur anwendbar ist, wenn tatsächlich auch ein Vergleich vorgenommen wird.** Die Frage war lange Zeit umstritten. Der BGH hatte dies zunächst nicht verlangt, sondern eine vergleichende Werbung bereits angenommen, „wenn eine Äußerung auf einen Mitbewerber oder die von ihm angebotenen Waren oder Dienstleistungen Bezug nimmt. Dabei ist es ohne Belang (...) ob ein Vergleich zwischen den von Werbenden angebotenen Waren und Dienstleistungen und denen des Mitbewerbers vorliegt" (BGHZ 158, 26 = GRUR 2004, 607 – Genealogie der Düfte). Die Literatur hat dies kritisiert (*Sack*, WRP 2008, 170, 174f.). Mittlerweile hat der BGH die frühere Rechtsprechung aufgegeben und geht nun davon aus, dass ein Vergleich erforderlich ist (BGH GRUR 2012, 74 Tz. 18 – Coaching Newsletter). Die Relevanz des Problems zeigt der nachfolgende Fall:

BGH GRUR 2005, 163 – Aluminiumräder: Die Porsche AG wendet sich dagegen, dass ein Hersteller von Aluminiumfelgen in einem Werbeprospekt mit der nachfolgenden Abbildung eines Porsche-Fahrzeugs wirbt:

Auf der Abbildung ist das Wappen von Porsche zu erkennen. Zudem findet sich über der Anzeige der Satz „So wie Mode Menschen macht, so verändern Räder Autos. Wir von R.A. (Bekl.) machen Mode fürs Auto." Die Kl. sah hierin eine anlehnende bezugnehmende Werbung und klagte auf Unterlassung. Der BGH wies die Klage ab, nachdem die Vorinstanzen ihr (teilweise) stattgegeben hatten.

Entscheidend für die Lösung war die Beantwortung der Frage, ob die erkennbare Werbung mit einem Porsche-Fahrzeug bereits zur Anwendung des § 6 UWG führt. War dies der Fall, so wäre die Werbung unzulässig gewesen, denn die Anzeige gab keinerlei Hinweis auf das Fahrzeug oder einen Vergleich mit dessen Eigenschaften, verstieß also jedenfalls gegen § 6 Abs. 2 Nr. 1 und 2 UWG. Der BGH urteilte, dass für die Anwendbarkeit des § 6 UWG ein Vergleich erforderlich sei. Die Begründung läuft auf eine restriktive Auslegung des § 6 UWG hinaus. Der BGH führt nämlich aus: „Allerdings enthält die beanstandete Werbung der Bekl. alle Merkmale, die nach der Legaldefinition in (...) § 6 Abs. 1 UWG (...) eine vergleichende Werbung ausmachen: Da die Kl. ebenfalls Aluminiumräder anbietet, ist sie Mitbewerberin der Bekl. Die beanstandete Darstellung des Porsche-Fahrzeugs mit den Aluminiumrädern der Bekl. stellt eine Werbung dar, die die von einem Mitbewerber angebotenen Waren erkennbar macht. Der *Senat* hat jedoch wiederholt entschieden, dass die Bezugnahme auf einen Mitbewerber, die zwar alle Merkmale des (...) § 6 Abs. 1 UWG (...), nicht aber die eines Vergleichs erfüllt, keine vergleichende Werbung darstellt (...). Dementsprechend liegt in der bloßen Bezugnahme auf die Waren eines Mitbewerbers, auch wenn sie mit dem Ziel einer Anlehnung an den guten Ruf erfolgt, keine vergleichende Werbung, weil keine Kaufalternativen gegenübergestellt werden."

Der BGH prüfte danach, ob ein Verstoß gegen § 4 Nr. 3 lit. b UWG vorliegt. Doch liege in der bloßen Nennung oder Abbildung der Marke desjenigen Unternehmens, für dessen Produkte diejenigen Waren der Bekl. vorgesehen seien, keine unlautere Rufausbeutung (S. 165). Auch § 14 Abs. 2 Nr. 3 MarkenG liege im Ergebnis nicht vor, weil der Hinweis auf die Verwendung der Produkte der Bekl. zulässig sei (S. 165).

Vor diesem Hintergrund ist die Neujustierung der Rechtsprechung des BGH im Fall „Coaching Newsletter" zu verstehen. Sie führt im Ergebnis dazu, dass persönliche und unternehmensbezogene Äußerungen von Wettbewerbern nicht unter § 6 UWG, sondern nur unter § 4 Nr. 1 bzw. Nr. 2 UWG (§ 4 Nr. 7, 8 UWG 2008) fallen. Das ist interessengerecht und auch verfassungsrechtlich die zutreffende Linie.

BGH GRUR 2012, 74 – Coaching Newsletter m. Bspr. *Scherer*, GRUR 2012, 545: Die Parteien des Falles waren Konkurrenten im Bereich von Coaching-Dienstleistungen. Auf diesem Markt gibt es keine einheitlichen Zertifizierungsverfahren, so dass die Transparenz für Kunden beschränkt ist. In einem Newsletter kritisierte die Beklagte die undurchsichtige Struktur des Marktes. Sie verlinkte zwei Artikel einer Nichtunternehmensorganisation, in denen die Kl. als sektenähnliche Gruppierung bezeichnet wurde, die sich der „Psychoszene" zuordnen lasse. Die Kläger hielten diese Vorgehensweise für eine herabsetzende vergleichende Werbung nach §§ 6 Abs. 1, Abs. 2 Nr. 5 UWG und einen Verstoß gegen § 4 Nr. 1 UWG (§ 4 Nr. 7 UWG 2008). Der BGH hat hierin keinen unzulässigen Werbevergleich gesehen, weil die bloße Kritik keinen Vergleich enthalte und daher § 6 insgesamt nicht anwendbar sei (Tz. 19). Die Frage, ob die Kritik des Mitbewerbers zulässig ist, entscheidet sich damit nach § 4 Nr. 1 UWG. Diesbezüglich ging der BGH von einem Verstoß aus. Zwar sei auch auf Konkurrentenkritik Art. 5 Abs. 1 GG anzuwenden (Tz. 28 f.), doch „sind Meinungsäußerungen, die zugleich wettbewerblichen Zwecken dienen, strenger zu bewerten als Äußerungen, die nicht den lauterkeitsrechtlichen Verhaltensanforderungen, sondern lediglich dem allgemeinen Deliktsrecht unterliegen" (Tz. 33).

Zweck der Verbote des § 6 UWG ist es, dafür zu sorgen, dass vergleichende 269
Werbung dem Adressaten Informationen liefert. Diese Informationen sollen
für ihn nützlich und objektiv sein. Dem Adressaten soll die Möglichkeit gegeben werden, die „Vorteile der verschiedenen vergleichbaren Erzeugnisse objektiv herauszustellen" und damit „den Wettbewerb zwischen den Anbietern
von Waren und Dienstleistungen im Interesse der Verbraucher" zu fördern
(so Erwägungsgrund Nr. 6 der Irreführungsrichtlinie). Auch der EuGH sieht
den Zweck der Regelungen darin, nützliche Informationen zu verbreiten.
Hierin liegt nach Ansicht des Gerichts der vornehmliche Zweck, der die Auslegung von Anwendungsbereich und Umfang der Vorschriften bestimmt
(EuGH GRUR 2003, 533 – Pippig Augenoptik). Andere Aussagen dürfen danach aufgrund nationaler Bestimmungen in einer Werbung verwendet werden, allerdings muss dann der Vergleich mit Leistungen des Mitbewerbers
unterbleiben. Damit wird im Ergebnis die „commercial speech" von Unternehmen nur bei der Verwendung von Vergleichen stärker beschränkt. Die
Schlussfolgerung, dass persönliche und unternehmensbezogene Werbung, die
keinen Vergleich enthält, generell unzulässig ist (so noch *Gloy/Bruhn*, GRUR
1998, 226, 233, 237), ist dagegen verfassungsrechtlich nicht haltbar und über-
holt (so i.E. auch noch *Köhler*, GRUR 2005, 273, 279; a.A. aber in *Köhler/*
Bornkamm, § 6 UWG Rn. 16).

cc) Unlauterkeitsfälle, §§ 5 Abs. 3, 6 Abs. 2 UWG

Das deutsche Recht verbietet vergleichende Werbung nach § 6 Abs. 1 UWG, so- 270
fern ein Vergleich vorliegt und wenn einer der nachgenannten Umstände vorliegt:

(1) **Irreführung** nach § 5 Abs. 1 bis Abs. 3 UWG (§ 5 Abs. 3, 1. Hs. UWG);

(2) Keine Bezugnahme auf Produkte für den gleichen **Bedarf oder Zweck** (§ 6
    Abs. 2 Nr. 1 UWG);

(3) Kein **objektiver Bezug auf wesentliche, relevante, nachprüfbare und
    typische Eigenschaften** oder den **Preis** (§ 6 Abs. 2 Nr. 2 UWG);

(4) Hervorrufen von **Verwechslungsgefahren** mit dem Unternehmen oder den
    Produkten des Mitbewerbers (§ 6 Abs. 2 Nr. 3 UWG);

(5) **Ausnutzung oder Beeinträchtigung des Rufs** von Kennzeichen des Mit-
    bewerbers (§ 6 Abs. 2 Nr. 4 UWG);

(6) **Herabsetzung oder Verunglimpfung** der Produkte, Tätigkeiten oder per-
    sönlichen oder geschäftlichen Verhältnisse eines Mitbewerbers (§ 6 Abs. 2
    Nr. 5 UWG);

(7) Darstellung eines Produkts als **Imitation** eines markenrechtlich geschütz-
    ten Produkts (§ 6 Abs. 2 Nr. 5 UWG).

Der Verstoß gegen ein einziges der in § 6 Abs. 2 bzw. in § 5 Abs. 3 UWG aufgeführten Kriterien führt zur Unzulässigkeit des Werbevergleichs, sofern in der Werbung ein Wettbewerber erkennbar gemacht und ein Vergleich mit eigenen Leistungen vorgenommen wird (Rn. 267, 268). Liegt keines der Hindernisse vor, so ist auch der Vergleich zulässig. Eine Prüfung nach anderen Vorschriften kommt dann nicht mehr in Betracht, weil § 6 UWG in seinem Anwendungsbereich, d.h. bei Vorliegen eines Werbevergleichs, vorrangig und abschließend ist.

(1) Irreführung, § 5 Abs. 3, 1. Hs. UWG

271 Die **Frage, ob ein Vergleich irreführt**, richtet sich nach § 5 Abs. 1 bis Abs. 3 UWG. Irreführt werden kann danach über alle Umstände, die für den Kaufentschluss wesentlich sind. Die UWG-Novelle 2008 hat dieser Liste eine Reihe von Umständen hinzugefügt, z.b. die Behauptung von Sponsoringaktivitäten oder Behauptungen, die in der Verwendung von Gütezeichen liegen (vgl. hierzu § 4, Bsp. in BGH GRUR 2013, 1058 – Kostenvergleich beim Honorarfactoring; OLG Köln GRUR-RR 2015, 245 – Staubsauger-Olympiade). Im Grundsatz gilt: wenn Waren oder Dienstleistungen verglichen werden, darf durch den Vergleich nicht irregeführt werden (zusammenfassend dazu *Köhler*, GRUR 2013, 761).

> **Bsp.: BGH GRUR 2010, 658 – Paketpreisvergleich:** Ein Postbeförderungsunternehmen (Hermes) stellt in einer Werbung seine eigenen Preise denen eines Mitbewerbers (Post) gegenüber, nennt aber nur drei Preiskategorien. Der BGH hat die Gegenüberstellung für irreführend gehalten, weil er sie als unvollständig ansah, was den unzutreffenden (und daher täuschenden) Eindruck vermittle, der Anbieter sei in allen Belangen preisgünstiger als der in Bezug genommene Konkurrent.

(2) Substituierbarkeit, § 6 Abs. 2 Nr. 1 UWG

272 Da der Vergleich dem Verbraucher nützliche Informationen zur Verfügung stellen soll, muss er **Waren oder Dienstleistungen für den gleichen Bedarf oder dieselbe Zweckbestimmung** miteinander vergleichen (§ 6 Abs. 2 Nr. 1 UWG). Er darf also keine Produkte miteinander vergleichen, die der Verbraucher nicht (ernsthaft) als austauschbar ansieht („Äpfel mit Birnen"). Substituierbarkeit ist das entscheidende Stichwort, um die Zulässigkeit nach § 6 Abs. 2 Nr. 1 UWG zu prüfen.

> **EuGH GRUR 2007, 69 – LIDL/Colruyt:** Ein belgischer Supermarktbetreiber (Colruyt) wirbt in einem Werbeschreiben mit der Behauptung, dass Kunden, die bei dieser Kette in

einem bestimmten Zeitraum eingekauft haben, eine bezifferte Ersparnis gegenüber einem entsprechenden Einkauf in anderen Supermarktketten erzielt hätten. Der Mitbewerber Lidl wird (wie auch andere) namentlich genannt. Es heißt in dem Schreiben: „Sie haben im vergangenen Jahr 2003 bei Colruyt wieder viel sparen können. Auf der Grundlage unseres durchschnittlichen Preisindexes des vergangenen Jahres haben wir errechnet, dass eine Familie, die bei Colruyt wöchentlich 100 Euro ausgibt, 155 bis 293 Euro dadurch gespart hat, dass sie statt bei einem Hard-Discounter oder im Großhandel (Aldi, Lidl, Makro) bei Colruyt eingekauft hat. Auf der Rückseite sehen Sie die Entwicklung des Preisunterschieds zu anderen Geschäften im Laufe des Jahres 2003. Diese Zahlen zeigen, dass der Preisunterschied zwischen Colruyt und den anderen Geschäften in den letzten Monaten sogar noch größer geworden ist. Damit wir dauerhaft die niedrigsten Preise garantieren können, vergleichen wir täglich 18.000 Preise in anderen Geschäften. Daneben sammeln wir auch alle Sonderangebote. So sind unsere Daten ganz auf dem neuesten Stand. Wir speichern alle Preise in unserem Zentralcomputer. Jeden Monat berechnen wir damit den Preisunterschied zwischen Colruyt und den anderen Geschäften. Das nennen wir unseren Preisindex, der durch Quality Control, das unabhängige Institut für Qualitätskontrolle, zertifiziert wird."

Lidl klagt gegen diese Anzeige vor einem belgischen Gericht. Dieses Gericht legt den Fall dem EuGH vor. Es möchte u.a. geklärt wissen, ob die Werbung gegen die § 6 Abs. 2 Nr. 1 UWG entsprechende Vorschrift der Irreführungsrichtlinie verstößt, weil nicht einzelne Waren, sondern ein gesamtes Supermarktsortiment miteinander verglichen wird. Der EuGH hat einen Verstoß verneint und den Vergleich insoweit für zulässig gehalten (Tz. 39), als das Sortiment von Supermärkten vergleichbare Warengruppen enthalte.

(3) Objektivität von Eigenschafts- und Preisvergleichen, § 6 Abs. 2 Nr. 2 UWG

§ 6 Abs. 2 Nr. 2 UWG verlangt von Warenvergleichen, dass sie in objektiver Wei- 273 se eine oder mehrere wesentliche, relevante, nachprüfbare und typische Eigenschaft(en) oder den Preis miteinander vergleichen. Die Vorschrift ist sperrig, die Abgrenzung der einzelnen Merkmale unscharf. Zunächst muss ein Vergleich **objektiv** sein. Das bedeutet nach mittlerweile h.M., dass bloße subjektive Eindrücke („Wir sind besser als X") keine zulässige Vergleichsgrundlage darstellen. Das gilt sowohl für Eigenschafts- als auch für Preisvergleiche. Eigenschaften sind alle Umstände, die für den Verbraucher kaufbestimmend sind (Größe, Gewicht, Ausführung, ...). Nicht zu diesen Eigenschaften gehören der Umsatz, der mit ihnen erzielt wird und das bloße Image, das ihnen zugebilligt wird (str.). Preis ist der in Geld ausgedrückte Gegenwert des Produkts.

Sofern **Eigenschaften** miteinander verglichen werden, müssen diese   274
– **wesentlich**
– **relevant**
– **nachprüfbar**
– **typisch**

sein. Kurz gesagt sollen nicht Eigenschaften miteinander verglichen werden, die **für den konkreten Bedarf** des Verbrauchers an dieser Ware **belanglos** (nicht wesentlich, z.B. Farbe des Motors in einem Fahrzeug), **für** seinen **Kaufent-schluss nicht bestimmend** (nicht relevant, z.B. Herstellungsort von Frucht-gummi, wenn **nicht** gerade mit der Erhaltung von Arbeitsplätzen in einer be-stimmten Region geworben wird), weder für den Werbeadressaten noch für einen von ihm konsultierbaren Fachmann **überprüfbar** (z.B. die Angabe „wir haben niedrigere Preise als unser Hauptkonkurrent in Köln", wenn nicht klar ist, wer das sei sein soll und um welche Preise es geht) noch **für das bestimmte Produkt typisch** oder repräsentativ sind. Die Aufzählung zeigt, dass der Richt-liniengeber versucht hat, Synonyma zu finden und möglichst flächendeckend zu beschreiben, dass Vergleiche sich darauf beziehen müssen, was den typi-schen Verbraucher an einer Ware wirklich interessiert.

275   Von etwas größerer Bedeutung ist das **Kriterium der Nachprüfbarkeit.** Hierdurch soll zum einen der Vergleich mit bloßen Empfindungen oder subjek-tiven Wertungen („Pepsi schmeckt besser als Coca") ausgeschlossen werden,[1] zum anderen soll beim Vergleich von Eigenschaften, wie Preisen, der Verbrau-cher (oder jedenfalls ein von ihm konsultierter Fachmann, z.B. ein Finanzbera-ter) in der Lage sein, den Vergleich zu überprüfen. Wenn ein Supermarktbetrei-ber angibt, dass ein wöchentlicher Einkauf dort zu bezifferten jährlichen Ersparnissen gegenüber dem Einkauf bei einem Mitbewerber führt, so muss of-fenbart werden, wie die Ersparnis berechnet wurde (EuGH GRUR 2007, 69 – LIDL).

> **Bsp.: BVerfG NJW 2003, 277 – JUVE-Handbuch** (vgl. hierzu auch **OLG München NJW 2001, 1950**): Die Herausgeber des sog. JUVE-Handbuchs veröffentlichen jährlich Ranglis-ten über die Top-Anwaltskanzleien in bestimmten Bereichen. Das Handbuch wird durch Anzeigen von Anwaltskanzleien finanziert. Die Kl. betreibt eine im Handbuch nicht er-wähnte Anwaltskanzlei und hält die Veröffentlichungen dort für unlauter, weil die Leis-tungen der Kanzleien nicht objektiv vergleichbar seien, sondern auf subjektiven Reputa-tionsvorstellungen beruhten.
> Das OLG München ist dieser Argumentation gefolgt und hat die Veröffentlichung sol-cher Ranglisten zum einen als geschäftliche Handlung (Förderung fremden Wettbewerbs), zum anderen als unlauter angesehen, weil es an hinreichenden sachlichen und überprüf-baren Kriterien fehle, welche die Beurteilung rechtfertigten, bei den in den ersten Rang-

---

1 Vgl. hierzu anschaulich die Stellungnahme des Generalanwalts beim EuGH *Tizzano* in sei-nen Schlussanträgen zu EuGH Rs. 356/04 – Lidl – Tz. 45: „Vereinfacht und beispielhaft darge-stellt, kann ein Unternehmen durchaus den Preis zweier gleichartiger Erzeugnisse gegenüber-stellen und behaupten, eines sei billiger als das andere, da der Preis eine objektive Eigenschaft darstellt, über die nicht diskutiert werden kann. Dagegen kann es in seiner Werbung nicht die eigenen Erzeugnisse als ästhetisch schöner und eleganter als diejenigen seiner Konkurrenten bezeichnen, da diese Eigenschaften offensichtlich eine subjektive Wertung enthalten, die für jedermann unterschiedlich ausfallen kann."

gruppen aufgenommenen Kanzleien handele es sich tatsächlich um die qualitativ besten in der betreffenden Region. Der BGH hat die Revision nicht angenommen, weil er keinen Anlass sah, von früheren gleichgerichteten Urteilen abzuweichen (BGH NJW 1997, 2681 – Die Besten II zu einer Zeitschriftenserie „Die 500 besten Anwälte" und NJW 1997, 2679 – Die Besten I zu einer Serie „Die 500 besten Ärzte").

Gegen das Urteil haben die Herausgeber Verfassungsbeschwerde eingelegt. Das BVerfG kam zu dem Ergebnis, dass das OLG die Grenzen der Meinungsäußerungsfreiheit verkannt habe. Die Liste prüfe nicht Tatsachen, sondern gebe nur eine subjektive Einschätzung ab. Das OLG habe nicht erkennen lassen, inwiefern der Leistungswettbewerb durch diese Wertung gefährdet werde.

Das OLG hat nach Zurückverweisung der Sache die Klage abgewiesen, der BGH hat die Entscheidung gehalten (**GRUR 2006, 875** – Rechtsanwalts-Ranglisten), allerdings mit der Begründung, es könne angenommen werden, dass ein Verlag die Absicht habe, den Wettbewerb der in den Ranglisten angeführten Rechtsanwälte zu fördern. Damit hat das Gericht die Lösung auf einem „Nebenkriegsschauplatz" gesucht.

Führt man den Fall auf dem „Hauptschlachtfeld" fort und unterstellt, dass eine der top-platzierten Anwaltskanzleien den Bericht auf ihre Homepage stellt und die Werbebehauptung hinzusetzt „Wir sind besser als X", so läge ein Werbevergleich im Sinne des § 6 Abs. 1 UWG vor, der allerdings nicht mit nachprüfbaren Tatsachen, sondern mit einer Wertung wirbt, deren Grundlage für den Adressaten nicht nachprüfbar ist. Das müsste zur Unzulässigkeit des Vergleichs führen.

Wichtig ist das Kriterium der Nachprüfbarkeit auch für **Preisvergleiche**. Hierzu 276 gibt es eine umfangreiche Rechtsprechung, die vor allem, aber nicht nur die Werbung von Telekommunikationsunternehmen betrifft, wie der folgende Fall zeigt:

Bsp.: KG GRUR-RR 2003, 319: In Berlin werben die Herausgeber der „Berliner Zeitung" für ein Abonnement mit der Angabe, dass diese Zeitung „die günstigste Abonnementzeitung Berlins" sei. Tatsächlich kostet die Zeitung 16 Euro, der Wettbewerber (der mit der Bezugnahme „günstigst" schon deswegen erkennbar war, weil Berlin nur über eine beschränkte Anzahl von Tageszeitungen verfügt) 17,10 Euro. Scheinbar stimmte die Angabe also. Nicht angegeben wurde jedoch die Berechnungsgrundlage für die Abonnementgebühr. Tatsächlich erschien die Konkurrentin täglich (also 7-mal), die Berliner Zeitung dagegen nur werktäglich. Insoweit war der Vergleich irreführend, die Preisangabe zudem nicht nachprüfbar nach § 6 Abs. 2 Nr. 2 UWG.

(4) Herbeiführung einer Verwechslungsgefahr, § 6 Abs. 2 Nr. 3 UWG

Soweit Werbebehauptungen den Mitbewerber, seine Waren oder Kennzeichen 277 erkennbar machen, darf hierdurch nicht die Gefahr von Verwechslungen zwischen den betroffenen Unternehmen entstehen. Hierzu kann es kommen, wenn der Adressat der die Äußerung eines Mitbewerbers des Werbenden entnehmen oder glauben kann, dass es unternehmerische Beziehungen zwischen Mitbewerber und Werbendem gibt. Das Verbot der Herbeiführung von Verwechslungsgefahren konkurriert häufig mit den Bestimmungen zum Schutz von Marken oder Kennzeichen nach §§ 14 Abs. 2 Nr. 2 bzw. 15 Abs. 3 MarkenG. Einen wichtigen Anwendungsfall hierzu stellen Fälle dar, in denen für Zubehör oder Reparaturleistungen geworben wird [dazu sogleich unter (5)]. Auch § 4 Nr. 3 lit. a UWG ist oft betroffen. Die zuletzt genannte Norm ist nur anwendbar, wenn ein Zeichen außerhalb eines Werbevergleichs benutzt wird. Die markenrechtlichen und die lauterkeitsrechtlichen Vorschriften konkurrieren miteinander.

Einen interessanten Fall hierzu behandelt die sehr bekannte Entscheidung:

> **EuGH GRUR 2008, 698 mit Anm.** *Ohly* – **O2/Hutchison:** Die beteiligten Unternehmen werben für Telefondienstleistungen. In Großbritannien warb Hutchison in einer Anzeige mit den für O2 charakteristisch gewordenen Luftblasen vor blauem Hintergrund (ohne O2 als Unternehmen zu nennen). Die Veranschaulichung begleitete einen inhaltlich zutreffenden Preisvergleich zwischen Hutchison und O2, in dem H. besser abschnitt. O2 klagte in Großbritannien auf Unterlassung nach marken- und lauterkeitsrechtlichen Vorschriften und behauptete, die Benutzung des für O2 kennzeichnenden Zeichens verstoße gegen die Vorschriften über die Zulässigkeit vergleichender Werbung. Das britische Gericht (*O₂ Holdings Ltd. v. Hutchison 3G*, [2006] EWCA Civ 1656) legte dem EuGH u.a. die Frage vor, ob die Benutzung des Zeichens in der Werbung „unerlässlich" sein müsse, um die Waren oder Dienstleistungen des Mitbewerbers mit denjenigen des Werbenden zu vergleichen, damit eine vergleichende Werbung, in der ein mit der Marke eines Mitbewerbers identisches oder ihr ähnliches Zeichen benutzt wird, zulässig ist. Letztlich ging es darum zu entscheiden, ob eine illustrative Benutzung der Marke zur Kennzeichnung des Mitbewerbers zulässig ist, solange durch diese Benutzung keine Verwechslungsgefahren entstünden. Der EuGH hat die Frage bejaht. Solange aus dem Werbevergleich klar erkennbar ist, mit welchem Zeichen für welche Leistungen geworben wird, fehle es an der Verwechslungsgefahr.
> Die Entscheidung ist wenig aufschlussreich, da es Verwechslungsgefahren erzeugende Werbevergleiche, in denen der Mitbewerber einerseits erkennbar, andererseits aber auch eine vergleichende Aussage gemacht wird, kaum geben wird (so *Ohly*, GRUR 2008, 701, 702: „kariertes Maiglöckchen"). Immerhin zeigt die Entscheidung, dass die bloße Benutzung von Marken in einer vergleichenden Werbung für sich genommen nicht gegen § 6 Abs. 2 Nr. 3 UWG verstoßen kann.

(5) Rufausnutzung oder Rufbeeinträchtigung, § 6 Abs. 2 Nr. 4 UWG

278 Der Werbevergleich darf nicht zu einer unlauteren Rufausnutzung oder Rufbeeinträchtigung führen. Auch diese Voraussetzung knüpft an markenrechtliche Tatbestände an, die zudem in § 4 Nr. 3 lit. b UWG erwähnt werden. Markenrecht und Recht der vergleichenden Werbung konkurrieren miteinander, so dass der Markeninhaber aus beiden Rechten klagen kann. Die Ergebnisse der beiden Klagen werden sich allerdings decken. Nicht betroffen sind Fälle, bei denen eine bloße Nennung der Marke oder der sonstigen Unterscheidungszeichen des Mitbewerbers vorliegt (z.B. der O2-Fall). Denn die bloße beschreibende Nennung

einer Marke kann normativ noch keine Rufausnutzung oder Rufbeeinträchtigung darstellen. Den Imagetransfer, der durch eine zu Zwecken der Identifizierung des Mitbewerbers notwendige Kennzeichennennung erforderlich ist, muss der Mitbewerber dulden.

Interessant hierzu ist die Entscheidung des BGH zu einem Preisvergleich zwischen den Eigenmarken eines Drogeriemarktes und den von diesem Markt veräußerten Markenwaren.

> **BGH GRUR 2007, 896 – Tz. 24 – Eigenpreisvergleich:** Eine Drogeriemarktkette warb mit einer Gegenüberstellung einer ganzen Reihe von Pflege- und Reinigungsprodukten, indem jeweils die Eigenmarke („no name") und ein Markenprodukt abgebildet wurde. Die Gegenüberstellung zeigte, dass der Drogeriemarkt mit seinen Eigenmarken vielfach günstiger war, wie der nachstehende Ausschnitt aus der Werbung veranschaulicht:

> Der Preisvergleich selbst war zutreffend. Eine Herkunftsverletzung nach § 6 Abs. 2 Nr. 3 UWG war nicht auszumachen. Es stellte sich daher vor allem die Frage, ob die bloße Gegenüberstellung von „No-Name" und Markenprodukt durch Abbildung zu einer Rufbeeinträchtigung führen kann. Der BGH verneinte dies. Weder die Nennung noch die Darstellung von fremden Markenprodukten, die in einen Preisvergleich einbezogen worden seien, reiche aus, „um eine unlautere Rufausnutzung oder Rufbeeinträchtigung anzunehmen. Der Hinweis auf die Marken der in den Preisvergleich einbezogenen Produkte ist für eine Unterscheidung der verglichenen Erzeugnisse und für einen wirksamen Wettbewerb auf dem in Rede stehenden Markt erforderlich und begründet für sich genommen keine unlautere Ausnutzung des guten Rufs der fremden Markenartikel (...). Vielmehr müssen über die bloße Nennung der Marke hinausreichende Umstände hinzutreten, um den Vorwurf wettbewerbswidriger Rufausnutzung zu begründen (...). Dazu **reicht die tabellenartige Gegenüberstellung der Eigenprodukte der Bekl. mit den Produkten der Marktführer nicht aus.**"

Unter § 6 Abs. 2 Nr. 3 oder Nr. 4 UWG fallen oft Konstellationen, in denen auf **Zubehör-, Ersatzteile oder Reparaturleistungen** hingewiesen wird. Der Fall 279

„Aluminiumräder" fällt potentiell in diese Kategorie (Rn. 268), allerdings nur, wenn auch tatsächlich etwas verglichen wird. Ob dies so ist, ist auch Thema des Toshiba-Falls:

> **EuGH – C-112/99, GRUR 2002, 354, 355 – Toshiba Europe/Katun:** Toshiba Europe wendet sich gegen einen Mitbewerber (Katun), der Verbrauchsmaterialien und Ersatzteile für Toshiba-Fotokopiergeräte vertreibt. Toshiba verwendet zur Kennzeichnung ihrer Fotokopierermodelle bestimmte Bezeichnungen, z.B. Toshiba 1340, ferner Artikelbezeichnungen und Artikelnummern, die gleichzeitig als Bestellnummern des Originalzubehörs (Original Equipment Manufacturer = OEM) fungieren. In den Katalogen des Zubehörhändlers Katun werden z.B. die „Katun-Produkte für Toshiba-Kopierer 1340/1350" aufgeführt. In tabellenartigen Übersichten wird für jedes Ersatz- und Verbrauchsteil die jeweilige „OEM Art.-Nr." von Toshiba aufgeführt. Die zweite Spalte „Katun Art.-Nr." enthält die Bestellnummer von Katun, die dritte Spalte eine Beschreibung des Produkts. In der vierten Spalte wird die Nummer des oder der Modelle angegeben, für die das Produkt bestimmt ist. Für einige Produkte finden sich in den Katalogen – zwischen den Listen – Hinweise wie „[Sie] können (...) ihre Kosten reduzieren, ohne an Leistung oder Qualität einzubüßen", „Dank ihres geringen Service- und Kostenaufwands stellen diese Qualitätsprodukte für die Händler insgesamt eine rentablere Alternative dar" oder „die ideale Lösung für viele leistungsstarke Toshiba-Kopierer".
>
> Toshiba klagte gegen Katun in Deutschland auf Unterlassung und wendete u.a. ein, dass die Angabe der Toshiba-Artikelnummern nicht geboten sei, um die Kunden über die mögliche Verwendung der von Katun angebotenen Produkte aufzuklären, vielmehr ein Hinweis auf die jeweiligen Modelle der Toshiba-Fotokopierer genüge. Durch die Verwendung der Artikelnummer der Kl. lehne sich Katun an die Originalwaren zur Empfehlung der eigenen Waren an. Sie führe den Verbraucher irre, indem sie eine gleichwertige Qualität der Produkte behaupte und den Ruf von Toshiba in unzulässiger Weise ausbeute.
>
> Das LG Düsseldorf, das den Fall zu entscheiden hatte, stieß auf eine ältere Entscheidung des BGH (ebenfalls Klage von Toshiba), in der die Verwendung der am Markt bekannten Artikelbezeichnungen eines Originalherstellers von Verbrauchsmaterialien durch einen Drittanbieter als unzulässig angesehen wurde, weil dieses Verhalten eine Rufausbeutung durch offene Anlehnung an fremde Ware zur Empfehlung der eigenen Ware darstelle (GRUR 1996, 781 – Verbrauchsmaterialien). Sofern ein Werbevergleich vorliegt, würde dies zur Anwendung des § 6 Abs. 2 Nr. 4 UWG führen.
>
> Damit stellt sich die Frage, ob in der tabellenartigen Gegenüberstellung eine unzulässige vergleichende Werbung durch Rufausnutzung liegt. Der EuGH hat dies verneint. Er hat zunächst angenommen, dass Artikel- und Bestellnummern Unterscheidungszeichen sein können, wenn der Verkehr anhand dieser Nummern den Originalhersteller identifizieren kann. Die bloße Nennung der Zeichen sei aber zulässig, wenn sie dazu führe, dass der Verbraucher in die Lage versetzt werde, die Leistungen beider Unternehmen miteinander zu vergleichen. Der EuGH nahm Rückgriff auf die Markenrichtlinie, die es erlaube, eine Marke auch ohne Erlaubnis des Markeninhabers zu nennen, wenn die Nennung erforderlich sei, um auf die Erbringung von Reparatur- und Zubehörleistungen für die Waren des Markeninhabers hinzuweisen (vgl. in Deutschland § 23 Nr. 3 MarkenG; EuGH aaO. Tz. 39). Die Nennung der Artikelnummern im vorliegenden Fall führe zu einem solchen Vergleich. Mit der Gegenüberstellung der Nummern werde behauptet, dass die Ersatzteil-

produkte von Katun mit denen von Toshiba gleichwertig seien, und zwar in dem Sinne, dass sie einen gleichen Bedarf befriedigten (Tz. 40). Darin läge ein Vergleich wesentlicher, relevanter, typischer und nachprüfbarer Eigenschaften für Waren des gleichen Bedarfs. Die bloße Nennung und tabellenartige Gegenüberstellung der Bestellnummern sei keine Rufausbeutung oder -beeinträchtigung, denn der Werbende nutze den Ruf von Unterscheidungszeichen seines Mitbewerbers nicht in unlauterer Weise aus, wenn ein Hinweis auf diese Zeichen Voraussetzung für einen wirksamen Wettbewerb auf dem in Rede stehenden Markt ist (Tz. 54).

Auch für § 6 Abs. 2 Nr. 4 UWG müssen also besondere Umstände festgestellt werden, die dazu führen, dass die Nennung des Unterscheidungszeichens im konkreten Fall übertrieben oder unverhältnismäßig ist, um den bloßen Hinweiszweck zu erfüllen. Der EuGH gibt im Toshiba-Urteil zu verstehen, dass er dabei die Wirksamkeit des Wettbewerbs auf dem Zubehör- und Ersatzteilmarkt für vorrangig hält (vgl. auch BGH GRUR 2015, 1136 Tz. 29 – Staubsaugerbeutel im Internet).

(6) Herabsetzung oder Verunglimpfung des Mitbewerbers, § 6 Abs. 2 Nr. 5 UWG

§ 6 Abs. 2 Nr. 5 UWG erfasst Elemente des Tatbestandes der persönlichen ver- **280** gleichenden Werbung (oben Rn. 256). Die Vorschrift stellt klar, dass in einem Vergleich Herabsetzungen der Person, der Tätigkeiten oder der Produkte des Mitbewerbers unzulässig sind. Herabsetzungen sind ehrabträgliche Werturteile. Von einer Verunglimpfung spricht man, wenn die Herabsetzung besonders gravierend ist. Dazu gehören Formalbeleidigungen („Mein Konkurrent, der Versager") und pauschale Schmähungen (Bsp.: OLG Köln WRP 1985, 233: Bezeichnung des Konkurrenzprodukts als „Mist"; weiteres Beispiel: High Court of Justice v. 5.12.2000 – *British Airways vs Ryanair*, Fleet Street Reports 2001 S. 541: Ryanair wirbt mit der gegen British Airways = BA gerichteten Schlagzeile: „Expensive ba...ds" = bastards). Falsche Tatsachenbehauptungen fallen nicht unter § 6 Abs. 2 Nr. 5 UWG, sie werden regelmäßig unter das Irreführungsverbot (oder unter § 4 Nr. 2 UWG) zu subsumieren sein. Umstritten ist, ob auch wahre Tatsachenbehauptungen, die herabsetzend sind, unter § 6 Abs. 2 Nr. 5 UWG fallen. Die Frage ist zu verneinen. Jedenfalls in einem Werbevergleich sind zutreffende Tatsachenbehauptungen für den Verbraucher eine Orientierung. Behauptet ein Hotelier etwa, sein Hotel liege in einem ruhigen strandnahen Viertel, während die Hotels an der X-Straße unter Verkehrslärm litten, so mag die Leistung des Hoteliers, der an der X-Straße residiert, hierdurch herabgesetzt werden. Es ist aber nicht einzusehen, warum dem Verbraucher diese wesentliche Eigenschaft, wenn sie nicht irreführt, vorenthalten werden soll. Allerdings muss die Behauptung nachprüfbar wahr sein.

281   Fälle der (auch persönlich herabsetzenden) Kritik („So darf man mit Kunden nicht umgehen") unter Mitbewerbern waren früher ausnahmslos verboten, da die persönliche kritisierende Werbung stets als unzulässig galt. Da aber auch Unternehmer verfassungsrechtlich geschützte Äußerungsfreiheiten haben, muss das Recht zur Kritik ihnen ebenfalls zugestanden werden. Die Gerichte sind in neuerer Zeit wesentlich zurückhaltender mit dem Verbot herabsetzender Werbeäußerungen in und außerhalb von Werbevergleichen. Das Verbot greift nur noch in Fällen der Schmähkritik, also bei einer Herabsetzung, die unsachlich und pauschal ist, letztlich also zur Meinungsbildung nichts beiträgt, sondern nur die Schmähung des Konkurrenten beabsichtigt.

> **Bsp.: OLG Hamburg NJW 1996, 1002 – Schmuddelsender:** In einer Auseinandersetzung zwischen RTL (Bertelsmann) und den Sendern der Kirch-Gruppe bezeichnet der Geschäftsführer von Pro7 in einem Interview RTL als „Schmuddelsender", der sich der BILD-Zeitung als Schmuddelblatt bediene, um ihn (den Pro7-Geschäftsführer) herabzusetzen. Das OLG verbot die Äußerung und ordnete sie als objektiv herabsetzende pauschale Wertaussagen ein. Die Freiheit der Meinungsäußerung sei beschränkt, wenn die Äußerung im Zusammenhang mit Eigenwerbung falle, also wirtschaftlich motiviert sei. Die Äußerung erfolge dann nicht, um die Öffentlichkeit aufzuklären, sondern um RTL als zweifelhaft handelnden Konkurrenten bloßzustellen.

Ein weiterer interessanter Fall betrifft ebenfalls den Mediensektor:

> **BGH GRUR 2010, 161 m. Anm. Ohly – Gib' mal Zeitung:** Die Tageszeitung (TAZ) aus Berlin lässt zwei Fernseh- und Kinowerbespots produzieren, in dem ein mit Unterhemd und Jogginghose bekleideter Mann mittleren Alters einen als „Trinkhalle" bezeichneten Kiosk ansteuert. Der dort aufgestellte Zeitungsständer trägt ein BILD-Logo, enthält aber keine Zeitungen mehr. Der Kunde fordert den Inhaber des Kiosks auf „Kalle, gib mal Zeitung". Dieser entgegnet „Is' aus" und schiebt dem Kunden eine „TAZ" über den Tresen. Dieser schaut verdutzt und antwortet „Wat is' dat denn?" und nach einem kurzen Blättern: „Mach mich nicht fertig, du" und wirft die TAZ verärgert über den Ladentisch. Der Kioskinhaber holt nun eine unter dem Tresen versteckte BILD-Zeitung hervor und grinst den Kunden an. Darauf brechen beide in ein Gelächter aus. Der Spot endet mit dem Text „taz ist nicht für jeden. Das ist OK so."
> Im zweiten Teil des Spots kommt derselbst Kunden erneut zum Kiosk und bestellt trotz des gefüllten Zeitungsständers mit BILD-Zeitungen: „Kalle, gib' mal Taz". Der Kioskbesitzer schaut verblüfft und bleibt untätig. Nun bricht der Kunde in Gelächter aus, in das der Kioskbesitzer einstimmt, nachdem er den Scherz des Kunden bemerkt. Wiederum folgt der oben zitierte Text (vgl. das Storyboard in GRUR 2010, 161; das Video findet sich auf diversen Internet-Portalen).
> Der Springer-Verlag als Herausgeber der BILD-Zeitung klagte und sah in der Werbung u.a. einen unzulässigen herabsetzenden Werbevergleich, weil der Eindruck erweckt werde, dass nur dumme, „unterbelichtete" und „begriffsstutzige" „Proleten" BILD läsen, dieser Personenkreis andererseits durch die Lektüre der TAZ intellektuell überfordert wäre.

Der BGH sah in der Werbung einen Vergleich, weil sie zwei Presseprodukte nach ihrer typischen Leserstruktur vergleiche und damit auch relevante Nachfragekategorien adressiere (Tz. 26–28), verneint die Herabsetzung allerdings vor dem Hintergrund, dass der Rezipient die Werbung weder wörtlich noch vollständig ernst nehme, insbesondere nicht als Abwertung verstehe (Tz. 20). Dabei formulierte der BGH zudem, dass humorvolle oder ironische Anspielungen auf einen Mitbewerber in einem Werbevergleich grundsätzlich zulässig seien. Das OLG Hamburg hatte in der Vorinstanz gegenteilig entschieden (ZUM-RD 2008, 350).

Im Ergebnis ist Warenkritik durch Konkurrenten durchaus zulässig, solange sie nicht irreführt und die Grenze der Schmähung nicht übersteigt. Das entspricht den verfassungsrechtlichen Anforderungen an Werturteile (vgl. BVerfGE 75, 361 = NJW 1988, 1136 – Strauß-Karikatur).

(7) Herausstellung der beworbenen Ware als Imitation, § 6 Abs. 2 Nr. 6 UWG

In einem Werbevergleich darf nach § 6 Abs. 2 Nr. 6 UWG Konkurrentenware **282** nicht in imitierter oder nachgeahmter Form dargestellt werden. Der Wortlaut ist nicht ganz klar. Darf der Werbende nicht behaupten, seine Ware sei eine Imitation („Schmuck im Cartier-Stil", vgl. Fall 8, so die h.M., vgl. nur BGH GRUR 2008, 628 Tz. 22) oder darf er nicht behaupten, die Ware des Konkurrenten sei ein Imitat (so *Gloy/Bruhn*, GRUR 1998, 226, 238: Ergänzung des Verunglimpfungsverbots)? Richtig ist die erste Deutung. § 6 Abs. 2 Nr. 6 UWG hat gleichfalls eine markenrechtlich beeinflusste Herkunft und soll die Rechtsposition des Herstellers oder des Vertreibers des Originalprodukts schützen (*Scherer*, WRP 2001, 89, 95: Parallele zur Rufausnutzung; im Einzelnen umstritten, teilweise wird nur der Originalhersteller als klagebefugt angesehen, vgl. *Ohly*/Sosnitza, UWG, § 6 Rn. 73; a.A. MünchKomm-UWG/*Menke*, § 6 Rn. 328; Harte/Henning/*Sack*, UWG, § 6 Rn. 252). Wer über das Konkurrenzprodukt behauptet, es sei eine Nachahmung, wird dies tun dürfen, solange der Vorwurf nicht unrichtig und damit irreführend oder unnötig herabsetzend („billige Kopie") ist.

§ 6 Abs. 2 Nr. 6 UWG ist erheblich entschärft worden, seit die europäische Rechtsentwicklung die Nennung von Konkurrenzprodukten zu Zwecken der Vergleichbarkeit weitgehend erlaubt hat. Eine Nennung von Marken, die bloße Behauptung, das Produkt passe zu einem Markenprodukt, ist keine Imitatbehauptung. Die Grenze ist überschritten, wenn unrichtig behauptet wird, das Produkt sei ein Original („aus dem Hause Chanel") oder wenn nicht vorhandene Beziehungen zu dem Original behauptet werden („nach Art Chanel", „Chanel-Stil"). Anhaltspunkte für eine solche Behauptung sind daher die Bezeichnung, Ausstattung oder Verpackung, die dem Verkehr einen deutlichen Hinweis auf ein etwaiges Original geben (vgl. OLG Frankfurt WRP 2007, 1372, 1374 – Duftimi-

tat). Für die Beurteilung bedeutsam sind der Grad der Bekanntheit des Originalprodukts und die Art der Annäherung an die Gesamtausstattung. In der Verbraucherwerbung ist zusätzlich § 5 Abs. 2 UWG zu beachten ("Imitationsmarket-
ing").

> **Bsp.: BGH GRUR 2008, 628 – Imitationswerbung:** Die Klägerin stellt Markenparfüms,
> unter anderem der Marken "Joop", "Davidoff" und "Jil Sander", her und vertreibt sie. Die
> Beklagte vertreibt unter der Dachmarke "Création Lamis" niedrigpreisige Duftwässer. Die
> Klägerin behauptet, die Verwendung der Dachbezeichnung in Verbindung mit weiteren
> Begriffen und Ausstattungsmerkmalen im Werbeauftritt näherten die Düfte der Beklagten
> insgesamt den Produkten der Klägerin an. Insbesondere aus der Perspektive von Händ-
> lern würden so viele Hinweise benutzt, dass bei ihnen der Eindruck entstehe, es handele
> sich um Nachahmungen, die das Original ersetzen könnten.
> Der BGH hielt die eher vagen Andeutungen für viel zu fernliegend, um einen ausrei-
> chenden Bezug zu Konkurrenzwaren herzustellen. Imitationswerbung liege nur vor, wenn
> offen und klar bereits in der Werbung behauptet werde, das Produkt sei ein Imitat. Dazu
> genügten Hinweise, die außerhalb der Werbung lägen, nicht (bestätigt in BGH GRUR 2011,
> 1153 – Création Lamis).

dd) Fazit

283 Das Recht der vergleichenden Werbung hat in der vom EuGH bevorzugten Auslegung eine expansive Tendenz. Es konkurriert mit mehreren Fallgruppen des
Marken- und Lauterkeitsrechts in der bisherigen Auslegung des deutschen
Rechts. Die Abstimmung zwischen Marken- und Lauterkeitsrecht wird dadurch
schwierig.

Als erhebliche Schwäche des Rechtsgebiets wird man ansehen müssen,
dass mit dem Begriff des Werbevergleichs an sich nur eine besondere Konstellation des Lauterkeitsrechts erfasst wird. Herabsetzungen, Rufausbeutungen, Irreführungen und sonstige Konstellationen finden jedoch nicht nur in Werbevergleichen statt. Entweder entwickelt sich das Recht der vergleichenden Werbung
so expansiv, dass es die Nachbarbereiche verdrängt (dafür gibt es manche Anhaltspunkte) oder es entsteht neben dem sonstigen Lauterkeitsrecht eine Sub-
konstellation von Regeln, die unverbunden mit der Gesamtsystematik bleiben.
In einem lesenswerten Aufsatz von *Gloy/Bruhn*, GRUR 1998, 226 findet sich hierzu die folgende Einschätzung (S. 237):

> "Da hier [d.h. im Recht der vergleichenden Werbung, KNP] ein generell für das Wettbe-
> werbsrecht geltender Gedanke nur punktuell für die vergleichende Werbung geregelt
> wird, besteht bei Beibehaltung dieser Technik die Gefahr, daß im Zuge einer Regelung le-
> diglich von Teilbereichen des Wettbewerbsrechts ein wenig zusammenhängender und
> unsystematischer ,Flickenteppich' europäischen Wettbewerbsrechts entsteht, dessen ein-
> zelne Flicken nicht zusammenpassen oder der Teppich insgesamt stets zu kurz ist. [Auf

eine] hierdurch [drohende] Rechtszersplitterung und vor allem [eine] Dekodifizierung des nationalen Rechts ist in der Vergangenheit stets und in aller Deutlichkeit hingewiesen worden. Diese berechtigten Bedenken haben die Kommission schließlich dazu bewogen, in einem Grünbuch im Jahr 1995 einen Ansatz zur planvollen Gesamtharmonisierung des Rechts der ‚kommerziellen Kommunikationen' niederzulegen. Aber auch wenn die RL zur vergleichenden Werbung somit die letzte partielle Regelung auf diesem Gebiet sein dürfte, wird sie in ihrer Umsetzung Mitgliedstaaten, die wie Deutschland eine generalklauselartige Regelung des Wettbewerbsrechts aufweisen, nichtsdestoweniger vor große Probleme stellen."

3. Die Anschwärzung, § 4 Nr. 2 UWG (§ 4 Nr. 8 UWG 2008)

§ 4 Nr. 2 UWG verbietet unwahre geschäftsschädigende Tatsachenbehauptun- 284
gen über den Mitbewerber oder seine Leistungen. Die Norm hat ihr Vorbild in § 14 UWG 1909. Mit leichten Veränderungen wurde sie im Zuge der Reform von 2004 ins neue UWG übernommen. Sie normiert einen Unterfall der gezielten Behinderung (§ 4 Nr. 4 UWG). Man muss die Vorschrift in mehrfacher Hinsicht abgrenzen:

Von § 6 Abs. 2 Nr. 5 UWG unterscheidet sie sich dadurch, dass dort nach richtiger (aber nicht unbestrittener) Auslegung nur herabsetzende Werturteile erfasst werden, ferner ein Werbevergleich vorliegen muss (BGH GRUR 2002, 633, 634 – Hormonersatztherapie). Von der Irreführung (in oder außerhalb von Werbevergleichen) unterscheidet sie sich dadurch, dass klagebefugt nach § 4 Nr. 2 UWG nur der Mitbewerber ist und eine persönlich geschäftsschädigende Tatsachenbehauptung nicht über irgendjemanden, sondern gerade über den Konkurrenten erforderlich ist. Fehlt es an einer unwahren Tatsachenbehauptung über einen Wettbewerber oder fehlt es sogar an einer geschäftlichen Handlung (z.B. bei Presseäußerungen), so ist nicht § 4 Nr. 2 UWG, sondern das allgemeine Deliktsrecht (§§ 823 Abs. 1, 824, 826 BGB) anzuwenden (vgl. BGH GRUR 1960, 135, 137 – Druckaufträge).

In § 4 Nr. 2 UWG werden zwei Tatbestände normiert, und zwar in Halbsatz 1 285
der Grundtatbestand, während Halbsatz 2 sich nur auf vertrauliche Äußerungen bezieht. Die Zulässigkeitsvoraussetzungen weichen voneinander ab. Vertrauliche Mitteilungen, an denen der Mitteilende oder der Empfänger ein berechtigtes Interesse hat (**§ 4 Nr. 2 Halbs. 2 UWG**) sind nur unzulässig, **wenn der Betroffene die Unwahrheit beweisen kann.** Sonstige Mitteilungen (**§ 4 Nr. 2 Halbs. 1 UWG**) sind dagegen bereits **unzulässig, wenn sich die Wahrheit nicht feststellen lässt.** Das ist wichtig für Fälle, in denen der Täter (z.B. der sich in einem Internetportal Äußernde) nicht ermittelbar ist und daher derjenige in Anspruch genommen wird, der die Äußerung verbreitet (z.B. der Betreiber eines Internet-Bewertungsportals, vgl. BGH NJW 2015, 3443).

Der **Grundtatbestand des § 4 Nr. 2 UWG** hat folgende Voraussetzungen:
(1) Geschäftliche Handlung, § 3 Abs. 1 UWG
(2) Äußerung über einen Mitbewerber im Sinne von § 2 Abs. 1 Nr. 2 UWG
(3) Tatsachenbehauptung oder -verbreitung über den Mitbewerber oder seine geschäftlichen Verhältnisse
(4) Eignung der Äußerung zur Geschäfts- oder Kreditschädigung
(5) Nichterweislichkeit der Wahrheit

Der **Tatbestand des § 4 Nr. 2, 2. Hs. UWG** hat folgende Voraussetzungen:
(1) Wie oben
(2) Wie oben
(3) Vertrauliche Mitteilung
(4) Berechtigtes Interesse an der Äußerung (seitens des Äußernden oder des Empfängers)
(5) Objektive Unwahrheit (Kein Wahrheitsbeweis durch den Betroffenen)

286   Im **Grundtatbestand** entstehen zunächst Probleme bei der Frage, ob eine **geschäftliche Handlung** vorliegt. Häufig wird der Äußernde geltend machen, dass die Tatsachenbehauptung oder -verbreitung nicht der Absatzförderung, sondern der Meinungsäußerung dient. Die Gerichte haben in der Vergangenheit allerdings stets vermutet, dass ein Unternehmen, das sich im Rahmen seiner kommerziellen Tätigkeit äußert, dies auch zu Zwecken der Förderung des eigenen Absatzes tut. Diese Vermutung greift aber nicht, wenn sich Presse-, Rundfunk- oder sonstige Medienunternehmen im Bereich der Wirtschaftsberichterstattung betätigen. Hier wird davon ausgegangen, dass keine unmittelbar der Absatzförderung, sondern eine vornehmlich anderen Zwecken dienende Handlung vorliegt. Gleiches gilt für die Äußerung von Verbraucherorganisationen oder Warentestinstitutionen. Problematisch können Äußerungen von Verbänden sein.

> **Bsp.: BGH GRUR 1997, 916 = NJW 1997, 3302 – Kaffeebohne:** Der Beklagte war Geschäftsführer eines Tonträgerunternehmens und gleichzeitig im Vorstand der Deutschen Landesgruppe eines internationalen Verbandes der Tonträgerhersteller. In der letztgenannten Eigenschaft hatte er eine Presseerklärung des Verbandes unterzeichnet, in welcher der Kaffeeröster Tchibo wegen des Vertriebs eines Tonträgers der Beatles angeprangert wurde. Es handelte sich um einen unlizenzierten Tonträger, der durch Ausnutzung von Schutzlücken im internationalen Urheber- und Leistungsschutz auf dem deutschen Markt verkauft werden konnte.
>
> Der Beklagte hatte das rechtliche Problem solcher Schutzlücken exemplarisch geschildert und dabei die plakative Überschrift verwendet: „Der Kampf gegen die Kaffeebohne: Das Problem der Schutzlücke!" Im Text hieß es unter anderem: „(Die Tonträger) werden oftmals zu Schleuderpreisen veröffentlicht (schließlich ist eine Vergütung der

Künstler nicht vorgesehen) und häufig von branchenfremden Anbietern als Lockvogel benutzt. Ihre Aufmachung und Zusammenstellung ist willkürlich, widerspricht dem ausdrücklich erklärten Willen der Künstler, die künstlerische Leitung ist oftmals auf diese Weise beeinträchtigt. Spektakulärster Fall dieser Art sind die Beatles-Angebote eines bekannten Kaffeerösters." Das betroffene Unternehmen hielt diese Äußerung für eine geschäftliche Handlung und wollte sie als persönlich kritisierende Werbung verbieten lassen.

Der BGH behandelte den Fall in der Tat nach den Vorschriften des UWG, weil der Beklagte gleichzeitig unternehmerisch (Geschäftsführer eines Tonträgerunternehmens) und nicht nur verbandspolitisch tätig war. In der Sache ließ er die Kritik aber letztlich zu, da sie insgesamt sachlich und ausgewogen war, sich an Fachkreise richtete und dem Verband eine Stellungnahme in dieser seine Interessen unmittelbar berührenden Frage auch dann nicht versagt werden könnte, wenn sein Vorstandsvorsitzender gleichfalls als Unternehmer betroffen wäre.

Klagebefugt ist nur der **Mitbewerber.** Daher ist tatbestandsmäßig nach § 4 Nr. 2 **287** UWG nur eine unwahre Tatsachenbehauptung oder -verbreitung, die in Bezug auf einen Mitbewerber gemacht wird. Im Tchibo-Fall konnte dies übrigens angenommen werden, weil Tchibo durch das Angebot einen Wettbewerb begründet hatte, auch wenn sich ein Kaffeeröster und ein Tonträgerunternehmen im Übrigen nicht auf einem gemeinsamen Markt bewegen.

§ 4 Nr. 2 UWG erfasst – im Gegensatz zu § 4 Nr. 1 UWG – **Tatsachenbehaup-** **288** **tungen,** allerdings nur solche über Waren, Dienstleistungen oder Unternehmen des Mitwerbers. Die Abgrenzung zwischen Tatsachenbehauptungen und Werturteilen erfolgen wie auch sonst im Äußerungsrecht danach, ob die Äußerung dem Beweis zugänglich ist oder nicht. Nicht dem Beweis zugänglich sind Werturteile. Sie sind durch Elemente der Stellungnahme und des Dafürhaltens gekennzeichnet. Werturteile sind verfassungsrechtlich bessergestellt als Tatsachenbehauptungen. Nach ständiger Rechtsprechung des BVerfG sind zwar auch Tatsachen zur Meinungsbildung geeignet. Sie nehmen daher am Schutz des Art. 5 Abs. 1 GG teil. Dies gilt nicht für bewusst unwahre Tatsachenbehauptungen, die zur Meinungsbildung nichts beitragen sollen (BVerfGE 85, 1, 15). Probleme ergeben sich, wenn Werturteile und Tatsachenbehauptungen miteinander vermischt werden. Das BVerfG neigte in der Vergangenheit dazu, im Zweifel von einem Werturteil auszugehen, jedenfalls darauf abzustellen, ob der Schwerpunkt der Äußerung in einer Wertung oder in einem Tatsachenbericht liegt.

BVerfG NJW 2003, 277 = WRP 2003, 69 – JUVE (Zulässigkeit des sog. JUVE-Handbuchs mit Ranking-Listen in einem Handbuch über wirtschaftsrechtlich orientierte Anwaltskanzleien): „Die untersagten Ranglisten enthalten **schwerpunktmäßig wertende Äußerungen,** nicht jedoch Tatsachenbehauptungen. Eine **Meinung** ist im Unterschied zur Tatsachenbehauptung durch das **Element des Wertens,** insbesondere der Stellungnahme und des Dafürhaltens geprägt (...). Die Listen geben eine von der Redaktion erstellte **Rangord-**

nung der aufgeführten Kanzleien wieder. Sie **lassen erkennen, dass** dadurch **über** deren **Leistungen ein Werturteil abgegeben wird.** Dieses baut allerdings auf Interviews auf, also auf Auskünften Dritter, wie der jeweils am Ende wiedergegebene Hinweis zeigt. Die **Fundierung der Wertungen in tatsächlichen Erhebungen ändert aber nichts daran, dass Werturteile formuliert werden.** (... 278:) Die **Einordnung einer Äußerung als Werturteil** oder als Tatsachenbehauptung ist für die rechtliche Beurteilung von Eingriffen in das Grundrecht auf Meinungsfreiheit (...) **von weichenstellender Bedeutung** (...). Führt eine Tatsachenbehauptung zu einer Rechtsverletzung, hängt das Ergebnis der Abwägung der kollidierenden Rechtsgüter vom Wahrheitsgehalt der Äußerung ab. Bewusst unwahre Tatsachenäußerungen genießen den Grundrechtsschutz überhaupt nicht (...). **Ist die Wahrheit nicht erwiesen, wird die Rechtmäßigkeit der Beeinträchtigung eines anderen Rechtsguts davon beeinflusst, ob besondere Anforderungen, etwa an die Sorgfalt der Recherche, beachtet worden sind.** Werturteile sind demgegenüber keinem Wahrheitsbeweis zugänglich. Sie sind grundsätzlich frei und können nur unter besonderen Umständen beschränkt werden (...).“

Fazit: Wenn Tatsachen in eine Benotung münden, liegt schwerpunktmäßig ein Werturteil vor.

289 Keine Tatsachenbehauptungen sind **substanzarme**, d.h. unbestimmte, nicht näher konkretisierbare und daher dem Beweis nicht zugängliche **Behauptungen**, ferner in der Regel Sachverständigengutachten, die zwar Tatsachen enthalten können, deren Schlussfolgerung aber stets ein Werturteil ist (BGH GRUR 1978, 258, 259 – Schriftsachverständiger).

Problematisch sind **pauschale Anschuldigungen**, wie etwa der Vorwurf, ein Unternehmer sei „korrupt“, er arbeite mit „Lügen“, „Vertuschungen“. Die wettbewerbsgerichtliche Rechtsprechung hat hierzu oft vertreten, dass solche Pauschalierungen Tatsachenbehauptungen sein können, wenn über ein moralisches Urteil hinaus ein Verhalten in Bezug genommen wird, das tatsächliche Vorgänge betrifft (vgl. BGH GRUR 1993, 412, 413 – Ketten-Mafia). Der für das allgemeine Äußerungsrecht (Deliktsrecht) zuständige VI. Senat hat allerdings angenommen, dass auch eine Ansammlung solcher Pauschalierungen insgesamt durch das Element der Stellungnahme und des Dafürhaltens geprägt seien.

BGH NJW 2009, 1872: Eine Wirtschafts- und Steuerberatungsgesellschaft setzte auf ihre Internetseite einen Text, der sich sehr kritisch mit der Fraport AG (Betreiberin des Frankfurter Flughafens) befasste. In dem Artikel wird der Unternehmensleitung vorgeworfen, einen Millionenschaden im Rahmen einer Beteiligung an einem Flughafenterminal in Manila verursacht zu haben. Dort heißt es u.a. wie folgt: „Der schier unglaubliche Fraport-Skandal scheint zur Freude der für den riesigen Schaden Verantwortlichen in Vorstand und Aufsichtsrat in den deutschen Medien schon in Vergessenheit geraten zu sein. Es wäre aber im öffentlichen Interesse zu wünschen, dass dieser Sumpf an Lügen, Täuschung, Vertuschung, Vetternwirtschaft, Polit-Kumpanei und Korruption endlich aufgemischt wird. Leider schafft die Zeit für die Fraport-Übeltäter.“

Der BGH hielt diese in einen größeren Text gestellten Vorwürfe insgesamt für Werturteile. „Es handelt sich insgesamt um Äußerungen, die durch die Elemente der Stellungnahme, des Dafürhaltens oder Meinens geprägt werden und deshalb in vollem Umfang am Schutz des Grundrechts aus Art. 5 I GG teilnehmen. Dies gilt auch hinsichtlich des Vorwurfs der „Korruption", weil die Einstufung eines Vorgangs als strafrechtlich relevanter Tatbestand in der Regel, nicht anders als Rechtsmeinungen im außerstrafrechtlichen Bereich, zunächst nur die ganz überwiegend auf Wertung beruhende subjektive Beurteilung des Äußernden zum Ausdruck bringt (...). Zudem ist im Streitfall die Bezeichnung als „Korruption" nicht so stark von tatsächlichen Bestandteilen geprägt, dass ihnen insgesamt der Charakter einer Tatsachenbehauptung beigemessen werden könnte, die einen bestimmten Vorgang im Wesentlichen beschreibt und nicht bewertet."

Liegt eine Tatsachenbehauptung vor, so muss diese geeignet sein, den **Kredit** **290** **oder das Geschäft des Mitbewerbers zu schädigen.** Herabsetzend oder kränkend muss sie nicht sein. § 4 Nr. 2 UWG schützt den Kredit eines Unternehmens als Vermögenswert. Jede unwahre Tatsachenäußerung, die den Unternehmenswert (z.B. den Börsenwert) gefährdet, ist geeignet, ihren Kredit zu schädigen. Deutlich wird dies im sog. Kirch/Breuer-Fall.

BGH NJW 2006, 830 – Kirch/Breuer: Im Fall ging es um eine Fernsehinterviewäußerung, die der damalige Vorstandschef der Deutschen Bank und Präsident eines Bankenverbandes Rolf Breuer über die Unternehmen der Kirch-Gruppe aufgestellt hatte. Mehrere Zeitungen hatten berichtet, dass die Kirch-Gruppe mit rund 6 Mrd. Euro verschuldet sei, Kredite ausliefen und neue kaum zu erlangen seien. In dieser Situation wurde *Breuer* am 3. Februar 2002 in einem fünfminütigen Interview des TV-Senders Bloomberg nach dem finanziellen Engagement der Deutschen Bank AG im Kirch-Fall gefragt. Insbesondere fragte der Journalist, ob man Kirch helfen werde, weiter zu machen. *Breuer* antwortete hierauf, dass er dies „für relativ fraglich" halte. „Alles was man darüber lesen und hören kann, ist ja, dass der Finanzsektor nicht bereit ist, auf unveränderter Basis noch weitere Fremd- oder gar Eigenmittel zur Verfügung zu stellen." Allenfalls Dritte könnten sich gegebenenfalls für eine Stützung interessieren. Das am Folgetag erstmals in Deutschland gesendete Interview wurde mehrfach wiederholt und Gegenstand intensiver Berichterstattung. Am 8. 4. 2002 stellte die Kirch Media Antrag auf Eröffnung des Insolvenzverfahrens, das in der Folgezeit zur Zerschlagung des Konzerns führte. *Kirch* behauptete, die Gruppe sei im Kerngeschäft gesund gewesen und hätte ohne die Äußerung Breuers Aussicht auf weitere Kredite und Mittelzuflüsse durch den Verkauf einer größeren Beteiligung an die Disney-Corporation gehabt.
Der BGH gab der Klage auf Festellung, dass die Deutsche Bank und Breuer zum Ersatz des Schadens verpflichtet sind, statt. Anspruchsgrundlage war allerdings nicht §§ 9; 3; 4 Nr. 2 UWG (weil es nicht um eine Klage zwischen Mitbewerbern ging), sondern der parallel formulierte § 824 BGB. Der Fall zeigt, dass Herabsetzung und Kreditschädigung nicht Hand in Hand gehen.

Entscheidend für den Grundtatbestand des § 4 Nr. 2 UWG ist, dass die auf- **291** gestellte Behauptung **nicht erweislich wahr** ist. Diese Voraussetzung ist die

Stärke der Vorschrift. Sie zeigt nämlich, dass nicht der Verletzte, sondern der Äußernde zu behaupten und ggf. zu beweisen hat, dass die Tatsache wahr ist. Gelingt der Beweis nicht, kann das Äußerungsopfer Unterlassung und Schadensersatz verlangen. Auf die Frage, ob es einen berechtigten Anlass zu der Äußerung gab, kommt es nicht an. Auch Verdachtsäußerungen, bei denen die Wahrheit noch nicht feststeht, sind nach § 4 Nr. 2 UWG nicht zugelassen. Das bewirkt eine scharfe Haftung, welche die Äußerungsfreiheiten im Bereich von Tatsachenbehauptungen scharf begrenzt. Dieser Gesichtspunkt spielte eine besondere Rolle bei Internet-Bewertungsportalen:

> **BGH NJW 2015, 3444 – Hotelbewertungsportal:** Auf einem Internetbewertungsportal gab ein Nutzer über ein Hotel eine negative Bewertung ab und versah sie mit der Überschrift „Für 37,50 Euro pro Nacht gab's Bettwanzen". Der Hotelier mahnte die Portalbetreiberin ab. Diese verwies darauf, dass der Kommentar vom Nutzer stammt, sie selbst setze Wortfilter ein und überprüfe Kommentare manuell, habe aber keine Rechtsverletzung festgestellt, insbesondere nicht wissen können, ob der Kommentar zutreffend oder unzutreffend sei.
>
> Der BGH ging zunächst davon aus, dass Portalbetreiber und klagendes Hotel Wettbewerber seien, weil die über das Internetportal buchenden Gäste nicht über mehr über die Kommunikationswege der Klägerin suchen (Tz. 19, s.o. Rn. 70). Die Portalbetreiberin verbreite zwar eine fremde Äußerung, für diese Handlung sei sie aber erst verantwortlich, wenn sie Kenntnis davon erlange, dass eine unwahre Behauptung verbreitet wird (Tz. 38). Diese Kenntnis erlangt der Portalbetreiber typischerweise durch eine Abmahnung. Möglichkeiten, die Wahrheit zu überprüfen, hat er dann jedoch nicht. Die Behauptung der Unwahrheit steht mithin der Unwahrheit gleich. Wenn der Portalbetreiber den Eintrag nicht löscht, so haftet er als Täter für die Verbreitung nach §§ 3; 4 Nr. 2 UWG (vgl. auch BGHZ 191, 219 = NJW 2012, 148; BGHZ 202, 242 = NJW 2015, 489 – Ärztebewertungsportal II).

292 Etwas besser gestellt ist der Äußernde, wenn es sich um vertrauliche Äußerungen handelt **(§ 4 Nr. 2, 2. Hs. UWG)**. Bei ihnen geht man davon aus, dass sie weit weniger einschneidend wirken, weil sie nicht von vornherein öffentlich sind. An ihrer Verbreitung muss der Äußernde oder der Empfänger ein berechtigtes Interesse haben. Liegen diese Voraussetzungen vor, so ändert sich die Beweislage. Der Unterlassungsanspruch besteht ebenfalls nur, wenn die Tatsachenbehauptung unwahr ist. Die Unwahrheit hat aber nunmehr das Äußerungsopfer, nicht der Äußernde zu beweisen.

4. Die Geschäftsehrverletzung, § 4 Nr. 1 UWG (§ 4 Nr. 7 UWG 2008)

293 Die Komplementärnorm zu § 4 Nr. 2 UWG ist § 4 Nr. 1 UWG. Sie erfasst herabsetzende **Werturteile**. Zum Teil wird argumentiert, auch wahre Tatsachenbehaup-

tungen, die herabsetzender Natur seien, fielen unter § 4 Nr. 1 UWG; *Köhler/ Bornkamm*, § 4 UWG Rn. 1.4). Das ist allerdings nicht überzeugend. Im allgemeinen Deliktsrecht wird üblicherweise angenommen, dass es einen Schutz gegen die Wahrheit nicht gebe, es sei denn, die Tatsache offenbare Vorgänge aus dem Bereich der Intim- oder Privatsphäre (vgl. KG NJW 2004, 3637 m.w.N.). Im geschäftlichen Bereich gibt es allerdings keine Intim- oder Privatsphäre. Allenfalls eine Geheimsphäre im Bereich des Schutzes von Betriebs- und Geschäftsgeheimnissen ist anerkannt (§§ 17, 18 UWG). Außerhalb dieses Bereiches ist es nicht angeraten, Schutz gegen wahre, wenn auch herabsetzende Tatsachenbehauptungen für Unternehmen zu gewähren.

§ 4 Nr. 1 UWG konkurriert mit zahlreichen Vorschriften. Am deutlichsten ist 294 die Konkurrenz zu der herabsetzenden vergleichenden Werbung (§ 6 Abs. 2 Nr. 5 UWG). Sofern ein Werbevergleich vorliegt, geht die zuletzt genannte Vorschrift vor. Ist der Mitbewerber eines herabsetzenden geschäftlichen Werturteils nicht erkennbar, so bleibt es bei § 4 Nr. 1 UWG. Richtet sich ein herabsetzendes Werturteil gegen Kennzeichen eines Unternehmens, so kann § 4 Nr. 1 UWG konkurrieren mit §§ 14 Abs. 2 Nr. 3, 15 Abs. 3 MarkenG. Hierunter fallen insbesondere Markenparodiefälle.

BGHZ 98, 94, 96 – BMW/Bumms Mal Wieder: Herstellung und Vertrieb eines Aufklebers, der das BMW-Emblem zeigt, es allerdings mit dem Slogan „Bumms Mal Wieder" auflöst.

BGHZ 125, 91 und GRUR 1995, 57 – Markenverunglimpfung I/II: Herstellung von Scherzartikeln mit den Slogans „Mars macht mobil bei Arbeit, Sex und Spiel" sowie „Es tut NIVEA als beim ersten Mal".

Fehlt es am Vorliegen einer geschäftlichen Handlung (z.B. bei einem Pressebericht), so kann die Herabsetzung oder Verunglimpfung entweder unter § 826 BGB fallen, wenn die scharfen Voraussetzungen einer vorsätzlichen sittenwidrigen Schädigung vorliegen (seltene Fälle), oder aber in das Recht am eingerichteten und ausgeübten Gewerbebetrieb eingreifen (§ 823 Abs. 1 BGB). Der letztgenannte Fall kann vorliegen, wenn eine Warentestinstitution oder ein Presseorgan die Qualität der Produkte eines Unternehmens unnötig scharf und unsachlich kritisiert oder schmäht.

Obgleich das Arsenal der Anspruchsgrundlagen gegen herabsetzende Äu- 295 ßerungen groß zu sein scheint, setzt sich in der Praxis mehr und mehr der **Gedanke** durch, dass Äußerungsfreiheiten auch Kritikfreiheiten sind, **dass Unternehmen sich im Wettbewerb auch harte Kritik gefallen lassen müssen.** Der frühere Grundsatz, dass jedenfalls Unternehmen sich untereinander nicht kritisieren sollen, gilt bei Weitem nicht mehr. Man wird daher folgern können, dass im Bereich des § 4 Nr. 1 UWG in der Praxis nur noch Verunglimpfungen, also echte Schmähungen zu Unterlassungsansprüchen führen. Ein Beispiel hierfür bietet

> **OLG München NJW-RR 1997, 105 – Der Scheiß des Monats:** Ein Apotheker stellt in seinem Schaufenster ein Display aus, dass die Worte zeigt „Der Scheiß des Monats", „Präparate, die wir Ihnen nicht empfehlen können", „Zu Lug und Trug der Werbeaussagen fragen Sie uns in der Apotheke". Angegriffen wird ein Präparat mit der Bezeichnung „Haifischknorpelpulver". Es handelt sich um ein Präparat, das Gelenkerkrankungen lindern soll. Was der Apotheker, der das Schild aufstellte, von dem Mittel hielt, ist eindeutig. Das OLG verurteilte ihn zur Unterlassung. Aus der Begründung:
> „Die Aussage, H. sei „Der Scheiß des Monats", stellt ein Werturteil dar, in dem eine Sachaussage mit einem als richtig erweislichen Tatsachenkern nicht mehr enthalten ist. Zutreffend hat das Landgericht angenommen, dass es sich bei dieser Aussage um eine Schmähkritik handelt. Es liegt eine auf die Spitze getriebene pauschale Herabsetzung vor, die auch im Rahmen einer an Art. 5 GG orientierten Auslegung von (§ 4 Nr. 1 UWG) nicht zu rechtfertigen ist. Denn das Aufklärungsinteresse des Antragsgegners und das Informationsinteresse der Öffentlichkeit erfordern gerade auch dort, wo eine scharfe Kritik gerechtfertigt ist, ein Mindestmaß an sachlichem Gehalt (...), der der Aussage, etwas sei „Der Scheiß des Monats", völlig abgeht. (...) die Aussage (...) verstößt daher gegen (§ 4 Nr. 1 UWG) (und, worauf es für die Entscheidung allerdings nicht ankommt, auch gegen § 823 Abs. 1, §§ 824, 826 BGB). Der Antragsgegner ist zur Unterlassung verpflichtet."

5. Die einstweilige Verfügung im Lauterkeitsrecht

a) Bedeutung

296 Im Lauterkeitsrecht ist Schnelligkeit wichtig. Wer als Konkurrent den Verlust von Marktanteilen durch Irreführungen oder Behinderungen seiner Mitbewerber verhindern will, kann auf den Erfolg dieser Maßnahmen nicht Monate oder gar Jahre warten. Zudem verjähren wettbewerbsrechtliche Ansprüche sehr schnell, nämlich in sechs Monaten von der Anspruchsentstehung und der Kenntnis des Gläubigers an (§ 11 Abs. 1, Abs. 2 UWG). Daraus folgt, dass die einstweilige Verfügung wichtiger als in anderen Rechtsgebieten ist.

b) Voraussetzungen

297 Die Voraussetzungen für den einstweiligen Rechtsschutz folgen allgemein aus den §§ 935, 940, 942 ZPO. Der Erlass einer einstweiligen Verfügung setzt demnach zweierlei voraus: einen Verfügungsanspruch und einen Verfügungsgrund. **Verfügungsanspruch** ist der materiell-rechtliche Anspruch, der einstweilig gesichert werden soll. Im Lauterkeitsrecht kann dies vor allem der Unterlassungsanspruch aus § 8 Abs. 1 UWG sein. Beseitigungs-, Schadensersatz-, Berei-

cherungs- oder Gewinnabschöpfungsansprüche lassen sich hingegen als solche nicht einstweilig durchsetzen, denn dies würde bereits zur Befriedigung des Gläubigers führen und damit das Interesse des Schuldners an der vorläufigen Wahrung seiner Rechtsposition beeinträchtigen.

Verfügungsgrund ist nach den Vorschriften der ZPO die Eilbedürftigkeit 298 der Sache. Im Wettbewerbsrecht hilft hier § 12 Abs. 2 UWG (früher § 25 UWG 1909). Die Eilbedürftigkeit muss im Wettbewerbsprozess danach nicht besonders dargelegt werden; sie wird vermutet (Dringlichkeitsvermutung). Die Vermutung kann widerlegt werden. Die Anforderungen an eine Widerlegung schwanken, denn letztinstanzlich zuständig sind die Oberlandesgerichte. Eine darüber befindliche Harmonisierungsinstanz gibt es in Deutschland nicht, da es gegen einstweiligen Verfügungen keine Revisionsmöglichkeit gibt (§ 542 Abs. 2 Satz 1 ZPO). Für Rechtsanwälte, die bundesweit Verfügungsverfahren betreiben, ist die Kenntnis der Praxis der Oberlandesgerichtsrechtsprechung daher von hoher Bedeutung (vgl. zum Problem vgl. *Kochendörfer*, WRP 2005, 1459–1463).

Die Dringlichkeitsvermutung kann entfallen, wenn der Gläubiger trotz Kenntnis vom Verstoß längere Zeit zuwartet, bevor er gegen den Verstoß gerichtlich vorgeht. Zum Teil wird ein einmonatiges Zuwarten bereits als dringlichkeitsschädlich angesehen (OLG Hamm GRUR 1985, 454; WRP 2012, 985, ebenso die OLG Dresden, Jena, Karlsruhe, München, Nürnberg, Oldenburg; „längere Fristen" gewähren z.B. das OLG Düsseldorf GRUR-RR 2015, 65 = 2 Monate; OLG Rostock 2–3 Monate, vgl. hierzu die Nachweise bei *Köhler*/Bornkamm § 12 UWG Rn. 3.15b). In seltenen Fällen kann die Dringlichkeit auch als entfallen gelten, wenn die angegriffene Aktion nur einmalig und eine Wiederholung keinesfalls zu erwarten ist (so OLG Hamm NJW-RR 1993, 366). Überdies kann der Antragsteller durch zögerliches Verhalten selbst die Dringlichkeitsvermutung zu Fall bringen, wenn er etwa durch einen Antrag auf Verschiebung des mündlichen Verhandlungstermins oder durch sein sonstiges Verhalten zum Ausdruck bringt, dass ihm die Sache doch nicht so eilig ist (vgl. auch KG GRUR-RR 2015, 181 – Faxsendung ohne Beglaubigungsvermerk).

Die einstweilige Verfügung muss binnen Monatsfrist nach ihrer Verkün- 299 dung „vollzogen" sein (§§ 929 Abs. 2 mit 936 ZPO), d.h. die Vollstreckung muss erfolgen. Hierzu ist bei Unterlassungsverfügungen nach h.M. die Zustellung der Verfügung an den Gegner im Parteibetrieb erforderlich (die Zustellung durch das Gericht genügt nicht, denn hierdurch beginnt noch nicht die Vollstreckung). Wird die Zustellung versäumt, so verliert die Verfügung ihre Wirksamkeit und sie ist auf den Widerspruch des Antragsgegners aufzuheben.

c) Abschlussschreiben

300 Da die einstweilige Verfügung den Zustand nur vorübergehend regelt, ist der Antragsteller gehalten, auch den Hauptprozess zu führen. Dies kann in der Praxis durch die Zusendung eines sog. „Abschlussschreibens" vermieden werden. Darin liegt die Aufforderung an den Antragsgegner, die getroffene einstweilige Verfügung als endgültig anzuerkennen und auf Rechtsbehelfe zu verzichten (hierzu *G. Lüke*, Abschlussschreiben und Schutzschrift bei Unterlassungsverfügungen, FS G. Jahr, 1993, S. 293, 294). Gibt der Antragsgegner diese Erklärung ab, so kann auf die Durchführung des Hauptsacheverfahrens verzichtet werden. Wichtig ist, dass es zu dieser Regelung noch innerhalb der sechsmonatigen Verjährungsfrist kommt (§ 11 Abs. 1 UWG). Misslingt dies, so kann der Antragsgegner im Hauptsacheverfahren mit der Verjährungseinrede den Anspruch zu Fall bringen.

Auch die Wiederholungsgefahr ist allein durch eine einstweilige Verfügung noch nicht ausgeräumt; allerdings fehlt einer nachfolgenden Unterlassungsklage das allgemeine Rechtsschutzbedürfnis, wenn der Unterlegene in einem Abschlussschreiben die Verfügung als endgültig anerkennt und auf Rechtsmittel verzichtet (BGH NJW-RR 1991, 297; OLG Hamm NJW-RR 1986, 922). Verzichtet der Verletzte noch innerhalb der Verjährungsfrist auf das Abschlussschreiben und klagt er auf Unterlassung, so droht die Kostenfolge des § 93 ZPO, wenn der Verletze daraufhin sofort anerkennt.

d) Schutzschrift

301 Ergeht eine einstweilige Verfügung, so muss der Antragsgegner sein Verhalten sofort einstellen, sonst drohen hohe Ordnungsmittel (§ 890 ZPO). Das kann seine geschäftliche Tätigkeit empfindlich beschneiden und zu hohen Umsatz- und Gewinnausfällen führen. Zwar behandelt die Rechtsprechung die zu Unrecht erfolgte Abmahnung als Verletzung des Rechts am Gewerbebetrieb, doch ist völlig unklar, ob die dem Antragsgegner entstandenen Schäden vom Abmahnenden wirtschaftlich kompensiert werden können. Klug ist es daher, die Verfügung zu verhindern, bzw. dafür zu sorgen, dass diese Verfügung nicht ohne vorherige mündliche Verhandlung mit Anhörung des Antragsgegners ergeht.

Um einer Entscheidung ohne mündliche Verhandlung und Anhörung des Antragsgegners zu begegnen (möglich nach § 937 Abs. 2 ZPO), hat die Praxis die sog. Schutzschrift entwickelt. Durch sie teilt der mögliche Antragsgegner dem vermutlich zuständig werdenden Gericht mit, dass voraussichtlich eine einstweilige Verfügung ergehen wird. Ferner erläutert er dem Gericht seinen Standpunkt hierzu und beantragt vorsorglich, den Antrag auf den Erlass der Verfügung abzuweisen, jedenfalls nicht ohne mündliche Verhandlung über sie zu entscheiden (Erhaltung des Anspruchs auf rechtliches Gehör, Art. 103 Abs. 1 GG).

Probleme erzeugt dabei der fliegende Gerichtsstand (näher *Köhler*, WRP 2013, 1130). Die Schutzschrift muss ggfs. bei sämtlichen Gerichten eingelegt werden, die für den Erlass der einstweiligen Verfügung zuständig wären (vgl. § 32 ZPO mit § 937 ZPO; Deliktsgerichtsstand = Ort, an dem maßgeblicher Verletzungsbeitrag (= Handlung) begangen wurde oder Wettbewerbsverstoß (= Erfolg) eingetreten ist). Die Gerichte haben für solche Schutzfristen bisher freiwillig Register geführt. Seit dem 1.1.2016 gibt es ein länderübergreifendes zentrales Schutzschriftenregister, bei dem ab dem 1.1.2017 (§ 49c BRAO) Schutzschriften ausschließlich einzureichen sind (vgl. https://www.schutzschriftenregister. hessen.de).

Die Kosten der Schutzschrift sind bei erfolgreichem Vorgehen außergericht- 302 liche Kosten, sie werden Bestandteil des Verfügungsverfahrens, wenn der Antrag gestellt und über ihn entschieden wird. Dann gilt § 91 ZPO (Prozessrechtsverhältnis!), sonst ist die Anspruchsgrundlage § 12 Abs. 1 Satz 2 UWG (früher §§ 677, 683 Satz 1, 670 BGB) oder §§ 91, 269 Abs. 3 Satz 2 ZPO analog.

III. Lösungsskizze   303

Anspruch der A gegen B

1. Zulässigkeit des Antrags auf Erlass einer einstweiligen Verfügung

a) Zuständigkeit des Gerichts
Sachliche und örtliche Zuständigkeit, §§ 937, 919 ZPO: Gericht der Hauptsache
aa) Sachlich zuständig ist nach § 13 Abs. 1 UWG, das Landgericht, dort die KfH.
bb) Örtlich zuständig ist nach § 14 UWG das LG jedenfalls am Sitz von B.
b) Verfügungsantrag
- Für die Bestimmtheit des Antrags gilt § 253 Abs. 2 Nr. 2 ZPO, d.h. die Verletzungshandlung ist zu beschreiben durch Bezugnahme auf jede der einzelnen Handlungen.
- Zusätzlich (sinnvollerweise, da sonst die Verfügung nicht vollzogen werden könnte): Antrag auf Androhung von Ordnungsmitteln für den Fall der Zuwiderhandlung gegen das in der Verfügung auszusprechende gerichtliche Verbot (§§ 887, 890 ZPO).

c) **Tauglicher Verfügungsanspruch = Unterlassungsanspruch**
   – Zulässig ist der Antrag nur für solche Ansprüche, die noch keinen endgültigen, nicht wieder gut zumachenden Zustand herstellen, also nur für den Unterlassungsanspruch, keinesfalls für Schadensersatzansprüche.

d) **Verfügungsgrund**, § 935 ZPO = objektive Dringlichkeit (Sachurteilsvoraussetzung = besondere Form des Rechtsschutzinteresses)
   – (widerlegliche) Vermutung gem. § 12 Abs. 2 UWG (BGH GRUR 2000, 151, 152 – Späte Urteilsbegründung);
   – Eine Widerlegung der Vermutung ist noch nicht möglich durch den Hinweis auf ein nur dreiwöchiges Zuwarten.

e) **Glaubhaftmachung von Verfügungsanspruch und Verfügungsgrund**
   – Grundsätzlich ist sie möglich durch eidesstattliche Versicherung (§ 294 ZPO), im UWG ist sie nur erforderlich für den Verfügungsanspruch, im Übrigen gilt die Vermutung des § 12 Abs. 2 UWG.

2. Begründetheit des Antrags

a) **Antragsbefugnis (Aktivlegitimation)**
   – Entsprechend § 8 Abs. 3 Nr. 1 UWG ist A antragsbefugt als unmittelbarer Wettbewerber von B.

b) **Passivlegitimation** der Antragsgegnerin
   – B haftet als Täter, da er die Handlungen selbst oder durch Beauftragte (entsprechend § 8 Abs. 2 UWG) vorgenommen hat.

c) **Allgemeine Anwendungsvoraussetzungen**, § 3 UWG
   – Die von B durchgeführten Werbemaßnahmen sind als Werbehandlungen geschäftliche Handlungen im Sinne des § 3 UWG. Soweit eine Unlauterkeit nach § 4 UWG geprüft wird, genügt dies ebenso wie für die Prüfung des § 6 UWG. Unproblematisch ist dies für die eigenen Behauptungen der B, allerdings auch für die Übernahme des Artikels von J, da B diesen Artikel in ihre Werbung übernimmt und dadurch die dortige Aussage zu einer eigenen macht. Die Vermutung für neutrale und nicht absatzfördernde Handlungen von Presse und Rundfunk greift damit nicht.

d) **Zulässigkeit der Schaufensterwerbung**
   aa) Verstoß gegen § 6 UWG
       (1) Werbung (+),
       (2) Erkennbarkeit des Mitbewerbers
           – In der Schaufensterwerbung wird der auf A bezogene Presseartikel abgebildet; dadurch wird A jedenfalls mittelbar erkenn-

bar, denn der Verbraucher wird das dort besprochene Produkt der B zuordnen können.

(3) Vornahme eines Vergleichs?
  – Streitig ist, ob dieses Erfordernis bereits eine Voraussetzung für den Anwendungsbereich des § 6 UWG ist. Die Frage kann dahingestellt bleiben, da jedenfalls im Rahmen des § 6 Abs. 2 UWG hierauf noch einzugehen ist.

(4) Unlauterkeit nach § 6 Abs. 2 UWG
  (a) Der Preisvergleich ist zutreffend, daher nicht irreführend nach §§ 5 Abs. 3, 1. Hs. mit § 5 Abs. 1 Satz 2 Nr. 2 UWG.
  (b) Der Vergleich bezieht sich auf Tablets, also auf Waren für denselben Bedarf, die sogar miteinander im direkten Wettbewerb bestehen. Dem Sachverhalt ist nicht zu entnehmen, dass die Geräte sich nach ihren technischen und sonstigen Eigenschaften deutlich unterscheiden, also letztlich „Äpfel mit Birnen" im eigentlichen Sinne des Sprichwortes verglichen würden. Ein Verstoß gegen § 6 Abs. 2 Nr. 1 UWG liegt daher nicht vor.
  (c) Verglichen wird der Preis der Geräte. Indem die konkreten Geräte vorgestellt werden, hat der Verbraucher die Möglichkeit, über allgemeine Preisinformationen die Angabe zu überprüfen. Die Angaben sind daher objektiv, nachprüfbar und auf den Preis als wesentliche, relevante und typische Produkteigenschaft bezogen. Ein Verstoß gegen § 6 Abs. 2 Nr. 2 UWG liegt damit gleichfalls nicht vor.
  (d) Da die Produkte in der Ausstellung klar voneinander getrennt sind, ist eine Verwechslungsgefahr durch den Werbevergleich ausgeschlossen. Ein Verstoß gegen § 6 Abs. 2 Nr. 3 UWG liegt daher nicht vor.
  (e) Allein in der Abbildung des Kennzeichens von B im Zusammenhang mit der Abbildung der Ware liegt keine unlautere Rufausnutzung oder Rufbeeinträchtigung nach § 6 Abs. 2 Nr. 4 UWG.
  (f) Allein der Umstand, dass B seine Geräte wahrheitsgemäß als preiswerter darstellt, stellt keine Herabsetzung nach § 6 Abs. 2 Nr. 5 UWG dar (BGH GRUR 2002, 72, 73 – Preisgegenüberstellung im Schaufenster). Insbesondere behauptet B nicht, dass A generell überteuerte Ware verkaufe.
  (g) Ein Verstoß gegen § 6 Abs. 2 Nr. 6 UWG liegt ersichtlich nicht vor.

bb) Unlauterkeit nach § 4 Nr. 1 UWG

§ 4 Nr. 1 UWG ist neben § 6 Abs. 2 Nr. 5 UWG unanwendbar, wenn ein Vergleich vorliegt.

Insgesamt ist die Platzierung des Plakates im Schaufenster daher zulässig.

e) **Zulässigkeit der Umsatzwerbung nach § 6 Abs. 2 UWG**

(1) Werbung (+),

(2) Erkennbarkeit des Mitbewerbers, da A in der Umsatzentwicklungstabelle ausdrücklich genannt wird.

(3) Unlauterkeit nach § 6 Abs. 2 UWG

(a) Die Umsatzdarstellung ist zutreffend, also nicht irreführend nach §§ 5 Abs. 3, 1. Hs. mit § 5 Abs. 1 Satz 2 Nr. 2 UWG.

(b) Der Vergleich bezieht sich auf die Umsatzentwicklung für Elektronikartikel, also den Umsatz von Waren für den gleichen Bedarf, die miteinander im direkten Wettbewerb beziehen. Ein Verstoß gegen § 6 Abs. 2 Nr. 1 UWG liegt daher nicht vor.

(c) Problematisch ist allerdings, ob der Vergleich von Umsatzzahlen sich auf „die Eigenschaften von Waren und Dienstleistungen" im Sinne des § 6 Abs. 2 Nr. 2 UWG bezieht. Grundsätzlich ist der Umsatz keine der Ware anhaftende Eigenschaft, er ist nicht einmal wertbestimmend. Anderes gilt jedoch, wenn die Umsatzentwicklung ein Kriterium ist, das für Facheinkäufer marktentscheidungserheblich ist. Da Facheinkäufer ein Interesse daran haben, die Produkte der Umsatzführer einer Branche in ihren Regalen vorrätig zu haben, weil die erfolgreichsten Produkte erfahrungsgemäß besonders nachgefragt werden, ist die Umsatzentwicklung bei einer an solche Facheinkäufer gerichteten Werbung eine „Produkteigenschaft" im weiteren Sinne (so auch BGH GRUR 2007, 605 – Umsatzzuwachs Tz. 30). Für diese Facheinkäufer ist der Umsatz auch eine wesentliche, relevante und typische Eigenschaft. Nicht vorgetragen ist, dass Umsatzbereiche miteinander verglichen werden, die nicht zusammengerechnet werden dürfen. Allerdings muss die Umsatzangabe für den Fachadressaten oder einen vom ihm konsultierten Fachmann nachprüfbar sein. Das erfordert, dass die Umsatzzahlen eine Quelle nennen, denen sie entnommen sind. Hieran fehlt es. Damit ist die Angabe nicht nachprüfbar, der Werbevergleich daher unlauter nach § 6 Abs. 2 Nr. 2. UWG.

(d) Ob die weiteren Lauterkeitskriterien gegeben sind, ist nicht von Belang. Ein Werbevergleich muss allen Bedingungen des § 6 Abs. 2, § 5 Abs. 3 UWG genügen, um zulässig zu sein.

Die Veröffentlichung von Umsatzzahlen ohne Nachweis einer Quelle, der diese Angaben entnommen sind, ist unzulässig nach §§ 3, 6 Abs. 2 Nr. 2 UWG.

f) Zulässigkeit der Verbreitung des Presseartikels von J auf der Homepage von B

aa) Verstoß gegen § 6 UWG

    (1) Der Presseartikel wird in die Werbung einbezogen und ist damit selbst Werbung, allerdings des B, nicht des Journalisten.

    (2) Der Mitbewerber ist erkennbar, da die A in dem Presseartikel von J ausdrücklich genannt wird.

    (3) Unlauterkeit nach § 6 Abs. 2 UWG

        (a) Die Darstellung des Presseartikels ist vollständig, seine Verwendung und Zusammenfassung ist nicht irreführend nach §§ 5 Abs. 3, 1. Hs. mit § 5 Abs. 1 Satz 2 Nr. 2 UWG.

        (b) Der Vergleich des J, den B sich zu eigen macht, bezieht sich auf Tablets, also auf Waren für denselben Bedarf, die miteinander im direkten Wettbewerb stehen. Dem Sachverhalt ist nicht zu entnehmen, dass die Geräte sich nach ihren technischen und sonstigen Eigenschaften deutlich unterscheiden, also wiederum „Äpfel mit Birnen" verglichen würden. Ein Verstoß gegen § 6 Abs. 2 Nr. 1 UWG liegt daher nicht vor.

        (c) Problematisch ist, ob wesentliche, relevante, nachprüfbare und typische Eigenschaften miteinander verglichen werden. Durch die Behauptung der B dürfte dies zweifelhaft sein. Allerdings wird der gesamte Presseartikel mit abgebildet. Die B macht sich damit die dortigen Ausführungen insgesamt zu eigen. Der Artikel listet nicht nur auf, inwieweit Ausstattung und Handhabung preisgerecht sind. Er vergleicht dieses Gerät gerade mit dem von B angebotenen Gerät und nimmt eine Schlussbewertung vor. Indem sich B die Gesamtäußerung zu eigen macht, vergleicht er zulässigerweise nach § 6 Abs. 2 Nr. 2 UWG.

        (d) Ein Verstoß gegen § 6 Abs. 2 Nr. 3, Nr. 4 und Nr. 6 UWG scheidet aus.

        (e) In Betracht kommt eine Herabsetzung der Waren des Mitbewerbers nach § 6 Abs. 2 Nr. 5 UWG dadurch, dass das Gerät als „Verlierer" bezeichnet wird. B stellte zwar diese Behauptung ursprünglich nicht auf, verbreitet sie aber und macht sie sich dabei auch zu eigen. Teilweise wird argumentiert, dass eine pauschale und unsachliche Herabsetzung eines Produktes den Tatbestand des § 6 Abs. 2 Nr. 5 UWG erfüllt (so etwa OLG Hamburg GRUR-RR 2002, 112 – Verlierer). Dagegen spricht jedoch, dass die Wertung hier in einem Gesamtzusammenhang steht, insbesondere zusammen mit dem Presseartikel den Hintergrund der Wertung offenlegt. Der Presseartikel selbst verwendet die Formulierung, sie ist mithin nicht unrichtig oder schief. Im Ergebnis liegt daher eine sich noch im Rahmen der Meinungsfreiheit bewegende Kritik vor.

bb) Unlauterkeit nach § 4 Nr. 1 UWG ist nach dem spezielleren § 6 Abs. 2 Nr. 5 UWG nicht mehr zu prüfen.

Insgesamt ist die Platzierung des Artikels auf der Homepage daher zulässig.

Gesamtergebnis: Die einstweilige Verfügung wird nur erlassen werden, soweit B mit Umsatzvergleichstabellen in Fachzeitschriften für Elektronikeinkäufer wirbt, ohne die Quelle der von ihm angegebenen Umsatzzahlen offenzulegen. Im Übrigen wird der Antrag auf ihren Erlass zurückgewiesen werden.

§ 8: Ausbeutung: Ergänzender Leistungsschutz nach § 4 Nr. 3 UWG (§ 4 Nr. 9 UWG 2008), Verhältnis zu den immaterialgüterrechtlichen Schutznormen, Sanktionen: Störerhaftung, Täter- und Teilnehmerhaftung

Fall Nr. 8: „Lettische Halzbänder"

(BGHZ 180, 134 = GRUR 2009, 597 – Halzband)

I. Sachverhalt

B ist seit kurzem mit der aus Lettland stammenden F verheiratet. Das Paar wohnt in 304 *Köln. Anlässlich einer Weihnachtsreise erwirbt F für geringes Entgelt einige Armreifen und Colliers, die der Cartier-Serie „Panthère" nachempfunden sind. Das mit kleinen Edelsteinen besetzte Panther-Motiv ist kennzeichnend für die Schmuckreihe des Hauses Cartier. Panthère ist zudem als Wort- und Bildmarke (Schriftzug) im Markenregister eingetragen. Ein Geschmacksmusterschutz wurde nicht beantragt. Die Originalcolliers werden in Auktionskreisen mit einem Wert von 60.000 Euro taxiert. F beschließt, einige der Schmuckstücke bei eBay zur Versteigerung anzubieten. Dazu benutzt sie das Mitgliedskonto ihres Ehemannes, der über dieses Konto gelegentlich private Bücher, die er nicht mehr benötigt, anbietet. F hat gesehen, dass B das Passwort zu seinem Konto in der unverschlossenen Schublade seines Schreibtischs aufbewahrt. Als ihr Mann sich auf einer längeren Dienstreise befindet, öffnet F die Schublade und schreibt das Passwort und den Benutzernamen auf einen Zettel, den sie in ihrem Portemonnaie aufbewahrt. Tatsächlich gelingt es ihr, zwei Armbänder für jeweils 350 Euro zu versteigern. Da sie die Transaktionen sehr zügig abwickelt, erhält sie ausnahmslos positive Bewertungen.*

Nun möchte sie das erste der aus Lettland mitgebrachten Colliers anbieten. Sie verwendet hierfür folgenden Annoncentext: „SSSuper ... Tolle ... Halzband (Cartier Art) ... mit kl. Pantere, tupische simwol fon Cartier Haus". Als Startgebot wählt sie 30 Euro.

Die Inhaberin der Wort- und Bildmarke (Schriftzug) „Cartier" (C) kontrolliert systematisch Warenangebote in Auktionen. Sie entdeckt das Angebot und klagt daraufhin gegen B als Inhaber des eBay-Auktionskontos und gegen F wegen der Verletzung von Marken- und Urheberrechten sowie unter dem Gesichtspunkt des lauterkeitsrechtlichen Leistungsschutzes auf Erstattung des Schadens, der aus dem Angebot von Plagiaten des Schmuckstückes entstanden ist. B weist darauf hin, dass nicht er, sondern seine (mittellose) Ehefrau die Auktion initiiert habe. Er habe der F das Passwort keineswegs mitgeteilt, sondern für sich behalten. Man könne von ihm nicht verlangen, dass er in seinem eigenen Haus Zugangsdaten vor seiner Ehefrau verschlossen aufbewahre. Selbst wenn eine solche Pflicht tatsächlich aus den AGB des Auktionsveranstalters eBay folge, so sei die Anwendung im familiären Bereich mit dem verfassungsrechtlichen Schutz der auf Vertrauen und nicht auf Misstrauen beruhenden Ehe unvereinbar. F verteidigt sich damit, dass sie doch nur ihre privaten Habseligkeiten angeboten habe, das könne doch nicht verboten sein. Außerdem habe doch „jeder Blinde sehen können", dass ein Collier, das für 350 Euro angeboten wird, kein Originalstück von Cartier sein könne. Es sei daher niemand wirklich geschädigt worden.

1. Hat die beim LG Köln anhängig gemachte Schadensersatzklage Aussicht auf Erfolg?

2. Der Schmuckhändler H, der Originalcolliers der Marke Cartier vertreibt, ärgert sich zunehmend über die billigen Imitate, die auf dem elektronischen Markt angeboten werden. Er möchte dem Treiben ein Ende setzen und klagt gegen F auf Unterlassung künftiger Auktionsangebote mit Nachahmerprodukten unter der Bezeichnung „Cartier" oder „Panthère". Hat die Klage von H Aussicht auf Erfolg?

II. Schwerpunkte des Falles

1. Nachahmung und Konkurrentenbehinderung

a) Charakterisierung und Funktion

305 Die Fallgruppe „Nachahmung" betrifft die Behinderung von Mitbewerbern durch Ausbeutung ihrer Leistungsergebnisse (vgl. BGH GRUR 2007, 795 Tz. 50 – Handtaschen). Das folgt einem früher stark betonten lauterkeitsrechtlichen Grundsatz, wonach man am Markt nur durch die **eigene** Leistung auftreten darf, „Schmarotzertum" oder das „Pflügen mit fremdem Kalbe" dagegen unlauter sei (*Lobe*, Marken- und Wettbewerbsrecht Bd. XVI, S. 129). Doch geht ein solch strenges Verbot eher auf eine Moralvorstellung als einen heute akzeptierten Rechtsgrundsatz zurück. Geregelt ist der Fall der unlauteren Nachahmung heute in § 4 Nr. 3 UWG (früher § 4 Nr. 9 UWG 2008).

306   In der deutschen Diskussion kann heute als gesichert Folgendes gelten:
-   Die Nachahmung von Leistungsergebnissen ist grundsätzlich erlaubt. Es gilt der Grundsatz der Nachahmungsfreiheit (Begründung zum Entwurf

2004, BT-Drucks. 15/1487, S. 18; BGH GRUR 2007, 795 Tz. 51), es sei denn, die Nachahmung oder der Nachbau sind durch sondergesetzliche Vorschriften (insbesondere solche des Immaterialgüterrechts) ausdrücklich verboten.

– Soweit ein Leistungsergebnis die Schutzkriterien des sondergesetzlichen Schutzes verfehlt (z.B. eine Erfindung, die nur handwerkliches Können offenbart; eine kommunikative Äußerung, die der Alltagssprache entnommen ist) oder aber der Schutz nach den Sondergesetzen abgelaufen ist (z.B. Ablauf eines Patents, Löschung einer Marke aus dem Register), ist selbst die vollständige Nachahmung nicht per se unlauter (BGH GRUR 2015, 909 Tz. 22 – Exzenterzähne).

– Eine Nachahmung kann aber eine unlautere geschäftliche Handlung sein, wenn ein Erzeugnis wettbewerblich eigenartig ist und bei der Nachahmung ergänzende Unlauterkeitskriterien eine Rolle spielen. Das UWG hat in § 4 Nr. 3 drei solcher Kriterien kodifiziert, nämlich (1) die vermeidbare Herkunftstäuschung, (2) die unangemessene Rufausnutzung oder -beeinträchtigung und (3) die unredliche Erlangung der für die Nachahmung erforderlichen Kenntnisse.

– Der Sonderrechtsschutz ist nicht vorrangig, sondern steht neben dem lauterkeitsrechtlichen Schutz (BGH GRUR 2006, 79 Tz. 18 – Jeans I zum Geschmacksmuster; GRUR 2007, 339 Tz. 23 – Stufenleitern zur Marke; zusammenfassend *Ohly*, GRUR 2007, 731; *Stieper*, WRP 2006, 291: Anspruchskonkurrenz). Das Lauterkeitsrecht stellt auf andere Umstände ab als der Sonderrechtsschutz; allerdings hat das UWG die Wertungen des Sonderrechtsschutzes zu beachten. So ist etwa der Umstand, dass eine Erfindung sofort nach Ablauf des Patentschutzes von einem Nachahmer (z.B. einem Generika-Hersteller im Arzneimittelbereich) vermarktet wird, nicht per se unlauter, denn die Wertung des Patentrechts sorgt dafür, dass die Erfindung mit Ablauf des Sonderrechtsschutzes gemeinfrei ist, d.h. von jedermann frei benutzt werden kann (vgl. BGH GRUR 1997, 116, 118 – Prospekthalter). Soll § 4 Nr. 3 UWG angewendet werden, darf die Unlauterkeit also weder daraus gefolgert werden, dass die Schutzfrist (gerade erst) abgelaufen ist noch daraus, dass gerade die vormals patentierte technische Lösung übernommen wurde (BGH GRUR 2015, 909 Tz. 22 – Exzenterzähne).

Der **Grundsatz der Nachahmungsfreiheit** war und ist im deutschen Lauterkeitsrecht heftig umstritten. Die Befürworter des Prinzips argumentieren, dass Nachahmung zu einer besseren, insbesondere schnelleren und preiswerteren Marktversorgung führt. Sie sehen zwar, dass manche immateriellen, leicht und schnell kopierbaren Leistungsergebnisse nicht hervorgebracht werden, wenn **307** deren Veranlasser nicht jedenfalls zeitweise über eine Ausschließlichkeitsposition (also ein von jedermann zu achtendes Nachahmungsverbot) die Chance erhält, seine Entwicklungskosten durch höhere Absatzpreise zu amortisieren. Denn der Anreiz als erster am Markt zu sein, genügt bei leichter Kopierbarkeit oft nicht, um die Forschungs- und Entwicklungsaufwendungen zu amortisieren (hierzu lesenswert: *Machlup*, GRUR Int. 1961, S. 373–390; S. 473–482 und S. 524–537). Die Aufgabe, diese Amortisationen zu ermöglichen, sollen aber allein die Sonderschutzgesetze des Immaterialgüterrechts übernehmen, denn in ihnen könne der Gesetzgeber passgenau definieren, welche Anreize an welche Schutzvoraussetzungen und welchen Schutzumfang geknüpft werden sollen.

308   Die **Gegner eines Prinzips der Nachahmungsfreiheit** argumentieren, dass jedenfalls die sklavische Nachahmung von Leistungsergebnissen stets unlauter sei, weil es keinen Grund gebe, eine Nachahmung zu erlauben, die erkennbar keinerlei Abstand zum Original einhalte, also dem Wettbewerb auch keine neue Idee hinzufüge, dafür allerdings Verwirrung im Markt bei der Zuordnung des Leistungsergebnisses zu seinem Veranlasser schaffe (vgl. hierzu *Kur*, GRUR Int. 1998, 771, 775). Es gilt danach in der weitesten Auslegung der Satz „What's worth copying is worth protecting".[1]

In der Debatte sind die Argumente im Wesentlichen ausgetauscht. Vom Standpunkt einer intuitiven Gerechtigkeit mag die Ablehnung der vollständigen Nachahmungsfreiheit einiges für sich haben. Das bloße „Abkupfern" scheint unlauter, wenn eine Gestaltung jahrzehntelang am Markt nicht vorhanden war, dann aber nach Auftreten des Originals plötzlich von mehreren Herstellern angeboten wird. Für ein Verbot sklavischer Nachahmung spricht auch, dass dieses im einstweiligen Verfügungsverfahren und bei Grenzkontrollen leicht und effizient durchsetzbar ist. Allerdings ist zu berücksichtigen, dass Nachahmungsverbote Eigentumsrechte schaffen. Die Kompetenz hierfür hat grundsätzlich nur der Gesetzgeber (Art. 14 Abs. 1 Satz 2 GG), nicht jedoch der Richter. Zudem verfolgt das UWG gerade keinen objektbezogenen, sondern einen verhaltensbezogenen Ansatz. Ein Grundsatz des Inhalts, dass die sklavische Nachahmung stets unlauter ist, berücksichtigt nicht, dass manche Gestaltungen auftreten, wenn eine Kulturentwicklung dafür reif ist. Für den Wettbewerbstheoretiker ist das Monopol stets die Ausnahme und nicht das Prinzip. Eine Nachahmung mag häufig sogar besser sein als das Original. So wurde der Klettverschluss, von

---

1 Gebraucht wurde der schon sprichwörtlich gewordene Satz von Judge *Peterson* in dem englischen Rechtsfall *University of London Press, Limited v. University Tutorial Press, Limited*, [1961] 2 Ch. 601, 610. Der Satz bringt eine Art Vermutung für die Schutzwürdigkeit zum Ausdruck: „after all, there remains the rough practical test that what is worth copying is prima facie worth protecting".

Georges de Mestral entwickelt und von seiner Firma *Velcro* 1951 zum Patent angemeldet, erst zu einem viel genutzten Verschlusssystem, als das darauf vergebene Patent 1978 abgelaufen war. Zudem kann man mittlerweile davon ausgehen, dass das Geflecht der Schutzrechte so dicht geworden ist, dass es darüber hinaus eines Grundsatzes des Nachahmungsverbotes nicht mehr bedarf.

Während man in der Vergangenheit argumentierte, dass § 4 Nr. 3 UWG al- **309** lein konkurrentenschützend sei, argumentieren vor allem *Fezer* und *Köhler* in jüngerer Zeit, dass der Schutz vor Nachahmung auch eine verbraucherbezogene Komponente habe, nämlich, vor Irreführungen über die Herstellungsquelle eines Objektes zu schützen (vgl. *Fezer*, WRP 2008, 1, 8; *Köhler*, GRUR 2007, 548, 549). Zweifelhaft ist allerdings, ob § 4 Nr. 3 UWG die Tatbestände der Konkurrentenbehinderung und der Irreführung kombiniert (so aber *Köhler*/Bornkamm, § 4 Rn. 3.4a). Die Irreführung spielt tatsächlich nur bei § 4 Nr. 3 lit. a UWG im Zusammenhang mit der vermeidbaren Herkunftstäuschung eine Rolle. Die Frage ist im Übrigen, ob man für die Umsetzung des verbraucherschützenden Aspekts § 4 Nr. 3 UWG benötigt. Der diesbezügliche Schutz kann nämlich durch die Irreführungsvorschriften in §§ 5, 5a UWG bewältigt werden (vgl. jetzt § 5 Abs. 2 UWG: irreführende Produktvermarktung). Zudem sieht § 6 Abs. 2 Nr. 3 und Nr. 4 UWG im Rahmen der vergleichenden Werbung einen konkurrentenbezogenen Schutz vor, der § 4 Nr. 3 lit. a/b UWG ähnelt. Solche Vorschriftenvielfalt ist problematisch. Sie führt dazu, dass Abgrenzungslinien immer schwerer zu erkennen sind. Das spricht dafür, § 4 Nr. 3 UWG „mit spitzen Fingern" anzufassen. Mittel- bis langfristig könnte man die Norm auf extreme Fälle beschränken, wenn man die Herkunftstäuschung in § 5 Abs. 2 UWG verankert, die Rufbeeinträchtigung über § 6 und § 4 Nr. 4 UWG erfasst und die unredliche Erlangung im Zusammenhang mit den §§ 17 bis 19 UWG mit regelt.

b) Unionsrechtliche Grundlagen

Im Zusammenhang mit der Regulierung geschäftlicher Handlungen gegenüber **310** dem Verbraucher sind zwei Vorschriften der RL UGP für die Fallgruppe Behinderung durch Nachahmung von Bedeutung. Zum einen verbietet Art. 6 Abs. 2 lit. a) RL UGP

> „jegliche Art der Vermarktung eines Produkts, einschließlich vergleichender Werbung, die eine Verwechslungsgefahr mit einem anderen Produkt, Warenzeichen, Warennamen oder anderen Kennzeichen eines Mitbewerbers begründet".

Nr. 13 des Anhangs zur Richtlinie erklärt für per se unzulässig die

> „Werbung für ein Produkt, das einem Produkt eines bestimmten Herstellers ähnlich ist, in einer Weise, die den Verbraucher absichtlich dazu verleitet, zu glauben, das Produkt sei von jenem Hersteller hergestellt worden, obwohl dies nicht der Fall ist."

Beide Fallgruppen sind im Rahmen des § 5 Abs. 2 UWG von Bedeutung. Nr. 13 ist auch im deutschen Anhang zu § 3 Abs. 3 UWG umgesetzt und verbietet

> „Werbung für eine Ware oder Dienstleistung, die der Ware oder Dienstleistung eines Mitbewerbers ähnlich ist, wenn dies in der Absicht geschieht, über die betriebliche Herkunft der beworbenen Ware oder Dienstleistung zu täuschen".

Die Abgrenzung zu § 4 Nr. 3 lit. a UWG ist – wie gezeigt – schwierig. Die h.M. betont, dass § 5 Abs. 2 UWG verbraucherschützende Tendenz habe, während § 4 Nr. 3 lit. a UWG den Unternehmer selbst und die von ihm geschaffenen Kennzeichen schütze. § 4 Nr. 3 lit. a UWG ist daher auch erfüllt, wenn keine konkrete, wohl aber eine abstrakte Täuschungsgefahr besteht. (Bsp.: Vermarktung eines Nachahmerprodukts, das vom Originalhersteller nicht mehr vertrieben wird, vgl. OLG Frankfurt WRP 2007, 1108). Die bloße abstrakte Gefahr einer Täuschung reicht hingegen für § 5 Abs. 2 UWG nicht. Der Unterschied ist gleichwohl mitunter haardünn.

c) Anwendungsfälle
aa) Allgemeine Anwendungsvoraussetzungen: Wettbewerbliche Eigenart und Nachahmung

311 (1) **Allgemeine Anwendungsvoraussetzungen** des § 4 Nr. 3 UWG sind:
- Geschäftliche Handlung
- Wettbewerbliche Eigenart
- Nachahmung des Leistungsobjektes eines Mitbewerbers
- Unlauterkeitsmerkmale nach Nr. 3a bis c.

312 (2) Gemeinsames Tatbestandsmerkmal der drei Fallgruppen des § 4 Nr. 3 UWG ist die sog. **„wettbewerbliche Eigenart"** des nachgeahmten Erzeugnisses. Das Tatbestandsmerkmal ist in § 4 Nr. 3 UWG nicht zu finden. Es entspricht aber ständiger Praxis, das Nachahmungsverbot nur auf solche Gegenstände zu beziehen, die eine gewisse Eigenart im Markt darstellen, also nicht von jedermann bereitgestellt werden oder im Markt als generische Formen oder Gestaltungen bereits seit langer Zeit vorhanden sind. So ist die typische sechsrippige Form für Schokolade üblich, die quadratische Form von „Ritter Sport" war es hingegen

nicht. Mittlerweile ist diese Form am Markt derart durchgesetzt, dass sie eine individuelle Herkunftsbedeutung erlangt hat. Die Nachahmung der Form könnte daher zu einer Herkunftstäuschung führen, die durch unterschiedliche Zusätze (Gestaltung der Verpackung, Gewicht, Aufteilung der Stückelung) verhindert werden muss.

Wettbewerbliche Eigenart liegt vor, wenn das konkrete Leistungsergebnis oder seine **Merkmale geeignet** sind, die angesprochenen Verkehrskreise **auf** seine **betriebliche Herkunft oder** seine **Besonderheiten hinzuweisen** (BGH GRUR 2003, 973, 974 – Tupperwareparty). Die Besonderheiten können sich aus ästhetischen, kommunikativen oder technischen Merkmalen (Funktion) ergeben, sie können sich durch die Bekanntheit der Gestaltung verstärken (sog. „wettbewerblicher Besitzstand"). Die Eigenart endet, wenn die Gestaltung oder seine Merkmale für die betreffende Produktart gattungstypisch (sechsrippige Schokolade) geworden sind. Bei **technischen Merkmalen** kommt eine Nachahmung nicht mehr in Betracht, wenn die Gestaltung technisch zwingend ist (BGH GRUR 2015, 909 Tz. 18 – Exzenterzähne) oder jedenfalls Abweichungen zu Qualitätseinbußen führen (BGH GRUR 2010, 1125 – Femur-Teil), dann muss der Nachgeahmte die Nachahmung schlimmstenfalls dulden (BGH GRUR 2007, 339, 344 – Stufenleitern). Bei **ästhetischen Merkmalen** wird dem Nachahmer eher abverlangt zu variieren, um im Gesamteindruck eine abweichende Gestaltung zu erreichen. Allerdings liegt noch keine unlautere Nachahmung darin, dass ein Spielzeughersteller Puppen nach dem Vorbild der „Barbie" herstellt und das Zubehör nach denselben Spielsituationen vertreibt, wie dies der Originalhersteller tut (Barbie bzw. Steffi und „Baby Sitter", „Dentist", „Hairstyling", „Gartenarbeit" usw., BGH GRUR 2005, 166 – Puppenausstattungen).

Die Rechtsprechung zieht einige Indizien heran, um die Eigenart zu begründen, z.B. die Bekanntheit der Gestaltung beim angesprochenen Publikum, die auch aus besonderen Umsatzerfolgen geschlossen werden kann (BGH GRUR 2010, 80 Tz. 37 – LIKEaBIKE). Nicht nur Produkte, auch manche Ideen können die Eigenart begründen, so das Konzept, „Goldbären" nicht nur als Süßigkeiten, sondern auch als Werbemittel einzusetzen (BGH GRUR 2015, 1214 – Goldbären).

(3) **Nachahmung** setzt voraus, dass dem Verletzer das Vorbild bekannt war. 313 Das wird im Prozess vermutet, sodass der *follower* darzulegen und zu beweisen hat, dass er die Vorlage selbständig und unabhängig entwickelt hat (vgl. BGH GRUR 2002, 629, 633 – Blendsegel: „kann unterstellt werden"). Zwischen Eigenart, Grad der Übernahme und Unlauterkeitskriterien, besteht eine Wechselwirkung: Je stärker die Nachahmung ist, desto weniger deutlich muss die Herkunftstäuschung oder Rufbeeinträchtigung sein.[2] Die Gerichte unterscheiden bei der Intensität der Nachahmung folgende Konstellationen:

---

2 **Vgl. BGH GRUR 2007, 795 Tz. 22 – Handtaschen:** „(...) besteht zwischen dem Grad der wettbewerblichen Eigenart, der Art und Weise und der Intensität der Übernahme sowie den besonderen wettbewerblichen Umständen eine Wechselwirkung. Je größer die wettbewerbli-

(a) **Unmittelbare Leistungsübernahme** = Unveränderte Übernahme der Vorlage, BGH GRUR 1999, 923, 927 – Tele-Info-CD: Abscannen der Telefonbuchdaten und Verbreitung auf einer CD-Rom zu einem stark abgesenkten Preis.

(b) **Fast identische Leistungsübernahme** = Die Nachahmung weicht nur in geringfügigen Details vom Original ab (BGH GRUR 1996, 210, 211 – Vakuumpumpen: Übernahme einer technischen Vorrichtung mit geringen Abweichungen vom Original).

(c) **Nachschaffende Leistungsübernahme** = Der Nachbau erfolgt unter Benutzung des Originals als Vorlage, „bei welchem die fremde Leistung nicht unmittelbar oder (fast) identisch übernommen, sondern lediglich als Vorbild benutzt und nachschaffend unter Einsatz eigener Leistung wiederholt wird" (BGH GRUR 1992, 523, 524 – Betonsteinelemente unter Bezugnahme auf eine Formulierung, die *von Gamm* geprägt hat). Im Ergebnis werden also auch eigene Leistungselemente verwendet, insgesamt nähert sich das spätere Produkt aber dem Original in einer Weise an, dass die charakteristischen und die wettbewerbliche Eigenart begründenden Elemente übernommen werden und das Original dabei erkennbar bleibt.

Keine Nachahmung ist der unberechtigte Vertrieb des Originals (z.B. bei Auslandsimport ohne Importlizenz, vgl. z.B. § 24 MarkenG, § 17 Abs. 2 UrhG) und die Rundfunkübertragung einer Liveveranstaltung (Sport, Konzert), wenn nicht ein fremdes Rundfunksignal aufgefangen und weitergeleitet wird, denn die Sendeleistung ist eine eigenständige Leistung (*Köhler*/Bornkamm, § 4 Rn. 3.38; anders wohl BGHZ 110, 371, 383 – Sportübertragungen; BGHZ 137, 297, 307 – Europapokalheimspiele; WRP 2006, 269 – Hörfunkrechte).

314   Nachgeahmt werden muss das **Produkt eines Mitbewerbers.** Diese Voraussetzung ist allerdings bei dem Inverkehrbringen eines Nachahmerprodukts beinahe stets erfüllt, denn wer ein konkurrierendes Nachahmerprodukt vermarktet, sorgt dafür, dass Wettbewerb zum Original begründet wird. Das bleibt auch noch so, wenn das Originalprodukt aktuell nicht angeboten wird, denn auch potentieller Wettbewerb begründet eine Mitbewerberstellung. Teilweise wird allerdings verlangt, dass der Verletzte jedenfalls noch sonstige Produkte vertreibt, die mit dem Nachahmerprodukt austauschbar sind (OLG Frankfurt WRP 2007, 1108, 1110 mit zust. Bspr. *Petry*, WRP 2007, 1045: In diesem Fall ging es um den Panthère-Schmuck von Cartier, der in der konkreten streitgegenständlichen Form längere Zeit von Cartier nicht mehr vertrieben wurde; das OLG war

---

che Eigenart und je höher der Grad der Übernahme sind, desto geringere Anforderungen sind an die besonderen Umstände zu stellen, die die Wettbewerbswidrigkeit der Nachahmung begründen", mit Hinweis auf BGH GRUR 2004, 941, 942 – Metallbett; GRUR 2006, 79 Tz. 19 – Jeans.

der Ansicht, dass eine Herkunftstäuschung noch möglich ist, solange das Motiv Herkunftsvorstellungen begründet). Keine Leistungsübernahme liegt darin, Mitarbeiter des Konkurrenten abzuwerben, denn sie sind keine Produkte oder Leistungen des Unternehmens (ebenso i.E. *Götting/Hetmank*, WRP 2013, 421, 427).

bb) Unlauterkeitsfälle in § 4 Nr. 3 lit. a bis c UWG
(1) Vermeidbare Herkunftstäuschung

Eine Herkunftstäuschung droht, wenn das Publikum ein Produkt aufgrund sei- 315 ner Besonderheiten einem bestimmten Hersteller zuordnet. Das wurde bejaht bezüglich der Gestaltung von Rolex-Uhren (BGH GRUR 1985, 876, 877 – Rolex m. Abbildung), aber verneint in Bezug auf die Gestaltung von Keksstangen mit Schokoladenüberzeug, wie sie von dem Hersteller DeBeukelaer unter dem Namen „Mikado" vertrieben werden (BGH GRUR 2015, 603 – Keksstangen).

Die Täuschung kann vermieden werden durch die Anbringung einer neuen Marke. Das genügt aber nur, wenn die Täuschungsgefahr damit vollständig beseitigt wird. Im Rolex-Fall hatte der Kaffeeröster „Tchibo" eine nahezu identische Uhr zu einem Preis von etwa 20,– Euro nach heutiger Währung unter der Marke „Royal" vertrieben. Die Uhren waren aber einander so ähnlich und der Markenschriftzug auf dem Zifferblatt so klein, dass die Täuschung fortbestand.

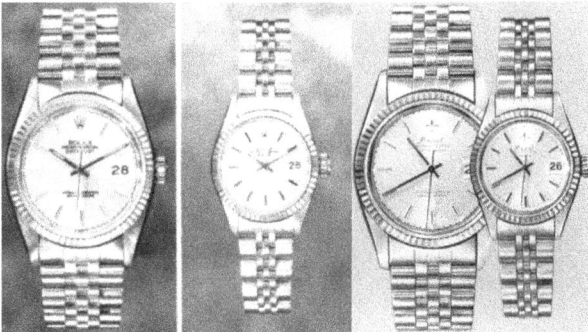

Im Fall „Keksstangen" waren die Verpackungen der Produkte und die gewählten Marken („Mikado" vs. „Biscolata") aber sehr unterschiedlich, so dass die Täuschungsgefahr beseitigt wurde. Daran ändert sich nichts, wenn man bedenkt, dass das Produkt üblicherweise ohne Verpackung serviert wird. Der Käufer entscheidet nach der Präsentation im Regal (zusammenfassend zum Problemkreis *Sack*, GRUR 2015, 442).

316 Die Vermeidung der Täuschungsgefahr muss zumutbar sein. Daran fehlt es, wenn eine bestimmte Warengestaltung zum Standard einer Branche geworden ist (vgl. BGH GRUR 2007, 339 – Stufenleitern: Verwendung der Farbe Grün für bestimmte Leitern im Handwerksbereich), wenn eine Abwandlung zu Qualitätseinbußen führen würde (BGH GRUR 2010, 1125 – Femur-Teil), wenn eine Ersatz- oder Zubehörware in eine vorhandene Serie optisch passen muss (so für einen Einkaufswagen: BGH GRUR 2012, 1052 – Einkaufswagen III; für ein Regalsystem BGH GRUR 2013, 951) oder die Abwandlung einen unzumutbar hohen Aufwand erfordert (vgl. BGH GRUR 2010, 80 – LIKEaBIKE).

(2) Unlautere Rufausbeutung und Rufbeeinträchtigung

317 Unlauter ist eine Nachahmung, wenn sie sich gezielt („unangemessen") an ein Original annähert, das eine besondere Wertschätzung genießt. Dabei kann die Unlauterkeit sowohl darin liegen, dass der gute Ruf des Originals auf das Nachahmerprodukt übertragen wird, sie kann allerdings auch darin liegen, dass der Ruf des Originals (z.B. durch eine schlechtere Qualität der Kopie) beeinträchtigt wird.

Bsp. für die Rufbeeinträchtigung: **BGHZ 138, 143 = GRUR 1998, 830 – Les-Paul-Gitarren:** Die Klägerin stellt elektrische Gitarren her. Besonders berühmt geworden ist die – eine runde schlanke Form aufweisende und daher in Musikkreisen bereits als solche erkennbare – sog. „Les Paul"-Gestaltung. Der Verkehr erkennt sie an ihrer äußeren Form, und zwar auch, wenn die auf der Gitarre zusätzlich angebrachten Gestaltungselemente und Markenzeichen nicht sofort wahrgenommen werden. Auch die Beklagte vertreibt elektrische Gitarren, von denen die Klägerin behauptet, sie seien ihren eigenen Modellen nahezu identisch nachgebaut.

Der BGH bejahte die wettbewerbliche Eigenart, weil der Verkehr die Form der Klägerin zuordne. Eine vermeidbare Herkunftstäuschung fehle aber, weil der Verkehr an Kopien gewöhnt sei und sich anhand der jeweils auf Kopie und Original vorhandenen Unterscheidungsmerkmale genauere Kenntnis darüber verschaffe, ob etwa ein Markenzeichen auf den Kläger oder auf einen Kopisten hinweise. Doch nutze der Beklagte den guten Ruf des Originals aus. „Einen anderen Grund als das Bestreben, sich an den guten Ruf der Les Paul Gitarren anzuhängen, gibt es dafür nicht. (...) Ein derartiges Vorgehen, das den Originalhersteller nach der Lebenserfahrung in seinen Bemühungen, den Ruf seiner Ware aufrecht zu erhalten, erheblich behindert, wird nur unter ganz besonderen Umständen nicht als wettbewerblich unlauter behandelt werden können. Dazu müßte hier feststehen, daß gleiche oder fast gleich aussehende Kopien in solcher Zahl auf den Markt gekommen sind, daß ein Wettbewerber deshalb – auch unter Berücksichtigung der sonstigen Umstände – davon ausgehen konnte, daß auch solche Nachahmungen von der Klägerin allgemein hingenommen werden." (aaO. S. 833).

Liegt keine Rufausbeutung vor, so ist immer noch eine **Rufbeeinträchtigung** [318] des Originals denkbar. Hierzu findet sich in der Rechtsprechung ein einprägsames Beispiel im **Urteil des BGH GRUR 1987, 814 – Die Zauberflöte:**

Kläger war in diesem Fall der Dirigent *Herbert von Karajan*. Die Beklagte hatte eine Aufnahme einer vom Kläger dirigierten Aufführung von Mozarts Zauberflöte auf drei Schallplatten gepresst und vertrieben. Dabei handelte es sich um die Wiedergabe einer öffentlichen Aufführung vom 30. Mai 1962 in Wien, die damals vom Österreichischen Rundfunk live übertragen wurde. Die Schallplattenaufnahme beruhte auf einem Mitschnitt dieser Rundfunksendung. Autorisiert durch *Karajan* war zwar die Aufführung, nicht aber die Herstellung und Verbreitung der Schallplatte. Der Kläger behauptete im Verfahren, die Schallplattenaufnahme weise eine minderwertige Tonqualität auf, der technische Standard liege weit unter dem bei Aufnahmen des Klägers üblichen Niveau. Daher liege ein Verstoß gegen urheber- und wettbewerbsrechtliche Vorschriften vor. Der Kläger verlangte Unterlassung des weiteren Vertriebs.

Der BGH konnte hier urheberrechtliche Vorschriften nicht anwenden, weil der Kläger als Österreicher nach damaligem Recht durch das deutsche UrhG nicht geschützt wurde. Der BGH gab allerdings zu erkennen, dass die minderwertige Qualität der Aufnahme unter die heute in § 4 Nr. 3 UWG fallende Konstellation der unlauteren Rufbeeinträchtigung fallen kann. Wörtlich heißt es in der Entscheidung: „Ein Wettbewerber muss es nicht hinnehmen, daß ihm in rufschädigender Weise mit seiner eigenen Leistung, die er selbst qualitativ nicht für ausreichend hält, um sie auf den Markt zu bringen, Konkurrenz gemacht wird" (ebenso BGH GRUR 2010, 1125 Tz. 51 – Femur-Teil).

(3) Unlautere Erlangung

319　Der dritte Fall einer wettbewerbswidrigen Leistungsübernahme ist in § 4 Nr. 3 lit. c UWG angesprochen. Danach ist das Angebot von Nachahmerwaren unlauter, wenn die für die Nachahmung erforderlichen Kenntnisse oder Unterlagen unredlich erlangt wurden. Ein Beispiel hierfür bietet:

BGH GRUR 1983, 377 – Brombeer-Muster: In diesem Fall klagte eine Grafikerin, die ein Stoffmuster mit der Bezeichnung „Brombeeren" entworfen hatte. Die Nutzungsrechte hieran hatte sie weiter übertragen. Die Beklagte bildete das Muster nach, nachdem ihr eine Vertreterin der Klägerin Drucke des von der Grafikerin entworfenen Musters zur Ansicht vorgelegt hatte. Die Klägerin hatte mit der Beklagten über Preis, Lieferbedingungen und Ähnliches verhandelt. Die Beklagte bestellte daraufhin Muster zur Ansicht. Kurz darauf teilte die Beklagte mit, dass sie mit der Klägerin nicht zusammenarbeiten wolle, gleichwohl ließ sie verschiedene Werbeanzeigen, Kataloge und Prospekte veröffentlichen, in denen ein Brombeermuster beworben wurde. Zudem kam es zu dem Vertrieb entsprechender Muster. Die Klägerin klagte auch auf wettbewerbsrechtlicher Grundlage.

Die wettbewerbliche Eigenart des Musters wurde wegen der ästhetisch gefälligen und handwerklich gelungenen Leistung bejaht (S. 379). Eine unredliche Erlangung der Muster sah der BGH verwirklicht, weil der Beklagten die Muster im Rahmen von Vertragsverhandlungen anvertraut worden waren. Diese Situation hätte die Bekl. nach dem Scheitern der Vertragsverhandlungen nicht für einen eigenen Mustervertrieb ausbeuten dürfen. Sanktioniert wurde letztlich also der Bruch eines nicht ausdrücklich geschlossenen Verschwiegenheitsabkommens.

(4) Weitere Fälle

320　Die in § 4 Nr. 3 UWG genannten Fälle sollten ursprünglich, d.h. bei Einführung der Vorschrift 2004, nur beispielhaft, nicht aber abschließend sein (Begr. RegE UWG 2004, BT-Drucks. 15/1487, S. 18; BGH GRUR 2004, 941, 943 – Metallbett). Ob auch andere Kriterien eine Rolle spielen können (z.B. die unmittelbare vollständige Kopie) ist umstritten. Während das UWG 2004 die drei genannten Kriterien mit dem Wort „insbesondere" einleitete, fehlt dieser Zusatz seit 2015. Daher ist heute zu klären, ob weitere Fälle unter § 4 Nr. 3 UWG, unter das allgemeine Behinderungsverbot in § 4 Nr. 4 UWG (vgl. BGH GRUR 2007, 795 Tz. 50 –

Handtaschen) oder unter die Generalklausel des § 3 Abs. 1 UWG fallen (so schon zum früheren Recht *Götting/Hetmank*, WRP 2013, 421, 424 m.wN.). In der Sache kommen aber ohnehin nur wenige Anwendungssachverhalte noch in Betracht.

(a) Einschieben in eine fremde Serie?

Die frühere wettbewerbsrechtliche Judikatur hatte als weiteres Unlauterkeitskri- 321 terium das Einschieben einer Ware in eine fremde Serie angesehen, wenn diese fremde Serie ersichtlich auf Ergänzungsbedarf angelegt ist.

> In der berühmt gewordenen LEGO-Entscheidung sah der BGH in diesem Verhalten eine eigene wettbewerbsrechtlich relevante Fallgruppe (BGHZ 41, 55). Allerdings ist der BGH in einer neueren Entscheidung von dieser Fallgruppe wieder abgerückt (BGHZ 161, 204 = GRUR 2005, 349, 352 – Klemmbausteine III). Die Fallgruppe dürfte überholt sein, weil sie zu einer Monopolisierung von Systemelementen führen kann, die wettbewerbspolitisch freihaltebedürftig sind (vgl. Art. 8 Abs. 3 VO EG Nr. 6/2002 über das europäische Geschmacksmuster; EuGH GRUR 2010, 1008 – Lego).

(b) Modeerzeugnisse

Einen wettbewerbsrechtlichen Sonderschutz genießen Modeerzeugnisse. Das 322 klassische Problem der Modebranche liegt darin, dass der Schutz neuer Modeerzeugnisse häufig nur für eine Saison benötigt wird. Die Modeindustrie ist auf kurzfristige Vermarktung angelegt. Das führt oft dazu, dass eine Geschmacksmusteranmeldung von Modeentwürfen unterbleibt. Der Urheberrechtsschutz wird regelmäßig verfehlt, weil es entweder an der nötigen Gestaltungshöhe fehlt oder aber die Erzeugnisse sich nur in der Wiederholung bereits vorhandener und wieder vergessener Trends bewegen. Mode wird daher oft nach dem Urheberrecht keinen Schutz finden. Da auch ein Geschmacksmusterschutz häufig mangels Anmeldung nicht erlangt wird, bleibt es bei einem rein wettbewerbsrechtlichen Saisonschutz (grundlegend BGHZ 60, 168 – Modeneuheit).

Man hätte vermuten können, dass dieser Schutz überflüssig wird, seitdem es auf der Ebene des Europäischen Geschmacksmusterrechts, über Art. 11 VO 6/2002 einen Geschmackmusterschutz für neue und eigenartige Muster ab erstmaliger Zugänglichmachung gibt. Problematisch mag allerdings nach wie vor der Aspekt der Neuheit sein. Der BGH hat zu verstehen gegeben, dass ein lauterkeitsrechtlicher Schutz für Textilgestaltungen auch künftig noch möglich ist (BGH GRUR 2006, 79 Tz. 18 – Jeans).

2. Die dreifache Schadensberechnung im Immaterialgüter- und Lauterkeitsrecht

323 § 4 Nr. 3 UWG ergänzt die immaterialgüterrechtlichen Regelungen. Daher spricht man von einem „ergänzenden wettbewerbsrechtlichen Leistungsschutz". Im Immaterialgüterrecht ist bereits seit langer Zeit gewohnheitsrechtlich anerkannt, dass der Verletzte seinen Schaden alternativ auf dreifache Art berechnen und ersetzt verlangen kann:

(1) **Konkreter Schaden:** Bezifferung des konkreten Schadens, einschließlich des entgangenen Gewinns nach §§ 249 Abs. 1, 252 BGB.

(2) **Entgangene Lizenzgebühr:** Pauschalierung des Schadens dahingehend, dass dem Verletzten jedenfalls diejenige Lizenzgebühr zu zahlen ist, die er hätte verlangen können, wenn der Verletzer um eine solche Lizenz nachgesucht hätte. Der Wert dieser Lizenz bemisst sich daran, was verständige Lizenzparteien als Lizenzgebühr ausgehandelt hätten. Im Zweifel ist diejenige Gebühr zu zahlen, die üblicherweise am Markt verlangt wird.

(3) **Verletzergewinn:** Herausgabe des Gewinns, den der Verletzer durch die rechtswidrige Nutzung erzielt hat unter Abzug derjenigen Kosten, die variabel auf die Produktion des Verletzerstückes angefallen sind. Nicht abzugsfähig ist ein Anteil für die Gemeinkosten, die im Betrieb des Verletzers unabhängig von der konkreten Verletzerproduktion angefallen sind.

Da der wettbewerbsrechtliche Leistungsschutz oft objektbezogen ist, auch wenn er an ein Verhalten anknüpft, haben die Gerichte es gestattet, bei der Verletzung des § 4 Nr. 3 UWG (nicht allgemein im UWG) die dreifache Schadensberechnung anzuwenden (BGH GRUR 1967, 315, 317 – scai cubana; GRUR 2005, 349, 352 – Klemmbausteine III).

3. Täter-, Teilnehmer- und Störerhaftung

a) Täter

324 Als Täter einer lauterkeitsrechtlichen Verletzungshandlung (ebenso einer Verletzung des Marken- oder Urheberrechts) kommt in Betracht, wer die im jeweiligen Verhaltensgebot (z.B. § 4 Nr. 3 UWG) beschriebene **Handlung selbst oder durch ein Werkzeug** (mittelbare Täterschaft) vornimmt.

Das Verletzerverhalten kann in einer **Handlung** (z.B. Nachahmen) **oder** einem **Unterlassen** (z.B. unterlassene Information, vgl. § 5a UWG) bestehen.

325 Im UWG ist als Besonderheit zu berücksichtigen, dass eine geschäftliche Handlung nicht nur vorliegt, wenn die eigene, sondern auch wenn **fremde Absatztätigkeit gefördert** wird. Daher ist die Verbreitung einer irreführenden

Werbung durch ein **Presseunternehmen** täterschaftliche Handlung (vgl. Fall 1). Zu berücksichtigen ist allerdings, dass Medienunternehmen vor dem Hintergrund ihrer verfassungsrechtlich in Art. 5 Abs. 1 Satz 2 GG besonders geschützten Tätigkeit Haftungsprivilegien genießen:

– Für den **redaktionellen Teil** muss besonders geprüft werden, ob ein objektiv absatzförderndes Verhalten vorliegt. Grundsätzlich wird die allein oder überwiegend zu Informations- und Meinungsbildungszwecken erfolgende Berichterstattung nicht als geschäftliche Handlung angesehen (Bsp.: Vorstellung eines neuen Automobils in einer Zeitschrift). Allerdings kann hier eine getarnte Werbung (§ 5a Abs. 6 UWG) oder eine Schleichwerbung (§ 7 Abs. 6 RStV) vorliegen, wenn nach der Aufmachung der Berichterstattung die werbliche Herausstellung den objektiven Bericht überwiegt (Rn. 192).

– Für den **Anzeigenanteil** verfügen Medienunternehmen über Prüfprivilegien. Sie haften danach für die Verbreitung nur, wenn sie Prüfpflichten grob verletzt und einen fremden Inhalt, der schwere und eindeutig zu erkennende Verletzungen enthält, verbreitet haben (BGH GRUR 2015, 906 Tz. 31 – TIP der Woche).

– Abgemildert ist auch die **Schadensersatzhaftung für Presseunternehmen in § 9 Satz 2** UWG im Hinblick auf Verletzungshandlungen nach §§ 3, 7 UWG (früher § 13 Abs. 6 Nr. 1 Satz 2 UWG 1909: sog. Presseprivileg nur bei irreführender Werbung). Gegen verantwortliche Personen (Redakteur, Herausgeber, Verleger, Drucker und sonstige Verbreiter) periodischer Druckschriften (Zeitungen, Zeitschriften) kann der Anspruch auf Schadensersatz nur geltend gemacht werden, wenn die genannten Personen vorsätzlich gehandelt haben. Unverständlicherweise sind sonstige Medien in der erst 2004 eingeführten Vorschrift nicht erwähnt. Doch wird man die Norm verfassungskonform auslegen müssen und all diejenigen Medien einbeziehen, welche die Freiheiten des Art. 5 Abs. 1 Satz 2 GG genießen (Rundfunk, elektronische Presse; journalistisch-redaktionelle Internetdienste).

b) Mittäter, § 830 Abs. 1 Satz 1 BGB

MarkenG, UrhG und UWG enthalten keine eigenständigen Regelungen über die Frage der Mittäterschaft oder Teilnahme. Da alle genannten Vorschriften sonderdeliktsrechtlicher Natur sind (Rn. 10), bleibt daher das BGB mit seinen §§ 823 ff. BGB überall dort anwendbar, wo die Spezialgesetze keine eigenen Regeln enthalten. Für die Frage der Mittäterschaft gilt somit § 830 Abs. 1 Satz 1 BGB, für Anstiftung und Beihilfe § 830 Abs. 2 BGB.   326

Mittäterschaft setzt eine gemeinschaftliche Begehung, also ein bewusstes und gewolltes Zusammenwirken voraus (vgl. Teplitzky/*Büch*, Wettbewerbsrechtliche Ansprüche und Verfahren, Kap. 14 Rn. 4). Der Mittäter muss die Haupttat kennen und wollen. Er muss nach strafrechtlichen Grundsätzen Tatherrschaft haben und die Tat als eigene wollen.

c) Teilnehmer, § 830 Abs. 2 BGB

327 Der Tatbeitrag des Teilnehmers ist im BGB dem des Täters vollständig gleichgestellt. Der Teilnehmer haftet mithin ebenso wie der Täter. Das erklärt sich – in Abgrenzung zum Strafrecht – dadurch, dass das Zivilrecht nicht bestraft, sondern nur Schäden repariert.

Als Teilnehmer an der rechtswidrigen Verhaltensweise eines anderen haftet, wer diese Verhaltensweise zumindest mit bedingtem Vorsatz gefördert oder dazu angestiftet hat (zum Anstifter BGH GRUR 2001, 255, 256 – Augenarztanschreiben; zum Gehilfen BGH GRUR 2003, 624, 626 – Kleidersack). Zum Teilnehmervorsatz gehört dabei neben der Kenntnis der objektiven Tatumstände auch das Bewusstsein der Rechtswidrigkeit der Haupttat (BGHZ 177, 150 = GRUR 2008, 810 Tz. 15 – Kommunalversicherer, m.w.N.). Der Teilnehmer muss also konkrete Kenntnis von der Haupttat haben und wissen, dass diese Tat rechtswidrig ist.

Hier liegt die Crux der Teilnehmerhaftung (und auch der Mittäterhaftung) begründet. Derjenige, der eine Tat durch sein Zutun fördert oder ermöglicht, wird gerade bei komplexen Rechtsfragen im Marken-, Urheber- und Lauterkeitsrecht häufig zu Recht einwenden dürfen, er habe die Rechtslage nicht durchschaut und daher nicht gewusst, dass ein bestimmtes Verhalten verboten ist. Diese Einlassung wird man kaum widerlegen können. Da der Verletzte aber das Verschulden des Verletzers darlegen und beweisen muss, wird der Anspruch an diesem Erfordernis oft scheitern. Daher gibt es ein besonderes Bedürfnis für eine verschuldensunabhängige Haftung (unten Rn. 329).

d) Zurechnung fremden schuldhaften Handelns

328 In manchen Fällen haftet der in Anspruch Genommene für das schuldhafte Verhalten Dritter. Diese Fälle sind aus dem BGB bekannt. Solche Fälle sind:

- Organhaftung nach § 31 BGB analog (z.B. AG haftet für Wettbewerbsverstöße ihrer Vorstandsmitglieder, sofern diese rechtswidrig und schuldhaft gehandelt haben). In der Rechtsprechung wurde diese Konstellation ausgedehnt auf sog. Repräsentanten, d.h. Personen, denen selbständige und eigenverantwortliche Leitungsaufgaben zugewiesen sind (Prokuristen, Filialleiter, Leiter der Rechtsabteilung).
- Haftung für Verrichtungsgehilfen, § 831 BGB (vgl. LG Hamburg NJW-RR 2012, 1001 – Beste Rechtsschutzversicherung: Versicherungsunternehmen

haftet für den überaus positiven Eintrag, den ein Mitarbeiter in einem Blog über das Unternehmen veröffentlicht hatte).

– Haftung des Unternehmers für Mitarbeiter und in seinen Betrieb organisatorisch eingegliederte Auftragnehmer (§ 8 Abs. 2 UWG), z.B. Filialisten oder Agenturen (BGH GRUR 2012, 1279 – DAS GROSSE RÄTSELHEFT; OLG Köln GRUR-RR 2016, 203 – Crocs II).

– Im UWG haftet auch der Geschäftsführer persönlich für Verstöße, die in seinem Unternehmen begangen werden, sofern er an den geschäftlichen Entscheidungen, die den Verstoß ermöglicht haben (z.B. durch die Genehmigung einer Werbekampagne) beteiligt war (BGHZ 201, 344 – Geschäftsführerhaftung; BGH GRUR 2015, 672 – Videospiel-Konsolen II; dazu *Ruess/ Deply*, GWR 2013, 455).

e) Störerhaftung
aa) Begründung und ursprüngliche Anwendung im Lauterkeitsrecht

Die Störerhaftung ist weder im Lauterkeitsrecht noch in den immaterialgüter- **329** rechtlichen Schutznormen ausdrücklich geregelt. Sie hat ihre Wurzeln in dem Unterlassungs- und Beseitigungsanspruch des **§ 1004 Abs. 1 BGB** (vgl. auch § 862 BGB). Dort ist als Schuldner des Anspruchs derjenige genannt, der das Eigentum „beeinträchtigt". Er wird als „Störer" bezeichnet. Im BGB unterscheidet man zwischen Handlungs- und Zustandsstörern (vgl. krit. MünchKommBGB/*Baldus*, § 1004 Rn. 152/155). Handlungsstörer ist, wer ein störendes Tun (z.B. Lärmentwicklung) selbst vornimmt, Zustandsstörer, wer die Möglichkeit zur Beseitigung der Störung hat, wenn die Störung darin besteht, dass der Störer eine Gefahrenquelle geschaffen oder übernommen hat und die Störung typische Folge der Quelle ist, mit der im Verkehr gerechnet werden muss (MünchKommBGB/*Baldus*, § 1004 Rn. 155 mit Kritik). Danach haftet als Störer nur,

– wer ein Rechtsgut beeinträchtigt (insbesondere das Eigentum);
– wer die störende Handlung selbst vornimmt;
– wer die Handlung nicht selbst vornimmt, aber beseitigen könnte, sofern die Störungsquelle allgemein Gefahren erzeugt und die Störung typische Folge dieser Gefahren ist.

Dieses Konzept ist durchaus eng. Der BGH hat sich früher auf diese Vorschriften **330** auch im **Immaterialgüter- und Lauterkeitsrecht** bezogen (vgl. BGH GRUR 2002, 618, 619 – Meißner Dekor I). Die Gerichte haben sich von dem engen Konzept aber weitgehend gelöst und durchaus freihändig ein eigenes Konzept der Störerhaftung entwickelt, wonach als Störer haftet, wer – ohne Täter oder Teilnehmer zu sein –

- willentlich und adäquat kausal
- zur Verletzung eines Rechtsguts oder einer Verhaltenspflicht
- durch die Verletzung von Prüfpflichten beigetragen hat (vgl. BGH aaO.).

Zweck der Entwicklung war und ist es, den Unterlassungs- und Beseitigungsanspruch (nicht den Schadensersatzanspruch) auch auf diejenigen Personen ausdehnen zu können, welche die Möglichkeit haben, die Quelle der Störung zu beseitigen. Ihnen wird kein schuldhaftes Verhalten, wohl aber die willentliche und adäquat kausale Ermöglichung einer Verletzung zugerechnet. Erforderlich ist, dass es eine rechtswidrige Haupttat gibt, zu welcher die Störerhandlung akzessorisch ist (**Akzessorietätserfordernis**).

331   Die Rechtsprechung in diesem Bereich hat sich wie folgt entwickelt:

BGH GRUR 1955, 492 – Grundig Reporter: Zur Frage, ob dem Hersteller von Tonbandgeräten die Vervielfältigung von Radiomusik durch die Nutzer als Verletzungshandlung zuzurechnen ist; Definition des Störers:

(S. 500) „**Störer** im Sinne des § 1004 BGB ist **jeder, auf dessen Willen** – wenn auch nur mittelbar **die Beeinträchtigung eines geschützten Rechtsgutes zurückzuführen ist**" (mit Hinweis auf BGHZ 14, 163, 174; RGZ 159, 129, 136). „Für den Unterlassungsanspruch genügt es, daß durch das Verhalten der Beklagten die Schutzrechte der Klägerin gefährdet werden oder doch ein erheblicher Anlaß zur Besorgnis solcher Gefährdung vorliegt (RGZ 101, 135, 138). Der Umstand, daß die Selbstaufnahmegeräte, wie die Bekl. geltend macht, auch ohne Eingriff in Urheberrechte benutzt werden können, beispielsweise als Diktiergeräte, steht der ernsthaften Besorgnis eines urheberverletzenden Verhaltens der privaten Benutzer dieser Geräte nicht entgegen. (...) Die Beeinträchtigung der Rechte der Klägerin durch die Beklagte liegt mithin darin, daß die Beklagte die fraglichen Geräte in den Verkehr bringt, ohne Maßnahmen zur Verhütung einer urheberrechtsverletzenden Benutzung durch die Abnehmer zu ergreifen. Damit gefährdet die Beklagte die Ausschließlichkeitsrechte der Klägerin, was ihr Unterlassungsbegehren rechtfertigt, und zwar unabhängig davon, ob und in welchem Umfange das Verhalten der Beklagten bereits Urheberrechtsverletzungen zur Folge gehabt hat."

BGH GRUR 2002, 618 – Meißner Dekor I (Vertrieb eines Verkaufskatalogs, in dem sich eine markenrechtsverletzende Werbung befand) fasst den **Stand der Störerhaftung im Wettbewerbsrecht** auf dieser Basis wie folgt zusammen:

(S. 619) „[D]ie Störerhaftung [eröffnet] die Möglichkeit, auch denjenigen in Anspruch zu nehmen, der – ohne Täter oder Teilnehmer zu sein – in irgendeiner Weise willentlich und adäquat kausal zur Verletzung eines geschützten Gutes oder zu einer verbotenen Handlung beigetragen hat (vgl. zum Wettbewerbsrecht BGH GRUR 1997, 313, 315 – Architektenwettbewerb; zum Urheberrecht GRUR 1999, 418, 419 – Möbelklassiker). Diese Haftung, die ihre Grundlage nicht im Deliktsrecht, sondern in der Regelung über die Besitz- und die Eigentumsstörung in § 862 und in § 1004 BGB hat (...), vermittelt (...) nur Abwehransprüche. Für einen Schadensersatzanspruch gegenüber dem Störer fehlt es an einer gesetzlichen Grundlage."

BGH GRUR 2003, 969 – Ausschreibung von Vermessungsleistungen: Die Beklagte schrieb Vermessungsleistungen mit ungenauen Maßangaben aus und provozierte dadurch, dass mehrere Bewerber Angebote unterhalb der HOAI-Grenzen einreichten. Solche Angebote verstießen gegen HOAI-Regelungen; die Beklagte wurde in Anspruch genommen, weil sie das Verhalten ermöglicht habe. Der BGH nimmt hier erstmals eine deutliche Korrektur des bisher weiten Konzepts der willentlichen Veranlassung vor, indem er die Zumutbarkeit der Haftung an die **Verletzung von Prüfpflichten** knüpft:

(S. 970–971) „Nach der ständigen Rechtsprechung des BGH haftet derjenige in entsprechender Anwendung von § 1004 BGB als Störer, der auch ohne Wettbewerbsförderungsabsicht und ohne Verschulden an dem Wettbewerbsverstoß eines Dritten in der Weise beteiligt ist, dass er in irgendeiner Weise willentlich und adäquat kausal an der Herbeiführung der rechtswidrigen Beeinträchtigung mitwirkt. Dabei kann als Mitwirkung auch die Unterstützung oder Ausnutzung der Handlung eines eigenverantwortlich handelnden Dritten genügen, sofern der in Anspruch Genommene die rechtliche Möglichkeit zur Verhinderung dieser Handlung hatte. (...)

Nach der Rechtsprechung des Senats **darf die wettbewerbsrechtliche Störerhaftung nicht über Gebühr auf Dritte**, die als solche einem Verbot nicht unterworfen sind, **erstreckt werden. Die Bejahung der Störerhaftung setzt** in einem derartigen Fall **deshalb stets die Verletzung zumutbarer** Verhaltenspflichten, insbesondere von **Prüfungspflichten voraus.** Ob und inwieweit dem als Störer in Anspruch Genommenen eine Prüfung zuzumuten ist, richtet sich nach den jeweiligen Umständen des Einzelfalls unter Berücksichtigung der Funktion und Aufgabenstellung des als Störer in Anspruch Genommenen sowie mit Blick auf die Eigenverantwortung desjenigen, der die rechtswidrige Beeinträchtigung selbst unmittelbar vorgenommen hat."

BGHZ 158, 343 = GRUR 2004, 693 – Schöner Wetten: Eine Wochenzeitung berichtet in ihrer Online-Ausgabe über ein österreichisches Unternehmen, das in Deutschland erlaubnispflichtige Sportwetten anbietet. Im Anschluss an den Artikel wird ein als Hyperlink ausgestalteter Verweis auf die Homepage des Wettunternehmens angeboten. Ein in Deutschland mit einer Erlaubnis ausgestattetes Wettunternehmen nimmt die Wochenzeitung als Störerin in Anspruch.

(S. 694–695) Der BGH stellt zunächst fest, dass das Setzen von Hyperlinks nicht durch die **Vorschriften des Telemedienrechts** (§§ 8–10 TMG) privilegiert oder haftungsfreigestellt sei. Insbesondere seien diese Vorschriften **auf Unterlassungsansprüche nicht anwendbar.** Daher sei das in Rede stehende Verhalten nach den Grundsätzen der Störerhaftung zu beurteilen. (S. 695) „Von Dritten, die eine rechtswidrige Beeinträchtigung lediglich objektiv durch ihr Handeln unterstützen, darf jedoch durch eine Störerhaftung nichts Unzumutbares verlangt werden (...). Die Haftung als Störer setzt daher die Verletzung von Prüfungspflichten voraus (...). **Die Beurteilung, ob und inwieweit eine Prüfung zuzumuten war** oder ist, **richtet sich nach den jeweiligen Umständen des Einzelfalls,** wobei die Funktion und die Aufgabenstellung des als Störer in Anspruch Genommenen sowie die Eigenverantwortung desjenigen, der die rechtswidrige Beeinträchtigung selbst unmittelbar vorgenommen hat oder vornimmt, zu berücksichtigen sind. (...). Wenn Hyperlinks nur den Zugang zu ohnehin allgemein zugänglichen Quellen erleichtern, dürfen (...) im Interesse der Meinungs- und Pressefreiheit (Art. 5 Abs. 1 GG) an die nach den Umständen erforderliche Prüfung keine zu strengen Anforderungen gestellt werden. Dabei ist auch zu berücksichtigen, dass die sinnvolle Nutzung der unübersehbaren Informationsfülle im „World Wide Web" ohne den Einsatz von Hyperlinks zur Verknüpfung der dort zugänglichen Dateien praktisch ausgeschlossen wäre." (Im Ergebnis wurde die Verletzung von Prüfpflichten verneint. Dabei spielte es eine Rolle, dass es sich bei der Beklagten um ein Presseunternehmen handelt).

Mittlerweile hat der BGH die Störerhaftung im UWG aufgegeben und durch ein Konzept der Verkehrssicherungspflichten ersetzt, das dem allgemeinen Deliktsrecht nahekommt. Allerdings tauchen die aus Störerhaftung bekannten Prüfpflichten hier oft in neuem Gewand auf. Daher soll zunächst kurz auf die Störerhaftung im Bereich des Geistigen Eigentums eingegangen (unter bb), sodann das neue Konzept vorgestellt werden (unten cc). Für den Bereich des Nachahmungsschutzes ist diese Darstellung besonders wichtig, denn der Nachahmungsschutz ergänzt das Recht des Geistigen Eigentums. In vielen Fällen, welche die Gerichte erreichen, wird daher mit mehreren Anspruchsgrundlagen operiert.

bb) Entwicklung im Recht des Geistigen Eigentums

332 Im Recht des Geistigen Eigentums hat der BGH die Rechtsprechung zur Störerhaftung fortgeschrieben. Dort gilt auch heute noch, dass der willentliche und adäquat kausale Beitrag zu einer rechtswidrigen Haupttat die Störerhaftung eröffnet, welche ihrerseits dadurch begrenzt ist, dass keine zumutbaren Prüfungspflichten verletzt worden sind.

BGHZ 158, 236 = GRUR 2004, 860 – Internetversteigerung I: Angebot von Rolex-Nachbildungen auf der Plattform von eBay; Haftung von eBay für die Zugangseröffnung zu den Angeboten bejaht.

(S. 864) „Mit Recht ist das BerGer. davon ausgegangen, dass derjenige, der – ohne Täter oder Teilnehmer zu sein – in irgendeiner Weise willentlich und adäquat kausal zur Verletzung eines geschützten Gutes beiträgt, als Störer für eine Schutzrechtsverletzung auf Unterlassung in Anspruch genommen werden kann. Soweit in der neueren Rechtsprechung eine gewisse Zurückhaltung gegenüber dem Institut der Störerhaftung zum Ausdruck kommt und erwogen wird, die Passivlegitimation für den Unterlassungsanspruch allein nach den deliktsrechtlichen Kategorien der Täterschaft und Teilnahme zu begründen (vgl. BGHZ 155, 189, 194 = GRUR 2003, 807 – Buchpreisbindung; BGH GRUR 2003, 969, 970 – Ausschreibung von Vermessungsleistungen), betrifft dies Fälle des Verhaltensunrechts, in denen keine Verletzung eines absoluten Rechts in Rede steht. **Im Falle der Verletzung von Immaterialgüterrechten,** die als absolute Rechte auch nach §§ 823 Abs. 1, 1004 BGB Schutz genießen, **sind die Grundsätze der Störerhaftung uneingeschränkt anzuwenden."**

Zu den Prüfungspflichten: (S. 864) „Einem Unternehmen, das – wie die Bekl. – im Internet eine **Plattform für Fremdversteigerungen** betreibt, **ist es nicht zuzumuten, jedes Angebot vor Veröffentlichung im Internet auf eine mögliche Rechtsverletzung hin zu untersuchen.** Eine solche Obliegenheit würde das gesamte Geschäftsmodell in

Frage stellen (...). Sie entspräche auch nicht den Grundsätzen, nach denen Unternehmen sonst für Rechtsverletzungen haften, zu denen es auf einem von ihnen eröffneten Marktplatz – etwa in den Anzeigenrubriken einer Zeitung oder im Rahmen einer Verkaufsmesse – kommt. **Andererseits** ist zu bedenken, dass die **Bekl. durch die ihr geschuldete Provision an dem Verkauf der Piraterieware beteiligt** ist. (...) Dies bedeutet, **dass die Bekl. immer dann, wenn sie auf eine klare Rechtsverletzung hingewiesen worden ist, nicht nur das konkrete Angebot unverzüglich sperren muss** (...), **sie muss vielmehr auch Vorsorge treffen, dass es möglichst nicht zu weiteren derartigen Markenverletzungen kommt.** Im Streitfall beispielsweise ist es (...) zu mehreren klar erkennbaren Markenverletzungen gekommen. Die Bekl. muss diese **Fälle zum Anlass nehmen, Angebote von Rolex-Uhren einer besonderen Prüfung zu unterziehen.** Welche technischen Möglichkeiten ihr hierbei zu Gebote stehen, ist zwischen den Parteien streitig. Möglicherweise kann sich die Bekl. hierbei einer Software bedienen, die entsprechende Verdachtsfälle aufdeckt, wobei Anknüpfungspunkt für den Verdacht sowohl der niedrige Preis als auch die Hinweise auf Nachbildungen sein können."

BGH GRUR 2007, 708 – Tz. 41 – Internet-Versteigerung II: Ähnlicher Sachverhalt wie oben, Ausdehnung der vorgenannten Rechtsprechung auf vorbeugende Unterlassungsansprüche.

„Die Frage, ob der Störer auch dann vorbeugend auf Unterlassung in Anspruch genommen werden kann, wenn es noch nicht zu einer Verletzung des geschützten Rechts gekommen ist, eine Verletzung in der Zukunft aber auf Grund der Umstände zu befürchten ist, hat der *Senat* in der Vergangenheit offengelassen (vgl. BGH GRUR 1997, 313, 315 – Architektenwettbewerb). Sie ist zu bejahen, wenn der potenzielle Störer eine Erstbegehungsgefahr begründet (...). Dies folgt bereits aus dem Wesen des vorbeugenden Unterlassungsanspruchs, wonach bei einer drohenden Gefährdung nicht erst abgewartet zu werden braucht, bis der erste Eingriff in ein Rechtsgut erfolgt ist. Soweit der älteren Senatsrechtsprechung etwas anderes entnommen werden kann (vgl. BGH GRUR 1991, 540, 541 – Gebührenausschreibung), wird hieran nicht festgehalten."

cc) Entwicklung im Lauterkeitsrecht

Erstmals in der Entscheidung „Jugendgefährdende Medien bei eBay" rückte der 333 BGH von dem Konzept der Störerhaftung im Lauterkeitsrecht ab und ersetzte dieses durch ein Modell der Verkehrspflichten.

BGH GRUR 2007, 890 – Jugendgefährdende Medien bei eBay: Angebot von indizierten Trägermedien, insbesondere Computerspiele und Tonträger, auf eBay-Plattform; Tonträgerverband nimmt eBay auf Unterlassung in Anspruch.

Tz. 22: „Derjenige, der durch sein Handeln im geschäftlichen Verkehr in einer ihm zurechenbaren Weise die Gefahr eröffnet, dass Dritte Interessen von Marktteilnehmern verletzen, die durch das Wettbewerbsrecht geschützt sind, kann eine unlautere Wettbewerbshandlung begehen, wenn er diese Gefahr nicht im Rahmen des Möglichen und Zumutbaren begrenzt. **Die Beklagte hat in ihrem eigenen geschäftlichen Interesse eine allgemein zugängliche Handelsplattform geschaffen, deren Nutzung in naheliegender Weise mit der Gefahr verbunden ist, schutzwürdige Interessen von Verbrau-**

chern zu beeinträchtigen. Der Bekl. ist auch bekannt, dass Versteigerer unter Nutzung ihrer Handelsplattform mit konkreten Angeboten gegen das Jugendschutzgesetz verstoßen. Ihr Verhalten ist wettbewerbswidrig, wenn sie es unterlässt, im Hinblick auf die ihr konkret bekannt gewordenen Verstöße zumutbare Vorkehrungen zu treffen, um derartige Rechtsverletzungen künftig soweit wie möglich zu verhindern, und es infolge dieses Unterlassens entweder zu weiteren derartigen Verstößen von Versteigerern gegen das Jugendschutzrecht kommt oder derartige Verstöße ernsthaft zu besorgen sind. (...)"

Tz. 36: „**Wer durch sein Handeln im geschäftlichen Verkehr die Gefahr schafft, dass Dritte durch das Wettbewerbsrecht geschützte Interessen von Marktteilnehmern verletzen, ist wettbewerbsrechtlich dazu verpflichtet, diese Gefahr im Rahmen des Möglichen und Zumutbaren zu begrenzen** (...). Im Bereich der deliktischen Haftung nach § 823 Abs. 1 BGB sind Verkehrspflichten als Verkehrssicherungspflichten in ständiger Rechtsprechung anerkannt (...). Verkehrspflichten hat der BGH auch bereits im Immaterialgüterrecht sowie der Sache nach im Wettbewerbsrecht angenommen (...). Dieser Rechtsprechung aus unterschiedlichen Rechtsbereichen ist der **allgemeine Rechtsgrundsatz** gemeinsam, **dass jeder, der in seinem Verantwortungsbereich eine Gefahrenquelle schafft oder andauern lässt, die ihm zumutbaren Maßnahmen und Vorkehrungen treffen muss, die zur Abwendung der daraus Dritten drohenden Gefahren notwendig sind.** Wer gegen eine wettbewerbsrechtliche Verkehrspflicht verstößt, ist Täter einer unlauteren Wettbewerbshandlung. (...)"

Tz. 38: „Die wettbewerbsrechtliche **Verkehrspflicht** eines Teledienstanbieters hinsichtlich rechtsverletzender fremder Inhalte **konkretisiert sich als Prüfungspflicht.** Voraussetzung einer Haftung des Teledienstanbieters ist daher eine Verletzung von Prüfungspflichten. Deren Bestehen wie Umfang richtet sich im Einzelfall nach einer Abwägung aller betroffenen Interessen und relevanten rechtlichen Wertungen."

dd) Generelle Verkehrspflicht statt Störerhaftung?

334 Mit der Entscheidung, die dem vorliegenden Fall zugrunde liegt, hat die Störerhaftung jedenfalls im Lauterkeitsrecht ausgedient (so ausdrücklich BGH GRUR 2011, 152 Tz. 48 – Kinderhochstühle im Internet). Seither geht das Gericht davon aus, dass wer in seinem „Verantwortungsbereich eine Gefahrenquelle schafft (...), die ihm zumutbaren Maßnahmen und Vorkehrungen treffen muss, die zur Abwendung der daraus Dritten drohenden Gefahren notwendig sind" (BGH GRUR 2013, 301 Tz. 51 – Solarinitiative). Wer dies unterlässt und somit gegen eine wettbewerbsrechtliche Verkehrspflicht verstößt, ist als Täter einer unlauteren geschäftlichen Handlung verantwortlich.

In dem Fall 8 zugrundeliegenden Sachverhalt, der Marken- und Urheberrechtsverletzungen wie auch UWG-Verstöße betraf, entschied das Gericht, dass denjenigen, der ein eBay-Mitgliedskonto betreibt, die Pflicht trifft, das Passwort geheimzuhalten und es nicht einmal seiner Ehefrau zu offenbaren. Verletzt der Account-Inhaber diese Pflicht, so haftet er für die daraufhin begangenen Rechtsverletzungen nicht nur im Wege der Unterlassungs-, sondern auch im Wege der Schadensersatzhaftung.

BGHZ 180, 134 = GRUR 2009, 597 – Halzband: (Tz. 16) „Es kommt (...) eine Haftung des Beklagten als Täter einer Urheberrechts- und/oder Markenrechtsverletzung sowie eines Wettbewerbsverstoßes in Betracht, weil dieser, auch wenn er die Verwendung der Zugangsdaten zu seinem Mitgliedskonto bei eBay durch seine Ehefrau weder veranlasst noch geduldet hat, nicht hinreichend dafür gesorgt hat, dass seine Ehefrau keinen Zugriff auf die Kontrolldaten und das Kennwort dieses Mitgliedskontos erlangte. Benutzt ein Dritter ein fremdes Mitgliedskonto bei eBay, nachdem er an die Zugangsdaten dieses Mitgliedskontos gelangt ist, weil der Inhaber diese nicht hinreichend vor dem Zugriff Dritter gesichert hat, muss der Inhaber des Mitgliedskontos sich so behandeln lassen, wie wenn er selbst gehandelt hätte. Eine insoweit bei der Verwahrung der Zugangsdaten für das Mitgliedskonto gegebene Pflichtverletzung stellt einen eigenen, gegenüber den eingeführten Grundsätzen der Störerhaftung (...) und den nach der neueren Senatsrechtsprechung gegebenenfalls bestehenden Verkehrspflichten im Bereich des Wettbewerbsrechts (vgl. BGHZ 173, 188 Tz. 22 ff. – Jugendgefährdende Medien bei eBay) selbständigen Zurechnungsgrund dar."

Allerdings hat das Gericht denjenigen, der einen WLAN-Anschluss nicht durch   335
ein zeitgemäßes Passwort oder sonstige Zugangstechniken absichert und der
dadurch Urheberrechtsverletzungen über dieses Netz ermöglicht, nicht als Täter
der Verletzung, sondern wiederum als Störer haften lassen (BGH GRUR 2010,
633 – Sommer unseres Lebens). Dort wird ausgeführt:

(Tz. 25) „Die Klägerin kann den Beklagten als Störer auf Unterlassung in Anspruch nehmen. Er hat unter Verletzung der ihm obliegenden Prüfungspflicht eine Ursache dafür gesetzt, dass ein Dritter über seinen unzureichend gesicherten WLAN-Anschluss die in Rede stehende Urheberrechtsverletzung begehen konnte." (Tz. 34) „Die **Prüfpflicht** des Beklagten bezieht sich (...) auf die Einhaltung der im Kaufzeitpunkt des Routers für den privaten Bereich marktüblichen Sicherungen. Diese Pflicht **hat der Beklagte verletzt.** Der Beklagte **hat es** nach dem Anschluss des WLAN-Routers **bei den werkseitigen Standardsicherheitseinstellungen belassen und für den Zugang zum Router kein persönliches, ausreichend langes und sicheres Passwort vergeben.** Der Schutz von Computern, Kundenkonten im Internet und Netzwerken durch individuelle Passwörter gehörte auch Mitte 2006 bereits zum Mindeststandard privater Computernutzung und lag schon im vitalen Eigeninteresse aller berechtigten Nutzer."

Es wird auch künftig darauf ankommen, die Prüfpflichten, die im Immaterialgüterrecht von den Gerichten fortentwickelt werden, zu überwachen. Denn diese Prüfpflichten können ihrerseits im Lauterkeitsrecht Grundlage für die Einführung von Verkehrssicherungspflichten werden. Derzeit ist das Urheberrecht vielfach Schrittmacher bei solchen Prüfpflichten. Der BGH hat in diesem Rechtsgebiet etwa entschieden, dass der Betreiber eines WLAN-Anschlusses diesen durch Passwörter abzusichern hat (BGHZ 185, 330 – Sommer unseres Lebens), ein File-Hosting Dienst (konkret Rapidshare) hat zu kontrollieren, ob die von ihm zur Verfügung gestellten externen Speicherkapazitäten dadurch zu Urheberrechtsverletzungen genutzt werden, dass auf Internetportalen Links zu urheberrechtsverletzenden Inhalten gepostet werden (BGH GRUR 2013, 1030 – File-Hosting-Dienst), Eltern müssen ihre minderjährigen Kinder darüber unterrichten, dass diese über den Internetanschluss des Haushalts keine (urheber-)rechtsverletzenden Handlungen durchführen dürfen (BGHZ 200, 76 – Bear Share). Denkbar ist auch eine Störerhaftung eines Access-Providers, der den Zugang zum Internet vermittelt, wenn dadurch auch ein Zugang zu Portalen mit ausschließlich rechtsverletzenden Inhalten ermöglicht wird (BGH GRUR 2016, 268 – Störerhaftung des Access-Providers). Im Markenrecht haften vor allem die Betreiber von Auktionsplattformen (wie eBay) für von Nutzern eingestellte rechtsverletzende Angebote, wenn die Plattformbetreiber über Produktanzeigen, die zu den Verletzerprodukten führen, solche Verkaufsangebote aktiv ermöglichen (BGH GRUR 2015, 485 – Kinderhochstühle im Internet III; vgl. auch BGH GRUR 2015, 1223 – Posterlounge: Beeinflussung von Suchergebnissen, die zu Verletzungsprodukten führen). Sie haben zudem dafür zu sorgen, dass rechtswidrige Angebote nicht erneut platziert werden und dass gleiche oder ähnliche Angebote ebenfalls gelöscht werden (BGHZ 191, 19 – Stiftparfüm).

III. Lösungsskizze

336 **A. Anspruch von C gegen F**

I. Anspruch auf Schadensersatz aus §§ 14 Abs. 7, Abs. 2 Nr. 1, Abs. 3 Nr. 2 MarkenG

1. Zulässigkeit der Klage

a) Gerichtliche Zuständigkeit
  aa) Sachliche Zuständigkeit, § 140 Abs. 1 MarkenG: Landgericht, nach § 140 Abs. 2 MarkenG durch RVO des jeweiligen Bundeslandes Konzentration auf Spezialverletzungsgerichte möglich, vgl. die Liste der Zuständigkeiten auf http://www.grur.org/de/grur-atlas/gerichte/gerichtszustaendig keiten.html); LG Köln ist für markenrechtliche Streitigkeiten im OLG-Bezirk Köln zuständig nach § 1 der VO v. 30.8.2011, GV NRW S. 467.
  bb) Örtliche Zuständigkeit, § 12 ZPO bzw. § 32 ZPO: Wohnsitz der F oder Verletzungsort (= Ort, an dem Markenverletzung begangen wurde oder eingetreten ist; bei deutschlandweitem Abruf im Internet: grundsätzlich jedes sachlich zuständige Landgericht); das LG Köln ist daher ebenfalls örtlich zuständig.

b) Leistungsklage auf Schadensersatz
c) Klageantrag, § 253 Abs. 2 Nr. 2 ZPO: hier ist eine Bezifferung erforderlich.

2. Begründetheit der Klage

a) Klagebefugnis
- besteht, da C Inhaberin der Markenrechte an der Bezeichnung „Cartier" nach §§ 4 Nr. 1, 7 MarkenG ist.

b) Passivlegitimation der Beklagten
- F ist Täterin, weil sie das Angebot selbst eingestellt hat.

c) Schadensersatzpflicht, § 14 Abs. 7 MarkenG
aa) Handeln im geschäftlichen Verkehr, § 14 Abs. 2 MarkenG
Fraglich ist, ob ein solches Handeln auch vorliegt, wenn der Verkauf im privaten Umfeld erfolgt.
- Grundsätzlich liegt ein Handeln im geschäftlichen Verkehr bei jeder selbständigen, wirtschaftliche Zwecke verfolgenden Tätigkeit vor, in der eine Teilnahme am Erwerbsleben zum Ausdruck kommt (*Fezer*, MarkenG, 4. Aufl. 2009, § 14 Rn. 23).
- Bei privaten Auktionsangeboten soll beim Angebot von Pirateriewaren jedoch der Beweis genügen, dass der Anbieter bei mindestens zwei früheren Angeboten mehr als 25 Feedbacks zu seinen Angeboten erhalten hat, um die Vermutung geschäftlicher Tätigkeit zu begründen (BGH GRUR 2008, 702 Tz. 46 – Internetversteigerung III).
- Ein Handeln im geschäftlichen Verkehr liegt danach vor.

bb) Benutzung eines Kennzeichens als Marke
- liegt nach § 14 Abs. 3 Nr. 2 MarkenG insbesondere vor, wenn unter dem Zeichen – wie hier – Waren angeboten werden.

cc) Markenverletzung im Sinne des § 14 Abs. 2 Nr. 1 MarkenG
- ist die Benutzung einer mit der geschützten Marke identischen Marke für identische Waren. Es handelt sich um einen Fall der sog. Doppelidentität, d.h. eine Verletzung liegt vor, auch wenn keine Verwechslungsgefahr besteht (ganz h.M.), weil der Verkehr aufgrund des vergleichsweise geringen Angebotspreises konkret keiner Verwechslungsgefahr unterliegen wird.

dd) Problematisch ist, dass die Angabe der Waren als „Art Cartier" möglicherweise nur einen beschreibenden Hinweis auf die Warenart enthält, § 23 Nr. 2 MarkenG.
- Da es sich um eine getreue Nachbildung handelt, kommt ein beschreibender Gebrauch allerdings nicht in Betracht; die Waren-

gruppe „Nachahmerprodukte" weicht von dem Originalprodukt nicht ab, ist also mit ihm deckungsgleich; zudem nutzt sie den guten Ruf des Originalprodukts aus, ist also schon deswegen nicht mehr durch § 23 Nr. 2 MarkenG gedeckt.

ee) Eine Einwilligung des Markeninhabers liegt offensichtlich nicht vor.

ff) Ergebnis: Eine Markenrechtsverletzung liegt tatbestandlich vor.

d) Rechtsfolge: Schadensersatz nach § 14 Abs. 7 Satz 2

- Ein konkreter Schaden ist nicht ersichtlich.
- Möglich ist ein Anspruch auf Ersatz einer fiktiv entgangenen Lizenzgebühr.
- Naheliegend ist auch die Abschöpfung des Verletzergewinns = 350 Euro abzüglich Wareneinsatz (= Anschaffungskosten).

II. Anspruch auf Schadensersatz nach §§ 9, 3, 4 Nr. 3 lit. b UWG

1. Zulässigkeit der Klage

a) Gerichtliche Zuständigkeit

aa) Sachliche Zuständigkeit, § 13 Abs. 1 UWG: Landgericht/KfH

bb) Örtliche Zuständigkeit, § 14 Abs. 1 Satz 1 mit Abs. 2 Satz 1 UWG: Beklagtensitz.

b) Bestimmtheit des Klageantrags, § 253 Abs. 2 Nr. 2 ZPO: Schadensersatz in Höhe der Lizenzgebühr oder des bei der Beklagten entstandenen Gewinns.

3. Begründetheit der Klage

a) Klagebefugnis (Aktivlegitimation)

- besteht nach § 8 Abs. 3 Nr. 1 UWG, denn grundsätzlich wenden sich Originalhersteller und Plagiator an den identischen Kundenkreis; das Plagiat befriedigt jedenfalls einen Teil des Nutzens, den auch das Original stiftet; daher ist C als Konkurrent der F klagebefugt.

b) Passivlegitimation der Beklagten

- F ist Täterin, weil sie das Angebot selbst eingestellt hat.

c) Allgemeine Anwendungsvoraussetzungen, § 3 UWG

aa) Geschäftliche Handlung nach §§ 3, 2 Abs. 1 Nr. 1 UWG

Das Angebot von Waren dient grundsätzlich der Förderung von Absatzinteressen. Bei privaten Angeboten im Internet ist zu fragen, ab wann diese einen gewerblichen Charakter annehmen. Die gewerbliche

Tätigkeit selbst bei als „privat" angebotenen oder aus privatem Bestand stammenden Gegenständen ist anzunehmen, wenn das Handeln des Anbieters nach einer Gesamtschau als geschäftlich erscheint (OLG Frankfurt NJW 2005, 1438; OLG Frankfurt GRUR-RR 2005, 318). Hier kann ein mehrfaches Angebot mit umfangreichen Feedbacks bereits als Indiz dafür angesehen werden, dass ein gewerbliches Handeln vorliegt. Die Beklagte müsste dann das Gegenteil beweisen, was ihr bei dem Angebot von Plagiaten kaum gelingen dürfte.

bb) Ein Per-se-Verbot, etwa nach Nr. 13 des Anhangs nach § 3 Abs. 3 UWG, greift nicht.

cc) Unlauterkeit nach § 3 Abs. 1 i.V.m. § 4 Nr. 3 lit. b UWG

　(1) Die wettbewerbliche Eigenart des Originals kann ohne Weiteres angenommen werden.

　(2) Angeboten wird eine Nachahmung des Originals.

　(3) Die Ausnutzung oder Beeinträchtigung der Wertschätzung des Originals in unangemessener Weise liegt darin, dass Plagiate die Wertschätzung der Originale schädigen, weil sie einen Hauptmarkt und den Glauben des Publikums an den Wert des Originals erschüttern. Hierfür gibt es keine geschäftliche Rechtfertigung.

dd) Auf die Spürbarkeit des Verstoßes (früher § 3 Abs. 1 UWG 2008) kommt es seit der UWG-Reform 2015 nicht mehr an (zur früheren Rechtslage *Köhler*, GRUR 2005, 1, 7).

Ergebnis: Das Angebot stellt eine unlautere geschäftliche Handlung dar.

d) Verschulden

F wusste, dass sie eine Nachbildung anbot. Problematisch ist, ob sie auch das Bewusstsein der Rechtswidrigkeit dieser Handlung hatte; dies kann aber dahingestellt bleiben, da sie jedenfalls sorgfaltswidrig handelte, indem sie ohne Einholung von Rechtsrat das Angebot in die Versteigerung einstellte.

e) Schaden

Auch nach § 9 UWG kann bei der Verletzung von Leistungsergebnissen (d.h. im Rahmen der Fallgruppe des § 4 Nr. 3 UWG) der Schaden auf dreifache Weise berechnet werden; da ein konkreter Schaden (Wert der Rufbeeinträchtigung) nicht feststellbar sein dürfte, kommen auch hier die Zahlung einer fiktiven Lizenzgebühr oder die Abschöpfung des Verletzergewinns in Betracht.

Ergebnis: Der Schadensersatzanspruch ist begründet. F schuldet entweder die Zahlung einer angemessenen Lizenzgebühr oder (bei ihren, nach dem Fall zu vermutenden, bescheidenen Vermögensverhältnissen vermutlich realistischer) die Herausgabe ihres Gewinns.

III. Anspruch auf Schadensersatz nach § 97 Abs. 2 Satz 2 UrhG i.V.m. §§ 15 Abs. 1 Nr. 2, 17 Abs. 1 UrhG

1. Zulässigkeit der Klage

a) Gerichtliche Zuständigkeit

aa) Sachliche Zuständigkeit, §§ 104 Satz 1, 105 UrhG i.V.m. § 1 NW VO v. 30.8.2011 (s.o.): LG Köln.

bb) Örtliche Zuständigkeit, § 12 ZPO bzw. § 32 ZPO; hier jedenfalls Gericht am Beklagtenwohnsitz zuständig.

b) Bestimmtheit des Klageantrags, § 253 Abs. 2 Nr. 2 ZPO: Schadensersatz in Höhe der Lizenzgebühr oder des bei der Beklagten entstandenen Gewinns.

2. Begründetheit der Klage

a) Klagebefugnis (Aktivlegitimation)
– Wenn der Urheber klagt und sein Name auf dem Werkstück angebracht ist, gilt für ihn die Vermutung des § 10 Abs. 1 UrhG; weitere Vermutungen für Verleger (§ 10 Abs. 2) und im Verfahren des einstweiligen Rechtsschutzes bzw. Unterlassungsverfahren für Inhaber ausschließlicher Nutzungsrechte (§ 10 Abs. 3); hier geht es allerdings um die Schadensersatzklage eines Unternehmers, daher muss C nachweisen, dass ihr die Nutzungsrechte an dem Collier von dem Schmuckdesigner eingeräumt wurden; das dies geschehen ist, darf bei lebensnaher Sachverhaltsauslegung hier unterstellt werden.

b) Passivlegitimation der Beklagten (+)

c) Schutzgegenstand: Fraglich ist, ob das Collier eine persönliche geistige Schöpfung im Sinne des § 2 Abs. 2 mit § 2 Abs. 1 Nr. 4 UrhG darstellt.
– Ein solcher Schutz scheitert nicht daran, dass es sich um eine Gestaltung mit Gebrauchscharakter handelt, denn an Werke der angewandten Kunst sind grundsätzlich keine höheren Schutzvoraussetzungen zu stellen als an Werke der bildenden Kunst (BGHZ 199, 52 Tz. 26 – Geburtstagszug; a.A. früher BGH GRUR 1995, 581, 582 – Silberdistel). Dass das traditionelle Motiv einen vorhandenen Gestaltungsspielraum individuell ausnutzt, kann unterstellt werden.

d) Verletzungshandlung
– Bereits das Angebot ist Verbreitungshandlung nach § 15 Abs. 1 Nr. 2, 17 Abs. 1 UrhG.

e) Schranken, § 17 Abs. 2 UrhG
- Eine Beschränkung der ausschließlichen Verbreitungsbefugnis von C kommt nur in Betracht bei Werkstücken, die mit Zustimmung des Urhebers innerhalb der EU in Verkehr gebracht wurden; das kann bei einem Plagiat ausgeschlossen werden. Daher liegt keine Erschöpfung des Urheberrechts an dem in Lettland erworbenen Stück vor.

f) Rechtswidrigkeit
- Die Verbreitung war rechtswidrig, da keine Einwilligung des Rechtsinhabers vorliegt.

g) Verschulden
- Schuldhaft ist jedenfalls die Verletzung der Sorgfaltspflicht im Hinblick auf die Berechtigung zur Veräußerung.

h) Rechtsfolge: Schadensersatz (Lizenzgebühr oder Gewinnherausgabe).

B. Anspruch von C gegen B

337

I. Zulässigkeit der Klage

- Die gerichtliche Zuständigkeit und der richtige Klageantrag sind wie oben zu beurteilen.
- Es handelt sich um einen Fall der subjektiven Klagenhäufung, § 59 ZPO.

II. Begründetheit der Klage

Schadensersatzanspruch aus MarkenG, UrhG und UWG

a) Eine **schuldhafte Haupttat** der F liegt vor.
b) Fraglich ist, ob eine **Zurechnung dieser Haupttat auf B** möglich ist.
    aa) B haftet wohl nicht als Mittäter, § 830 Abs. 1 Satz 1, 840 BGB, da er keine Tatherrschaft hatte.
    bb) Doch kommt eine Haftung des B als Teilnehmer, insbesondere Gehilfe neben F gem. §§ 830 Abs. 2, 840 BGB in Betracht, denn er hat seine Verkehrspflicht dadurch verletzt, dass er den Zugang zu seinem Internetkonto nicht gehörig abgesichert hat. Ebenso dürfte im Hinblick auf den lauterkeitsrechtlichen Schadensersatzanspruch zu entscheiden sein.
Ergebnis: Ein Schadensersatzanspruch besteht auch gegen B.

338 **C. Unterlassungsklage des H gegen F**

I. Zulässigkeit der Klage

1. Zuständigkeit

– jeweils wie oben

2. Unterlassungsantrag, § 253 Abs. 2 Nr. 2 ZPO

Der Kläger müsste beantragen, die Beklagte zu verurteilen, es zu unterlassen, mit dem Wortzeichen „Cartier" Schmuckcolliers im geschäftlichen Verkehr über die elektronische Plattform eBay anzubieten, wenn diese Stücke nicht von dem Inhaber des Markenzeichens Cartier lizenziert wurden.

II. Begründetheit

a) **Klagebefugnis (Aktivlegitimation)**
   – § 8 Abs. 3 Nr. 1 UWG: Händler und Anbieter des Plagiats wenden sich an denselben Kundenkreis, sind mithin Konkurrenten.
b) **Passivlegitimation** der Beklagten
   – Die Täterhaftung ist unproblematisch (s.o.).
c) **Allgemeine Anwendungsvoraussetzungen**, § 3 UWG
   aa) Geschäftliche Handlung nach §§ 3, 2 Abs. 1 Nr. 1 UWG
       – auch bei Privatwaren, wenn nach äußerem Anschein gewerblicher Charakter, insbesondere bei zahlreichen Verkäufen und Bewertungen.
   bb) Per-se-Verbot Nr. 28 nach § 3 Abs. 3 UWG nicht ersichtlich.
   cc) Unlauterkeit nach § 3 Abs. 1 i.V.m. § 4 Nr. 3 lit. b UWG
       – ist dem Wortlaut nach zwar gegeben, allerdings ist ein Dritter für diese Verletzungen subjektiver Rechte des für das Leistungsobjekt Verantwortlichen nicht verletzt und deswegen auch nicht klagebefugt, weil sein Interesse als Konkurrent hierdurch nicht beeinträchtigt wurde.
   dd) Unlauterkeit nach §§ 3 Abs. 1; 3a UWG i.V.m. § 14 MarkenG, §§ 15, 17 UrhG und § 4 Nr. 3 UWG
       – Vorschriften des MarkenG und des UrhG sind keine Marktverhaltensnormen, weil diese Vorschriften ausschließlich privaten Inte-

ressen des Rechteinhabers, nicht aber dem Schutz der Allgemeinheit dienen (vgl. zum Urheberrecht BGHZ 140, 183, 188 – Elektronische Pressearchive).

ee) Unlauterkeit nach §§ 3 Abs. 1, 5 Abs. 2 UWG

– Voraussetzung: Irreführung über die Herkunft der Ware oder die
  Originaleigenschaft; setzt voraus, dass der verständige Verbraucher
  an das Angebot einer Originalware glaubt, das ist aufgrund des angegebenen Preises, vor allem aber aufgrund der unbeholfenen und
  sprachlich falschen Anpreisung der Ware nicht zu vermuten.

Ergebnis: Der Anspruch des H gegen F ist unbegründet.

§ 9: Rechtsbruch: Verstoß gegen Marktverhaltensvorschriften, § 3a UWG

Fall Nr. 9: „Bekömmliches Bier"

(EuGH GRUR 2012, 1161 – Deutsches Weintor; LG Ravensburg WRP 2015, 1273)

I. Sachverhalt

Die R-Brauerei (R) braut das in Köln und Umgebung äußerst beliebte Ramsdorfer 339
Kölsch, ein Bier mit einem Alkoholgehalt von über 1,2 Vol.-%. Auf ihrer Internetseite beschreibt sie das Bier wie folgt:

> „Bekömmlich, süffig – aber nicht schwer. So richtig nach dem Geschmack der Biertrinkerinnen und Biertrinker [...]", „[...] für den unbeschwerten Genuss: feinwürzig und herzhaft im Geschmack, erfrischend bekömmlich [...]" und „Das bekömmliche Ramsdorfer: [...] mild, süffig, ausgewogen. Bei Temperaturen knapp über dem Gefrierpunkt reift es in Ruhe aus, wodurch es besonders bekömmlich wird".

Die konkurrierende Brauerei S, die das berühmte Spät Kölsch vertreibt, sieht in der Bezeichnung „bekömmlich" für das Bier eine gesundheitsbezogene Angabe. Eine solche sei aber gemäß Art. 4 Abs. 3 lit. a) i.V.m. Art. 2 Abs. 2 Nr. 5 der Verordnung (EG) Nr. 1924/2006 (sog. Health Claims Verordnung – HCVO) in der Bierwerbung unzulässig und daher unlauter. Nach erfolgloser Abmahnung klagt S auf Unterlassung.

Kann S mit Erfolg auf Unterlassung der Werbung mit der obengenannten Zeile auf der Homepage von R klagen?

Hinweis: Art. 4 Abs. 3 lit. a) HCVO lautet: Getränke mit einem Alkoholgehalt von mehr als 1,2 Volumenprozent dürfen keine gesundheitsbezogenen Angaben tragen.

Art. 2 Abs. 2 Nr. 5 HCVO lautet: Ferner bezeichnet der Ausdruck [...] „gesundheitsbezogene Angabe" jede Angabe, mit der erklärt, suggeriert oder auch nur mittelbar zum Ausdruck gebracht wird, dass ein Zusammenhang zwischen einer Lebensmittelkategorie, einem Lebensmittel oder einem seiner Bestandteile einerseits und der Gesundheit andererseits besteht.

II. Schwerpunkte des Falles

1. Rechtsbruch als Unlauterkeitsfallgruppe

340 § 3a UWG erklärt den **Verstoß gegen sog. Marktverhaltensnormen** für unlauter, allerdings unter der zusätzlichen Voraussetzungen, dass durch den Verstoß die Interessen von Verbrauchern, sonstigen Marktteilnehmern und der Allgemeinheit **spürbar** beeinträchtigt werden. § 3a UWG ist nahezu wortgleich aus § 4 Nr. 11 UWG 2008 übernommen, so dass sich an der früheren Auslegung nichts ändert (BGH GRUR 2016, 516 – Wir helfen im Trauerfall). Es handelt sich um den einzigen Fall im UWG 2015, in dem die Unlauterkeit noch an ein Spürbarkeitserfordernis geknüpft ist (früher für alle Fälle der Unlauterkeit mit Ausnahme von § 7 UWG vorgesehen, vgl. § 3 Abs. 1 UWG 2008). § 3a UWG ist nur lose unionsrechtlich vorgegeben (näher *Glöckner*, GRUR 2013, 568; *Metzger*, GRUR Int. 2015, 687). Die Vorschrift ist für das deutsche UWG von besonderer Bedeutung, erlaubt sie doch die Behandlung zahlreicher Fälle nach nationalen Maßstäben. Daher hat § 3a UWG eine Tendenz zur extensiven Ausweitung der lauterkeitsrechtlichen Kontrolle auf Normverstöße, die nicht immer nur wettbewerbsbezogen sind, sondern latent auch den Markt abschotten können. Der BGH kanalisiert diese extensive Tendenz, indem er § 3a UWG bei Verbraucheransprachen nur anwendet, wenn die Norm, gegen die verstoßen wurde, eine Grundlage auch im Unionsrecht hat (seit BGH GRUR 2009, 845 Tz. 38 – Internet-Videorekorder). Sofern es um Verbraucherinformationen geht, wird § 3a UWG nicht benötigt, weil § 5a Abs. 4 UWG vorrangig ist (oben Rn. 158). Im Übrigen kommen Verstöße gegen besondere Unionsvorschriften etwa im Lebens- und Heilmittelbereich in Betracht (unten Rn. 345).

341 Anknüpfungspunkt für § 3a UWG war bereits vor der Kodifikation im UWG 2004 der Gedanke, dass ein Wettbewerber, der gesetzliche Bindungen missachtet, sich dadurch einen nicht gerechtfertigten Vorsprung vor den Mitbewerbern verschafft, die sich rechtstreu verhalten („**Vorsprungsgedanke**", vgl. RGZ 117, 16, 21 ff.; 166, 315, 319 f.; grundlegend zur Vorsprungstheorie *Eugen Ulmer*, Sinnzusammenhänge im WettbewerbsR, 1932, 22 f.; *ders.*, GRUR 1937, 769 ff.). Vielfach müsste ein solcher Rechtsverstoß nicht durch Konkurrenten oder Verbände verfolgt werden. Zuständig sind häufig Behörden, Standesorganisationen und ähnliche Institutionen. In der Praxis hat sich allerdings oft gezeigt, dass die Verfahren vor den Behörden und Verwaltungsgerichten zu langwierig sind, um schnell zu handeln, insbesondere den illegitimen Wettbewerbsvorteil zu beseitigen (*Doepner*, GRUR 2003, 825, 826). Der Vorteil der Wettbewerbsklage liegt darin, dass die Konkurrenten effizienter und schneller vorgehen können. Vor dem Verwaltungsgericht werden sie zudem des Öfteren damit konfrontiert, dass

manche Verwaltungsregelungen nicht drittschützend sind (vgl. *Ehlers*, JZ 2003, 318, 319). Für die Anwendung des § 3a UWG ist dieses Argument wenig zugkräftig, denn nach § 1 UWG wird auch die Allgemeinheit in ihrem Interesse an einem funktionsfähigen Wettbewerb geschützt. Verbände können daher auch klagen, wenn keine individualschützende Norm verletzt wurde.

2. Marktverhaltens- und Marktzutrittsnormen

Problematisch war stets, welche Normverstöße wettbewerbsrelevant sind. Vor **342** 2004 unterschied man zwischen **wertbezogenen und wertneutralen Normen** mit der Folge, dass ein Verstoß gegen Vorschriften, die besonders wichtige Allgemeingüter wie die Volksgesundheit betrafen, als wertbezogen stets unlauter war. Bei den wertneutralen Normen musste dagegen ein bewusstes und planmäßiges Verhalten nachgewiesen werden, um zur Untersagung zu gelangen (vgl. Großkommentar UWG/*Metzger*, § 4 Nr. 11 Rn. 2). Diese Abgrenzung wurde um die Jahrtausendwende durch den BGH aufgegeben. Seither unterscheidet das Gericht zwischen Verstößen gegen Marktverhaltens- und Marktzutrittsnormen. Nur erstere sollen lauterkeitsrechtlich relevant sein (grundlegend BGHZ 140, 135 – Hormonpräparate; GRUR 2000, 237 – Giftnotrufbox). Generell gilt, dass sich die Gesetzesverletzung auf den Wettbewerb auswirken, mit ihm innerlich verknüpft sein muss. Daher erfasst § 3a UWG von vornherein nur den Verstoß gegen Normen, denen zumindest eine sekundäre Schutzfunktion zu Gunsten des Wettbewerbs zukommt, d.h. Normen, die zumindest auch das Marktverhalten im Interesse der Marktbeteiligten regeln. Man nennt sie **Marktverhaltensnormen** (Begr.RegE, BT-Drucks. 15/1487, S. 19; grundlegend BGH GRUR 2002, 825 – Elektroarbeiten).

Marktverhaltensnormen sind abzugrenzen von **reinen Marktzutrittsre-** **343** **geln**, also Vorschriften, die nicht erst gelten, wenn ein Markt eröffnet wurde, sondern die Frage betreffen, ob eine Handlung mit wirtschaftlichen Auswirkungen überhaupt vorgenommen werden darf. Aufgabe des UWG ist es einerseits nicht, die Märkte vor dem Zutritt von Konkurrenten abzuschotten. Andererseits ist nicht jeder Regelverstoß von wettbewerblichem Interesse. Wer ein Auto stiehlt und damit am Straßenverkehr teilnimmt, handelt zwar rechtswidrig, allerdings nicht in Bezug auf die Straßenverkehrsregeln (Bsp. nach *Köhler*/Bornkamm, § 3a Rn. 1.76).

Eine Gemeinde darf zwar grundsätzlich nicht wirtschaftlich tätig werden (vgl. BGH GRUR 2002, 825 – Elektroarbeiten; GRUR 2003, 164 – Altautoverwertung), wenn genügend Marktangebote bestehen, bereits der Marktzutritt ist ihr insoweit verwehrt (BGH GRUR 2010, 654 Tz. 23 – Zweckbetrieb). Die h.M. hält eine Unterlassungsklage aus § 8 Abs. 1 UWG aber erst für zulässig, wenn eine Norm gleichzeitig Zutritt und Verhalten regelt (BGH GRUR 2015, 1228 Tz. 57 – Tagesschau-App; *Köhler*/Bornkamm, § 3a Rn. 1.82). Ein Mensch, der medizinische Behandlung vornimmt, ohne Arzt zu sein, darf den Markt ärztlicher Heilleistungen gar nicht erst betreten, tut er es dennoch, darf ihm die Vornahme solcher Behandlungen auf Basis des § 8 Abs. 1 UWG untersagt werden, denn die Vorschriften, die besondere fachliche Qualifikationen erfordern, bestehen auch im Interesse der Allgemeinheit (BGH GRUR 2002, 825, 827 – Elektroarbeiten). Stellt eine Gemeinde die Zusammenarbeit mit einem Unternehmen in ihren Informationen prominent heraus, so fördert sie die Geschäfte dieses Unternehmens mittelbar, handelt geschäftlich und unterliegt insoweit den Vorschriften des UWG (BGH GRUR 2013, 301 Tz. 21 – Solarinitiative).

Die Abgrenzung ist noch unsicher. Dies zeigt der **Fall der sog. Tagesschau-App**. Die ARD betreibt über den Norddeutschen Rundfunk das Internet-Angebot tagesschau.de. Dieses Angebot ist rundfunkrechtlich nach §§ 11d, 11f RStV zulässig, sofern Rundfunkrat und Rundfunkaufsicht das Angebot geprüft und freigegeben haben. Das ist 2010 geschehen. Im Rahmen der Freigabeentscheidung war nach den gesetzlichen Vorgaben zu prüfen, ob das Angebot einen publizistischen Mehrwert bietet, der durch die privatfinanzierten journalistischen Angebote allein nicht gewährleistet wird und dessen finanzieller Aufwand in einem angemessenen Verhältnis zu diesem Mehrwert steht (sog. Drei-Stufen-Test, § 11f Abs. 4 Satz 1 RStV). Die Freigabe stellte klar, dass der „Marktzutritt" möglich war, solange keine presseähnlichen Angebote bereitgestellt werden. Gestritten wurde in dem Fall zum einen darüber, ob die Tagesschau-App von der Freigabe der Internetpräsenz umfasst war und ob sich die Betreiber der App an die gesetzlichen Vorgaben gehalten oder diese überschritten haben. Der BGH stellte zunächst zutreffend fest, dass die Zulässigkeit des Marktzutritts für Telemedien nach rundfunkrechtlicher Freigabe von den Zivilgerichten nicht mehr in Frage gestellt werden durfte (Tz. 31: „Tatbestandswirkung" des Verwaltungshandelns). Diesbezüglich bleibt es beim Vorrang des Verwaltungsrechtsweges (*Hain*/*Brings*, WRP 2012, 1495, 1497). Der Umstand, dass die Internetseite durch eine Zugangs-Applikation erweitert wurde, bedeutet nicht, dass für die App eine neue Zulassung erforderlich wäre, denn es handelt sich insoweit nur um einen geräteangepassten technischen Weg, die bereits freigegebenen Angebote zu erreichen (vgl. BGH Tz. 41).

Damit verdichtete sich die noch zu prüfende Frage darauf, zu untersuchen, ob das konkrete Angbot, das über die App (an einem bestimmten Tag) zugänglich gemacht wurde, die Grenzen der Freigabeentscheidung einhielt. Sofern diese Frage zu verneinen war, stellt sich wiederum die Frage, ob es dann um ein Marktverhalten ging oder ob auch diese Frage verwaltungsrechtlich als (Überschreitung der „Genehmigung" zum) Marktzutritt zu überprüfen war. Der BGH unterschied zwischen dem (von der Legalisierungswirkung profitierenden) allgemeinen Konzept einer App und ihrer konkreten Ausführung, die als Marktverhalten noch lauterkeitsrechtlich überprüfbar sei (Tz. 55). Bei der Prüfung, ob eine Marktverhaltensnorm verletzt sei, gehe es um Bindungen, die das Gesetz innerhalb genehmigter Telemedienkonzepte noch vorsieht. So verbietet § 11d Abs. 2 Satz 1 Nr. 3 Teils. 3 RStV es den öffentlich-rechtlichen Anstalten, im Rahmen ihrer Telemedienangebote „presseähnliche" Inhalte zu verbreiten. Die Frage, ob diese Grenze eingehalten sei, könne (und müsse) daher auch lauterkeitsrechtlich überprüft werden (Tz. 59). In der Sache dürften „nichtsendungsbezogene Telemedien (...) nicht durch ‚stehende' Texte und Bilder geprägt sein (...), sondern (müssten) ihren Schwerpunkt in einer hörfunk- oder fernsehähnlichen Gestaltung oder einer entsprechenden Kombination haben" (Tz. 66). Danach betrifft die Frage, ob Telemedien als solche bereitgestellt werden dürfen, den Marktzutritt; die Frage, ob nach Marktzutritt presseähnlich oder rundfunktypisch gearbeitet werde, das Marktverhalten. Diese subtile Unterscheidung, die darauf hinausläuft, dass bestimmte Ausdrucksmittel für elektronische Angebote gesperrt sind, dürfte sich an der Rundfunkfreiheit stoßen, ist daher vermutlich nicht das letzte Wort in der Debatte (zust. zur BGH-Entscheidung *Wimmer/Nawrath*, ZUM 2016, 126, 133; krit. *Hain/Brings*, AfP 2016, 11, 15).

Prominente Fälle der **Verletzung von Marktverhaltensregeln** sind: 344
- der Vertrieb von Arzneimitteln außerhalb von Apotheken oder im Versandwege (BGHZ 163, 265 = GRUR 2005, 778 – Atemtest; GRUR 2013, 421 – Pharmazeutische Beratung über Call-Center; BGH GRUR 2014, 591 – Holland-Preise);
- Verstöße gegen Normen des Arzneimittel- und Heilmittelwerberechts (BGH GRUR 2014, 405 – Atemtest II);
- die Durchführung von nicht genehmigten Sportwetten (auch im Internet; BGH GRUR 2002, 269 – Sportwetten-Genehmigung; vgl. aber auch BGH GRUR 2008, 438 – ODDSET);
- der Verstoß gegen Verhaltens- und Werbevorschriften der ärztlichen, anwaltlichen oder notariellen Standesgesetze (BGH GRUR 2014, 86 – Kommanditistenbrief; BGH GRUR 2012, 215 – Zertifizierter Testamentsvollstrecker; OLG Düsseldorf GRUR-RR 2011, 10);
- der Verstoß gegen gewerberechtliche Tätigkeitsregeln, etwa das Meister-Erfordernis im Handwerks- und Gewerbebereich (BGH GRUR 2013, 1056 – Meisterpräsenz);
- der Verstoß gegen die Werbevorschriften des Rundfunkstaatsvertrages (BGH GRUR 1990, 611, 615 – Werbung im Programm);
- landespresserechtliche Vorschriften über die Kennzeichnung von Werbung (BGH GRUR 2014, 879 – Good News II; vom EuGH gebilligt angesichts des Umstandes, dass es im Unionsrecht entsprechende Vorschriften für die Presse nicht gibt, EuGH GRUR 2013, 1245; dazu *Hamacher*, GRUR-Prax 2014, 365);
- Verstoß gegen einige AGB-Vorschriften in §§ 307–309 BGB (BGH GRUR 2012, 949);

Ein streitintensives Feld betrifft die auch im obigen Sachverhalt relevante 345 **Health-Claims-Verordnung** aus dem Jahr 2006 (VO EG Nr. 1924/2006), die am 1.7.2007 in Kraft getreten ist und in den Mitgliedstaaten der EU unmittelbar anzuwenden ist (Art. 288 Abs. 2 AEUV). Sie konzentriert sich nicht auf Informationsgebote (wie etwa die Lebensmittelinformationsverordnung VO EU Nr. 1169/

2011 – LMIV), sondern verbietet Angaben und Slogans in der Werbung („claims"), durch die der Eindruck erzeugt werden kann, ein Lebensmittel habe besondere gesundheitsfördernde Wirkung. Darunter fallen potentiell aber auch Angaben, die mit gesunder Ernährung assoziiert werden, wie „fettfrei", „stärkt die Abwehrkräfte" oder „so wichtig wie das tägliche Glas Milch" (dazu BGH GRUR 2015, 403 Tz. 28 – Monsterbacke II). Verbraucher sind einerseits in diesem Bereich sensibel, andererseits aber auch besonders leicht zu beruhigen, wenn ihnen der Eindruck vermittelt wird, ein nicht unbedingt für gesunde Ernährung stehendes Genussmittel habe positive Wirkungen auf den Organismus, sei etwa „bekömmlich".

346 **Nährwert- gesundheits- oder krankheitsbezogene Angaben sind** in der Werbung **grundsätzlich verboten** (Art. 3 Abs. 1, 13, 14 HCVO). Sie müssen in einem eigenen Verfahren zugelassen werden (Art. 8 Abs. 1, Art. 10, 13 HCVO). Das Verbot gilt für freiwillige Angaben (Art. 2 Abs. 2 Nr. 1 HCVO) in der Werbung, auf Verpackungen und bei der Kennzeichnung gegenüber Verbrauchern (Art. 1 Abs. 2 HCVO). Nicht erfasst sind allgemeine Anpreisungen wie „löscht den Durst" oder „Haribo macht Kinder froh"[1], weil sie weder nährwert- noch gesundheitsbezogen sind. Als zulässig angesehen wurden Angaben, wie die Bezeichnung „Energy & Vodka", weil es nicht um das Versprechen einer gesundheitsbezogenen Wirkung, sondern die Beschreibung für eine Mixtur aus Alkohol und einem koffeinhaltigen Erfrischungsgetränk gehe (BGH NJW 2015, 166; a.A. die Vorinstanz OLG Hamm LMuR 2012, 197). Zulässig bleiben traditionelle Bezeichnungen wie „Hustenbonbon" (vgl. Erwägungsgrund Nr. 5 der HCVO). Bei Alkoholika sind gesundheitsbezogene Angaben stets unzulässig (Art. 4 Abs. 3 HCVO), unspezifische Angaben („so wichtig wie das tägliche Glas Milch") sind nicht zulassungsfähig (Art. 10 Abs. 3 HCVO). Wenn gesundheitsbezogene Angaben zugelassen sind, finden sie sich in dem Anhang zu Art. 13 der HCVO zusammen mit den Voraussetzungen, unter denen sie verwendet werden dürfen. Soweit sie zulässig sind, müssen sie zusammen mit ergänzenden Angaben etwa über die Bedeutung einer abwechslungsreichen Ernährung (Art. 10 Abs. 2 HCVO) verwendet werden. So darf mit „fettarm" geworben werden, wenn ein Lebensmittel nicht mehr als 3 g Fett/100 g enthält (bei Flüssigkeiten 1,5 g Fett/ 100 ml). „Fettfreie" Lebensmittel dürfen immer noch 0,5 g Fett pro 100 g/100 ml

---

1 Diese Ausnahme wurde genannt in einer Presseerklärung der EU-Kommission vom 1.10.2003 (MEMO/03/1.8.), in der auch Werbesprüche wie „so wertvoll wie ein kleines Steak", „Red Bull verleiht Flügel" erwähnt wurden. Ebenso „so wichtig wie das tägliche Glas Milch" für einen Früchtequark, BGH GRUR 2015, 403 Tz. 28 – Monsterbacke II unter Bezugnahme auf die „Guidance on the implementation of Regulation No°1924/2006 on nutrition and health claims made on foods conclusions of the Standing Committee on the Food Chain and Animal Health".

enthalten. Angaben, die im Anhang der Verordnung (noch) nicht aufgeführt sind (wie z.b. „cholesterinfrei"), bleiben unzulässig. Das Zulassungsverfahren ist besonders streng bei Angaben, die krankheitsverringernde Wirkungen oder die Gesundheit von Kindern betreffen (Einzelzulassung). Für die Industrie äußerst belastend ist, dass über zulässige Angaben bereits 2009/2010 Klarheit herrschen sollte (Art. 4 Abs. 1; 10 Abs. 3 HCVO), diese Klarheit aber bis heute nicht vollständig vorliegt. Das liegt allerdings auch an der unerwartet hohen Zahl von Anträgen. Eine 2012 aufgestellte Liste über gesundheitsbezogene Angaben (VO EU Nr. 432/2012) enthält die bisher geprüften und gebilligten etwa 2.700 Angaben.

Ein illustratives Beispiel für die Verordnung zeigt folgender BGH-Fall: 347

Bsp: BGH GRUR 2016, 412 – Lernstark: Der Hersteller des Mehrfruchtsafts „Rotbäckchen" wirbt auf dem Etikett seines Produkts mit der Abbildung eines rotbäckigen Mädchens und der darunter befindlichen Formulierung „Lernstark" sowie „mit Eisen (...) zur Unterstützung der Konzentrationsfähigkeit". Der Bundesverband Verbraucherzentrale mahnt dies ab, weil die Formulierung nicht in die Liste der zulässigen Claims aufgenommen sei. Der BGH meint „lernstark" sei nicht gesundheitsbezogen, weil die Lernfähigkeit keiner bestimmten Körperfunktion zuzuordnen sei. Die auf die Wirkung von Eisen bezogene Angabe sei gesundheitsbezogen, aber über den Anhang der HCVO abgedeckt. Dort nämlich sei „Eisen trägt zur normalen kognitiven Entwicklung von Kindern bei" als zulässige Angabe aufgenommen. Hiermit sei der von der Klägerin verwendet Claim gleichbedeutend. Die Literatur hat diese Entscheidung als „herstellerfreundlich" begrüßt (*Weiß*, GRUR-Prax 2016, 135).

3. Das Spürbarkeitserfordernis

Der Verstoß gegen eine Marktverhaltensregelung muss zu einer spürbaren In- 348 teressenverletzung führen. Das Spürbarkeitserfordernis soll verhindern, dass **Bagatellfälle** geahndet werden müssen. In der Vergangenheit hat das Merkmal keine große Rolle gespielt, weil die Gerichte überwiegend angenommen haben, dass jede Publikumsansprache von einiger Breitenwirkung stets spürbar ist; eine Handlung, die Konkurrenten schädigt (z.B. weil sie Umsatzausfälle provoziert), muss schon allein wegen dieser Rechtsverletzung als spürbar angesehen werden. Sofern es um wichtige Schutzgüter, wie etwa den Jugendschutz (vgl. BGHZ 173, 188 Tz. 36 – Jugendgefährdende Medien bei eBay) oder Verbraucherschutz (OLG Köln GRUR-RR 2013, 116, 117) geht, ist gleichfalls in der Vergangenheit die Spürbarkeit nie bezweifelt worden. Ebenso ist es beim Gesundheitsschutz (BGH GRUR 2015, 813 Tz. 25 – Fahrdienst zur Augenklinik).

Nur äußerst selten, etwa bei einer kaum bemerkbaren Irreführung (LG Hamburg, Urt. v. 3.3.2009 – 312 O 530/08, BeckRS 2009, 24031) im Falle von lässlichen „Ausreißern" (BGH GRUR 1987, 52 – Tomatenmark; OLG Köln GRUR-RR 2013, 116 – Grundpreisangabe bei amazon; WRP 2014, 737 – Energieeffizienzklasse) und unerheblichen Einzelfällen einer versehentlichen Verletzung (BGH GRUR 2007, 987 – Änderung der Voreinstellung) wurde die Karte der fehlenden Spürbarkeit einmal gezogen (vgl. *Sack*, WRP 2015, 663). Beim Verstoß gegen Marktverhaltensvorschriften mag dies künftig einmal in Betracht kommen, wenn der Verstoß kurzzeitig vorlag und schnell korrigiert wurde.

349 III. Lösungsskizze

Anspruch der S gegen R auf Unterlassung aus § 8 Abs. 1 Satz 1, Abs. 3 Nr. 1 i.V.m. § 3a UWG, Art. 4 Abs. 3 lit. a) i.V.m. Art. 2 Abs. 2 Nr. 5 der VO (EG) Nr. 1924/2006 (HCVO)

1. Zulässigkeit der Klage

a) **Gerichtliche Zuständigkeit**
   aa) Sachliche Zuständigkeit, § 13 Abs. 1 UWG: Landgericht/KfH
   bb) Örtliche Zuständigkeit, § 14 Abs. 1 Satz 1 mit Abs. 2 Satz 1 UWG: Beklagtensitz Köln
b) **Bestimmtheit des Klageantrags,**
   – § 253 Abs. 2 Nr. 2 ZPO: Beschreibung der Verletzungshandlung, hier Beschreibung des Biers als „bekömmlich" auf der Website der Beklagten

2. Begründetheit der Klage

a) **Klagebefugnis (Aktivlegitimation)**
   – § 8 Abs. 3 Nr. 1 UWG, wenn S Mitbewerberin der R ist. Dies ist der Fall, da gleiche Waren (Biere, hier sogar der Sorte Kölsch) innerhalb desselben Endabnehmerkreises angeboten werden.
b) **Passivlegitimation der Beklagten**
   – R betreibt die Homepage selbst; daher ist R Täter.
c) **Unzulässigkeit nach § 3 UWG**
   aa) Geschäftliche Handlung (§ 2 Abs. 1 Nr. 1 UWG)
   Das Bewerben des Bieres ist eine geschäftliche Handlung, es hängt unmittelbar mit der Förderung des Absatzes des von R produzierten Bieres zusammen.

bb) Ein Verstoß gegen Per-se-Verbote nach § 3 Abs. 3 UWG mit dem Anhang ist nicht ersichtlich. So liegt etwa in der Angabe, das Bier sei bekömmlich, noch nicht die Behauptung, es könne auch Krankheiten heilen (Nr. 18).

cc) Verletzung von auf Unionsrecht gründenden Informationspflichten, § 5a Abs. 4 UWG

– Ein möglicher Verstoß gegen Art. 4 Abs. 3 lit. a) HCVO kann nicht als Vorenthalten von durch EU-Recht vorgeschriebenen Informationen gelten, da die Norm gerade keine Hinweispflicht statuiert, sondern im Gegenteil bestimmte Informationen (Angaben) zur Bewerbung von Biergetränken verbietet.

dd) Rechtsbruch, § 3a UWG i.V.m. Art. 4 Abs. 3 lit. a) i.V.m. Art. 2 Abs. 2 Nr. 5 HCVO

In Betracht kommt aber ein Verstoß gegen § 3a UWG. Dazu müsste L einer gesetzlichen Vorschrift zuwider gehandelt haben, die auch dazu bestimmt ist, im Interesse der Marktteilnehmer das Marktverhalten zu regeln. Außerdem müsste dieser Verstoß geeignet sein, die Interessen von Verbrauchern, sonstigen Marktteilnehmern oder Mitbewerbern spürbar zu beeinträchtigen.

(1) Art. 4 Abs. 3 lit. a) HCVO als Marktverhaltensregel

Der hier möglicherweise verletzte Art. 4 Abs. 3 lit. a) HCVO müsste eine Marktverhaltensregel sein. Dies ist der Fall, da sich die Regelung unmittelbar darauf auswirkt, wie Brauereien am Markt auftreten können. Sie hat den Zweck, den Gesundheitsschutz der Verbraucher sicherzustellen und wirkt sich auf den Wettbewerb der Brauereien untereinander aus, da diese mit bestimmten Angaben nicht werben dürfen.

(2) Zuwiderhandlung

Auch müsste R dieser Vorschrift zuwidergehandelt haben. Nach Art. 4 Abs. 3 lit. a) HCVO dürfen alkoholische Getränke keine gesundheitsbezogenen Angaben tragen. Bei der Angabe „bekömmlich" müsste es sich um eine solche Angabe handeln. Die Beschreibung des Bieres als „bekömmlich" müsste zum Ausdruck bringen, dass ein Zusammenhang zwischen dem „Ramsdorfer Kölsch" und der Gesundheit besteht, Art. 2 Abs. 2 Nr. 5 HCVO.

Dazu muss nicht suggeriert werden, dass ein bestimmtes Lebensmittel die Gesundheit fördert, es genügt bereits, dass der Eindruck entsteht, dass für die Gesundheit negative oder schädliche Auswirkungen beim Verzehr ausbleiben (EuGH GRUR 2012, 1161 – Deutsches Weintor). Biergetränke sind Lebensmittel im Sinne der HCVO.

Allgemein versteht man unter der Angabe bekömmlich in Bezug auf Lebensmittel, dass sie dem Konsumenten gut bekommen, also bei der Nahrungsaufnahme gut vertragen werden und für den Körper entweder förderlich oder wenigstens nicht schädlich sind. Deshalb wird hier durch die Angabe „bekömmlich" ein Zusammenhang zwischen dem Lebensmittel „Bier" einerseits und der Gesundheit andererseits hergestellt (LG Ravensburg WRP 2015, 1273; dazu *Reinhart*, GRUR-Prax 2015, 422).

Aus Regelungszweck und Systematik der HCVO ergibt sich außerdem, dass das Verbot der gesundheitsbezogenen Angaben auch und gerade für die Werbung gilt. Durch die Werbeangabe, aber auch die werbende Beschreibung auf der Internetseite „trägt" das Bier somit eine gesundheitsbezogene Angabe (OVG Koblenz WRP 2009, 1418; vgl. auch EuGH GRUR 2012, 1161 – Deutsches Weintor). Ein Verstoß gegen Art. 4 Abs. 3 lit. a) HCVO liegt damit vor.

(3) Spürbarkeit

Der Verstoß gegen die HCVO müsste geeignet sein, die Interessen von Verbrauchern, sonstigen Marktteilnehmern oder Mitbewerbern spürbar zu beeinträchtigen. Dies ist hier der Fall: So mag sich ein Käufer gerade wegen der vermeintlich schonenden Wirkung des Bieres gerade für dieses entscheiden, was angesichts der Risiken durch übermäßigen Bierkonsum für die Gesundheit eine spürbare Beeinträchtigung der Verbraucherinteressen darstellen muss.

Ergebnis: Ein Verstoß gegen § 3a UWG liegt vor.

Gesamtergebnis: Der geltend gemachte Unterlassungsanspruch besteht.

Anhang 1: UWG-Synopse (ausgewählte §§)

UWG 2015	UWG 2008	UWG 2004	UWG 1909	
§ 1	§ 1	§ 1	–	
§ 2	§ 2	§ 2	–	
§ 2 Abs. 1 Nr. 5	§ 2 Abs. 1 Nr. 5	–	–	
§ 2 Abs. 1 Nr. 6	§ 2 Abs. 1 Nr. 6	–	–	
§ 2 Abs. 1 Nr. 7	§ 2 Abs. 1 Nr. 7	–	–	
§ 2 Abs. 1 Nr. 8	–	–	–	
§ 2 Abs. 1 Nr. 9	–	–	–	
§ 3 Abs. 1	§ 3 Abs. 1	§ 3	§ 1 – Generalklausel	
§ 3 Abs. 2	§ 3 Abs. 2	–	–	
§ 3 Abs. 3	§ 3 Abs. 3	–	–	
§ 3 Abs. 4	–	–	–	
§ 3a	§ 4 Nr. 11	§ 4 Nr. 11	§ 1 – Fallgruppe: Rechtsbruch	
– (vgl. aber § 4a Abs. 1)	§ 4 Nr. 1	§ 4 Nr. 1	§ 1 – Fallgruppe: Kundenfang	
– (vgl. aber §§ 5/5a)	§ 4 Nr. 4	§ 4 Nr. 4	–	
– (vgl. aber §§ 5/5a)	§ 4 Nr. 5	§ 4 Nr. 5	–	
–	§ 4 Nr. 6	§ 4 Nr. 6	§ 1 – Fallgruppe: Kundenfang	
§ 4 Nr. 1	§ 4 Nr. 7	§ 4 Nr. 7	§ 1 – Fallgruppe: Behinderung	
§ 4 Nr. 2	§ 4 Nr. 8	§ 4 Nr. 8	§ 14	
§ 4 Nr. 3	§ 4 Nr. 9	§ 4 Nr. 9	§ 1 – Fallgruppe: Ausbeutung	
§ 4 Nr. 4	§ 4 Nr. 10	§ 4 Nr. 10	§ 1 – Fallgruppe: Behinderung	
§ 4a	– (vgl. aber § 4 Nr. 1)	– (vgl. aber § 4 Nr. 1)	§ 1 – Fallgruppe: Kundenfang	
§ 4a Abs. 2 S. 2	§ 4 Nr. 2	§ 4 Nr. 2	§ 1 – Fallgruppe: Kundenfang	
§ 5 Abs. 1	§ 5 Abs. 1	§ 5 Abs. 1 und Abs. 2	§ 3, aber auch § 1 – Fallgruppe: Kundenfang (Täuschung)	
§ 5 Abs. 2	§ 5 Abs. 2	–	–	
§ 5 Abs. 3	§ 5 Abs. 3	§ 5 Abs. 3	§§ 5, 3 S. 2	
§ 5 Abs. 4	§ 5 Abs. 4	§ 5 Abs. 4	–	
–	–	§ 5 Abs.5	–	
§ 5a	§ 5a	Vgl. § 5 Abs. 2 S. 2	§ 3, aber auch § 1 – Fallgruppe: Kundenfang	

350

UWG 2015	UWG 2008	UWG 2004	UWG 1909
§ 5a Abs. 5	–	–	–
§ 5a Abs. 6	§ 4 Nr. 3	§ 4 Nr. 3	§ 1 – Fallgruppe: Kundenfang (Schleichwerbung)
§ 6	§ 6	§ 6	§ 2
§ 7	§ 7	§ 7	§ 1 – Fallgruppe: Kundenfang
§ 8	§ 8	§ 8	§ 13
§ 9	§ 9	§ 9	§ 13 Abs. 6
§ 16 Abs. 1	§ 16 Abs. 1	§ 16 Abs. 1	§ 4
§ 16 Abs. 2	§ 16 Abs. 2	§ 16 Abs. 2	§ 6c
–	–	–	§§ 6–6b

Anhang 2: Schema Unlauterkeit

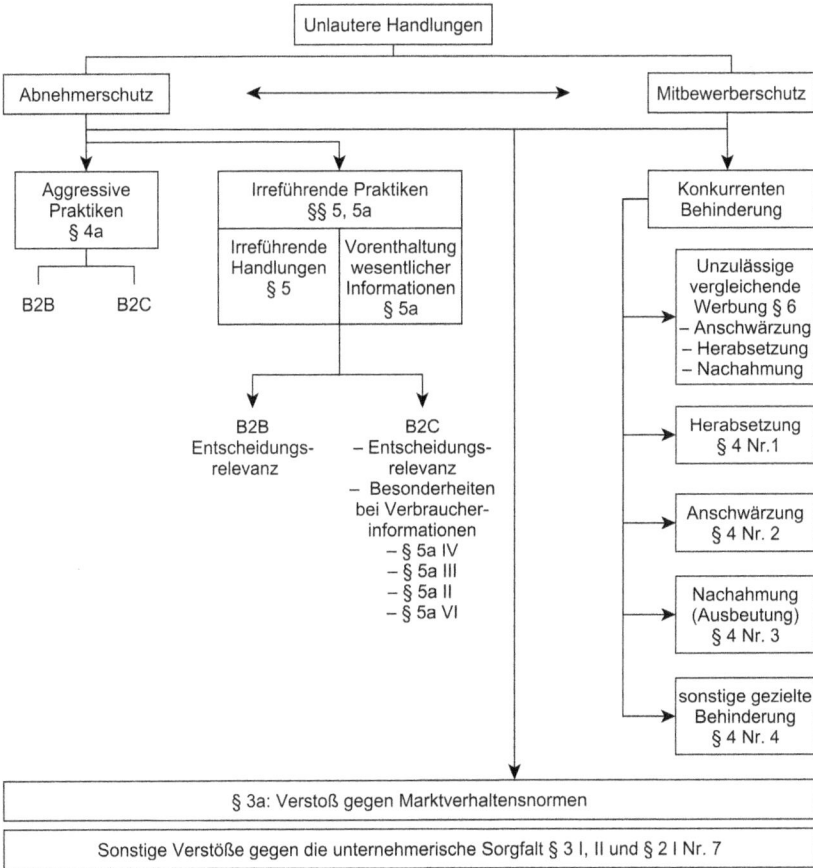

```
                        ┌──────────────────────┐
                        │  Unlautere Handlungen │
                        └──────────────────────┘
        ┌───────────────────────┐        ┌───────────────────────┐
        │   Abnehmerschutz      │◄──────►│  Mitbewerberschutz    │
        └───────────────────────┘        └───────────────────────┘
```

Aggressive Praktiken § 4a	**Irreführende Praktiken §§ 5, 5a**	**Konkurrenten Behinderung**

Irreführende Handlungen § 5	Vorenthaltung wesentlicher Informationen § 5a

B2B   B2C

B2B Entscheidungs-relevanz	**B2C** – Entscheidungs-relevanz – Besonderheiten bei Verbraucher-informationen – § 5a IV – § 5a III – § 5a II – § 5a VI

Unzulässige vergleichende Werbung § 6
– Anschwärzung
– Herabsetzung
– Nachahmung

Herabsetzung § 4 Nr.1

Anschwärzung § 4 Nr. 2

Nachahmung (Ausbeutung) § 4 Nr. 3

sonstige gezielte Behinderung § 4 Nr. 4

§ 3a: Verstoß gegen Marktverhaltensnormen

Sonstige Verstöße gegen die unternehmerische Sorgfalt § 3 I, II und § 2 I Nr. 7

Stichwortverzeichnis

(Die Ziffern weisen auf die Randnummern des Werkes, Hauptfundstellen sind **fett** gekennzeichnet)

Abmahnung 198 ff.
Abmahnkostenerstattung 202 ff.
Absatzförderung 24
Aggressive Kundenansprache 46 ff.
Aktivlegitimation 36
Alleinstellungswerbung 133
Allgemeinheit, Interesse der 5, 10
Angaben in der Werbung 97 ff., 157 ff.
Angebot zum Geschäftsabschluss 170 ff.
Anschwärzung 284 ff.
– Tatsachenbehauptung 288 ff.
Ansprechen in der Öffentlichkeit 207, **243 f.**
Anzapfen 60
Arzneimittelgesetz 13, 344
Aufbau des UWG 23
Aufforderung zum Kauf 170 ff.
Ausbeutung 304 ff.
– Einschieben in fremde Serie 321
– Grundsatz der Nachahmungsfreiheit 307 ff.
– Herkunftstäuschung 315
– Nachahmung 313
– Rufausbeutung 317 f.
– Rufbeeinträchtigung 317 f.
– Unlautere Erlangung 319
– Wettbewerbliche Eigenart 312
Ausnutzen der Unerfahrenheit 75 ff., 80 ff.
– Leichtgläubigkeit 80
– Unerfahrenheit, geschäftliche 80

Behinderung 250 ff.
– gezielte 252 ff.
Belästigung 53, 209 f., **215 ff.**
– Ansprechen in der Öffentlichkeit 243 f.
– Briefkastenwerbung 239
– elektronische Werbung 220 ff.
– europäisches Recht 213 ff.
– Haustürwerbung 247
– Telefonwerbung 231 ff.
– Zusendung unbestellter Waren 245
Belästigungsschutz, System des 215
Benetton (-Fälle) 1, 25, **38 ff.**

Beseitigungsanspruch 31
Blacklist siehe Per-se-Verbote
Blickfangwerbung 134
Briefkastenwerbung 239
Bürgerliches Recht, Verhältnis zum UWG **10**, 16

Datenschutzrichtlinie (Kommunikations-) **15**, 212
Direktmarketing, aggressives 208
Diskriminierende Werbung 40
Dreifache Schadensberechnung 323
Druckausübung 46 ff., **58 ff.**, 77

E-Commerce-Richtlinie **15**, 213
Eigenart, wettbewerbliche 312
Einfluss, unangemessener, unsachlicher 46 ff., 58 ff.
Einflussnahme in menschenverachtender Weise **38 ff.**
Einschieben in fremde Serie 321
Einstweilige Verfügung 296 ff.
– Schutzschrift 301
– Voraussetzungen 297 ff.
Elektronische Werbung 221 ff.
– Einwilligung 222 ff., 225
– Einwilligung bei E-Mail-Werbung 226 ff.
Entwicklung des UWG 16 ff.
Europarecht
– Einflüsse auf das Lauterkeitsrecht 14 ff.
– Primärrecht 14
– Verordnungen und Richtlinien 15

Fallgruppen im UWG 43
Fernabsatzrichtlinie **15**, 213
Fernkommunikationsmittel 219

Gefühlsbetonte Werbung 12, 38 f.
Gesamtpreisangebot 174 f.
Geschäftliche Handlung **24**, 286
Geschäftsehrverletzung 293 ff.

Geschenke **64f.**, 118
Getarnte Werbung 119, **189ff.**
Gewerblicher Rechtsschutz, Verhältnis zum
　UWG 7
Gewinnabschöpfungsanspruch 84ff.
Gewinnspiel 178ff.
– Teilnahmebedingungen 181
– Transparenzgebot 177ff.
Glücksspiel 180

Haftung
– Mittäter 326
– Störerhaftung 329ff.
– Täter 324f.
– Teilnehmer 327
Haustürwerbung 247
Health-Claims-Verordnung 15, **345ff.**
Heilmittelwerbegesetz 13, 344
Herabsetzung von Mitbewerbern 280f.
Herkunftsbezeichnungen, irreführende
　geographische 9, 262
Herkunftstäuschung 315

Imagewerbung 12, 29, 170
Imitation 313
– Bewerbung als 282
Internationales Privatrecht 147ff.
Irreführung **91ff.**
– Darlegungs- und Beweislast 128f.
– Definition 127
– durch Unterlassen 157ff.
– durch vergleichende Werbung 261ff.
– Marktentscheidungsrelevanz 184f.
– Prüfungsaufbau 123, 162
Irreführungsrichtlinie **15**, 259, 261, 269
Irreführungsschutz, System des 95f.

Jugendliche siehe Kinder/Minderjährige
Jugendmedienschutzstaatsvertrag **13**, 76

Kartellrecht, Verhältnis zum UWG 6
Kinder 75f., **78**
Klageantrag 34f.
Klagebefugnis 36
– der Interessenverbände 10, **36**
– der Mitbewerber 5, **36**, 70
Kollektivinteressen 5, 10

Kommunikationsdatenschutzrichtlinie 15,
　223f.
Koppelung 64f.
– Koppelungsangebot 65
– offene 175
– verdeckte 175
– von Gewinnmöglichkeiten mit einer Waren-
　bestellung 183
Kundenfang **46ff.**

Ladenschlussgesetz 13
Laienwerbung **55**, 228
Lebensmittel-, Bedarfsgegenstände- und
　Futtermittelgesetzbuch (LFBG) 13
Leistungswettbewerb **43**, 251ff.

Markenrecht 9
Marktortprinzip 153
Marktteilnehmer 5
Marktverhaltensnorm 13, 15, 45, **342ff.**
Marktverwirrung 68
Marktverwirrungsschaden 68
Medienhaftung siehe Benetton
　(-Fälle), 192ff., 325
Meinungsfreiheit 39
Menschenwürde 39
Minderjährige 75, **78**
Mitbewerber 5, 70
Mittäter 326

Nachahmung 7, 305, **313**
– sklavische 8, 308
Nachahmungsfreiheit, Grundsatz 307ff.
Nichtleistungswettbewerb 43ff., 251
– Fallgruppen 44f.
Nötigung 46ff., **56**

Passivlegitimation 37
Per-se-Verbote 27, **95**, **97ff.**
Presse 26, 39, 193, **325**
Preisangabenverordnung 13, 186ff.
Preisausschreiben 117, **179**
– Teilnahmebedingungen 181
– Transparenzgebot 182
Preisnachlässe 64f., 174
Preisnormen (Marktverhaltens-
　normen) 185ff.

Preiswerbung 128
Produktplatzierung 192
Prüfungsaufbau von Ansprüchen aus UWG 31
Psychischer Kaufzwang 64

Rabatt 64 f., 176
Rechtsquellen des Lauterkeitsrechts 13
Richtlinie
– Datenschutzrichtlinie (Kommunika-
    tions-) **15**, 212
– E-Commerce-Richtlinie **15**, 211
– Fernabsatzrichtlinie
– Irreführungsrichtlinie **15**, 259 ff.
– Richtlinie über unlautere Geschäfts-
    praktiken (UGP) siehe UGP-Richtlinie
– Richtlinie über vergleichende
    Werbung 261 ff.
– Verbraucherrechte-Richtlinie 15, 213
Rom-II-Verordnung 148
Rufausbeutung (durch Nachahmung) 317 f.
Rufausnutzung (durch Werbevergleich) 278 f.
Rufbeeinträchtigung
– durch Nachahmung 318
– durch Werbevergleich 278 f.

Sanktionen
– Schadensersatzanspruch 31, 66 ff.
– Vorteilsherausgabeanspruch 84 ff.
Schaden, ersatzfähiger 67 ff.
– entgangener Gewinn 69
Schadensberechnung, dreifache Form
    der 323
Schadensersatzanspruch 66 ff.
– Prüfungsaufbau 31
Schleichwerbung 108, **192**
– Schleichwerbeverbot 189 ff.
Schockwerbung (siehe auch Benetton
    (-Fälle)) 1, 25, **38 ff.**
Schutzzwecke des UWG 2 ff., **5**
Schwarze Liste siehe Per-se-Verbote
SMS-Werbung 221 ff.
– Einwilligung 223 ff.
Spamming 221 ff.
Spürbarkeit 28, 340, **348**
Störerhaftung 329 ff.
Streudelikt 151, 154
Streuschäden 84

Tatsachenbehauptung 280 ff.
Täter 37
– Haftung 324 ff.
Teilnahmebedingungen 181 f.
Teilnehmer 37
– Haftung 327
Telefonwerbung 231 ff.
– Einwilligung 233
– gegenüber Gewerbetreibenden 235 ff.
– gegenüber Privaten 231 ff.
– Verbraucherschutz 234
Transparenzgebot 65, **157 ff.**
– bei Verkaufsförderungsmaßnahmen 176 f.
– bei Preisausschreiben und Gewinn-
    spielen 178 ff.

UGP-Richtlinie 15, **49 f.**, 214
– aggressive Geschäftspraktiken 46 ff.
– irreführendes Unterlassen 166 ff.
– irreführende und aggressive Praktiken
    (unangemessener unsachlicher Einfluss
    auf die Entscheidungsfreiheit) 47 ff.
– Irreführungen in Werbevergleichen 260 f.
– Nötigung (Ausübung von Druck) 56 f.
– Nötigungskriterien 57
– Regulierung geschäftlicher Handlungen
    gegenüber Verbrauchern 310
Unerfahrenheit, Ausnutzung der 75 ff., **80**
Unlauterkeit 27 ff.
Unterlassungsanspruch (Prüfungsauf-
    bau) 31
Urheberrecht, Verhältnis zum UWG 7
Überrumpelung 75

Verbraucherinnen und Verbraucher 5
Verbraucherleitbild 30, **74**, 77, 125
Verfassungsrechtliche Verankerung des
    UWG 11
Verfügung, einstweilige 296 ff.
Vergleichende Werbung 255 ff.
– Anwendungsbereich 265 ff.
– Definition (RL) 260
– Entwicklung 256 ff.
– Eigenschaftsvergleich 273 ff.
– Herabsetzung von Mitbewerbern 280 f.
– Imitation 282
– Irreführung 271

– Mitbewerbererkennbarkeit 267 f.
– persönliche 263 f.
– Preisvergleich 273 ff.
– Rechtslage 261 ff.
– Rufausnutzung 278 f.
– Rufbeeinträchtigung 278 f.
– Unlauterkeitsfälle 270 ff.
– unternehmensbezogene 263 f.
– Verbotszweck 269
– Verunglimpfung von Mitbewerbern 280 f.
– Verwechslungsgefahr 277
– Zulässigkeitsvoraussetzungen (RL) 259
Verkaufsförderungsmaßnahmen 176
Verkehrsauffassung 124 ff.
– Ermittlung der 126
Verkehrspflicht 334 f.
Verletzung von Transparenzpflichten 157 ff.
Verschulden 26
Verunglimpfung von Mitbewerbern 280 f.
Vorteilsherausgabeanspruch 84 ff.

Werbung
– Alleinstellungswerbung 133
– aufdringliche 64 f.
– Begriff 218
– Begriff im Sinne des § 6 Abs. 1 UWG 266
– belästigende 208 ff.
– Blickfangwerbung 134
– Briefkastenwerbung 239 ff.

– diskriminierende 40
– elektronische 217 ff.
– gefühlsbetonte 12, 38 f., 41
– getarnte 189 ff.
– Gewinnspiele 90
– Haustürwerbung 247
– Imagewerbung 12, 29, 170
– irreführende 92 ff.
– mit Testergebnissen **135**, 266
– redaktionell getarnte 190 ff.
– schockierende siehe Schockwerbung
– Schleichwerbung 108, **192**
– Telefonwerbung 231 ff.
– vergleichende 255 ff.
– verlockende 64 f.
Wettbewerb 4
– potentieller 70
Wettbewerbsförderungsabsicht 26
Wettbewerbshandlung 24
Wettbewerbsverhältnis 70

ZAW-Richtlinien 98
Zivilverfahrensrecht, Internationales 137 ff.
Zugabe 64 f.
Zusendung unbestellter Waren 245
Zuständigkeit
– internationale 140 ff.
– örtliche 33
– sachliche 32

www.ingramcontent.com/pod-product-compliance
Lightning Source LLC
Chambersburg PA
CBHW061140220326

41599CB00025B/4303